國家古籍整理出版專項經費資助項目
全國高等院校古籍整理研究工作委員會規劃項目

吳震生全集

三

（清）吳震生◎著
王漢民◎編校

北京师范大学出版集团
BEIJING NORMAL UNIVERSITY PUBLISHING GROUP
安徽大学出版社

目録

才子牡丹亭（第一至二十八齣）

才子牡丹亭目録〔一〕

〔一〕《牡丹亭》目録原在第一齣《標目》後，今移《標目》之前。劇本目録原無序次，今據加。

刻才子牡丹亭序

笠閣漁翁

唐詩云：『知音知便了，俗流那得知。』錢虞山云：『拍肩群聱說文章，詞壇無復臨川叟。』《才子牡丹亭》者，刻《牡丹亭》，即刻批語，方知其爲才子之書；刻《牡丹亭》不刻此批，便等視爲戲房之書也。有此批而後知《牡丹亭》之作於才子，則世間他本皆不得謂之《才子牡丹亭》也。臨川别駕，既得此批，繕寫裝潢，適有名班過撫，生旦皆女，因新『玉茗堂』而設祭焉。陳此批几筵之上，令優唱演。我一貧士，則何爲而刻之也？起於憤乎世之無知改作者。嘗見有妄男子，將《玉茗四夢》盡行删改，以便演唱，齣齣批註其上，覺原本頗多贅言，且於調有出入，又精綉其板，以悦衆目。遂使普天下耳食庸人，只知删本，而不復問原本。豈知爾於《四夢》，一字不解其意，故敢如此爾。果小有聰明，何不另自成書，而必妄改古人耶？夫《四夢》，才子之書，非優師作也。才子則豈以曲調之小誤論也。吾於書攤得此破碎抄本，既代古人轉恨爲快，安敢以吝阿堵故，不急刻之？即如聖嘆《西厢》，亦有删改。其《慟哭》二篇者，以爲語多重叠。汝知聖嘆之筆，得自《華嚴》，其妙正在重叠乎？亦是精板廣印，以誤傭人，致令原本漸就湮滅。閻浮世間，可惱之事，寧復有過於此者？不止如升庵之跋新刻《水經》與《世説》矣。故并著之。聖嘆所批，已屬共賞，孰知金批之外，又有此等批法，不但於才色之事入微，復用芥子納須彌法，特寓大言於小言之中，使偶觀經史欠伸思睡者，即俳諧而詣勝地。挾曲一部，腹已果然。用作詩文，總非凡料。又奚翅《夷堅志》中，飲食藥餌，恣口所需而已！識者賞之，亦可以知世間妙人妙事妙理妙文，真不可測度，無有窮盡也。湯卿謀夜坐閲《牡丹亭》，因憶比來所傳，世上演《牡丹亭》一本，若士在地下受苦一日，頗爲不平。其婦丁從旁語曰：『當是遇著陳杜輩作判耳。』使見此批，又不知云何。

批才子牡丹亭序

湯撫州序其所批《西厢記》云：『余守病家園，傲骨日峭。朝語官箴，輒嗽松風吹去；高人韵士，忙開竹户迎來。兼喜穠文艷史，時時遊戲眼前。或翦或裁，或聯或合，欲演爲小説而未暇。歐公之後，又有作《五代史》者，於五史所無者千餘卷皆編入。鳩聚散逸，聯綴改定，除其冗長，掇其精華，以廣異聞。竊謂詳盡，亦未易哉！兹崔張一傳，微之造業於前，實甫續業於後，人靡不信其事爲實事，余人信亦信，讀之評之，好事者輒以旦暮不能自必之語，直欲公行海内，寃哉！毒哉！陷余以無間罪獄也。』

嗟乎！事之所無，安知非情之所有？其作《還魂記》，有『自掐檀痕教小妹，通仙鐵笛海雲孤。假饒改就時人意，不是王維舊雪圖』『畫閣摇金燭，珍珠泣綉窗。如何傷此曲，偏只在婁江』『何自爲情死，悲傷必有神。一時文字業，天下有心人』句。自言王相國書來云：『吾一老人，近頗爲此曲惆悵。』又俞二娘者，酷嗜之，蠅頭細字，批註其側，幽思苦韵，有過於本詞者，年十七死。族先輩吴越石家伶，妖麗極吴越之選。其演此劇，獨先以名士訓義，次以名工正韵，後以名優協律。武封夫子觀其所訓，始知玉茗筆端，直欲戲弄造化。往往向余道諸故老所談説，余喜其儁妙，輒付柔毫。亦南梁王筠，少好觀書，雖遇見瞥觀，皆即疏記，後重省覽，歡興彌深。陳眉公意親則登，不拘代次，迹同斯筆，罔問雅俗。意既爲搜僻之助，又作癡種子歸依。率夜一折，分五色書之，不止昔人滿卷胭脂字也。燈昏據案，神悴欲眠則已。即多拾瀋攘遺，要由暗解神悟，方知窮情寫物，自有幽思顯詞。雖爲玉茗才人，取諸國土莊嚴此土，信筆所至，可成自書，正不必盡與作者膚貌相屬。然幻珍變錯在此書，溷潔爲蕪，則爲至多，在俞娘輩，即約獲博，則爲至少。紗窗緑洞，焚香矜賞，如此相守，亦復何恨耶！崔浩所云：閨人筐篋中物。蓋閨人必有石榴新樣，即無不用一書爲夾袋者。翦樣之餘，即無不願看《牡丹亭》者。閨人恨聰，不經妙明不逮奇，看《牡丹亭》，即無不欲淹通書史、觀詩詞樂府者，然知識甚欲其廣，卷帙又必甚畏其多，即無不欲得縮地術，將亘古以來有意趣事、有思路語，聚於盈寸一編者。我請借《牡丹亭》上方，合中國所有之子史百家、詩詞、小説，爲糜以餉之。凡人著書，必有本願。文都憲之孫女曰良卿，以姑韓氏喜讀書，爲撰《北齊演義》，我恨形壽易盡，不能與後來閨秀少作周旋，願得爲洒翰事姑之媚媳，以娱之。彭綉衣女，性嗜酒，嘗結女社，談經濟，我又請得爲揮觥鼓掌之豪伴，以悦之。莫謂不似丹唇皓腕中拈出，嫌爲嚼飯之餧也。辛稼軒詞：『如十三女兒學綉，一枝枝，不教花瘦。』作者當年『鴛鴦綉出從君看』，批者今日『又把金針度與人』矣。其本非通人，以理相格者無論，即或心有同然矣，思及翻刻之費，不肯捐金百數，爲前人傳名，則故加駁削，移爲己有。不知暗銷神秘，則心精湮没，含靈其悲，載筆君子，惡傷其類。多生以來，與彼何仇，必欲摧之。比於武事，亦秉心之不淑云。或曰：爾依諸人所訓，將褻喻一一註明，使好名男女，從此以後，不敢説《牡丹亭》做得好，豈非反禍作者耶？答曰：渠若竟因好名，忍説《牡丹亭》做得不好，則其人之尚僞，亦復何足與談？使猶稍存本心，畢竟説《牡丹亭》原做得好，是我批得舛謬。必又有好事者，欲存此批，使後人無復如是之舛謬。則批雖舛謬，可無廢矣。阿傍識。

批才子牡丹亭序後

笠閣漁翁曰：余觀《西遊記》内有正陽門、後宰門、謹身殿、光禄寺、司禮太監、錦衣校尉、五城兵馬等字，則知亦明人所作。觀《牡丹亭》喻意，一一由此觸發，又知作於萬曆以前。《西遊》欲壞色情，玉茗特言『色情難壞』。乃知秀心之人，自有變蛇神爲仙骨，變板重爲輕新，變迂腐爲超異，變死煞爲空靈之法，出藍勝藍。如花果山水簾洞，爛桃山蟠桃宴，三界坎源山，如意筋箍棒，齊天大聖，托塔天王，毛團獃根，金剅套緊箍兒，眼看喜，耳聽樂，鼻嗅愛，舌嘗思。青罐白鉼，草窠小路，藤蘿蒿棘，細皮白肉的和尚，一個定魂樁，一片白玉板。碗子山，波月洞，寶象國，百花羞，喜事掛，紅葉底，偷桃戲水，氣隱妖雲，毒魔狠怪。風和尚，平頂山，蓮花洞，擎天柱，架海梁。入爐發昏，吃肉抛水，池裏醃了下酒。鬚眉山壓，峨眉山壓，太山壓頂之法。販醃臘的客人，紫筋紅葫蘆，羊脂玉净瓶，念個急急就化爲膿。山凹裏霞光焰焰，是妖魔的寶貝。精細鬼，伶俐蟲，一塌脚便下海。老奶奶帶了挽筋繩，只他自己會使。烏林裏兩扇門，半開半掩。純鑼鉎鉎斷圈，不論真假都裝。進入全然烏黑，那頂得動塞門甚緊，撒抛尿摇得響。雌雄雄雌都莫論，裝得便是好寶貝。平白地扇出火來，使個身外身法，毛收上身，撞入洞裏，急抽身往外走。兩扇來，一棒去，山後有個壓龍洞，母舅要雪姐家仇。衣名一裏窮，門外一條漢，渾身水淋淋，做了井裏鬼。入井盗屍，偷寶就要。悟空道我只圖名，皮笊籬一撈罄盡。只與你打鬥，不與你認親。如意皮袋，如意勾子，急如火，快如風，養家看瓶的夯貨，山河地理乾坤裙，破爛漿糊一口鐘。滚油鍋裏洗澡，嬉人字粉墻垣。倒垂簾門屋，一堆骸骨，錦綉衣裳。兜筋洞，白玉圈，空著手，敗了陣，兩眼淚撲踈踈。無主杖怎施功。諸火器都套去，水一灌反冒出核桃兒大，勉强纏帳。左右抹粉搽胭，個個狼餐虎嚥，燒死大半得勝回來。這賊使機關，不知我本事。魔頭巍巍冷笑，重新整頓房廊，要你老子不來，除非服降陪禮。和尚已被我洗净，適纔響了一聲，丹砂就不見了。一道山河，柳陰垂碧，咿咿啞啞撑出隻船。毒敵山邊琵琶漏，蓬頭女子坐花亭。面前一盤人肉包，背後亦有素饅首。没頭没臉又將來，口内生烟鼻出火。便是如來也怕奴。兩個毛人到那裏，毒樁扎扎大聖頭。悟空叫聲利害也，不腫不破却作癢，把門打碎也無益。秀麗芭蕉洞，惡狠鐵扇精，結束整齊縱身出，你不怕我又尋死。渴了渴了急呼茶，老孫都是實本事。招了玉面公主，因此抛了髮妻，王母靈芝潭内養。金鐃丢下合在中，左拱右撞不能出，思想將身變得高，鐃隨身長全無縫，悶煞我也。打著響順著你，物緊噙住，拼死命纔帶出來。好男子不可遠走高飛。裝了去一條白布搭膊，後有一條稀柿洞，此路要須猪拱開。鱔魚在腿襠裏亂鑽，毒藥是積下百鳥糞。白雪神仙府，又名黄花觀，更有千花洞，坐落紫雲山。別有陰陽二氣瓶，一年不動一年陰，纔動火蛇便亂咬，物長瓶也變得長，鑽破便難裝人，只好也拿疴屎，在人肚裏做勾當。後門裏走豈長進。蓋著籠悶氣炁，開著籠出氣炁。救便脱根救，莫又復籠炁。持齋素甚屬苦惱，吃人肉受用無窮。緊香亭鐵櫃裏，國號比邱，動擬孔聖。鵝〔一〕籠赤子，倒是黑心柳枝坡，清華洞兩手齊揑，左右分擘，鮮血冒出，便失樹身。光明霞采，化作寒風。黑松林奇花異草，

〔一〕鵝，底本作『訛』，據傳説改。

其實可人情意。彼美婦藤綁樹上，半截埋在土裏，原來是想吃人肉的法鬼，反叫放著活人性命不救。那門東倒西歪，拚讓强人安歇。左右弓鞋，亦可代身。陷空山下，有無底洞。伏在洞邊，仔細往下一看，叫八戒去，先看多少淺深，進去的路都忘了。這洞古怪不好走，進時要打上頭往下鑽，出時要打底下往上鑽。不但拖碎他肝腸，還要搗破他皮袋，不容咬破就進肚。罷了，罷了，奴死也。千方百計要鑽進肚，略鬆一鬆，回過氣來，俺肚裏有了人也，腌腌臢臢做什麼。黑角落上另有一個小洞也，鑽進去，忽聞一陣香風，太鹹了，吃不多。任怎鹹我越喜。竹節山九曲盤桓洞，獅子吼却戀緊雲窩。真個是鐵甕金城，空留下搗藥短杵。即欲爲臨川諱，謂《還魂》《南柯》喻意，非從《西遊記》學去，千載以下之慧人，其信我乎？

作者原序

天下女子有情，有如杜麗娘者乎！夢其人即病，病即彌連，至手畫形容，傳於世而後死。死三年矣，復能冥漠中求得其所夢者而生。如麗娘者，乃可謂之有情人耳。情不知所起，一往而深，生者可以死，死者可以生。生而不可與死，死而不可復生，非情之至也。夢中之情，何必非真，天下豈少夢中之人耶！必因薦枕而成親，待掛冠而爲密者，皆形骸之論也。

傳杜太守事者，彷佛晋武都守李仲文，廣州守馮孝將兒女事。予稍爲更而演之。至於杜守收考柳生，亦如漢睢陽王收考譚生也。嗟夫，人世之事，非人世所可盡。自非通人，恒以理相格耳。第云理之所必無，安知情之所必有邪！萬曆戊子賜進士第尚書禮部郎江西撫州府臨川湯顯祖題。

原序批語〔一〕

祇一序已含蘊無窮，毫無瘢痕，便示人以放重筆用輕筆之法。世尊三昧，迦葉不知；迦葉三昧，阿難不知；狸奴白牯三昧，諸佛不知；玉茗三昧，今此忽知，則一奇也。

昔氏禁，故情難訴。情難訴，故有腸斷句。玉茗之心，全在一序。此即其腸斷句也，此即其難訴情也，此即彼先以『死』處其身，但思不負之定計也。若士既復念庵以『師言性，弟子言情』。自此序一出，玉茗一軍，遂與賢文，永作敵國。如阿修羅之戰天，猶云山河器界，原是衆生妄情自造，倘必以『理格』之，除是已歸無餘寂滅，豈躬與婚觸者所造之文，所能禁其無所不至耶！中行所説：天而未厭二妃於舜，淚斑湘竹，何熙皡之象，勳華之業，不因之有減也。文人則皆禁之，執以爲理。殊不知僅禁其『形骸』，不能禁其『夢』。李白之咏陽臺洛水也，曰：『好色傷大雅。』『夢中』之恣肆盡情，固百倍於『形骸』，自名教立，而遍天下理不覺得爲，情必欲得爲者，皆作『夢中』人矣。甚至夜夜身作夢中人，日日口繩諸百姓，内省豈不失笑乎！然此等『夢中不少』之人，猶畏『死』者耳。若情深『可以死』，則文人之權，於是乎窮矣。身被刀鋸，魂見閻羅，遂爾迷亂者，是必不能『復生』也。若一靈咬住斷無退悔，則刀鋸雖終無『情』，閻羅必恕輕罪，雖經萬劫，猶

〔一〕『原序批語』四字，底本無，編校者加。

雙雙獸，三生有路，豈相詆哉！

情爲好色，而不全起於色。情爲得欲，而不全起於欲。『情不知所起，一往而深』，甚乎哉！天若識情由，怕不和天瘦。即如來先須以欲勾牽，而賢文幾於無用。蓋有夙世業因焉。拘男女相及差别智者，亦『形骸之論』耳。才人皆交以心，惟蠢類乃交以骸。知心交者，骸交不足數也。但骸交者，雖交，猶不交耳。

只『死而不可復生者，非情之至』一語，便令閻羅奪權，如來變法。生可以死，則格令無如彼何矣！死可以生，則閻君不能理勝矣！此書大指，大概言色情一事，若非陽法謂辱，則陰譴亦不必及，而歸其罪於天公開花。天公既開花，則其不罪若輩可知。如外國之俗，嫁娶各别，不聞陰間有罰也。但無色可好，無情可感，而蠢動如畜，以辱人名者，則有譴耳。色至十分，未有淺『情』者。『色情難壞』一句，亦要合離看。因色生情，因情見色，其難壞一也。無奇色，而深解情味，則情遂代色，真如睟面盎背，施於四體，而不可名言者，亦難壞也。若有五分色，而不解一點情，并其色亦變木偶，即壞之易易矣。佛教全在去妄，而若士獨言色情是真，即西方亦必引人以妙好也。世間好話佛説盡，佛慧不過文士業。天下之言，只勘理極當，即百靈依隨。原造物借一人之心，以宣其意也。若士以開花歸天公，亦天借其口耳。至人無夢，而生人之大幸，尚賴有夢。文人能禁『形骸』，不能禁夢想；使并夢想禁之，則色界『情』人不能徑遂者，益將抑鬱無聊而不欲生矣。聰明人多靠想度日，『夢中之情，何必非真』，意中之事，何必不實？眼中、意中、夢中，寧有異耶？

『人世之事，非人世所可盡』，猶言非人間舊制所能盡云。情之所必有，有非人世所盡之事也。『第云理之所必無，安知情之所必有』，二語妙極！孤『情』絶照，託寄一編，『理』遂不能强敵。故『道理難講』四字，是若士此一書之骨，誠至精之所想遘也。須知娑婆之書，等是專門曲説，悖者以不悖爲悖，何時争辨得清？

文人筆墨之間，皆今古業因所寓。董思白謂山谷雖偏師取奇，皆超出情量。玉茗序言，超出情量。或且謂其敗常亂俗，用文錦覆陷阱，是濬發於巧思，而受嗤於拙目也，故有『自非通人』一語。

第一齣〔一〕 標目

【蝶戀花】（末上）忙處抛人閒處住。百計思量，没箇爲歡處。白日消磨腸斷句，世間只有情難訴。玉茗堂前朝復暮，紅燭迎人，俊得江山助。但是相思莫相負，牡丹亭上三生路。

〔漢宮春〕杜寶黄堂，生麗娘小姐，愛踏春陽。感夢書生折柳，竟爲情傷。寫真留記，葬梅花道院凄凉。三年上，有夢梅柳子，於此賦高唐。果爾回生定配，赴臨安取試，寇起淮揚。正把杜公圍困，小姐驚惶。教柳郎行探，反遭疑，激惱平章。風流况，施行正苦，報中狀元郎。

杜小姐夢寫丹青記　陳教授説下梨花槍

柳秀才偷載回生女　杜平章刁打狀元郎

〔一〕底本無齣序，編校者加。下同。

第一齣 《標目》批語〔一〕

《還魂記》者，譏婦人於此一事，爲死去還魂之事也。又喻事過便如夢境，而彼癡想至死，死魂如復遇此，彼又即想回生，爲不可思議。業力業因緣結聚此境，可爲痛哭，又可爲大笑也。杜麗娘是有眼物，故題曰『標目』。又言標出作意，如贈人以目。然域中大矣，卒無人解，何病翳者之多也。

『忙處拋人』喻其事，又似指世間不知情趣却得淫媾者。『白日』即後忒煞通明、玉暖生烟、日下胭脂意。『玉茗』猶瓊漿。『紅燭迎人』，作者自喻其男根，與末折下場詩『春腸遥斷』相應。女根亦呼『坐脚』，故曰『踏春』，曰生性獨行。『梅花院』即梨花槍意，把杜圍困，槍巨則肚裂也。『夢寫丹青』猶言二根如畫。『教授』二字妙極，勝似媽媽。『狀元』以代『撞圓』。

陳眉公文訣曰：『歡喜。』而若士云：『百計〔二〕思量，没個爲歡處。』蓋玉茗嘗自謂『無涯浪士』『有憶情生』。情有所必窮，想有所必至。『無涯』『有憶』即理所必無、情所必有之指也。惟胸中有『腸斷句』，所以百計無歡，而句之斷腸，又由於情之難訴。文長云：『今人語之以所合者，則欣然。語之以所不合與不知者，則訕且怒耳。』衆共之情，有何難訴，情而易訴，何足云情，三句作一串解始得。

〔一〕底本作『標目第一齣』。底本批語的標題均類此，後同改。

〔二〕百計，底本作『百誌』，據劇文改。

『萬古風騷路，荒涼人莫遊』，是『腸斷句』。『曩爲世人誤，遂負平生愛』，是誤『相負』。如吕后所云『人生如白駒過隙，何自苦如此』，亦腸斷句也。腸斷句，即『情難訴』之句，總而言之，『導欲增悲』四字耳。然聽古樂而思卧，正以衆生業識深重致此，四字有不可思議權力。『情難訴』，情也。有『腸斷句』則才爲之也。才、情合，而『相思』切矣。『句』堪『腸斷』，却不可使聞於人，則不如將古來已有之腸斷句『消磨白日』也。『但思莫負』，一『但』字及『情腸害劣』『偶然心譴』，皆不可訓。言『但』則無所不包也。夫色情既劣，而譴多偶然，則『相思』豈能擇地而發，擇物而施，使皆『莫相負』也！豈不另成一世界耶？開以『三生』一語，則今世之相愛夫妻，安知非前生之『但是相思不相負』者？掘冢雖不可爲，而彈指有何難待耶？使『但是相思』俱『莫相負』，吾知世間遍一切界無一反目夫妻矣！若本不是鴛鴦一派，休認做『相思』一概，則須一陣黑剛風火輪下抽身快，單單别别清凉界耳。

從教筆墨宛轉，註不明斷腸圖式。此『腸斷句』須與卷尾詩合解，『春腸遥斷』之句也。若明河扁，則冬郎所謂『坐來雖近遠於天』者，雖近斷如遥斷矣。人腸易斷，全爲多情識趣。嘗謂徒欲不足以死人，有情之欲始足以死。經過有情之欲者，覺徒欲之絶無味也。春紅秋白，無情艷豈少也哉！

『難訴』者，能言不能言之口，可解不可解之心。故就事譜詩，不若因『情』轉深，隨其賓曲，一往惆悵。古今綺語，先後英詞，六合以外，方寸以内，蓋有才之所不能盡者。文字從『情』根種出，千古不磨。如《世説》麋得獅不乳一滴？才子之脈相擅於無窮，以其中『有情』也。有一二句能爲人所欲言不能言者，則必傳，以訴所『難訴』也。

李卓吾曰：『曲易婉，《西廂》之曲能直。《西廂》曲文如喉中滚出來一般，不見斧鑿痕、筆墨跡也。讀别樣文字，精神尚在文字裏，讀至《西廂》曲，便只見精神，不見文字。』異矣哉！嘗讀短文字却厭其多，讀《西廂》曲，反反覆覆、重重叠叠，又嫌其少，何也？然語天才，則《還魂》誠遜《西廂》一籌。論喻意，則《西廂》又讓《還魂》獨步。以王實甫者，無因無依，隨筆所蕩，吹氣所至，皆化樓臺。目無俗物，手信天機，時得好詞，自吟自賞，題目不是『世間只有情難訴』七字耳。

黄山谷《白山茶賦》：歲寒知松柏之後凋，麗紫妖紅争春而取寵，然後知山茶之韵勝也。此木産於臨川之崔嵬，仙聖所廬，金堂瓊樹。故是花也，禀金天之正氣，乃得骨於崑閬。造化之手，執丹青而無所用，析薪之斤，雖睥睨而幸見赦。高潔皓白，清修閒暇，蓋不從刻畫。嫦娥藩飾姑射，故徐熙、趙昌舐筆和鉛，而不敢畫。雖瓊花明后土之祠，白蓮若遠公之社，皆聲名籍甚，其俗態不舍狹脂粉之氣，而蕴蘭麝，與君周旋，其避三舍。若士之筆似之，故取以名『堂』也。萬曆時，金壇王次回情深之至，詩過冬郎。其《白山茶詩》云：『玉茗先生迥出塵，語言無處不清新。瓊花風度釵頭見，更覺堂名絶可人。』『第一人簪第一花，風吹花葉霧鬟斜。看來姿韵超天下，當得臨川一嘆嗟。』似曾在『玉茗堂前朝復暮』者。

錢受之云：『千載沉理國史傳，院本彈詞萬人羨。』從來百戰青燐血，不博三條『紅燭』詞。惟玉茗堂燭，倍饒彩焰。然『血痕嘔出盡成灰』之嘆，亦所不免。

杜牧序李賀：『水之迢迢不足爲其情，春之盎盎不足爲其氣，時花美女不足爲其色。』舉似此曲，庶幾不愧。

李商隱云：『何事荆南百萬家，惟教宋玉擅才華。』若新書開卷處，造物竭精靈，僅僅歸美『江山』，殆非篤論。臨川近濂溪、象山，而玉茗獨引以『助』己之『俊』。昔人謂飛卿詞嬌語異，似此玉唾珠涎，無非寶思。謂非清淑秀潤之氣，貫徹骨髓，亦不可得。惟文長『此牛有萬夫之禀』語，許附知音。故若士亦謂《四聲猿》爲『詞壇飛將』也。祝枝山云：『夫絺章繪句，業儒以爲文者，何代無之？而與時湮没，不可勝紀。掩宇宙而獨出難矣。或謂閨情綺語，數見不鮮者，彼其淺畏，不知此中有無盡藏。故祝集學極宏深，而又有《琴心》《金縷》等集媟甚。薩揭、吕玉繩、馮猶龍，皆有《牡丹亭》改本，亦不俊矣。

艷須帶『俊』，以情是秀情，方成麗致也。老杜云：『近有風流作，纖毫欲自矜。』北齊封孝琰，文筆不高，但以風流自主。《晋書》贊：特構新情，豈常均之所企。此書高步當年，騰華終古，殘脂剩粉，群婢争芳，脱臨川之手，麗多人之目，而其自加題品，只一『俊』字盡之。蓋無篇、無意、無句、無字不『俊』。鍾惺云：此道無必求其至之理，各自成思致，耻爲古人隸而已。蓋詩文從靈源中溢出，了不與世匠相似。評若士時文者，亦謂清玄絶世，如積雪成狀，殊詭隨成，化之仍是一泓清水，又不但眉公詩筆如白瓊淡月而已。淡墨妙於濃綉，真爲取『俊』秘訣。王季重謂《牡丹亭》『筆筆風來，層層空到』，濃綉中有淡墨之説也。又謂《西厢》末段勉强説道理，便腐便俗，深得此『俊』字之解。只今對此側理，宛如女兒膚上窺粧也。彼論詩以枯淡爲宗者，又另是一種人。

作字、作文，須會古融今，爽爽自運。《牡丹亭》之『俊』，人固皆信之，而其所以能如是『俊』者，實内垂神智之綆，於古人中，各各抽繹，而運以千秋卓犖之筆，則人未必知也。若士詩：『每念中郎思欲飛，佳人遲暮難重會。』又云：『讀拘儒之腐臭，則谷神死。眉公舌根之蓮，靡不分香，幸賜一序，作花信風吹海内。雖余撰述之奇，致使食字之蠹欲淫，更見譴於名教，然寥廓之宇，差足粉飾。』與其結血成碧，不若嘔心爲字，亦以非『俊』物不知『俊』物，故亟亟求也歟？

西域人養羊既肥，繫狼時一怖之，羊得怖，漫脂消盡，則肉益美。北人得良馬，緊其御勒，使不得水草，旬月浮臕悉去，脊背自强。漫脂、浮臕未除，雖欲『俊』，烏可得哉！持正論而涉迂，氣多窒而詞蔓，則不當與俊人之文同論矣。

冶者，鎔鑄之器，入於其中，有不骨化形銷，魂魄俱盡者乎？袁小修謂：才人必有冶性，以丈夫心力强盛時，無所施設，不得已，大暢其情於簪裙之間。業緣在前，異今未能盡却，必居山中方得掃除。龔芝翁又謂：『古今來英雄兒女都爲情物。』皆『俊』意也。不『俊』則健狗豪猪，亦何足羨？

《南華》奔放而飄飛，是一博暢才人之作。《離騷》孤沈而深往，千古幽怨之文。此曲『俊』處，幾兼有之。八家以篇爲文，讀竟見妙。莊、馬以句爲文，每句極工而意足。《左傳》以字爲文，雖一字必工而甚妙。此曲『俊』處，殆於兼之。坡公『月下無人更清淑』一句，謂從造化窟中奪來。其鼓鑄鎔瀉，殆不用世間橐籥。此曲『俊』處，不用世間橐籥，全從造化窟中奪來。不博古者，雖檢得一二事兢兢用之，有何佳？真博古者，即明知而暗改，何傷乎？隋于仲文詩『景差方入楚』，豈不知景氏故楚舊族也。郭璞《江賦》：『總括淮泗。』豈不知二水不入江也。陸機《漢功臣頌》：『皇媪來歸。』豈不知帝母兵起時死也。此曲『俊』處，改古入妙。支道林云：『北人看書，如顯處視月；南人看書，如牖中窺日。』余批此書，未審何似？起臨川而問之，詞客有靈，應識我耳。文忠云：『天之産，奇怪希世不可常。』或落在四裔，或藏在深山，待彼謗焰息，放此光芒懸。百年後來者，憎愛不相緣，讒誣不須辨。亦只百年間，然乎？

義山云：當時自謂宗師妙善説法者，盡未來子孫骨髓裏莫不敲取無遺。『但是相思莫相負』二語，極研閲以窮照，闢險路於情田。有博教深求，甃徑開畦，樹規標的意。且翻『憐君未必君知道，攬得無端凝淚落，多少深情知不盡，相思無路莫相思』之案。情瀾才海，傳寫爲之手馥，管教此曲完成後，萬户千門掩袖啼矣。天地間之景，與慧人才子之情，歷千百年來，互竭其力之所至，以呈工角巧意其無餘矣。獻奇貢艷何未已也。語云，識法者懼。每以多拘束，故天趣不得泛溢。惟傳奇不然。此客詞甚高，不顧天下笑，世間從爾後，應覺致名難。批者亦不過於縫開處著楔，换人眼目耳。

有有情之天下，有有法之天下，安能皆不『相負』？韓冬郎云：『情緒牽人不自由，光陰負我難相偶。』『相思相負』者多矣。『但是相思』則只須才貌相同，不必問其近在邇室，遠在海外也。有『三生路』，則今生有礙，他生可合。且國上沙數，不必定生賢文禁殺處矣。即非鴉是鳳，何必暗隨耶？人謂玉茗『莫相負』三字有導欲之罪，不知繼以『三生路』三字，有止欲之功。序所云：『生而不可死，死而不可生者，皆非情之至。』正此兩句註脚。序所云：『天下豈少夢中之人耶！夢中之情，何必非真？必待成親者，形骸之論。』又爲欲『莫相負』而未得『三生路』者，先開一捷徑。蓋轉生難料，則姑以夢代之可也。衆生皆是夢魂，凡人意中妻多矣，豈能禁其應否？『但是相思莫相負』，猶言但以爲意中妻，勿斷念即同真妻，况夢中果能認定，豈有來生尋不著者耶？《冥判》折：『有甚麽饒不過這嬌滴滴女孩家。』除是天公再不開花。又時時開導愚蒙，言只要夢中不忘，來生斷可相遇，不必愁冥中亦有管束。才色相膠之事，冥間所不禁也。若相思而輕相負，則爲薄情，無足道矣。若今生使欲不負，勢且大犯不韙，斷斷乎其不可也。序所云：『人世之事，非人世所可盡，第云理之所必無，安知情之所必有。』則又爲禁不相負而並欲禁相思者指破沈迷，猶云無論應得相思與不應得，皆不可禁，禁愈多，止愈少，惟有開以三生一路，使有期望，否則破藩决籬，群歸咎於天公之開花，而天公亦無詞以相折也。因想《水滸傳》，家屬謂之『窩伴』之妙，所思謂之『影射』尤妙，世間多少婦女被所親影射，蓋形雖不能射，而心實射之。平心思之，豈有序中特用如許未經人道語與標目六句相發明，只爲西蜀嶺南理許姻對之一男一女設者哉！昔有杭女見《牡丹亭》，一心欲嫁若士，及見其老，乃已，則不知有三生路，終於竟相負者。

『杜麗娘夢寫丹青記』，喻畫出女根，又『人間無樂事，直擬到華胥』，也要知萬事皆虚夢獨真。自高唐一謊，綉汗青之筆，人争膾炙，之後得麗娘而兩。一男夢女，一女夢男，盡矣。王阮亭謂：『見近人《高唐》詩：「夢留千古憶，賦竭一生才」，嘆其佳絶，總不如若士此劇，遥遥接武顧玉山詩：「西署郎官面如玉，新聲瀉出春風情。」』移以贈之恰合。

第二齣　言懷

【真珠簾】（生上）河東舊族，柳氏名門最。論星宿，連張帶鬼。幾葉到寒儒，受雨打風吹。漫説書中能富貴，顔如玉，和黄金那裏？貧薄把人灰，且養就這浩然之氣。

〔鷓鴣天〕刮盡鯨鼇背上霜，寒儒偏喜住炎方。憑依造化三分福，紹接詩書一脈香。能鑿壁，會懸梁，偷天妙手綉文章。必須斫〔一〕得蟾宫桂，始信人間玉斧長。小生姓柳名夢梅，表字春卿，原係唐朝柳州司馬柳宗元之後，留家嶺南。父親朝散之職，母親縣君之封。（嘆介）所恨俺自小孤單，生事微渺。喜的是今日成人長大，二十過頭，智慧聰明，三場得手。只恨未遭時勢，不免飢寒。賴有始祖柳州公，帶下郭橐駝，柳州衙舍，栽接花果。橐駝遺下一箇駝孫，也跟隨俺廣州種樹，相依過活。雖然如此，不是男兒結果之場。每日情思昏昏，忽然半月之前，做下一夢，夢到一園，梅花樹下，立著箇美人，不長不短，如送如迎。説道：『柳生，柳生，遇俺方有姻緣之分、發迹之期。』因此改名夢梅，春卿爲字。正是夢短夢長俱是夢，年來年去是何年。

【九迴腸】雖則俺改名换字，悄魂兒未卜先知？定佳期盼煞蟾宫桂，柳夢梅不賣查梨，還則怕嫦娥妒色花

〔一〕斫，底本作『斫』，據意改。

頹氣，等的俺梅子酸心柳皺眉，渾如醉。無螢鑿遍了鄰家壁，甚東墻不許人窺！有一日春光暗度黄金柳，雪意衝開了白玉梅。那時節走馬在章臺内，絲兒翠、籠定箇百花魁。雖然這般説，有箇朋友韓子才，是韓昌黎之後，寄居趙佗王臺。他雖是香火秀才，却有些談吐，不免隨喜一會。

門前梅柳爛春暉。張窈窕　夢見君王覺後疑。王昌齡

心似百花開未得。曹松　托身須上萬年枝。韓偓

第二齣 《言懷》批語

北魏胡叟，既善爲典雅之詞，復工爲鄙俗之句。侵賊李杜，末及鄙黷，世傳誦之，以爲笑狎，是玉茗此書來歷。評家甚多，惟山陰季重尚書『提動髑髏之根塵，拽開傀儡之面孔』二語，似知其解。自有此書，世間無一褻艷語不可入詩詞者。然玉茗固從元人『錦衚衕鶯招燕請，玉交枝柳送花迎』『安樂行窩，風流花磨，一點紅香錦胡洞』『真個是眠花卧柳，紅灼灼花明翠牖，翠絲絲柳拂青樓』『旋窩兒粉香都是春，誰跳出迷魂寨，麵糊盆』等句悟出，真元人所謂『才華壓盡香奩句』，字字清殊也。

是書之名《牡丹亭》，從飛卿『雨後牡丹春睡濃，高低深淺一欄紅，把火殷勤照露叢。希逸近來成懶病，不能容易向春風』一首悟來。其名此生以『柳』，從浩然『春情多艷逸，春意倍相思。愁心極楊柳，一動亂如絲』得來。楊『柳』倒看乃似男根，出陶穀《清異録》。柳頗似比邱頭，俗名漏春和尚。『星』喻垂星。『鬼』喻獰狀。『幾葉』喻人皆從葉中出也。『雨打』喻女根於男。『風吹』喻男根於女。有人在樓下，論男根，或曰筋，或曰氣。王陽明在樓上曰『氣』，的是。是此『養氣』二字出處。又元人有『養三寸元陽氣』語。浩然之氣，元曲已見。『背霜』喻男根垢。『炎方』喻女根也。『三分』同意。『天』喻高處。『蟾』喻女根。『桂』喻男根。『斧』喻女根。『孤單』又喻男根。『微渺〔一〕』嘲不嫪輩。『三場』之喻與三分同。『橐』喻腎囊。『駝』喻男根不振。『廣州』則嘲女根。『美人』指女根言。『不長不短』二句，女根妙贊。『短長』『來去』字俱喻男根。『眉』以喻豪。『黄金』之金代筋。『夢梅』猶言夢泄。『梅子』將喻莖端。『雪梅』喻精，『走馬』喻動。『香』喻一枝，『火』喻熱性。『趙佗』猶橐駝意。趙者翹也。『托身』喻雌乘雄。『年枝』仍喻男根。

柳杜姓俱從木，一片春消息也。潘岳清穎絶世，秀出人表。『柳』郎固須穎超千古，秀擢萬方。

北魏太祖見王憲，曰：『此王猛孫也。』《魏書》：劉聰以漢有天下世長，乃推尊劉禪以從民望。《北史》論曰：『魏收《魏史》，意存實録，好詆陰私，失在親故之家，一無所説。』崔綽爲郡功曹，乃爲傳首。楊愔亦是收親，謂收曰：『但恨論及諸家枝葉親姻，過爲繁碎，與舊史體例不同耳！』收曰：『中原喪亂，譜牒略盡，是以具書。』開口一句『河東舊族』，便是胸有全史人，他作者都不爾。何以見其用史法？如唐相王徽，羆十世孫。王鐸，播姪。盧携、鄭畋並李翺甥之類，不一而足。按解人『柳』恭以秦趙亂，徙居汝潁間，四世孫習據州歸魏。姪帶韋，身長八尺三寸，姪孫述繼，尚隋蘭陵公主，數於文帝前面折楊素。述從弟謇之，身長七尺，兒時周齊王憲遇之於途，異而與語，又善飲譃，由是每陳使至，輒令接待。侍送隋宗女於吐谷渾，又送一宗女降突厥。隋煬於襄陽柳誓，猶恨不能夜召，至爲偶人，月下與之酬酢。

『論星宿』精氣在天也，既青史書名之族，亦瑤天著籍之宗。幾葉切『柳』，雨打風吹亦切『柳』。幾葉到

〔一〕渺，底本作『眇』，據前文改。

寒儒，受雨打風吹，則雨巾風帽，四海誰知道，非方干所云『高門世業有公卿』比矣。

玩子雲之書，勝於居千石之官；挾君山之册，勝於積猗頓之財。豈知今日日敝手口收淺目者，一日之直，未有如文字一途没溺人之甚者，故曰：『漫説書中能富貴。』

和凝『不是當年扳桂樹，争能月裏索嫦娥』，是書中有女『顔如玉』。玉果出於此中，則亦烏可已也。『黄金』吾何愛焉，亦以相此玉質，似不可廢耳。

魏文帝云：『「貧」賤則懾於饑寒，富貴則流於泆樂，遂營目前之務，而遺千載之功，斯亦志士之大痛也。』『是貧』富雖殊，其『灰』一矣。《潛夫論》：匡衡自鬻於保徒者，家貧也。『貧』既若彼而能勤精若此者，秀士也。景君明不出户庭，得鋭精其學而昭顯其業者，家富也。富佚若彼進學若此者，才子也。乃知『灰』不『灰』，存乎其人，若必窮而後工，則孟德父子幾爲傖父矣！

陸子静云：『幸無科舉之累，資業又足以自養。』蓋講求之，況有此累，又貧薄乎！『貧薄把人灰』，老蘇所謂夫士習爲貧賤之所摧抑，仰望貴人之輝光，則爲之顛倒而失措。一爲世之所棄，則以爲不若一命士之貴，而況以與三公争哉？誰能音吐傲然，若無所睹？北齊刺史李元忠夢持火入父墓，占曰：殆將光照先人也，而『灰』者十九矣！

志不强者智不達，文章有能有不能。不能者囚氣鎖詞，能者肉視虎狼，則『氣』尚焉。工文而不遇，或者氣不振也，氣足則其光燁矣，斯『養』尚焉。『汝學爲文莫纖麗，須是渾渾有古氣，本源要在養諸中，不然恐汝爲時輩』，亦别一説。

看他發端既遒，又逢壯采，竟有『山爲墨兮磨海水，天與筆兮書大地』，纔能略展狂生意氣象儼。楊陳所云：『絶世超倫，大位未躋。』退之所云：『磊落軒天地。』子瞻所云：『其絶人甚遠，將必顯於世者。』示深情一往，不必皆癡迷夭折，一等往生。

『寒儒偏世住炎方』，爲普天下熱人寫照。

『鑿壁懸粱』苦思振奇，不屑爲苟同，泛求優孟之形似也。

孟浩然學不爲儒務，掇菁藻，文不按古，匠心獨『妙』。《北史》：薛道衡弟瑜不爲大文，陸機學不常師，心鏡群籍。理不啓問，情照諸密，何必大哉！乃兄之『空齋踏壁苦沉思』，今竟未見其『妙』處。錦綉詩篇照天地，非敲出鳳凰五色髓不可。『偷天妙手綉文章』，便有鄭谷『自愛篇章古不如』意，非僅新音百變巧如鶯也。昌黎文起八代，於駢偶宜不屑爲，而其《滕王閣記》自謂名列三王之次有餘耀焉。貞淑之女，固不厭於容華，衛莊姜、班婕好何嘗不丹華而靡曼，是『綉』之説耳。文章匿彩，亂世之徵，『綉』之亦烏可已也。惟明時性學尤通顯，却悔從初業小詩，則鷹隼乏采，翰飛戾天，若不知『綉』爲何物也。《南史》文學傳論：文章者，性情之風標，游心内運，放言落紙，莫不本以性靈，因乎愛嗜，賞悟紛雜。機見殊門，下筆殊形，出言異句。《北史》文苑序：瀰淪百代，歷選前英。魏世律調頗殊，曲調遂改，辭罕泉源，言多胸臆。温子昇輩綜采繁縟，興屬清華。大抵河朔清剛重乎氣質，簡文、湘東啓其淫放，徐陵、庾信，文匿而彩。論曰：位下人微，居常何能自達？而千載之下，貴賤一焉，非此道也，曷云能致？或『妙』而非『綉』，或『綉』而未『妙』。戴復古謂放翁『等閒言語變瑰奇』，坡云『數詩往往相感發，汲新除舊寒光開』，又『好詩衝口誰能擇？俗子疑人未遣聞。乞取千篇看俊逸，不教輕比鮑參軍』。『妙』矣，未是『偷天』。《南史》彈瑯琊顔延之者曰：心智薄劣，而高自比擬。容氣虛張，呼曰顔彪。嘗問鮑照：『謝靈運詩與我優劣？』曰：『謝如初日芙蓉，自然可愛，君亦鋪錦列綉，雕繢滿眼。』徒『綉』固無妙處。南齊高祖孫子顯，身長八尺，爲梁侍中，作晋書製作，皆其自來，不以力搆。吴郡張融，神解過人，曰：『吾文體英變，由神明洞徹。文無常體，以有體爲常。』又曰：『恨我不見古人，又恨古人不見我。』齊高帝曰：『卿書恨無二王法。』曰：『亦恨二王無臣法。』此『手』可許『偷天』。宋順陽范曄曰：『吾爾來文轉爲心化，爲文當以傳意爲主，則其旨必見，亦由無意於文名故也。吾《漢書贊》殆無一字空設，諸細意甚多，自古體大而思精未有此也。世人貴古賤今，不能盡之。』史家以曄自序並實故存之。河東裴子野仕南齊，五鼓勅撰元乂書，五鼓便成。曰：『人皆成於手，我獨成於心。』此『手』亦許『偷天』。鳳洲謂堯夫亦有會心處，而沓拖種種，如薦江瑶柱，佐葡萄酒，而餒魚敗肉，梟羹蛙炙，雜然而前進，將掩鼻抉喉嘔噦之不暇。又『綉』又『妙』，又解『偷天』，豈易言哉！宋王僧朗學解深拔，文情鴻麗，解『妙』宜乎文『綉』。梁剡人王僧辨，爲文多用新事，亦易於『綉妙』之一法。

坡詩：『當時謫仙人，逸韵謝封畛。餘波尚涓滴，乞與居易稹。』李白《送仲弟序》：『嘗目吾曰，兄心肝五藏皆錦「綉」耶？不然何出口成文也？』人猶謂甫不能絶句，白不能律詩，使果『偷天妙手』，則亦何往不『綉』耶？夫所使之事易知，所運之巧相似，不睹空靈，鮮能殊創，何以故？非『妙手』故。故究其琢句之長，先審其造情之本。庚子山學擅多聞，思心委折。事必遠徵令切，景必刻寫成奇，無言不警，迥殊常格，絶非矜容飾貌者所能擬似。理窟談叢之内，菁華益鮮，遂操狂簡之筆，較之山谷謂『王晋卿詩爲番「錦」』，固當有間。

制舉非惟不足以成天下之才，又從而困苦毁壞之，所謂垂蝸蛭之餌，冀吞舟之魚。象山謂：决去世俗科名之習，如棄穢惡，則此心靈，自仁自智自勇。咸通中，賊殺進士，曰：『亂我謀者，此青虫也。』而魚玄機：『翻恨羅衣掩詩句，舉頭空羡榜中名。』亦以『必須蟾宫，人間始信』爲可嘆耳。《河圖·稽耀鉤》以及第爲折月桂，代人語也。貫休：『直須「桂」子落墳上，生得一枝冤始消。』司空圖：『春風漫折一「桂」，炳閣英雄笑殺人。』未知孰是。

王元美云：『且管生前身後，浮萍最可憐。』然昔人又云，『「柳」把一春都占盡，似與東君别有因』，不及『楊花落還起，闌入香房裏』矣。『撩亂芳情最是君』，以人比『柳』不如以『柳』比人之妙。『小生姓柳』所謂張緒當年，亦龔芝麓先生『今生願作當門「柳」，睡損妝臺左右』意邪？

《宋史》：吴育，『字春卿』。《唐書·柳宗元傳》宗元言：『僕昔進速，安免世之求進者怪怒，宜今益罯僕以自迷援引之路，豈令孫復欲家置一喙，以自稱道耶？』有與京兆尹許書，自言：『得姓以來二千五百年，代爲冢嗣，未有子息，荒陬中少士人女子，無與爲婚，使得少北就婚求嗣，則冥然長辭，如得甘寢。』得志時年三十三，卒年四十七，未聞其有後也。柳人以男女質錢，子本均則没爲奴婢，宗元設法贖之，及卒懷之。託言：『降於州之堂，人有慢者輒死。』又言：『神志荒耗，前後遺忘，終不能成章。』『讀古人一傳數紙，則再三伸卷。復觀姓氏，旋又廢矣。然不得志於今，必取貴於後。』古之著書者是已。宗元實欲務此，宜玉茗託其子孫以著書乎！

稽叔夜云：『智士鉗口，雄人蓄氣，湮銷丘里，豈一人哉？　五霸與我齊智，我曾無閭里之聞。』『未遭時勢』，可憐乃爾。

『十八年來墮世間，多情情寄阿誰邊』，所以『每日昏昏』。

北魏寇贊夜『夢』陰毛拂踝，占曰『豪盛』。於齊下大業時，扶風桑門海明爲幻術，人有歸心，輒獲吉『夢』。『長江不見魚書至，爲遺相思「夢」入秦』『惟有「夢」中相近分，却持殘「夢」到他家』『抵死尋春不自憐，「夢」中猶上暗門船』『惟有蛾眉消得死，等閒「夢」著也成歡』。安得造化勞我以覺者，娱我以『夢』乎？

七寸毛錐，驚散九天風雨。三場文字，博來幾代榮華。一生氣力，總爲『姻緣之分，發迹之期』八字所使，思之一笑。

『改名换字』，古多奇事。《南史》：宋文帝喜王僧朗子彧風貌，遂以彧名明帝，而爲明帝娶其妹。武帝第五女新安公主，先適太原王景深，離絶遂以配彧。《北史》：周徐州總管梁士彦子名操，字孟德。南齊姓皇者名太子，齊高改爲大子。宋文帝后姪袁粲慕荀奉倩，遂改名粲，字景倩。桓彝生子，温嶠試其啼聲，遂名爲温。劉豫父名翹，韓延之乃名子爲翹。某惡張邦昌，以邦昌名婢。

齊景公曰：『寡人有千歲之食，而無百歲之壽，姑樂乎！』隋盧思道云：『人生百年，脆促已甚。奔駒流電不可爲詞。悠悠遠古，斯患已積。而有識者少，無識者多。』朱文公會鵝湖，曰：『只愁説到無言處，不信人間有古今。』『夢短夢長俱是夢，年來年去是何年』二句，即《大藏經》所謂：無有時定處定，衆生情妄戲論。世界無有長短之相。嗚呼！人生一世間，貴與所願俱。憑將無益事，娱此有涯生。『姻緣』『發迹』，率此意耳。羲之《蘭亭記》：『當其欣於所遇，暫得於己，快然自足，不知老之將至，而終期於盡，豈不痛哉！固知「一死生」爲虚誕，「齊彭殤」爲妄作。』則固歸佛而非莊矣。

《梁史》：張敷名『樝』，父邵名『梨』，蓋吴人事。梁武戲曰：『「樝」何如梨？』曰：『梨百果宗，樝何敢比？』其實樝、梨出方朔《神異經》，其子徑三尺，剖之少瓤者也。

唐詩：『桂花詞意苦丁寧，唱到嫦娥醉便醒。此是世間腸斷曲，莫教不得意人聽。』是『等得眉皺』者所爲。康海云：『窮通細夫事，安可訾老莊。』『頳氣皺眉』，原不足觀。老泉曰：『人固有才智而不能爲章句名數之學者，苟一之以進士，是使奇才絶智，有時而窮也。』易於舒眉，反讓樝梨一輩。

『領受「嫦娥」一笑恩』亦色情語耳。稼軒詞：『把酒問「嫦娥」，被白髮欺人奈何。』似素恃嫦娥之愛，故爲爾語。『還則怕嫦娥妒色花頳氣』，巧思七曲，花謂所夢之人，若嫦娥因妒夢中之人，而遂遷禍於夢中人所屬意之人，則我雖被欺，彼亦不管矣。

『可憐白髮早相尋，隔「墻」人笑聲。』『甚東墻』甚字，從『鑿遍鄰壁』來言，段成式雖云『東鄰墻短未曾窺』，我則疑汝有甚可窺。『不許人窺』，既已鑿壁遍窺，皆是尋常稔色耳。與《西廂》『顛不剌的見了萬千』同意。與尋常稔色誰沾籍，只欺我不分外的書生，欺别個相應。棠村詞：『隔「墻」笑語，却疑春色都在「鄰家」。』自是未曾鑿壁者。宋玉爲温柔之祖，而曰：『天下之美，無如臣里，臣里無如東家之子。』何其隘也。劉文叔陰麗華亦嫌近取，幾與阿大中郎，封胡遏末，同受心淺易悦之譏。

石屏詩：『楊柳門墻易得春。』既有承受『春光』之具，正不愁不『暗度』也。惟慮蒲質早秋則亂，柳蕭蕭難去住耳。『無花不受春風醉，獨思「籠定百花魁」』。度量相去，豈不遠乎？

鳳洲謂退之於六經之學甚淺，而於佛氏之書尤鹵莽，他彈射亦不能皆中的。然柳氏通家莫如韓矣。

東坡七歲，程太夫人親授以書。十歲，老蘇令擬歐公《謝賜帶馬表》。送晁美叔詩：『我生二十無朋儔，當時四海一子由。』『莫道無相識，了非心所親。交遊盡縫掖，無可憑心期。』兄弟之佳者，方可當『朋友』，朋友二字固不輕與。

《唐書·杜正倫傳》：自所教非所用，所用非所教。而太學不過聲利招徠，子衿不過記誦帖括。是以擾攘之國，剛明之君，視學校若敝屣斷梗。即唐太宗輩，亦不過鋪張顯設，以爲美觀。士之能自異者，乃反不願於學。晁無咎曰：『士生斯世，亦自爲才而已矣。』又曰：『夫人才豈有流品之異哉！』李德裕本宰相子，不喜與諸生同試，有司以蔭補校書郎。歐陽公子，不願爲制舉業。『雖是香火秀〔一〕才』，便有措大多於鯽魚之惱。

陳後主使張譏豎義，麈尾未至，即取松枝屬之，南齊彭顯達謂子曰：『麈尾是王謝家物，汝不須捉。』客問王氏兄弟優劣，謝安曰：『小者佳，以其言少，故知之。』謂獻之也。袁小修云：『不飲而酣適，不歌舞而暢快，乃真朋友之樂，然非淡與奇相值不能爾。』故與其讀書，必心千秋而不迂者，冥心而不妄解者。是以賈誼云：『見教一高言，若饑十日而得太牢焉。』視竊儒冠而日憒憒然者去之。『有些談吐』，固爲難得。

〔一〕秀，底本作「香」，據劇詞改。

嘗謂阮籍、孫登，『商略終古』，終字妙甚。不曰千古而曰終古，必後來人理應有多少新奇變換至奇至平之事也。『我懷如痞，君懷幾許。登堂直視，無心可舉』，亦正以終古難商略耳。

《三國志》陽翟趙儼與杜襲、繁欽，通財同計，合爲一家。魏陸畬，自謂官職不足以勞國士，不仕。崔浩家事必諮畬取定。趙郡李士謙與博陵崔廓友，謙妻范陽盧氏寡居，每有家事，輒令人諮廓取定。宋徐州韓億、李若谷未第時，每更爲僕，李先登第，授主簿，赴官自控妻驢，韓爲負一箱，將至縣，篋中止有錢二百文，以其半遺韓，相持大哭而別。後仕皆至參政，婚姻不絕焉。人生不可無此『朋友』。劉琨、祖逖雖至好，而逖勝琨萬倍，名爲朋友，非朋友也。若劉宋向柳與顔竣友，竣貴猶不推先之，曰：『我與士遜心期久矣。』及涉事誅，竣竟不救之，則與唐實君所云：『伸喙餘三尺，臨文無半解，奪利腦競監，爭門臂各搤。』盧思道所云：『美言諂笑，助彼愉樂。詐泣佞哀，恤其喪紀。阿黨比周，掃地俱盡。輕薄之儔，滅影竄跡。』李德裕所云：『良士者，以澹水相成，虛舟相值。一遇患難，便託明哲，則孰若劇孟、朱亥者？其不可與交「談」均矣。』王導參軍聞喜郭璞性好色，曰：『吾所受有本限，用之惟恐不盡。』素與桓温父彝友善，桓每造之，或值郭在婦間，便入。璞曰：『卿來他處，自可徑前，但不可廁上相尋耳。』若『談吐』鄙俗一輩，豈堪令至婦間，僅可相尋廁上。

『心似百花』，作者自喻其艷想無邊無量。『開未得』艷想既叢穰如此，不似君王安得舒展此心之目耶！

第三齣　訓女

【滿庭芳】（外上）西蜀名儒，南安太守，幾番廊廟江湖。紫袍金帶，功業未全無。華髮不堪回首。意抽簪萬里橋西，還只怕君恩未許，五馬欲踟躕。

一生名宦守南安，莫作尋常太守看。到來只飲官中水，歸去惟看屋外山。自家南安太守杜寶，表字子充，乃唐朝杜子美之後。流落巴蜀。年過五旬。想廿歲登科，三年出守，清名惠政，播在人間。內有夫人甄氏，乃魏朝甄皇后嫡派。此家峨嵋山見，世出賢德。夫人單生小女，才貌端妍〔一〕，喚名麗娘，未議婚配。看起自來淑女，無不知書。今日政有餘閒，不免請出夫人，商議此事。正是：中郎學富單傳女，伯道官貧更少兒。

【繞地遊】（老旦上）甄妃洛浦，嫡派來西蜀，封太郡南安杜母。

（見介）（外）老拜名邦無甚德，（老旦）妾沾封誥有何功。（外）春來閨閣閒多少，（老旦）也長向花陰課女工。（外）女工一事，想女兒精巧過人。看來古今賢淑，多曉詩書。他日嫁一書生，不枉了談吐相稱。你意下如何？（老旦）但憑尊意。

〔一〕妍，底本作『研』，誤。

【前腔】（貼持酒臺，隨旦上）嬌鶯欲語，眼見春如許。寸草心，怎報的春光一二。（見介）爹娘萬福。（外）孩兒，後面捧著酒肴，是何主意？（旦）今日春光明媚，爹娘寬坐後堂，女孩兒敢進春觴，以祝眉壽。（外笑介）生受你。

【玉山頹】（旦送酒介）爹娘萬福，女孩兒無限歡娛。坐高堂百歲春光，進美酒一家天禄。祝萱花椿樹，雖則是子生遲暮，守得見這蟠桃熟。（合）且提壺，花間竹下，長引著鳳凰雛。

（外）春香，酌小姐一杯。

【前腔】吾家杜甫，爲漂零老愧妻孥。（淚介）夫人，我比子美公公更可憐也。他還有念老夫詩句男兒，俺則有學母氏畫眉嬌女。（老旦）相公休焦。倘然招得好女婿，與兒子一般。（外笑介）可一般呢！（老旦）做門楣古語。爲甚的這叨叨絮絮，纔到的中年路。（合前）

（外）女孩兒，把臺盞收去。（旦下介）（外）叫春香。俺問你：小姐終日綉房，有何生活？（貼）綉房中則是綉。（外）綉的許多？（貼）綉了打綿。（外）甚麽綿？（貼）睡眠。（外）好哩！夫人，你纔説『長向花陰課女工』。却縱容女孩兒閒眠，是何家教？叫女孩兒。（旦上）爹爹有何分付？（外）適問春香，你白日睡眠，是何道理？假如刺綉餘閒，有架上圖書，可以寓目。他日到人家，知書知禮，父母光輝。這都是你娘親失教也。

【玉胞肚】宦囊清苦，也不曾詩書誤儒。你好些時做客爲兒，有一日把家當户。是爲爹的疎散不兒拘，道的個爲娘是女模。

【前腔】(老旦)眼前兒女，俺爲娘心蘇體劬。嬌養他掌上明珠，出落的人中美玉。兒呵，爹三分説話，你自心模，難道八字梳頭做目呼。

【前腔】(旦)黄堂父母，倚嬌癡慣習如愚。剛打的鞦韆畫圖，閒榻著鴛鴦綉譜。從今後茶餘飯飽破工夫，玉鏡臺前插架書。

(老旦)雖然如此，要個女先生講解纔好。(外)不能勾。

【前腔】後堂公所，請先生則是黌門腐儒。(老旦)女兒呵，怎讀遍的孔子詩書，但略識周公禮數。

(合)不枉了銀娘玉姐只做個紡磚兒，謝女班姬女校書。

(外)請先生不難，則要好生館待。

【尾聲】説與你夫人愛女休禽犢，館明師茶飯須清楚。你看俺治國齊家也則是數卷書。

往年何事乞西賓。柳宗元　主領春風只在君。王建

伯道暮年無嗣子。苗發　女中誰是衛夫人。劉禹錫

第三齣 《訓女》批語

『西蜀』川也，即三分門户之物也。『廊』喻兩邊。『廟』喻深宇。長而瀉水曰『江』，圓而蓄水曰『湖』。金帶之『金』代筋，本《輟耕録》。嘉興俞俊占籍松江，娶也先普化女。化長兄死，妻長嫂，次兄死，又妻嫂。俊祭聯云：『清夢斷柳營風月，菲儀表梓里葭莩。』柳營暗藏亞夫二字，菲儀謂菲人，表梓謂表子，葭莩代皆天法。『紫袍』易明。『華髮』喻二毛。『抽簪』喻男事。『君恩未許』喻男欲罷而女不能。『安』字爲女穴二字，女穴無不面『南』者。『莫作尋常太守看』，欲人知其喻意也。『飲官中水』非謔而何？『充』實則有光輝，『充』實而有光輝之謂大，則能隨處『充』滿，豈非女人肚中之『寶』乎？ 此『子充』即養就浩然之氣意。『子美』妙，充實之謂美。『此家峨眉山見』，即《寫真》折春色在眉灣之眉，喻臍下豪。『端妍』妙，或高或下或偏皆爲不端，簾兒不瑩，邊欄不小，皆爲不妍。『洛浦』喻水窪也。『大郡』譏嘲婦道。『封』字俱妙，宋人有『夫人生三子，寬定宕』之笑。『閨閣』二字亦喻女根，花上有覆毛故曰『花陰』。女人專供御幸，故喻此事以女工。『精切過人』一笑，即漢武宫中挾婦人媚術者甚衆之説。世間確有終日習其事，而終年不知其術者。『官語』即溜的圓意。『眼見』喻花在眼，又言此物若不以眼見，不能辨其妍媸。『寸草』喻毛。『怎報的春光一二』爲古今男子萬古抱歉。『進美酒』喻邈入其中。『萱花』喻女根。『椿樹』喻男根。『提壺』喻腎囊。『竹』亦直幹，即椿樹意。『臺盞』即《南柯》『人樣的蓮花肉作臺』意。『娘是女模』，爲此物一笑，故有

「嫁女偏增阿母羞」之句。「家户」字亦喻女根。「拘」字亦謔。「眼前」指女根言，則心蘇句可一笑。「掌珠」喻男莖端，「出落」字同。「爹三分説話」告人以無數説話皆暗喻三分門户處也。「自心」喻花心。「八字梳頭做目呼」即眉月雙高意。「倚嬌癡慣習如愚」喻女根不能動，又天下女雖更急，曾不求男。慚愧鞋兒謎是「秋千畫圖」。「鴛鴦綉譜」喻女根兩半。「玉鏡」喻女根合時。「女先生講解」喻意謔絶，又欲人解其所喻也。「後堂」喻後庭。「公所」喻前陰。「黌門腐儒」喻男根。「清楚」二字又喻女根之妙全在此。

《北史》巴蜀好道，尤尚老子之言，又風俗豪侈，所好尚奇偉譎怪。成都一方之會，風俗舛錯。乃今自謂「名儒」，到底要走徽國熟路，借他鼻孔出氣，方纔於閭里間有語話分。聖智貴潛行，無使大盗假。象山謂仁義等是杜撰名目，使之持循。鳳洲謂老子絶仁棄義，民復孝慈，是絶其名復其實。又謂惟東坡似不曾食宋粟者，自謂「名儒」，正象山所謂，凡有血氣，皆有勝心。方其蔽時，雖甚不足道，猶將挾以傲人。把做一事張大虚聲，「名」過於實，起人不平之心，是以被人深排力詆。自縫掖其衣者，以經文自藩飾，闒冗委瑣朋比，以致尊顯莫知紀極。聃周之徒，恣睢其間，摹寫其短，以蔪病周孔，躪藉詩禮，亦其勢然也。一種無知庸人，難於鐫鑿，事楊朱則鈍置楊朱，不知其爲師者，亦誠冤也。蓋智慮淺短，精神昏昧，重以聞見之狹陋，漸習之庸鄙故耳。又謂氣庸質腐，膠於庸猥之説，利害之來，心茫無據，疲神勞思。求通經學古，而内無益於身，外無益於世，所謂學問者，乃轉爲浮文緣飾之具。聲光舊塞天壤破者，豈皆實有功業？「功業未全無」，要斂衽向楊四姊之類耳。

杜牧之：「清時有味是無能，閒愛孤雲静愛僧。待把一麾江海去，樂遊原上望昭陵。」有怨望之意。元曲：『赤緊的好難尋「紫袍金帶」。』此『一生名宦』云云，是自滿之言。

『杜甫』忤嚴武。武，鷙狠人也，便執戮之，親出行刑。太夫人奔救乃免。甫後至青陽，令餉以酒脯甚厚，大醉，一夕腹脹卒，與賈島食牛肉死，同一可怪。自託爲後，亦與託季壽李勢者齊智。『綿綿芳籍至今聞，眷眷通宗有數君』，調侃世人不淺。南北朝時沿晉餘習，專重姓望，非漢魏以來世有公卿者不尚，以通婚雜户爲耻，及其虜辱於戎卒也，得賜勳豪爲妾媵，猶屬幸事。執相叙族，亦蛙見也。

夫人『甄氏』由來，杜甫念山妻矣。梁武謂薛懷景：『「此家」在北，富貴極不可言。』北齊楊愔曰：『河東京官不少，惟此家全無鄉音。』阮亭題女綉洛神：『欲寫陳王舊時恨。』羨門：『腸斷東阿，才子一賦，千秋悲愴。』陳王賦：『峨峨高髻，轉目流睛，華容穠艶，令我忘餐。』王衍美貌，山濤見之曰：『何物老嫗生寧馨兒？』田成子選民間女七尺以上者數十人入閤内。晉武帝博選良家，先下詔禁天下嫁娶，使其后華陰楊艷揀擇，后惟取潔白長大。其端正美麗者並不見留，人謂是妒，不知稔知帝意也。觀帝欲爲太子納魏瓘女，曰衛家『種賢而多子，美而長白』可知。且如衛玠異禀所由。煬帝亦取長白女子牽舟。魏郡馮勤，祖長不滿七尺，乃爲子沉娶長妻，生勤長八尺二寸，仕光武至司徒。勤母年八十，每會見，詔勿拜，令御者扶上殿。勤子順，尚明帝女平陽長公主，順子復尚章帝女安平公主。魏陸琇母赫連氏身長七尺五寸，甚有婦德。齊陸彰妻藍田公主，魏咸陽王禧女，莊帝親之，略同諸姊，高明婦人也。出子卬等六人，邢卲謂是藍田生玉。司馬懿兄朗，年十二，試童子郎，監試者見其身體壯大，疑匿年，朗曰：『朗之内外，累世長大。』古男女排名者，趙郡李希宗男祖勳、祖昇、祖欽，女高洋后祖娥。宗父子容貌瑰麗，其後諸房子女，多有才貌。王渾妻鍾，魏太傅繇孫也，生武子，後爲帝婿。渾欣然曰：『生子如此，足快人心。』而鍾笑曰：『使新婦得配參軍，生兒固不啻如此。』世乃稱鍾夫人。禮何也？凡婦女以帝族后族爲貴，故周重姬姜。太真姊妹四人，皆豐碩修整。羅隱云：『長大妍麗豐足，殊不似下賤物。』楊慎謂：『艷爲豐色，必出於膏腴甲族。』蓋女富溢，尤『娶妻須娶陰麗華』。陰實巨富，輿馬僕隸，比於邦君也。人説高樓惟居西比，豈徒粗比薛公人奉魁然之號哉！『杜』實出於陝，『柳』實出於晉，非以比地土平氣均不生怪異之物，故寫作蜀廣人。王金壇揚州買妾詩：『尊萱真是美人圖，但問卿卿似母無。』晋南康長公主見蜀李勢妹曰：『我見猶憐。』勢身長八尺，腰十四圍，妹亦壽子，必非么麽小醜可知也。烏三寫而成焉，狗類玃，玃類猴，猴類人，人之於狗則遠矣。英特者之後，貌漸猥寢，其易面以漸而不自知者，率由未擇母氏之骨相也。

『杜麗娘』三字，從陰麗華之名觸得，即花娘也。肚中有花，豈不『麗』乎！又肚裏娘也，知好色則慕肚裏花，甚於慕其母，豈非肚裏娘乎。肚麗娘婢，即名春香，文心尤其妙絶。蓋男女之事，知觸法味者有之，知色聲香者甚少。名曰麗娘，能用目矣，繼以春香，鼻觀隨成，合溜笙歌等句觀之，即此一名，非真正知音才子，不能下。不如是解，則杜柳二人，只是恒沙世界中一男一女，既如是解，則杜柳二人，乃合百千萬億身而爲一身，舉天地之大，古今之遠，史册所彙，記載之外一切風情公案，無不捺入此一傳中。其言驚夢，喻所遇雖極嫪戀，事過便難憶，特只是一夢境耳。其言尋夢，則喻世人於此一事，至再至三，殊未肯已者，無非欲尋前此之樂境。其言回生，喻思之不得，形萎心灰，宛然是一死人。然形骸固未嘗壞，二根豈能廢之。較作只爲才子佳人打合解者，其意趣之深淺，寧復可以道里計也。又肚裏花屬肝魂事，故爲土中之木。

『毋甄氏』雖取甄陶兩瓦之意，然曹家父子兄弟所同愛也。唐回紇可汗既婚肅宗幼女寧國公主，復爲其子求婚，乃以僕固懷恩女嫁之。後嗣位，册爲光親麗華可敦，亦妙。《宋史》回回没孤公主、『寶』物公主，各遣貢，寶物之名亦奇。

盧照鄰：鄴中新體，共許蕭散風流；江左諸人，咸好瑰姿艷發。是以貌之『麗』喻才之『麗』一証。又穠華惟用美王姬，唐太宗后弟長孫太尉，嘲歐陽率更：『聳膊成山字，埋肩畏出頭。誰言麟閣上，畫此一獮猴。』詢酬之曰：『索頭連背暖，漫襠畏肚寒。惟其心混混，聽以麵團團。』帝聞之曰：『詢此嘲不畏皇后耶？』則知昭陵亦豐勝者。讀人中美玉一句，悟選色法，蓋玉方數天方爲至寶。讀《素問》脂人膏人兩段，方知有肥醜人，無瘦美人。佛經云，如一端嚴媱女，妙極。吕賓馮武，决不似市頭門側，托腮咬指之態，惟梁湘東《金樓子》則爾，故其國旋亡也。穆姜云，棄位麗姣，姣字亦妙。欲人盡歡，則不得不作態媚人也。

顧况：『却向人間求好花，頭面端正能言語。』『端』也。秀色似堪餐，穠華如可掬，乃爲『妍』也。齊王謂無鹽曰：『寡人左右皆冶麗靚雅，膚如玉雪。』寶媛箋妙莊嚴之美女。『麗』之一字，必須玉雪而兼冶，靚雅莊嚴而兼妙，惟樂天『穠姿貴采信奇絶，美人一雙閑且都』，差可形容。人傳飛燕瘦，豈聳膊成山者？不過體輕腰弱，善行步進退，體豐而不覺耳。昭儀『弱骨豐肌，尤工笑語』，亦豈漫襠連背者？狎客咏麗華『璧月夜夜滿』，曼碩也；『瓊樹朝朝新』，修目也。二者缺一，皆非極『妍』。

既已獨立無雙，又必横陳第一。《天問》『平脅曼膚』，《七啓》『肥豢膿肌』，《國策》『長姣美人』，《詩經》

『孔曼且碩』『碩大且儼』『洵美且都』。佛經：『妙色身如來，廣博身如來，勝福資識則相大，劣福資識則相微。』《月令》六月養壯佼。魏沈陵姿質妍偉，王維姿儀鮮偉。鮮妍兼偉，方爲奇『麗』，亦非瞽論也。『才貌端妍』四字，更非玉茗不能創出，端妍二字用有才上，尤麗絶矣。人貌如花，而解語勝花。其花貌也，其解語才也。故宋之問云：『閨門之秀才咸集。』無才則像生之花，非惟語之不解，並情態韵致，俱無所從出矣。《南史》：太康王廙曾孫裕之，桓玄妹婿。以不應玄召，歷宋尚書。年八十，左右常使二老婦人，著青紋褌，飾以朱彩，於兒孫歲不過一再見，未嘗教以學問，使接權貴。曰丹朱未應乏教，寧戚不聞被捶。唐宣宗詔選士人尚公主，于琮初擬尚永福公主，主食帝前，以事折七箸，帝知其不可妻士夫。更詔尚廣德公主，歷節度同中書，黄巢入京害之。『知書』之説，亦成套話。

樂天詩『倚得身名便慵懶』，更將『封誥』看重。

『談吐』不『稱』，人生第一苦惱。謝安謂：兄女道韞有雅人深致，爲夫弟獻之申己屈之論，客不能勝。既嫠〔一〕居，會稽太守劉柳請與談，先及家事，慷慨流連。柳退而嘆曰：瞻察言氣，使人心形俱服。韞亦謂，聽其所問，殊開人胸。真令我相思於千載之下也。

『常向春光開萬户，春風賀喜無言語』，得『嬌鶯欲語』四字，陡然畫出。

『眼見春如許』，則非憐春情性未分明者。幾多紅艷淺深開，『春如許』也。所『眼見』者，此日家家有新

〔一〕嫠，底本作『婺』，據意改。

態。所『欲語』者，誰道春風多氣力，瓊花依舊不曾開。

唐高宗太子納妃，太平公主出降詩『艷日濃妝影』以寫『明媚春光』，最妙。玉茗壽大母云：『底復清齋畫王母，我家原有魏夫人。』云生民不可忘本，幼時惟以大母腹爲藉，補博士弟子猶卧其肘。以是夜夢惟夢大母，私心不急於宦達。以是，斯爲『無限歡娱』，一家天禄耳。

『女孩兒無限歡娱』，想見一枝瓊樹上，紅氍瓊花開處，照春風之象，在乃父則『以彼無盡景，寓我有限年，春消不得處，只有鬢邊霜』。覺坡老『把酒惜花都是夢』之語，不予欺矣。

在文章有反擊，在人事有不料。周武謂楊素曰：『但自勉，無憂不富貴。』素曰：『臣恐富貴來逼人，臣無心求富貴。』又賜以策曰：『方欲大相驅策，豈知驅策富貴，皆不關公也。』可畏可畏。

『坐黄堂百歲春光，進美酒一家天禄』，所謂傀儡場中四并也。石湖詩『鶴髮鬖鬖堂上坐，兒孫稱觴婦供果。世間此樂幾人同，看我風前孤淚墮』，彼『兒女』者，方且自娱其桃，安知父所墮淚。

『蟠桃』虐謔，痛恨女兒之喜男，而歸罪天公，正是一部之骨。本是樹所生，再合不相著，故以之喻出嫁女，最妙。山谷咏荔『紅裳剥盡看香肌』，『蟠桃熟』時更不可想，女兒只認擘桃者，與後《硬拷》折『陽氣攻等相映成笑，爲不知釀蜜爲誰甜者一噱。又與末折『你得便宜人偏會撒科』，應爲無男單女人一笑，又爲一哭也。做女兒者，只心平討便宜人，待他推愛到那『守』蟠桃的，真是强弩之末了。况世有出狡儈陰陽之才，先施之其父其夫者。殊俗異聞：富貴家女皆二十而嫁，嫁十三四之婿，再嫁亦然。將聘必先與妻父同寢，驗其能爲人否。貧家女踰十歲即嫁，嫁與壯夫，再嫁則爲人妾，妻母令媒試婿，從隔壁窺之。『守蟠桃』

者之爲桃計，則殊辛苦矣。

英雄視命爲輕，視王霸爲重，只是圖他人兒女，任我受用。其欲有子，亦是姑爲衰惱備，所不知之人，後來亦被屠滅，原不計也。而或者不爾，則是昧其本。應若佛家但取嗣法，我輩只是被造化用了，替他做個生育之具，成他境界。果然「雛是鳳凰」，雌者亦復不厭。

主人是花娘，丫頭自然是「春香」。春香是花娘表字，名以春香，亦搜春摘花卉者所不饒也。武定府有温泉，至春則香，男女同浴。翁山云：「春來春不見，春只在香中。春與香無別，氤氳滿碧空。香外更無春，春是香所爲。一夕春風動，花開自不知。未開香已出，静者以心聞。吹開人不識，一一是心花。香中無所有，心忽以香生。一點爲香母，氤氳不可名。」「春香」二字，雖口頭語，而實攝一部書。悟時是臭，迷時謂香，蓋作者用意深深而當故掩其跡也。若淺露者，發一語惟恐人不知矣。

「我更可憐」其實是石湖「及時一笑有誰供」意。「相公休焦」，更有「耳邊情話少，笑口若爲開」之悵。

郭曖子銛尚西河公主，主初降沈氏，生一子。銛無子，以沈子爲嗣，豈郭氏無人可襲爵耶？諸葛亮關公子皆尚主，而安漢將軍必寇封，何也？梁武自謂聰明博達，復子齊宫所孕。「女婿與兒一般」，妒婦盡如此説。「可一般呢」惟恐觸惱做客爲兒，這人故爾吞聲半語。司馬懿夫人張氏生七子，往省懿疾，時懿寵趙王倫母柏氏，曰：「老物可憎，何煩出也。」張恚不食，二子亦不食，懿驚而致謝曰：「慮困我好兒耳。」若謂「女婿一般」，正不如隋宇文述呼富商大賈爲兒。雲定興爲製袨服奇物，人皆學之，曰許公式也。

毛大可「從來三婦成艷章」。王次回「甘言妒女難憑恃」。南齊永明中制，諸王年未三十，不得畜妾。

齊明帝性惡婦人妒，沛郡劉休妻妒，帝賜休二妾，勅與王氏二十杖。君王縱有情，不奈陳皇后妒之一字終不好。『早知君愛歇，本自無庸妒。誰使恩情深，今來反相誤。惟有夢中魂，猶言意如故。將心託明月，流影入君懷』，遲矣。

《南史》：齊新安太守河東柳惔爲梁僕射，甚重其婦，頗成畏憚。自『絮叨』則不覺，人『絮叨』即著惱，婦人常態。『横陳每虛設，吉夢竟何成』，而以爲『絮叨』。楊鐵崖『生憎寶帶橋頭水，半入吴江半入湖』，描寫婦人心刻酷，正爲此輩。

徐昭華壽周母：『光碧堂開錦帨張，教兒英妙過周郎。卸妝猶見濃花合，掃黛還飛遠岫長。』月過十五精神少，人到中年萬事休。惟婦人受觸貪心，則中年殊尚未休。『纔到中年』一句，夫人淫極，便有『帳裏春風蕩，昔歡常飄忽。方悦羅衿解，誰念髮成絲』意，不但『却念容顏非昔好，畫眉猶自待君來』也。唐朔方兵馬使御史大夫三原孟媪，事郭汾陽，夫死續夫，七十二歲仍生二子，無怪矣。《續本事詩》：趙子昂調管夫人：『豈不聞王學士有桃葉桃根，蘇學士有朝雲暮雲，你年紀已過四旬，只管占住了玉堂春。』是『纔到中年』一証。

先王於老者亦賜之行役以婦人，温州吕蒙正微時尚多内寵，『西蜀杜太守』宦後並無侍兒，苦哉！

棠村：『好天良夜莫問蕭蕭髮。』是無人嫌其『絮叨』者。四皓當年『似爾無朱顔，鶴髮擁羅敷』。『風流定得浮丘術，九十猶能育鳳雛』，則如夫人説『猶可』。曹爾堪詞：『樂事貧家竟不貪，單衫消受嫩涼甘。好花頒與侍兒簪，暗將私語賭宜男。』有此『夫人』，樂可忘死。

薛逢《貧女吟》：『南鄰送女初鳴珮，北里迎妻已夢蘭。惟有深閨憔悴質，年年長憑綉床看。』若『綉』是鴛鴦，尤堪淚下。

坐久暗生惆悵事，『家教』所以必須。

隋李孝貞年五十後，不復留意於文筆，曰：『鬢髮垂素，筋力已衰，宦意文情，一時盡矣。』坡：『詩書與我爲麯櫱，醞釀老夫成搢紳，質非文是終難久，脱冠還作扶犂叟。』『也不曾詩書誤儒』，令人憶劉裕弟道憐，舉止多諸鄙拙。孫韞，人才凡鄙，爲刺史，圖其出行鹵簿，常自披玩者。

後漢馬后，父兄死，十歲即幹理家事，制敕僮御，自撰《明帝起居註》。鄧后幼好經書，自入宫掖，從曹大家受書。爲太后，臨朝政，博選諸儒於東觀，校讎傳記，徵諸王及鄧氏子弟各數十人，並學經書，躬自監試。司馬昭妻，東海王肅女，其於文義，目所一見，必貫於心。年十歲，父母令攝家事，必盡其理。《北史》弘農李洪之以與獻文親母結爲兄弟，遂棄宗專附，號獻文親舅。爲秦益刺史，威制諸羌，至其里閭，撫其妻子。妻張氏，亦聰强婦人，自貧賤至富貴，多所補益。後得劉芳從姊，遂疎張氏，亦多所産育，爲兩宅别居，後以受納鎖赴京。『知書』又能『把家』，真乃光輝二姓，牛應貞不得獨步也。

鄒程村：『天若少情，應禁天孫年年歡會。』余云：『天若多情，應聽牛郎長隨織女。』此『不兒拘』只爲『把家當户』計，尚未悟及情竇。

《隋史》傳序：末世雎鳩之法，千載寂寥，牡雞之晨，硃邦接響。『娘是女模』，但休落地便作河東吼。此兒類父全類母耳。爲姑偏忌諸嫂良，作婦翻嫌婿家惡者，必『娘模』不好。故屈翁山『阿娘「珠」在腹，每覺媚生姿』，故掌中有此佳兒，便將光照一世。

楊炯一子『玉』爲人。武元衡『蟬翼羅衣白「玉」人』，薛濤上王尚書『碧玉雙幢白「玉」郎』，施肩吾『「玉」色郎君弄影行，賺殺唱歌樓上妾』。《唐書》：爨西有樸子蠻人，多長大婦人，食乳酪肥白。凡物皆欲其肉好起肥，何況於人。『玉』氣化爲婦人，則玉氣所化之男，正是男中美婦也。玉不撓而折，『玉』之精爲美女。作玉漿法，乃取零碎好玉，爲屑一升，用地榆草一升，稻米一升，取白露二升，銅器中煮米熟飲汁，玉屑化爲水名曰玉液。將死服五斤，三年尸色不變。大業四年藍田令王曇得一『玉人』，長三尺四寸，當特重『人玉』之時，故應氣而至耳。湖南使回謂，南唐元宗『粹若琢玉，東方無間人皆以爲「玉」魄』。稽叔夜『朗朗如「玉」山照映』，人應從暑月觀之，乃得如此形容。冶容者渾如鑄就，先有模範，故相好具足也，又令人見之，爲所銷融也。『出落』二字又妙，不但玉笋長過母，母最喜事，『頎其碩人，爛其韓姞，齊從如雲，庶姜孽孽』，皆『出落』得好也。樂天詩『粧嫫徒費黛，磨甋豈成璋』。而《武林志》：『貧家生女，則珍惜如寶，餌以細食，以備士夫採擇。』只此『出落的人中美玉』七字，正醫經所謂『年質壯大，血氣充盈，膚革堅固。至於視之盈目，若月舒光』，便令齊襄公不得不卑聖侮士，惟女是崇。七段瓊酥，蟠桃既熟，其妙真乃可想。蟠桃既色味俱佳，又生於瓊樹下，垂中了人間天上，豈復有踰此美物者乎。世間有欲事，只爲有『人玉』耳。『美玉』者，白也，潔也，腴也，實也，滑也，有光彩也。潔白至於有光彩之物，必無濁液也。故雖千昌不韙强汗，貞正偎戴仇異，皆必欲遂之，不必其五官殊絶於人也。彼善持容範，則深相賞味，雖性好偏奇，理外之嗜，要必爲『人玉』矣。婚禮取夫人之詞曰：『請君之「玉」女與寡人共有敝邑。』若反此者，世間可無欲事。山陰黃逋咏浴詩：『白玉盈盈白晝沈，雕盤水淺坐來深。還擎未脱雙銜鳳，難洗相思一寸心。』令人有『何年瓊樹一枝移，沓壁連璋魚貫寵』之想，忘却『黃金難鑄百年身』也。鄒祇謨『鸞帳「玉」山人，起與一梭兒』，『玉』一窩雲雨不可無，自有妻妾之别。人只知作者『珠玉』綴錯，清冷自飄，豈知『人中美玉』四字，古人多有其意，至玉茗才人，方始顯然拈出。

離合其字常見史書。『八字梳頭做目呼』，相公二字。今豪富家多依次第數目呼女以相公者，如趙郡李氏之子名祖勳，女名祖娥，非《曲禮》男女異長之法矣。然魯隱公名息姑，晉趙王倫名白女，則『八字梳頭做目呼』亦無不可。如畢衆敬每呼其子爲使君，今多呼子以其官者，未全無本。廣西猺寨呼老男爲婆，老婦爲公，公婆亦可顛倒。今妻謂夫爲老公，初本王允後王軌捋周武帝鬚曰：『如此好老公，可惜後嗣弱。』

元人詩：『裹頭保母性温存，不敢移身出後門。尋得描金龍鳳紙，學摹國字教皇孫。』《南史》：吴郡婦人韓蘭英，宋孝武時獻《中興賦》被賞入宫，明帝時用爲宫中職僚，及齊武以爲博士，教六宫書學，呼爲韓公。《唐書》楊收，楊素之裔，母長孫親授經，第進士至同中書。魏中書侍郎清河崔覽妻封氏，散〔一〕騎常侍封愷女，多所究知，時李敷等雖已貴重，近世故事有所不達者，皆就而諮請焉。衛國李彪與李沖乖《曲禮》，有公庭不言婦女之文，而彪嘗自稱其女聰慧，彪死後魏高祖遂召爲婕妤，教帝妹書，時沖女先爲帝夫人也。柳播，河中人，伯母林通經史，善屬文，躬授諸子姪經，故開元天寶間，播兄弟七人皆擢進士。『女先生』固

〔一〕散，底本作『敬』，據意改。

有可爲男子講解者，何止念遍『孔子書』耶。柳僧習，其先解人，徙居汝潁。據州歸魏爲潁川郡守，謂諸子曰：『權貴請托，吾並不用，其使欲還皆須有答，汝等各以意爲吾作書。』子慶所爲獨可用。北齊李儈未入學，俟伯姊筆讀之間輒竊用，使但識『周公禮數』，恐亦如『銀娘玉姊』之無用矣。

隋《儒林傳序》：爰自漢魏，碩學俱清通，逮乎近古，巨儒必鄙俗。及時方喪亂，方領矩步之徒，亦多轉死溝壑。梁簡文《與湘東書》：『比見京師文體，儒鈍異常，吟咏性情，乃模内則，操筆寫志，翻學《歸藏》。歷萬古之才人，觀其遺詞用筆，了不相似，文章未絶，必有英絶領袖之者，何取文能遵義而已？』『腐』者謬庸之謂，或至吝而不庸，或小汰而已謬，或似傲而非謬，或似謹而極庸，或過厚過薄却非謬庸，或少薄少厚已爲庸謬。故僻中有謬，寧僻無庸。惡中有謬，寧惡無謬。

同出『紅門』却偏有『腐儒』，一種奇絶。北魏詔：自今祭孔廟，不聽女巫、妖覡、婦女合雜以祈非望。今求麗師，偏要腐儒，不知仲夫子許否。

楊堅爲隋公時，令京兆李圓通監厨，惟世子乳母恃寵輕之，賓客未供，每有於請或輒持去，通竟撾之。北魏薛懷吉善於延納，曲盡物情，指授先期，饌饋自至。東平畢元宗自宋歸魏，歷北齊，累世爲本州刺史，家門穢雜，雄狐見飢，而家世善營食膳。崔浩《食經序》：『余自少間見諸母諸姑，先母慮久廢忘，後生無知見，乃占授爲九篇。』唐相段文昌自爲《食經》五十卷。『館待』腐儒亦要好，則杜公惺惺惜惺惺之處。

坡：『仍須煩素手，自點葉家白。』『一觴一飯能留客，知是君家内子賢。』茶飯清楚者，必無閨門喧猥惡習。

無刑賞以動其心，而一年三百六十日，各終昕事未嘗失。佛前一炷香，世有不約束而齊如此者，又暇數數言平『治』哉？余嘗作書館聯云：『仁義大捷徑，詩書一旅亭。』《南史·孝義傳》論：『自榮非行立，人倫毀薄。』齊明帝舅濟陽江祐薦明山賓，帝曰：『聞山賓讀書不輟，何堪官耶？』王守仁謂胡世寧曰：『公人傑也，但少講學。』曰：『某何敢望公，但恨公多講學耳。』象山謂，志於聲色利達是小，勦模人言語的與他一般是小。『治國齊家也則是幾卷書』，再添上『你看俺』三字，覺得醜甚。沈約云：『羲軒邈矣，古今殊事。』張敞云：『不必相襲，各由時務。』大蘇云：『使桓文如宋襄，求亡不暇，無使兩失焉，爲大下笑也。』《淮南子》曰：『顔闔不爲魯相，使遇申商，刑及三族。』非其世而用，儒道則爲之禽矣。又隱士善内養，飢虎殺而食之，知天而不知人，則無以與俗交。故北魏太祖問李先，天下何『書』最善，可以益人神智。

第四齣　腐嘆

【雙勸酒】(末扮老儒上)燈窗苦吟，寒酸撒吞。科場苦禁，蹉跎直恁！可憐辜負看書心。吼兒病年來迸侵。

咳嗽病多踈酒盞，村童俸薄減厨烟。争知天上無人住，吊下春愁鶴髮仙。自家南安府儒學生員陳最良，表字伯粹。祖父行醫。小子自幼習儒。十二歲進學。超增補廪，觀場一十五次。不幸前任宗師，考居劣等停廪。兼且兩年失館，衣食單薄。這些後生都順口叫我陳絶糧。因我醫卜、地理，所事皆知。又改我表字做百雜碎。明年是第六個旬頭，也不想甚的了。有個祖父藥店，依然開張在此。儒變醫，菜變虀，這都不在話下。昨日聽見本府杜太守，有個小姐，要請先生。好些奔競的鑽去。他可爲甚的？鄉邦好説話，一也；通關節，二也；撞太歲，三也；穿他門子管家，改竄文卷，四也；別處吹嘘進身，五也；下頭官兒怕他，六也；家裏騙人，七也。爲此七事，没了頭要去。他門都不知，官衙可是好踏的？况且女學生一發難教，輕不得，重不得。倘然間體面有些不臻，啼不得，哭不得。似我老人家罷了。正是有書遮老眼，不妨無藥散閒愁。(丑扮老門子上)天下秀才窮到底，學中門子老成精。(見介)陳齋長報喜。(末)何喜？(丑)杜太爺要請個先生教小姐。我去掌教老爹處禀上了你，太爺有請帖在此。(末)人之患在好爲人師。(丑)是人之飯，有得你喫哩！(末)這等便行。

（行介）

【洞仙歌】（末）咱頭巾破了修，靴頭綻了兜。（丑）你坐老齋頭，衫襟没了後頭。（合）硯水漱净口，去承官飯溲，剔牙杖敢黄虀臭。

【前腔】（丑）咱們兒尋事頭，你齋長干罷休。（末）要我謝酬，知那裏留不留。（合）不論端陽九，但逢出府遊，則捻著衫兒袖。

（丑）望見府門了。

世間榮落本逡巡。李商隱　誰採髭鬚白似銀。曹唐

風流太守容閒坐。朱慶餘　便有無邊求福人。韓愈

第四齣 《腐嘆》批語

『腐』字喻男根。『燈窗』四句，俱喻男根之不振者。『書心』喻女根形。『看』字妙，看時恨不如何而無奈力不從心也。『迸侵』句，嘲女根水。『撒』吞之不及也。『村童』喻男根，『厨烟』喻女根氣。『天上』喻女根深處。『鶴髮』喻毫。『超增』喻日增益。『補』布漿硬也，觀『單薄』字可知。『百雜碎』同此意。『鄉邦』七句却喻男根，觀『没頭』句更明。『輕不得，重不得』嘲初破瓜。『巾破』喻男根。『靴頭』則肖其狀。『齋頭』喻女根，女『坐』其上，則男根不見『衣皮』矣。『牙杖』亦喻男根。『干罷』代乾罷。『出府』則『衫』仍合而可捻，譬喻細甚。『風流太』三字讀斷，謂女人也。『福』字以代腹字。

坡《贈孔姓君先魯》：『東家門户照千古。』末法之爲東家徒者，惟富與貴横據腎腸，并功名亦不道。梁冀惡『儒』士，召爲令史以辱之。光武幸太學，令諸生雅吹擊磬，盡日乃罷。《北史·儒林傳》序：『「儒」者，鑿生人之耳目。』而北齊經生皆差遣充數，豪家俱不從調。瞿曇氏雖不皆好，然未嘗純染而不净，純自利而不利他。惟東家子孫，不知何故，甫入塾即以拾青紫、大門風爲第一頭，雖未矢諸其口，而其影子則已早落其父師子弟八識田矣。蓋純自利而不利他，純應赴而無禪律論，或有毅然出群者，皆其多生善根力，奮發蹶起，非入塾時有以是詔之者。苟其父師於入塾時即以是詔之，既長且出，而見舉國中無一人爲是者，必且以其父其師爲迂闊腐爛。賈山涉獵書記，不能爲醇儒。馬援讀書，意不守章句。王充從學班彪，好博覽而不守章句，遂博百家，著《論衡》。始若詭異，終有理實。後漢末潁川孫淑博學而不好章句，多爲俗儒所非。諸葛與人讀書。同學務於精熟，亮獨觀其大略；賈逵爲諸生，略覽大義，取其可用，而卒爲曹氏能臣；晋潘岳妹夫阮咸子瞻，讀書不甚研求，而嘿識其要。《宋史》：掌禹錫好儲書而迂漫，不能達其要，過閭巷人指以爲戲。孫權謂汝南呂蒙，宜學問以自開益。曰：『在軍中豈容復讀書？』權曰：『孤豈欲卿治經爲博士耶？但當涉獵是往事耳。然卿等受性朗悟，學必得之。孟德尚自謂老而好學，卿何獨不自勉勖耶？』《趙諮傳》：魏丕問，吴主頗知學乎？曰：『歷史傳采奇異，不效諸生尋章摘句而已。』熊檗庵云：觀經解如百千萬億語，欲語語條分而縷析，何異算沙。予性弗慧，則厚喜凌獵。百千萬億步，恨不一步過，故自穉至老，於《學》《庸》《語》《孟》註，總不能卒讀，皆由過去生中習爲懈怠，於差别智門不求深入，安得妙書？楮不逾菽，而義亘河沙，一字不複，一字不雜。其部分若十百千萬，各有束伍，不訾詻而步騎奇正無相亂。其分明若層臺永巷，照以夜光，不日月而登降，屈伸無忒。度其貫穿若十洲三島，並有津梁，不舟楫而璧含珠聯可循次得也。稍有羅縠之隔，遂如一髮不理，舉體爲之不適。

《淮南子》曰：『夫内不開於中而强學問者，猶聾者之歌，效人爲之，而無以自樂。』是『燈窗』之『苦吟』也。梁元帝不自執卷，置讀書左右五人，嘗眠熟大鼾，或偷卷度紙，必驚覺下楚，差强人意。沈約撰四聲，謂在昔詞人累千載而不悟。致能謂虚己曰，子詩詞雖工而聲韵猶啞。孟浩然乃以疽發背死，亦『苦吟』之故耶。

《中論》曰：學者不患才之不贍，而患志之不立。鄙儒之博學也，詳於器數，矜於訓詁，故廢日月而無成，是『寒酸』之『撒吞』也。晋河東王接，尊十世孫，備覽衆書，多出異義，庶異乎『撒吞』一輩。

『君自將身博凍餒，毛穎可憐彼何罪』，是『科場苦禁』也。隋平原王孝籍《奏記》，牛弘曰：終無薦引，永同埋殯。徒欲污窮愁之簡，通心乎來哲。

『重門公子應相笑，四壁風霜老讀書』，是『蹉跎直恁』也。坡有『蟾蜍爬沙不肯行，坐令青衫垂白鬚』句。

黨附昔氏張學究之幟，苟以嘩衆取寵，是『看書心』也。若坡詩：『天公怪汝勾物情，使汝未老華髮生。』齊范陽李廣早朝假寐，忽謂其妻曰：吾似睡非睡，忽見一人出吾身中，云：『君用「心」過苦，非精神所堪，今辭君去。』非最良輩所謂『心』矣。

荀子曰：尊賢畏法而不能通知之，類齊法之教，傫然若終身之虜，呼先王以求衣食，是俗儒也。是『可憐辜負看書心』也。《北史》文苑序：鄴都之下，烟霏霧集，齊後主令取輕艷諸詩，以充圖畫，猶依霸朝，謂之館客。雖當時操筆之徒，搜求略盡，而修《御覽》時亦有文學膚淺、附會親識、妄相推薦者。『看書』知用『心』，曾有幾人。

『飢火燒心曲，愁霜侵鬢根』，是『吼兒病年來迸侵』也。剡人何遜曰：『頃觀文人，質則過儒，麗則傷俗，終沈抑而卒。』遜祖承天，晚爲著作佐郎，餘皆年少，荀伯子譏爲嬭母。幸猶未有『吼病』。讀此曲往往不怡，令人欲學河朔大俠作噉人狀以解之。固不若寒山所云『滿卷才子詩，溢壺聖人酒』。此時吸兩甌，且吟五百首』之快矣。然袁中郎有言：『如今貴人不讀書，腹中猶如酒食店。』又不如楊萬里『說與厨人稀作粥，老夫留腹要盛「書」』也。

白玉蟾詩：『病中况更緣詩苦，夜去可堪無「酒」休。』寧減『厨烟』，難疎『酒盞』。

『自家南安府』，坡所云『俗儉真堪著腐儒』。

漢『陳』元方著書曰，『陳』子例以閉關頌酒之章，可謂哇鵝咽李之裔。一部書人人皆有姓望，全用史法作傳奇。石姑則史所謂據其自云。小姑韶淑，即借韶陽爲本郡。『陳』生仲子之後，不言可知。

許慈胡潛併入蜀爲博士，更相克伐，書籍不相通借。劉先主憫其若斯，於大會時使倡家假爲二子之容，倣其鬥鬩之狀，何怪玉茗描摹『最良』。

晋韓豫章遺范宣絹，不受，裂二丈與之曰：『人豈可使婦無褌耶？』《袁小修集》：余等每索族兄酒，飲將盡，入謀之婦。忽聞笑語聲，頓足曰，又狂笑矣。蓋慮多笑則飲愈豪也。嗟乎兄貧，皆善寫『衣食單薄』之苦。

突厥降唐後，其族人骨咄禄嘯聚亡散，自立爲可汗。武后怒，改其名曰不卒禄。弟嘿啜嗣，請擊契丹自效，又遣使請爲后子，後將十萬騎破蔚州。后怒，更名曰斬啜。貞觀，契丹孫敖曹來降，賜氏李。後其孫萬榮、曾孫盡忠反，后使便宜擊之，更名榮曰萬斬，忠曰盡滅。『改人名字』，由來已久。

坡：『故教窮到骨，欲使壽無涯。』隋煬即位，高年加以版授。『第六個句頭』，若生北魏高祖時，便在版假郡守之列，正不須飾老隱年也。

隋河間劉炫爲縣，責賦役自陳於内史，送赴吏部，問其所能。自爲狀曰：『子史文集咸誦於心，至於公私文翰，未嘗假手。』還除殿内將軍。北魏成霄所著，率多鄙俗，知音所笑，而閭巷淺識，諷誦成群，乃至大行於世。讀書多，則見古今事變不狃狹劣見聞。近日書畫極衰，緣業此者以代力穡，成空疏荒謬之習，皮毛見珍，而命脈之斷久矣，正『百雜碎』之類。袁中郎云：十三經解苦無全部，然得一二老書生集而卒業，亦非難事。施耐庵、王實甫正復難得。僕嗜楊之髓而竊佛之膚，腐莊之唇而鑿儒之目。至於詩文，尤以名家爲鈍賊，格式爲涕唾。却與最良恰恰相反。

宋泉州蘇仲知河陽，爲醫所誤，猶力疾笞之，『醫』亦慎勿輕『變』哉。然宋德州平原人趙自化，纘有『自古名醫顯秩』。傳以平賦，爵關内侯，綜練醫術，年八十一。第五倫，京兆人，依險固築營壁，銅馬赤眉之屬，前後數十輩，皆不能下。建武二年舉孝廉，補淮陽國醫工長，顯宗時爲蜀郡守。蜀地饒，椽史家資皆至十萬，倫更選孤貧志行之人。入爲司空，言竇憲志美，而無志之徒轉相販賣，雲集其門。吴興姚僧垣仕梁，周大將于謹滅梁得之。周文帝求之。不遣，曰：『吾年衰暮，疾症嬰沈，今得此人，望與偕老。』後周武東征，至河朔，口不能言，一足短縮，垣治癒之。宣帝曰：『先帝呼爾姚公，朕當使公建國承家爲子孫業。』乃封平壽縣公，年八十五，隋開皇三年卒。名聞邊服，諸番外戚咸請託之。館陶李備略常在禁内，文明太后時有不豫，針藥輒效，車服第宅，極爲鮮麗，卒贈青州刺史。慕容白曜平東陽，獲丹陽徐謇，文明太后時問經方，承問不得其意，雖貴爲王公，不爲措療，年垂八十而鬢髮不白，卒贈將軍，齊州刺史。謇孫之才戲謔滑稽，言無不至，於是大被文宣狎昵。療婁太后，應手便愈，言武成大虛，療輒暫愈，其於和士開、陸令萱，曲盡卑狎。二家若疾，救護百端，由是遷尚書令，封西陽郡王，歷事諸帝，以戲狎得寵。魏廣陽王妹寡，之才從文襄求得爲妻，和士開知之，乃淫其妻，才遇見而避之，曰『妨少年人戲樂』，年八十卒，子襲爵。唐畢珹知太醫李玄伯帝所喜，以錢七十萬聘之，夫婦日自進食。宋高宗曰：王繼先朕之司命。秦檜夫人結爲兄妹，將弁多請爲義子，以海舟爲業，名所居曰快樂仙宫。『虀』亦未可概論。

杜子云：『鄉里兒童項領成。』陸子云：『附高煒煒笑凌霄。』不平於時輩之峥嶸也。若唐初岑文本，江陵人，爲文檄，六七人泚筆待分口占授，非勳非舊，無汗馬勞，以文墨位宰相，比北齊孫搴尤勝，决非『鑽』去一輩。漢文翁爲蜀郡選學官，童子使傳教令出入閨閣，吏民以爲榮，富人至出錢以求之。至今巴蜀好文雅，文翁之化也。豈容『通關節竄文卷』耶？唐中宗時南陽韓琬言：『夫巧者知忠孝爲立身之階，仁義爲百行之本，託以求進，口是而心非，言同而意乖，陛下安能盡察哉。』『鑽杜』者亦須用此法。梁武從舅子范陽張纘，年十七，尚梁武女，身長七尺四寸，面目疎朗，神彩焕發，大同三年爲吏部尚書，曰：『吾不能對何敬容殘客。』纘時所遇，正復有幸不幸。

《唐書》：祝欽明，京兆人，體肥，極論后有祭天地之理。中宗遂以后爲亞獻。其人於五經爲該淹，嘗於中宗前舞。侍郎盧藏用曰：『五經掃地矣。』贊曰：『以經授中宗，而引艷妻見上帝。』『教女學生』亦有何『難』。陳自强，閩人，淳熙進士，自以嘗爲侂胄童子師，欲見之，適僦居主人出入胄家爲言於胄。一日召自强，比至則從官畢集，胄向自强再拜曰：『陳先生老儒，汩没可念。』明日交薦其才，除博士，遷秘書郎。半載擢中丞，未逾月登樞府。嘉泰三年，拜右丞相，歷封秦國公。縱子弟親戚關通貨賄，創國用司，自爲使，嘗語人曰：『自强惟一死以報師王。』妻稱胄爲恩王、恩父。而呼堂吏史達祖爲兄，蘇師旦爲叔。胄敗，貶廬州死。固是『最良』盛族，若『女學生』，雖貴恐未能然。

『人之飯，有得你吃』，豈能待向仁祖乞食耶？

『從小讀書希聖賢，自謂躬行已得半。他人肥馬與輕裘，我能敝之而無恨』，則『頭巾破了』不須修矣。

《易》曰：『解而拇朋至斯孚。』《禮》云：燕則有跣以盡歡也，婦人去偪承歡尊前。〔一〕古者臣見君解襪，晋賀邵坐，嘗暑襪，希見其足。則漢魏之世不襪而見足者多矣。『靴頭綻了兜』，只當倣古簪筆。

《焚筆硯》詞：『君負余乎？余負君乎？莫以牢騷淚一杯。細聽得祝融又説，誰召君來？』『坐老齋頭』，人人淚宿於睫，而自負筆研則不知也。

南齊文惠太子集孔雀毛爲裘，光采金翠，使見『衫衿没後頭』者，必自覺其俗矣。陸龜蒙『無端織得愁成段，堪作騷人酒病衣』，庶乎不腐。

陳國何曾當曹爽時，亦謝病，爽誅遂起。面質阮籍於司馬昭曰：『今忠賢執政，綜覈名實，如卿之徒，不可長也。』遂以爲晋國丞相。及受禪，以司徒務煩，不可久勞耆艾。聽就第，帷帳車服，窮極侈麗，厨膳滋味，過於王者，年八十卒。博士秦秀請謚繆醜，不從。曾嘗謂子孫曰：『國家當受禪，吾每宴見，未聞經國遠圖，惟説平生常事，非貽厥之兆也。』子劭與晋武有總角好，亦爲司徒。三王交争而劭遊其間，無怨之者。然驕奢簡貴，盡有父風。鄉閭共疾何氏，永嘉之末，滅亡無遺焉。魏明帝婿樂安任愷爲晋侍中，吏部尚書，惡賈充爲人，充等浸潤謂愷豪侈，遂免，乃極滋味以自奉養，竟以憂卒，年六十六。陸機從弟納，以尚書郎，

〔一〕『《易》曰』起二十七字，底本無，據初刻本補。底本恰空二十七字，似重印時鏟去。

出爲守，過辭桓温，問曰：『公致醉可飲幾酒？ 食肉多少？』温曰：『年大來飲二升便醉，白肉不過十臠。』曰：『方守遠郡，欲與公一醉以展下情。』温欣然納之。 時王坦之在坐，及受禮惟酒一斗，鹿肉一柈，共嘆其率素，更敕中厨設精饌，酣飲極歡。 及爲尚書，謝安欲詣之，納毫無供辦，其姪俶不敢問之，乃密爲之具。安既至，納所設惟茶果而已，俶遂陳盛饌，珍羞畢具。 客去，納謂穢其素業，杖之四十。 晋明帝婿劉真長爲丹陽令，許恂過宿，床帳新麗，飲食豐甘，曰：『若此保全，殊勝東山。』劉曰：『若知吉凶由人，吾安得保。』王羲之在坐曰：『令巢許遇稷契，當無此言。』元魏夏侯道遷喜言宴務口實，畢義遠善營食膳，器物豐華。五代孫晟，密州人，少居廬山簡寂宫，嘗懸賈島像於壁，朝夕事之，道士以爲妖，杖驅出之，乃遊吴。 李昇方篡楊氏，使爲教令，喜其文詞，遂以僕射事昇父子二十餘年。 每令伎人各持一器侍，號肉臺盤，一時人争效之。 宋太宗尹京開封王元德專主庖膳，即位授御厨正使，賜宅。 知華州，著《司膳録》。 錢王俶婿慎從吉仕宋，善爲饌具，兼工醫術。 宋名臣王旦家人，未嘗見其怒，飲食不精潔，但不食而已。 處州胡紘嘗謁朱子於建安，朱待友惟脱粟，遇紘不能異也。 紘語人曰：『此非人情，隻雞尊酒，山中未爲乏也。』遂亡去。 及侂胄擢爲御史，劾趙汝愚，且詆其引用朱子爲僞學罪首。《宋史》： 虜抽佩刀貫大臠以啖客。 元莊聖后語憲宗世祖曰：『自明里事太祖，烹庖之精，百倍平日，汝兄弟當報之。』蓋遼人世典内膳也。 若『剔牙杖黄虀臭，硯水漱净口，又承官飯溲』，真乃人間苦趣。

自古狠毒殘殺者，其人類能攻苦食淡，堅忍無華。 若『腐儒粗糲』，第不見可欲耳。

束脩食物俱在『袖』中，故須『捻』之，『黄虀臭』見元曲，『衫兒袖』亦見元曲。

第五齣　延師

【浣紗溪】(外引貼扮門子，丑扮皂隸上)山色好，訟庭稀。朝看飛鳥暮飛回。印床花落簾垂地。杜母高風不可攀，甘棠遊憩在南安。雖然爲政多陰德，尚少階前玉樹蘭。我杜寶與夫人商議，要尋個老儒教訓女孩兒。昨日府學開送一名廩生陳最良。年可六旬，從來飽學。一來可以教授小女，二來可以陪伴老夫。今日放了衙參，分付安排禮酒，叫門子伺候。(衆應介)

【前腔】(末儒巾藍衫上)須抖擻，要拳奇。衣冠欠整老而衰，養浩然分庭還抗禮。

(丑禀介)陳齋長到門。(外)就請衙内相見。(丑唱門介)南安府學生員進。(末進見介)生員陳最良禀拜。(拜介)(末)講學開書院。(外)崇儒引席珍。(末)獻酬樽俎列。(外)賓主位班陳。叫左右，陳齋長在此清叙，著門役散回，家丁伺候。(衆應下)(净扮家童上)(外)久聞先生飽學。敢問尊年有幾，祖上可也習儒。(末)容禀。

【鎖南枝】將耳順，望古稀，儒冠誤人雙鬢絲。(外)近來？(末)君子要知醫，懸壺舊家世。(外)原來世醫，還有他長？(末)凡雜作，可試爲；　但諸家，略通的。

(外)這等一發有用。

【前腔】聞名久，識面初，果然大邦生大儒。(末)不敢。(外)有女頗知書，先生長訓詁。(末)當得。則怕做不得小姐之師。(外)那女學士，你做的班大姑。今日選良辰，教他拜師傅。

(外)院子，敲雲板，請小姐出來。

【前腔】(旦引貼上)添眉翠，搖佩珠，綉屏中生成士女圖。蓮步鯉庭趨，儒門舊家數。(貼)先生來了怎好？(旦)少不得去。丫頭，那賢達女，都是些古鏡模。你便略知書，也做好奴僕。

(净報介)小姐到。(見介)(外)我兒過來。玉不琢，不成器。人不學，不知道。今日吉辰，來拜了先生。(旦拜介)學生自愧蒲柳之姿，敢煩桃李之教。(末)愚老恭承捧珠之愛，謬加琢玉之功。(外)春香丫頭，向陳師父叩頭。著他伴讀。(貼叩頭介)(末)敢問小姐所讀何書？(外)男女《四書》，他都成誦了。則看些經旨罷！《易》以道陰陽，義理深奧。《書》以道政事，與婦女没相干。《春秋》《禮記》，又是孤經。則《毛詩》開首便是后妃之德，四個字兒順口，且是學生家傳，習《詩經》罷。其餘書史儘有，則可惜他是個女兒。

【前腔】我年過半，性喜書，牙籤插架三萬餘。(嘆介)伯道恐無兒，中郎有誰付？先生，他要看的著儘看。有不臻的所在，打這丫頭。(貼)哎喲！(外)冠兒下，他做個女秘書。小梅香，要防護。

(末)謹領。(外)春香伴小姐進衙，我陪先生酒去。(旦)酒是先生饌，女爲君子儒。(下)(外)請先生後花園飲酒。

門館無私白日閒。薛能　百年粗糲腐儒餐。杜甫
在家弄玉惟嬌女。柳宗元　花裏尋師到杏壇。錢起

第五齣 《延師》批語

『山』喻人身。『山色』猶玉山意。『訟』字以代銃字。『鳥』喻男根。『印床』女根貼床則有一跡也。『簾』喻毫毛。『高風』喻女根深處。『甘棠』喻男根，『玉樹』同。『飽學』喻男根脹，以『衣冠欠整』説男根之『老衰』，真正確切。彼固以『拳奇』爲衣冠整，拳奇則值得『抖擻』，不拳奇則值不得抖擻矣。觀拳奇及『懸壺』字，則知衣冠欠整老而衰，養浩然分庭還抗禮。南安府學生員進，就請衙内相見。『門役家丁』霜鬢絲、『諸家略通』等語，亦喻男根。『眉翠、佩珠』皆喻女根。『捧珠琢玉』皆喻玩弄。『古鏡模、冠兒下』無非謔詞。『門無私』則『白日閒』，一笑。『清叙』喻女根水。『班大姑』班字代扳。『書院』書字肖形。『席珍』席字亦謔。『雲板』俱喻女根。『綉屏』以代秀平。『鯉』字以狀女根。『蓮』足也，足行則女根亦行，句法妙絶。『琢器』喻陰器妙麗猶如琢就。『蒲』喻豪。『柳』喻男根，『桃李』女根。『珠』喻挺末。『捧珠之愛』嘲女道不淺。『丫頭』男根之狀。『經旨』之經代筋，不但喻經水也。『順口』亦謂女根。『牙架』俱謂女根。『籤』喻男根。『三萬』喻其數。『伯道』猶迫道。『秘書』喻女根未破，連下小字讀。『梅』喻男精。

高歡后弟婁昭爲定州刺史，事委寮屬，總大綱而已，似有『花落簾垂』氣象。蓋望重則綱得而總，非他人所能效也。

《潛夫論》：凡敢爲奸者，必有異於衆，而能自媚於上者也。散誕得之財，奉諂諛之詞，善人君子被侵怨而能詣闕自明者，萬無數人。縣排之郡亦坐之。以齊民之輕，與縣郡爲訟，其理豈得申乎？張九齡曰：『始造簿書備遺忘耳，今反求精於案牘而忽於人才，所謂設巧於末也。』陸撫州曰：『今人才積衰，郡縣積弊，和氣積傷。郡邑吏方用吾君禁非懲惡之具，以逞私濟欲。上司游揚其文，具僞貌之事，以掩其惡跡。百里之宰，乃轉爲豺狼、蝎蚳之區。官人問事於吏，吏效其説，必非其實，然必爲實形。欲爲實形，亦必稍假於實。官人或能自得事實，吏必多方以亂之，縱不能盡亂之，亦必稍亂之，故官人得事實爲難。胥吏但欲多事，緣以招賄謝耳。簿書不理，吏胥因爲紊亂，與奸民爲市。仗長吏無所窺尋，所當深思精考，識其本末，求其要領，則奸民懼而弊事理。治錢穀，防毀契匿籍，猾吏豪家相爲表裏，被害者皆懦願柔弱不能自達。質之淳點，本非對偶，吏宿於側，以閒劇勞逸，嘗官之喜愠；以日月淹速，嘗官之忘憶，爲之先後緩急。貳吾之心，疑吾之見，變亂其事實。雖得其情，彼尚或能爲之牽制，以格吾之施行。一墮其計，奸惡失所畏，善良失所恃矣。善習消而惡習長，則爲亂國。以上之神明焦勞而事實之在天下者，皆不能如上之志。』其知荆門也，事不拘早晚，接受立遣之。民以相保相愛，有窮快活之説。『訟庭稀』三字，談何容易。

玉茗『陳最良』，實用《南唐書・彭利用傳》也。武帝時始重儒，立博士，然漢實不甚重之。應劭曰：『故太山太守北面稱弟子，何如？』鄭玄曰：『游賜之徒，不通官閥。』何武以所舉方正見時盤辟雅拜，爲詭衆虚僞，左遷。朱勃詣馬援兄況，矩步雅言，況曰：『勃小智速成，智盡此耳。』『抖擻拳奇』描摹刻酷。漢杜陵朱博，伉俠好交，爲瑯琊太守，齊俗新二千石至，椽史皆移病，遣吏存問致意乃就職，博抵几曰：『齊兒欲以此爲俗耶？』乃召見諸書佐，視其可用者出教置之。頃之，門椽貢遂耆老大儒教授數百人，拜起舒遲，博出教：貢老生不習吏禮，主簿且教拜起。閑習乃止。又勑功曹官屬，多褒衣大裾，不中節度，自今皆令去地三寸。博尤不愛諸生，文學儒吏時有奏記，博曰：『如太守漢吏奉三尺以從事耳，無奈生所言聖人道何也，且持此道歸堯舜君。』出爲陳説之。視事數年，大改其俗。掾史禮節如楚趙吏，其武譎而不可欺，以材能知名當世如此。雖翟方進劾其皆内有不仁之性，而外有儁才，過絶於人，勇猛果敢，處事不疑，然亦快人也。《北史·儒林傳》：長樂宗道暉好著高翅帽、大屐，州將初臨，服以謁見。齊任城王湝，鞭之出，謂人曰：『我受鞭不漢體。』復著屐而去。下邽田式拜襄州總管，每視事輒盛氣待之，官屬股慄，莫敢仰視。隋初華州燕榮爲幽州總管，有威容，長吏見者，莫不惶懼自失。范陽盧氏，世爲著姓，榮皆署爲吏卒以屈辱之。其長史元弘嗣每鞫囚，或椓弋其下竅，莫敢隱情。劉宋彭城王義康，性好吏職，無術學，待文藝者甚薄，有俗才用乃爲所知。吳興沈慶之以奉明帝功，爲荆州刺史，曉達吏事，上佐以下忤意，輒面加詈辱，或鞭士大夫。杜老本屬同類，故有『抗禮』之樂。

慕容儼爲太守，見刺史長揖而已，曰：『吾狀貌如此，行望人拜，豈能拜人。』雖較『也無閒手揖公卿者』稍遜，猶有『浩然之氣』。若隋郭衍事上奸諂，臨下甚倨，則龜蒙詩云『人間所謂好男子，我見奴顔婢膝皆乞丐』者。

高澄子紹信爲青州刺史，過漁陽，與富人鍾長命同床坐，太守鄭道益來謁，長命欲起，信不聽，曰：『此何物小人，主人公爲起？』乃與鍾結爲義兄弟，妃與其妻結姊妹，責其闔家俱有贈。鍾因此遂貧，彼固以爲勝於『崇儒引席珍』多矣。

袁中郎云：『山人得禮貌勝於得金，於兄無損而可以少一家之哭，亦菩薩行也。』説得『分庭抗禮』，是善寫薦書人。李于鱗云：『親知猶向隅，有錢徒充囊；仇家猶戴天，有客徒滿堂。』則又令人沈嘆。

《唐書》：李邕，揚州人，父善，淹貫而不能屬詞，號書簏。聞崔灝名，召之，上詩百篇曰：『十五嫁王昌。』叱曰：『小兒無禮！』不與接而去。則不解屬詞，尚有父風。年七十爲汲郡太守，林甫傳以罪詔，就郡杖殺之，亦『儒冠』之誤矣。

《唐書》：惟誦習傳授無他事業者，次爲儒學篇。顔師古，之推孫，太宗時官散騎常侍。其註書多引後生與讎校，抑素流而商賈巨室子亦竄選中。視行輩傲然，罕所推接，或巾褐裙帔，放情蕭散，爲林墟之適。所撰《匡謬正俗》八篇。孔穎達所撰經義，包貫諸家，爲詳博，然不能無謬冗，以繁穰也。陳老『雜作』，只堪學孔而不能學顔可知。

邢邵云：『江南任昉，文體本疎，魏收非直模擬，亦大偷竊。』收聞乃曰：『伊嘗於沈約集中作賊。』『試爲』二字，大都初學作賊耳。

中山杜弼子，高歡直付空紙，即令宣教。孫臺卿爲隋尚書左丞，省中以其耳聾，多戲弄之，下詞不得理者，乃至大駡，令史又故不曉諭。臺卿見其口動，謂爲自陳，祖孫不相若如此。『大邦生大儒』之説，尤其不經。

劉獻云：『雖晁董之倫，注疏未能盡記。』王安國講説，一以注疏爲主，無他發明，世或傳以爲笑。鳳洲於《學》《庸》别爲章句，謂幼所讀支離割强。升庵曰：『陳白沙語録外，胸中毫無古今，宜其懵然。』以『長訓詁」爲大邦大儒，固與陳老同類語。

于慎行《筆塵》：「立拜起於武后。明朝命婦入朝，贊行四拜，皆下手立拜，惟謝賜時一跪叩頭耳。」「拜師傅」下手足矣。

《齊書》文宣常言：太子得母漢家性，度不似我，欲廢之。「儒門舊家數」，殆朱文公娶劉氏，三子五女七孫，皆凛遵家禮之説。

《北史》傳序，列女圖像丹青，而王公大人之妃，偶肆情於淫僻之行，不沾青史之筆，良由未「達」以致不「賢」，非關盡不知「書」，往往鏡模認錯。

晋褚后臨朝，殷浩與褒書曰：「足下今之太上皇也。」靈太后曰：「卿所諫者，忠臣之義，朕所行者，孝子之心，願勿苦相奪也。」如意大足，免并州人二税。終周世會命婦於内殿，宴親族鄰里於朝堂，盡封其姑姊妹爲長公主，堂姊妹皆爲郡主，「女兒」亦有不「可惜」時。

隋許善心母，梁范孝才女也，博學有高節，文帝召入宫，侍皇后。魏漁陽太守陽尼妻高氏，孝文勅令入侍後宫，幽后表啓，悉其詞也。「女秘書」古來不乏。

「百年粗糲」，笑腐儒僅知有一醜婦也。

「在家弄玉惟嬌女」妙句，所弄者人中美玉也。「花裏尋師」亦妙。

第六齣　悵眺

【番卜算】（丑上）家世大唐年，寄籍潮陽縣。越王臺上海連天，可是鵬程便。

榕樹梢頭放古臺，下看甲子海門開。越王歌舞今何在，時有鷓鴣飛去來。自家韓子才。俺公公唐朝韓退之，爲上了《破佛骨表》，貶落潮州。一出門藍關雪阻，馬不能前。先祖心裏暗暗道，第一程采頭罷了。正苦中間，忽然有個湘子侄兒，乃下八洞神仙，藍縷相見。俺退之公公一發心裏不快。呵融凍筆，題一首詩在藍關草驛之上。末二句單指著湘子說道：『知汝遠來應有意，好收吾骨瘴江邊。』湘子袖了這詩，長笑一聲，騰空而去。後來退之公公果然瘴死潮州。那湘子恰在雲端看見，想起前詩，按下雲頭，收其骨殖。到得衙中，四顧無人，單單則有湘子原妻一個在衙。四目相視，把湘子一點凡心頓起。當時生下一支，留在水潮，傳了宗祀。小生乃其嫡〔一〕派苗裔也。因亂流來廣城。官府念是先賢之後，表請勑封小生爲昌黎祠香火秀才。寄居趙佗王臺上。正是：雖然乞相寒儒，却是仙風道骨。呀，蚤一位朋友來也。

【前腔】（生上）經史腹便便，晝夢人還倦。欲尋高聳看雲烟，海色光平面。

〔一〕嫡，底本作『滴』，據意改。

（見介）（丑）是柳春卿，甚風兒吹的老兄來？（生）偶爾孤遊上此臺。（丑）這臺上風光儘可矣。（生）則無奈登臨不快哉！（丑）小弟此間受用也。（生）小弟想起來，到是不讀書的人受用。（丑）誰？（生）趙佗王便是。

【鎖寒窗】祖龍飛，鹿走中原，尉佗呵，他倚定著摩崖半壁天。稱孤道寡，是他英雄本然。白占了江山，猛起些宮殿。似吾儕讀盡萬卷書，可有半塊土麽？那半部上山河不見。（合）由天，那攀今吊古也徒然，荒臺古樹寒烟。

（丑）小弟看兄氣象言談，似有無聊之嘆。先祖昌黎公有云：『不患有司之不明，只患文章之不精；不患有司之不公，只患經書之不通。』老兄，還只怕工夫有不到處。（生）這話休題！比如我公公柳宗元，與你公公韓退之，他都是飽學才子，却也時運不濟。你公公錯題了《佛骨表》，貶職潮陽。我公公則爲在朝陽殿，與王叔文丞相下碁子，驚了聖駕，直貶做柳州司馬。都是邊海烟瘴地方。那時兩公一路而來，旅舍之中，挑燈細論。你公公說道：『宗元，我和你兩人文章，三六九比勢。我有《王泥水傳》，你便有《梓人傳》；我有《毛中書傳》，你便有《郭駝子傳》；我有《祭鱷魚文》，你便有《捕蛇者說》。這也罷了，則我進《平淮西碑》，取奉朝廷。你却又進個《平淮西的雅》。一篇一篇，你都放俺不過。恰如今貶竄烟方，也合著一處。豈非時乎，運乎，命乎？』韓兄，這長遠的事休提了。假如俺和你論如常，難道便應這等寒落？因何俺公公造下一篇《乞巧文》，到俺二十八代玄孫，再不曾乞得一些巧來。便是你公公立意做下《送窮文》，到老兄二十幾輩了，還不曾送的個窮去。算來都則爲時運二字所虧。（丑）是也，春卿兄。

【前腔】你費家資製買書田，怎知他賣向明時不直錢。雖然如此，你看趙佗王當時，也有個秀才陸賈，拜爲奉使中大夫到此。趙佗王多少尊重他！他歸朝燕，黄金累千。那時漢高皇厭見讀書之人，但有個帶儒巾的，都拿來溺尿。這陸賈秀才，端然帶了四方巾，深衣大擺，去見漢高皇。高皇望見，便迎著駡道：『你老子用馬上得天下，何用詩書。』那陸生有趣，不多應他，只回他一句：『陛下馬上取天下，能以馬上治之乎？』高皇聽了，呀然一笑，説道：『便依你説，不管什麽文字，念與寡人聽之。』陸生不慌不忙，袖裏取出一卷文字，恰是平日燈窗下纂集的《新語》一十三篇，高聲奏上。那高皇纔聽了一篇，龍顔大喜。後來一篇一篇，都喝采稱善，立封他做個關内侯，那一日好不氣象！休道漢高皇，便是那兩班文武，見者皆呼萬歲。一言擲地，萬歲喧天。（生歎介）則俺連篇累牘無人見。（合前）

（丑）再問春卿，在家何以爲生？（生）寄食園公。（丑）依小弟説，不如干謁些須，可圖前進。（生）你不知，今人少趣哩！（丑）老兄可知有個欽差識寶中郎苗老先生，到是個知趣人兒，今秋任滿，例於香山嶴多寶寺中賽寶，那時一往何如？（生）領教。

應念愁中恨索居。段成式　　青雲器業我全疎。李商隱

越王自指高臺笑。皮日休　　劉項原來不讀書。章碣

第六齣 《悵眺》批語

『潮陽』喻女根。『海連天』喻腎通心。『鵬程』鳥路也。『榕』喻男根。『甲子』喻骻骰。『雪』字喻精。『下八洞』八字尤妙。『藍縷、凍筆』俱喻男根。『藍關草驛』喻女根豪極麗。『吾骨』以喻交骨。『袖』喻女根邊闌。『騰空』喻入深處。『退之』喻退。『瘴死』以代脹死。『雲端』以喻女根。『按下雲頭』尤與玉門貼切。『四目』妙絶，男女二根，各有兩眼也。『廣城』註過。『香火』又喻男根。『趙佗』註過。『高聳』喻男根。『平面』喻女根。『摩崖、宫殿』同意。『荒臺』喻女。『古樹』喻男。『不到處、這休題』俱喻其事。『宗元』猶乎中圓。『棋子』裂眼，亦喻男根。『泥水』喻女根也。『鰐』喻女根。『蛇』喻男根，不然作者豈肯作一贅語乎？『平淮』同意。『長遠』尤妙。『賣向明時』喻娼家。『中大夫』喻男根。『黄金』之金代筋。『溺尿』喻意尤明。『四方巾、大擺』俱喻女根。『深衣』又喻男根。『袖』與『燈窗』註過。『關内侯』又是男根表字。『兩班』喻豪，非但喻卵。『干謁』之干代乾，即乾荷葉意。

楚詞：『怊「悵」兮私自憐，私自憐兮何極。往者余不及見兮，來者余不及聞。』是古今『悵眺』之祖。大塊不噫氣，萬物鬱生理，壯士不悲歌，氣結填膺死。才與不才，只在『悵』與『不悵』上分别。自有生民以來，並無不『悵』之才子。阮亭云：『干卿何事！』梁陳故跡銷魂死。黄逋詩：『才子情多幻，秋天氣易悲。洲前鸚鵡問，君可吊斜暉。』又送遊晋：『封疆三戰國，行旅一書生。歸覺奚囊重，詩添萬古情。』懵者則以爲如何代灑前朝淚矣。

晋《庾翼傳》，時東土多賦役，大抵傴僂豪强，法施寒劣，百姓多從海道歸廣州。李陵後乃在匈奴，隨魏入華，復歸汧隴。周後亦多入北狄，訛姬爲稽，『家世寄籍』豈有常耶？

九點齊州，兩丸明鏡，倚天長劍，拓地雙弓，即『越王臺』亦有壯觀，還須好句誇意。坡：『擾擾萬生同大塊，槍榆不羨培風背。』『方且雲鵬，今悔不卑飛。』而香火秀才，輒及『鵬程』，可笑矣。然劉元海云：『奈何斂首就役，奄過百年廣平。』馮道根年十三，有召爲主簿者，曰：『吾當封侯廟食，豈能爲儒吏耶。』梁武兵起，請爲軍鋒，仕至豫州刺史，則『鵬程』固非一路。亦有笑語酣縱而疏於籌略者，則不足與語此。

王導與諸葛恢争族姓，曰『人言王葛，不言葛王。』恢曰：『人言驢馬，不言馬驢也。』王導後宋明帝婿儉，年二十八，領齊吏部，有譚生詣求官，曰：『齊桓滅譚，那得有君？』曰：『譚子奔莒，所以有僕。』河東裴松之，晋殿中將軍，沈約撰《宋書》，稱松之以後無聞焉。松之孫員外郎子野更撰《宋略》曰：『戮淮南太守沈璞，以其不從義師也。』約懼，請兩釋焉。『俺公公韓退之』，嘲世亦有所本，退之扶世有功，而憲章騷雅，横行百世，子厚一人而已，故不用韓而用柳。惟老子著書，不用古今一人名姓耳。

退之謗『佛』，還是不悟，觀其信仙可知。

韓湘娶學士林聖女。世界初成光音，天人飛下，因『起』機『心』，身重光滅，不復飛起，遂分男女，行不净行。『四目相視，凡心頓起』，言夫婦爲人世最劇諸緣，而身從染心所生，故雖仙人亦染心未盡也。

蟲魚廣於孳乳，而絶無聯屬，人則喜説『一支』。然南人妄以宗元爲羅池神，退之即撰碑以實之。湘子『留下一支』，有何不可。

南齊高祖孫爍，性理偏詖，遇其賞勝，則留連彌日，情有所廢，則兄弟不通。《宋史》：洺州李沆，人譏爲無口匏。沆曰：『李宗諤輩，時之英秀，與之談，仍不能啓吾意，自餘通籍之子，坐起拜揖，尚周章失次而與之接語哉。』晋《載記》：魏郡王猛，不屑細務，不參其神契，不與交通，人皆輕之，悠然自得。及相苻秦，《唐書》：李絳見淮陰李玨曰：『日角珠庭，非庸人相。明經碌碌，非子所宜。』聊爲『香火』亦太寒乞。流放尸素，無才不任，無罪不刑，剛明清肅，睚眥必報。賀方回長七尺，宋太祖后之族孫，嘗言吾筆端驅使，庭筠、商隱皆奔走不暇。時江淮間有米芾，母事宣仁后，衣冠效唐人，所至，人聚觀之，以魁岸奇譎知名。方回以氣俠雄爽，每相遇，瞋目抵掌，各不能屈。宋普州劉儀鳳，不樂與庸輩接，故平生多蹭蹬，是『早一位朋友來誰也』神理。

晋巴西閻贊言：『觀諸王文學，皆豪族力能得者，實不讀書，但共好馬縱酒。』『經史便便』還讓貧士，便便必兼『史』字，故是名筆。韓魏公之孫肖極，論史爲興亡之鑒，惟安石使學者不讀史。温公云：『自吾爲《通鑒》，多欲求觀，讀未一紙，多欠伸思睡，能閲之終篇者，惟一王勝之耳。』陳眉公言：『後世於子弟不教看史，宜其有鑽眉仇書之若，今日算得此帳，明日方管得此帳。』

晋陳郡王隱言：『遭時則以功達其道，不遇則以言達其才。』然文體混漫，蕪舛不倫，則『便便』非難，達才難耳。坡文亦只是辨達，蓋非此不足以酬物而盡變。

『畫夢人還倦』，即知他何處夢兒多之夢。『欲尋高聳』，畫出一幼而翹秀之人。步盼高上，只愁一片關山，賺盡登高淚耳。

李後主：『浩浪浸愁光蕩漾，亂山凝恨色高低，到如今英雄已盡，怒浪都空設。』阮亭謂比浪淘盡更狠。『海色光平』，自是嘉萬時語，聊吟東坡『江山清空我塵土』之句。

『登臨不快』，故曰悵眺。一片荒荒草場，豈知曾有無窮之事，千千萬萬之人，敗成哭笑於其間，始悟世事前往後來，直是各不相顧，皆是細看此處，並非寄懷某人也。疾驅如此，前去渺然，乃其密跡，我不與知，故有『江山一幅掛清愁』之句，又不但羅隱所云『舉目縱然非我有』矣。元人曲：『回首時，今來古往傷心處，物是人非，登高怨落暉，添幾點青衫淚。』水雲詞：『古時事，今時淚；前人喜，後人哀。滿地風埃。豪華蕩盡，只有青山在。』雖欲『快』，可得乎？

『生男墮地要膂力，鄉里小兒狐白裘。自古聖賢多薄命，奸雄惡少封公侯。』《三國志》：二十二年，鄴中疫盛，幹、瑒、琳、楨，一時俱卒。『讀書人』且有遭瘟時。劉裕善長刀，劉毅等推舉義師，胡藩曰：『劉毅服公大度，然涉獵書傳，自許雄豪，不肯爲公下也，宜早圖之。』卒爲裕害。臨淮王敬則以善跳刀，領宋宿衛，連與弑廢，爲齊領軍大司馬。雅不識『書』，而性甚警黠，用吴人張思祖爲謀主。曰：『若解「書」，不過作尚書都令史耳。』周韋孝寬既老，令學士『讀』而聽之。餘姚虞世基，隋之寵臣，而齊亡之後，怏怏傭書。鮑亨善屬文，殷冑工草隸，並江南士人。楊素因平高智慧，盡没爲家奴。素雖『讀書』而共『受用』乃不關讀書。博陵李德林仕齊，與顔之推同判文林館事，累儀同。周武平齊，遣使就宅宣旨，從至長安。及用山東人物，一以委之，曰：『常見德林爲齊朝作書檄，將謂是天上人。』隋文初受顧命，令人謂曰：『朝廷賜令總文武事，今欲與公共成。』林曰：『願以死奉公。』及三方搆亂，羽檄日踰百數，或機速競發，口授數人，文意百端，不加治點。受禪時詔册箋表皆林詞。牛宏父，魏侍中，宏入隋，拜散騎常侍。表開獻書路曰：『自孔子以大聖之才，開素王之業。永嘉之後，寇竊競興，其建國立家，雖傳名號，而憲章禮樂，寂滅無聞。劉裕平姚，收其圖籍，皆赤軸青紙，今比梁時，只有其半。醫方圖譜，彌復爲少。』進爵奇章公，修撰五禮，勒成百卷。楊素恃才矜貴，賤侮朝臣，其擊突厥曰：『大將出征，故來叙別，何相送之近也。』宏遂揖而退。素大笑曰：『奇章公可謂其智可及，其愚不可及。』從祀恒岳，煬帝嘗召入帳，賜以同席食，則『讀書人』雖無大『受用』亦有小『受用』處。《唐書》李石曰：『德宗多猜，仕進之途塞，兩河諸侯競引豪英。士之喜利者争趨之，用爲謀主，故藩日横。』元和間彼疆宇甲兵如故，而低摧順屈者，士不之助也。然朱三輩出，自不須士，市魁乘意氣凌出衣冠上，士夫慊退者，漸不爲閭巷所尊禮。李白：『余爲楚壯士，不是魯諸生。』王維：『當令外國懼，不敢事和親。』『豈學書生輩，終年窮一經。』玉茗所以云然耳。

『飛鹿走佗』則不遇其時。湮銷丘里，可勝道哉！下文『由天』二字根於此。

試觀『半壁摩崖』，所謂穹劖鉅刻；說到『道寡稱孤』，可謂俊遊超想。

『是他英雄本然』便有『彼丈夫也，庶不虚生。生有知識，固當如此』意。覺花筆綉章，已落第二義。三槐九棘，皆書生下流事耳。持以傲人，作泰山壓卵狀者，皆不值一唾也。與後立下個草朝忒快活，血脈相應。草朝能立，尚且暢遂於公孤，何況『倚定半壁』耶。惟草朝而無才，則所快活者非快活耳。一切院本不過歆艷禄仕，玉茗作慕色之書，獨念及此，亦措大，焉能好色風流須讓侯王？意但出於他手，則必粗豪顯露，不可使聞於人，正復成何説話。此則只用筆尖一味輕俊，含意高深，讀去全然不覺，故爲千古無兩。

所取乎『稱孤道寡』者，爲能以己意創制，載之史册，傳後世耳。其次以所欲無不得，固不惟『占江山起宫殿』而已。元曲『則爲我眼中不見意中人，包藏著四海三江悶』，使所欲有不得，雖占山起殿酬不了『英雄』願也。

尉佗自稱南粤武帝，東粤曾侵漢，有吞漢將軍之官。而《唐書》：馮盎，高州人，寶之後，爲本郡守三世矣，隋末請上南越王號，曰：『吾爲牧五世，子女玉帛，吾有也，何自王哉！』以地降唐，封越國公，亦英雄之見機者。姚興墓曰偶陵，妙甚，雖曰『本然』，亦偶然耳。

『豪吞勢奪虚勞力，萬貴千奢已寂寥。有國有家俱是夢，爲龍爲虎亦成空。』然無奈滿肚皮欲施設，非『半塊土』不能何！

許朝聘：『白眼看今古，何况説王侯。』元曲：『我心頭暗藏著三十三天，雪飄飄鐘鼎無緣，却做了不思凡風月神仙，笑殺那忘生捨死將軍也，利名牽擾，日月熬煎。』然木華梨建九斿而出，威容凛然，河山帶礪，固勝於《論語》『半部』也。

元黄縉：『讀書莫吊古，「吊古」多悲酸。』一云：『失意人勉强豪放，愈覺無聊。』然既華而殞，靡靡同盡，心傷其事，目悦其文，故有『昔人已懷古，况復後千年。荆榛與流水，想像舊房櫳』之句。『金闕銀臺如夢中，秦皇漢武空相待。前朝竹帛事皆空，往事幾多書不記。豈知昔日舊王侯，吹作行人面上土。』『吊』之而不能救其變滅，一『徒然』也。『舊人若使長能舊，新人何處相容受？雖催前代英雄死，還促後來賢聖生。人生得意且如此，何用强知元化心。』古爽鳩氏之樂，今亦有之，且不必『吊』，但『扳』之可矣。然馬駕車輅，貴不我有，終非英雄本然，更『徒然』也。雖然『文鋒幹破造化窟，心刃掘出興亡根』，苟非『扳今吊古』，連篇累牘何來。

『荒臺古樹寒烟』，即『功成力盡人澌亡，代遠年移樹空有』意。問季龍宫苑銷沈何處？令人憶其臨軒品第爲職九等。時慕容德乘高遠矚，言：『昔人俯仰，丘陵生韵，而今「荒草頽墳」，不知白日。』若『不落紅塵應更深』二句，更爲儁妙。

宋《王懿傳》：『北土重同姓，有遠來相投者，莫不極力營贍，若有一人不至者，以爲不義。懿聞王愉在江南貴盛，是太原人，乃遠投愉，愉待之甚薄。』雖『一路來者』，既到南方，還説什麽世誼。

鳳洲謂柳子才秀於韓，文峭拔緊潔，以摇尾掊擊，終墮神趣。『乞巧送窮』皆摇尾之根，非所以貽厥也。陳時，梁新安太守剡人徐摛，長子陵，爲吏部尚書，宣示干戈未息，故以官階代賞，致令員外、常侍，路出比肩，諮議、參軍，市中無數。亦此輩『時運』來耶？

阮籍或閉户視書，累月不出。宋何法盛見鄰紹《中興書》曰：『卿不須俟此延譽，我寒士，無聞於時，宜以爲惠。』不與，遂竊之，並不須『費家資』。

微之：『管兒不作供奉兒，抛在京都雙鬢絲。逢人便請試彈看，著盡工夫人不知。我聞此曲深賞可，賞著奇處驚管兒。管兒爲我雙淚垂，自彈此曲長自悲。』況於『書田』之事，賣向明時『不直錢』。『明』字作者特用，玉茗自傷其本朝人不知已也。若《儲説》始出，《子虚》初成，秦皇、漢武，恨不同時。故曰：『千秋無漢武，司馬一庸才。』北齊時，《何遜集》初入洛，魏昭成帝六世孫元文遥一覽成誦。唐德宗時，貢藝者多親覽，乖謬者濃筆抹之，稱旨則翹足朗吟，詫宰相『此朕門生』。宣宗吊白傅：『綴玉聯珠四十年。』《宋史》：高麗王運每賈客市書至，輒焚香對之。信乎好文之國。『明時顧不值錢』亦隋潘徽所謂：今人多加脂粉，各施鳴吠耳。伯敬則云：『邇來文章一道，不加重亦不加妒，若世界中原無此一事者。』風尚所薄，造化亦將收之，漸就衰歇。』《隋史》論『天之所與者聰明，其不與者貴仕。其位可得而卑，其名不可湮没。獨得文苑，必使立傳』之意。坡云：『火急著書千古事。』又云：『文章何足云？』見華州李方叔，拊其背曰：『子之才，萬人敵也，抗之以高節，莫能禦矣。』蓋亦以『賣』此爲耻矣。『年年麗製，濕北里之罗裙；夜夜香詞，灑东鄰之粉壁』，豈不勝『賣與明時』萬萬哉。吴帝末『賣』關内侯，假金印紫綬傳世。南宋明帝時，令入粟七百石者，除郡。減此各有差。然郡守令長，一缺十除。南齊南昌鄧琬奏子勛反，父子賣官，使婢僕出市道販賣，則烏肯以『值錢』之官，與『不直錢』之士耶？

陸賈説尉佗歸漢，吕后時病免，謂好時田地，善往家焉。有五男，出越中金分之，令爲生産，乘安車。每過一子，十日而更。陳平憂諸吕，賈説其交歡周勃，平乃以奴婢百人，車馬五十乘，錢五百萬遺賈，爲飲食費。竟以壽終，信妙人也。宋范杲自言才比東方朔，太宗壯之。老泉《遠慮篇》：聖人之任腹心臣也，執手入卧内，知無不言，言無不盡。然如宋神宗之謂彭城劉庠，奈何不與大臣協濟？曰『臣子於君父，各伸其志』則可，若蔡襄所言，諫官多擇其無所忤者時一發焉，猶或不行，則退而曰：『吾嘗論其事矣。』或小負罪，僅絲髮掠以塞責。『兩班文武』，誠何足道。

王吉夜夢蟛蜞，翌日長卿至，曰：『此人文章當横行一世。』張籍：『新詩纔上卷，已得滿城傳。』戴叔倫：『閉户不曾出，詩名滿世間。』楊誠齋：『先生誦詩舌起雷，一字不自人間來。東坡先生如龍鸞，世人疑其欲飛蟠。』皆有『擲地喧天』之致。若『閔周章句滿朝吟，但把令狐宰相詩』，則薛能有『相知莫話詩心苦，未似前賢取得名』之嘆矣。

御寇之書，氣偉采奇。鄒子之説，心奢詞壯，越世高談，自開户牖。標心於千古之上，而逆懷於千載之下。金石靡矣，聲其銷乎？方爲『擲地喧天』之作。若鳳洲所評：莊子於老子，皆實與而文不與，陽擠而陰助之，蓋苦禮樂之拘纍。我謂孔實言之，於老子則深入而探得其髓，多至十餘萬言，而其旨不過數百言而已。是以雜而不可竟，複而使人厭。則秦觀强志盛氣，溢於文詞，且嫌膚淺，歿身於藻綴，燥吻於吟呻者，真乃蒼蠅細響，君且休耳。

隋孫萬壽《咏懷詩》，好事者多書壁而玩之。白居易，太原人，徙居鞏昌下邽，父别駕耳。易未冠，謁顧况。况，吴人，恃才，少所推可，見其文自失。會昌初以刑部尚書致仕，最工詩。及其多更下偶俗好，雞林行賈，售其國相，率篇易一金。甚僞者，相輒能辨之。然其寄元九猶云：『君寫我詩盈寺壁，我題君句滿屏風。』亦無非大欲『人見』耳。王安石動筆如飛，議論高寄。館閣之命，屢下屢辭。士夫謂其無意於世，恨不識其面。神宗在藩，由是想見其人。則深欲『人見』而故作不欲『人見』之狀。太原孫盛作《晋陽秋》，諸子畏桓温，乃寫定本寄慕容儁，務『人見』而後已。《唐書》張介升曰：『列戟京師，不爲鄉人知，願得列戟本鄉。』玄宗許之。本鄉列戟，自介升始。棨戟則願本鄉『見』，文章則欲世人『見』，而今連篇累牘並『無人見』，則奈何？劉晝曰：『人不著作則才智腐於心胸，神明不發。』劉安曰：『美人者，不必西施之種。通士者，不必孔墨之類。曉然意有所通於物，故作書以喻意。有不爲古今易意者，攄以示之，雖闔棺不恨矣。』『連篇累牘』則雖平生五車書，未吐二三策，固非貧女理粧，隨分而已之比。

無數冷面粗心，只須評以『少趣』，真擢筋洞髓之筆。自知著肚著膊，猶是『趣』人。惟章惇見一門下士看《易略》，問其説，其人舉性命之言。子厚曰：『何得對吾亂道。』亟呼左右取杖，哀鳴乃釋，反覺有『趣』。

第七齣　閨塾

（末上）吟餘改抹前春句，飯後尋思午晌茶。蟻上案頭沿硯水，蜂穿窗眼咂瓶花。我陳最良杜衙設帳，杜小姐家傳《毛詩》。極承老夫人館待，今日早膳已過，我且把註潛玩一遍。（念介）關關雎鳩，在河之洲。窈窕淑女，君子好逑。好者，好也。逑者，逑也。（看介）這早晚了，還不見女學生進館，却也嬌養的緊。待我敲三聲雲板。（敲雲板介）春香，請小姐上書。

【繞地遊】（旦引貼捧書上）素妝纔罷，欵步書堂下。對净几明窗瀟灑。（貼）《昔氏賢文》，把人禁殺，恁時節則好教鸚哥喚茶。

（見介）（旦）先生萬福。（貼）先生少怪。（末）凡爲女子，雞初鳴，咸盥、漱、櫛、笄，問安於父母。日出之後，各供其事。如今女學生以讀書爲事，須要早起。（旦）以後不敢了。（貼）知道了。今夜不睡，三更時分，請先生上書。（末）昨日上的毛詩，可温習？（旦）温習了，則待講解。（末）你念來。（旦念書介）關關雎鳩，在河之洲。窈窕淑女，君子好逑。（末）聽講。關關雎鳩，雎鳩是個鳥。關關，鳥聲也。（貼）怎樣聲兒？（末作鳩聲）（貼學鳩聲諢介）（末）此鳥性喜幽静，在河之洲。（貼）是了。不是昨日是前日，不是今年是去年，俺衙内關著個班鳩兒，被小姐放去，一去去在何知州家。（末）胡説！這是興。（貼）興個甚的那？（末）興者，起也，起那下頭。窈窕淑女，是幽閒女子，有那等君子好好的來逑他。（貼）爲甚好好的求他？（末）多嘴哩！（旦）師父，依註解書，學生自會。但把《詩經》大意，教演一番。

【掉角兒】（末）論六經，《詩經》最葩。閨門内，許多風雅。有指証，姜嫄産哇。不嫉妒，后妃賢達。更有那咏雞鳴，傷燕羽，泣江皋，思漢廣，洗净鉛華。有風有化，宜室宜家。（旦）這經文偌多。（末）詩三百，一言以蔽之。没多些，只無邪兩字，付與兒家。

（末）書講了。春香取文房四寶來模字。（貼下取上）紙筆墨硯在此。（末）這甚麽墨？（旦）丫頭，錯拿了。這是螺子黛，畫眉的。（末）這甚麽筆？（旦作笑介）這便是畫眉細筆。（末）俺從不曾見。拿去，拿去。這是甚麽紙？（旦）薛濤箋。（末）也拿去。只拿那蔡倫造的來。這是甚麽硯？是一個是兩個？（旦）鴛鴦硯。（末）許多眼。（旦）淚眼。（末）哭什麽子，一發換了來。（貼背介）好個標老兒！待換去。（下，换上）這可好？（末看介）著。（旦）學生自會臨書。春香還勞把筆。（末）看你臨。（旦寫字介）（末看驚介）我從不曾見這樣好字。這甚麽格？（旦）是衛夫人傳下美女簪花之格。（貼）待我寫個奴婢學夫人。（旦）還早哩！（貼）先生，學生領出恭牌。（下）（旦）敢問師母尊年。（末）目下平頭六十。（旦）學生待綉對鞋兒上壽。請個樣兒。（末）生受了。依《孟子》上樣兒。做個『不知足而爲屨』罷了。（旦）還不見春香來。（末）要喚他麽？（末叫三度介）（貼上）害淋的。（旦作惱介）劣丫頭那裏來？（貼笑介）溺尿去來。原來有座大花園。花明柳緑，好耍子哩！（末）哎也，不攻書，花園去。待俺取荆條來。（貼）荆條個甚麽？

【前腔】女郎行那裏應文科判衙？止不過識字兒書塗嫩鴉。（起介）（末）古人讀書有囊螢的，趁月亮的。（貼）待映月，耀蟾蜍眼花。待囊螢，把蟲蟻兒活支殺。（末）懸梁刺股呢？（貼）比似你懸了梁，損頭髮。刺了股，添疤納，有甚光華。（内叫賣花介）（貼）小姐，你聽，一聲聲賣花，把讀書聲差。（末）又引逗小姐哩！待俺當真打一下。（末做打介）（貼閃介）你待打打這哇哇，桃李門墻，險把負荆人諕煞。

（貼搶荆條投地介）（旦）死丫頭，唐突了師父，快跪下。（貼跪介）（旦）師父看他初犯，容學生責認一遭兒。

【前腔】手不許把鞦韆索拿，脚不許把花園路踏。（貼）則瞧罷。（旦）還嘴。這招風嘴，把香頭來綽疤；招花眼，把綉鍼兒簽瞎。（貼）瞎了中甚用？（旦）則要你守硯臺，跟書案，伴《詩》云，陪子曰，没的争差。（貼）争差些罷。（旦挦貼髮介）則問你幾絲兒頭髮，幾條背花？敢也怕些些夫人堂上那些家法。

（貼）再不敢了。（旦）可知道？（末）也罷，鬆這一遭兒。起來。（貼起介）（末）

【尾聲】女弟子則争箇不求聞達，和男學生一般兒教法。你們工課完了，方可回衙，咱和公相陪話去。

（合）怎孤負的這一弄明窗新絳紗。

（末下）（貼作從背後指末罵介）村老牛，癡老狗，一些趣也不知。（旦作扯介）死丫頭，一日爲師，終身爲父。他打不的你？俺且問你，那花園在那裏？（貼做不說）（旦笑問介）（貼指介）兀那不是。（旦）可有什麽景致？（貼）景致麽，有亭臺六七座，鞦韆一兩架。繞的流觴曲水，面著太湖山石。名花異草，委實華麗。（旦）原來有這等一個所在。且回衙去。

也曾飛絮謝家庭。　李山甫　　欲化西園蝶未成。　張泌

無限春愁莫相問。　趙嘏　　緑陰終借暫時行。　張祜

第七齣 《閨塾》批語

「毛詩」故取毛字，與肚麗娘相映成笑。「睢」代錐，「鳩」代勾，自古了字必屈上，作男子之勢也。「沿硯水」「穿窗眼」「啞瓶花」「敲雲板」俱喻女根。「素粧」喻女根，妙在一白。「書堂」喻掀分兩頁之狀。「緩步」者，足却在其「下」也。「净几」喻髀。「興者起也」，謔詞更明。「葩經」喻花娘行經。「雞」喻女囊合尖處。「羽」喻豪，「有風」喻其事，「有化」喻男事銷歇，「無邪」猶無斜，「濤」與「淚」，皆喻陰水，「鴛鴦硯」喻女根兩半合一，「簪花」又喻其事。「溺」下接「園」，俱見謔喻之妙。「柳緑」喻豪，「荆條」之荆代筋，「蟾蜍」喻女根形，「蟲蟻」喻其癢，「懸梁」即秋千意，喻吊直兩脛也。「招風嘴」女根切喻，「香頭」喻男根，「招花眼」亦喻男根。「頭髮背花」男根則爾，「夫人家法」喻女根甚妙。「鬆」字俱謔。「窗」不緑紗而「絳紗」，故知喻女根也。觀「新」字不但善謔，而意亦極是。「委實華麗」方是絶妙女根。西字臉短而闊，推謔喻之意，並「西」字俱成妙絶，並非空設。妙在使人不覺。他人爲之，則顯露可厭。

「素粧」二字與「山西女兒帕勒頭，猩紅衫子葡萄紬。面上堆粉鬢堆油，笑問南粧如此否」恰對。北魏時，凉州緋色天下之最，而劉禹錫云「『素』女不紅『粧』」，遂覺「容華本南國，粧束學西京」「錦綉堆中卧初起，芙蓉面上粉猶殘」，尚有紅意。李先主昇云，「素」姿好把芳姿掩。「素粧緩步」，雅合「金翠映瓊腴，雪肌凝白肪」之句，所謂「雪面淡眉天上女」也。加之所對「净几明窗」，真覺其人淡治如肥梅耳。

聖賢之號，足以文奸。學問之途，易於增僞。麗娘肯輕輕吐出『賢文禁殺』四字，還是好人，若浪女兒十人，十人謂『昔氏』極是，動輒罵人禽獸。

老子不尚『賢』，使民不争。史公曰：『儒者之道，使人檢而善失真。』《禮記》：大饗廢夫人之禮，以此坊民，民猶淫佚而亂於族。王子敬曰：『羊叔子清德，故自佳，然亦何與人事，正自不如銅雀妓也。』『文』者所不便飾而便之也。『把人禁殺』，是若士借麗娘口，自道其心語，單指理所必無，情所必有而言。與後《回生》折，『人間天上，道理都難講』，『一點色情難壞』等句，爲通部之樞紐。故意用教『鸚』二字遮掩之，令人不覺，亦猶將思量泉壤，遮掩道理難講之意，則玉茗爲千古法之處。不然，只云：把人磨殺自可，何必特用『禁』字。

『禁』之者，將以防其心之忽一動也，不『禁』將難冀其心之得一動也。『昔氏』便是只知理之所必無，安知情之所必有者。南泉師指牡丹曰：時人看此花，如夢相似。時人看書亦然。要知《牡丹亭》之空前絶後，厥旨實在嘲淫。復一片純是遊戲，一片純是白净，一片純是開悟，故爲妙絶。

孔門是古今來第一『賢文』，其於色情，初不用『禁殺』語，以禁愈强則止愈少也。王龍溪云：君子處世，貴於有容，不可太生揀擇。地有險易，物有虎狼，只爲一身清濁並藴。若洗腸滌胃，盡去濁穢，便非生理。學者覺也，大人之學無三教可分，無三界可出，學至是處，無暇辨三教之異同。離軀殼不離軀殼，皆有真我。好名、好貨、好色爲三大欲覺，名之爲欲，其機甚微，其害更大，一切假借包藏，種種欺妄，未有不從名根而生者也。若妍媸黑白之跡，滯而不化，鏡體反爲所蔽矣。外假名義，内藏機險，勢以相軋，利以相圖，忿以相争，智以相競，黨同伐異，尚以爲公，是非使氣縱性，與蠻何異！徒欲以斗筲流俗之心，妄意希天之學，譬如夢入清都，自身未離厠溷，只益虚妄而已。良知是貫徹天地萬物之靈氣，是非亦是分別相不起分别之意。鑒而不納方是真是真非，天地聖人也不做他，求自得而已。如此方是出世間大豪傑，方是享用大世界，方不落小家子相，纔有典要即著方體。今人爲乞墦穿窬之習，密制其命，浮『文』相熒，不能探本入微，徒欲號召名義，以氣勝之，自己落意見而欲勘破人意見，如泥裏洗土塊，纔有些子伎倆，光明便爲所蔽。況復相妒矜，將道學著爲典要，跡似情非，是爲壞道鄉愿。全體精神，盡從外面照管，只管學取皮毛支節，趨避形跡免於非刺。只在世情上揀得一件好題目做，只管學成殼套。不如行不掩者，其心事光明超脱，不作些子蓋藏回護，便是做人真面目，便是入聖真種子。泥於格套名義，揀擇假借，單尋好題目做，縱使要討世間便宜，鬼神會得算帳。過甚之詞，皆後『賢』增上者耳。一理學云：『動乎惻隱，是謂愛而仁矣。動乎辭讓，是謂欲而禮矣。』人間此事而欲其禮讓行之。

人趣之異於諸界者，惟牝牡。異於衆生者，惟肉色。而禁臠偏多。惟有情之天下，人多欣遂之事，相耽於欣遂之境。既有無形之投契，斯有不盡之流連。『賢文』牙間餘臭，豈能易仙樹、甜桃哉！元曲：『你不拘箝我可倒不想，你把我越間阻越思量。』如禁臠，一旦得食，初甚甘也，及其厭飽，亦覺甚苦。與他横陳一樣蠟味，彼權得自由者，皆用其剛明，不爲『文』紿。强禁之法，誠不如使自厭倦。

北魏高祖詔：『夏殷不嫌一族之婚，周氏始禁同姓之娶，斯皆教隨時設，治因事改者。皇運初基，中原未混，未遑釐改，朕思易質舊。』顧前樸日隆，後『文』漸衰。《宋史》：闍婆國煮海爲鹽，室宇壯麗，雜犯皆贖，惟盜殺否。貢宋珍珠衫帽各一，珠一萬一千一百兩。高麗性不屠宰，國多賢主而尚文，然必循舊俗，不嫁臣庶，貴臣亦然。元末大幹耳朵儒學教授鄭咺建言，蒙古乃國家本族，而猶循末俗，恐貽笑後世，必宜改革。『賢文』有至後世加密而可異者。唐虞夏商周，皆黄帝後，黄帝所師素女，人必謂訛傳。堯降二女，後世必曰一妻爲是。降二女安知非並欲其極貴？如新羅之骨而後世必曰附遠。温太真情鍾姑女，不失爲名臣，後乃並在『禁』例。歐公不歸，安知不以甥事畏其親族誣語？奸憑女口，安知非浮婦恨其不救而誣之？當時不究極是。新婦得配參軍，則有封胡遏末，晋人之奇，在敢於顯。如是言却未必真思作此事，後人未必無此心，却斷不肯爲是語矣。

干寶論：晋人先時而昏，任情而動，父兄不之罪也，天下莫之非也，猶水積而决堤。《晋史》列女贊：晋室罕樹風檢，虧閑爽操，相趨成俗，脱蕩名教，頹縱忘反，於斯爲極。振高情於獨步，則魯册飛華矣。曹魏尚書郎仲長統云：『漢興，分王子弟，於是魚肉百姓以盈其欲，烝報骨肉以快其情，稍稍割奪，卒至於坐食。』不知自高祖帷簿不修，孝文衽席無辨開之，蓋不雄不奸、不奸不雄。彼用『賢文』塗民而已。論曰：『純樸已去，智慧已來，出於禮制之防，放於嗜欲之域久矣。』作詩曰：『寄愁天上，埋憂地下，叛散五經，滅棄風雅，敖翔太清，恣意容冶。』是即『禁殺』之註，不須公孫朝穆一大篇也。

戰國以前，管仲之功不小，而齊桓室有不嫁。晋文辰嬴，不譏舅犯，且曰：子於子圉，道路人也，將奪之國，又況妻乎？晋悼四姬，更無足異。三代而後一統，莫盛於漢唐，而或則淫致嫚書，或則一代祖母，不能概『禁』也。人天俱在欲界中，不幸生於人界，笑彼破藩决籬，直追上古樸俗耳。唐人工於用情，而薄於約性。非工於用情者，不知『想有所必窮，情有所必至』之言。

『人道海水深，不抵單思半。海深尚有涯，單思渺無畔。』最難言處最難忘，是理所必無，情所必有。伯虎當落花時，大叫痛哭，以錦囊收葬。如此情深，安能見美色而不怨耶？今入世者嗔喜笑駡，總屬不真，只『禁』此真情相屬之相思，是不『禁』人假而『禁』人真也。後世都是得爲即爲，賢文徒禁勢不得爲者而已。龍溪謂：好色而以是非羞惡之心爲節文，即爲好色之良知。不知色不誠好則已，好則斷不能爾也。不如袁中郎云：不好好色者，其人心不惡惡臭。好色不真，是爲誠意開一僞榜樣。

《宋史》：京城民劉元吉，父死，繼母有奸狀，恨吉告之，憂悸成疾，遂誣吉。吉妻張氏擊登聞，太宗臨軒，召張顧問。元則罕見此獄。

宋張洞言：國家繁衍，不論親疎。婢妾無多寡之限，致蔑禮義，極嗜欲。宗室緣是怨之。明臣亦言，宗室莫不廣收婦女，妾媵無紀，甚至上烝下淫，互相容隱，有司懼謂挾私欺侮，又恐史册書之，不敢奏，中冓之言不可道也。猶云屋漏，何所不有，但不以彼爲異而道之，彼將幸吾不知耳。若以隱處被人見爲耻，則耻莫如多女之人，而『賢文』且不得不聽其屢醮，惟論貴賤可矣。

救飢以珠，不如以粟。明珠彈雀，不及泥丸。瓊艘瑶楫，無涉川用。美不常珍，惡不終廢也。桓子云：『胡俗嫚禮篤信，略文敏事。』《淮南》：帝顓項之法，婦不避男者拂之。今之國都，男女切踦，其於俗一也。貨章甫者，不入閩越。魯用儒術，地削名卑。時有淳澆，俗有華戎，不可以一禮齊也。《劉子》：管仲至，公執爵，夫人執尊，觴三行。桓管不能無纖瑕，而馳光於千載者，小不掩大也。崇山廓澤，不辭污穢。

佐世良才，不拘細行。陳仲子雖餓死，安能寧其人，解其患，存亡繼絶，蹈白刃而達功名乎？

李訓起流人，一歲至宰相。文宗謂訓：『稟五常性，服人倫，教不如公等，然天下奇才，公等未及也。』唐李泌可謂奇矣，然其子繁，才警無行。泌與梁肅善，故繁師事肅，及卒烝其室，士議讙醜。爲亳州刺史，有機略，悉知劇賊淵藪。正人多閉於機事，世間欲立功名，不得不用小人。然盲人未嘗忘視，古今以一事不能爲善人，因而一切不爲善人者多矣。老泉所謂『生於不勝，人不自勝。其憤然後忍棄其身』，故禮之權窮於强人也。顧於真『賢』之其天定者，自無礙。

貢禹曰：今史書而仕宦，財多而光榮，處奸而得利者爲壯士，居官而致富者爲雄桀。行雖犬豕，家富勢足，目指氣使，是爲『賢』耳。人識鳥獸，不知鳥獸飢則相噬，人則其機無已，其欲無厭，事事不如鳥獸，皆不能『禁』。天位之重，而或藏其私恨。天命有德，而或濫於私與。天討有罪，而或制於私情。集議盈庭，而施行决於私見。諸賢在列，而密計定於私門。顧專欲執『賢文』以禁色，亦何益於大計。况條教之頒，徒爲虚設，只可行於窮鄉下邑不識字之女兒。况荒時賣人，謂之菜人，争占江山時殺人無算，甚至楚人。秦宣后言，初事先王日，先王以其髀加妾之身，妾困不支也，已而盡舉其身妾之上，妾不重也，以其少有利焉。復用此故智，與戎王生二子，因殺戎王，滅其国，暇爲天下賤人愛護，此但知利欲並輕情昵，口中勉依，心裏實欲，愈侵愈欲，侵暴不畏之雌竅乎？

名教者，名家者流所爲，故老子尚實而左名。蓋『禁』則不犯者，名不犯耳；不『禁』則不犯者，實不犯也。自宋以後，華士檢點形跡，持循格套，趨避毁譽，以爲『賢文』，漸染成俗。假託、貪黠、奔競俱不耻，而獨於談色者，欲以虚聲嚇之。續因名教、名義、名理不足以制軼蕩非常之人，勝楊子之説，故又取佛家無妄二字爲主。佛家全在去妄，故做夢亦有罪也。若不能『禁』人夢及色目行淫，亦不能『禁』人見色聞聲，有所取著。與夫厲色公庭，溺情幽隱，亦秖拙敗巧逃，入罟一而漏網三耳！

京師平，唐德宗欲召渾瑊訪奔亡内人，結裝使赴行在。陸贄言：内人當離潰之後，或爲將士所私。昔人絶纓，良有以也。天下固多褻人，何必此！唐文宗時，宗室李孝本以罪誅，二女没入宫，魏徵五世孫謩言：陛下初不好色，今莊宅收市，亹亹有聞，又取孝本女納之後宫，宗姓不育，寵幸爲累。帝曰：『恤宗女之幼，不爲漁取，然疑似之間不可户曉。』鄭仁基女美而才，皇后立請爲充華，然已許聘，魏徵諫曰：『陛下處臺榭，則欲民有棟宇；食膏粱，則欲民得飽適。顧嬪御獨不欲民樂室家乎？』帝幸九成宫，僕射李靖、侍中王珪後至，吏改舍宫人以舍之，帝怒曰：『何輕我宫人！』徵曰：『大臣出，官吏諮朝廷法式，歸則陛下問人間疾苦，宫人如是耶？』又曰：『昔孫伏伽諫事賜以蘭陵公主園，直百萬。今皇甫德參上書，俗尚高髻，宫中所化也。』陛下恚曰：『使宫人無髮，乃稱其意。』又諫作飛山宫曰：『彼煬帝者，爲天下笑，今其姬姜淑媛盡侍側矣，當思其所以得。』馬周諫太宗：『今京師諸處營造，諸妃主服飾皆過靡麗。』張玄素，蒲州人，諫太宗曰：『東都始焚，太上欲焚宫，陛下謂瓦木可用，請賜貧人是也。』性不勝情，勿以惡小。京兆柳公權爲翰林，與文宗夜語，每至燭盡，常命爲詩，宫人迫之。權言：『郭旼爲節度，人頗有言。』帝曰：『旼尚父從子，太后季父。』曰：『然人謂獻二女乃有是除。』帝曰：『女自參承太后，豈獻哉？』曰：『嫌疑不可户曉。』是日，帝命中官自南内送女還旼第。宋仁宗性寬仁，言事者競爲激訐，至污人以帷箔不可明之事。范祖禹聞哲宗覓乳媪，以帝年十四，非近女色之時，宣仁高太后諭以外議皆虚傳。太后崩，言者摭其諫乳媪事，安置永州。不知古來人主，即英賢者必極封崇其乳母，皆貴者必有之色情也。唐太宗欲觀起居注，蘇州朱會昌曰：『陛下視無嫌，然以此開史官之禍，可懼也。』史官畏禍，則悠悠千載，尚有聞乎？後世『賢文』之病，直使弊必至此。

單于嫚書戲吕后，願以所有易所無。后欲斬使，季布言其利害，報書單于：『不忘敝邑，賜之以書，敝邑恐懼，退而自圖，年老氣衰，行步失度，單于過聽不足以自污，宜在見赦。』《唐書・四裔傳》：班固謂其來慕，義則接以禮讓，大誤也。夫禮讓以接君子，何禮讓之接哉？《藩鎮傳》：肅代後使人行猶羌狄。如温台經方國珍竊據之後，全乖人道，然逆息虜胤皇子嬪之，至令諸鎮侈心益昌。唐僖宗走漢中，以襄陽陳夫人賜克用，又平盧節度通嫂逐兄，後爲人破，將其嫂獻克用爲孌夫人。田蚡曰：『臣所好，田宅婦女。』諸葛亮曰：法孝直使主公不可復制，豈可使不得行其意乎？唐侯君集隨李靖征吐谷渾俘男女七千人，又私娶婦女。岑文本諫曰：『當其有功也，雖貪財縱欲，猶蒙爵邑。其無功也，雖勤功潔己，不免斧鉞，故智者樂立其功，勇者好行其志。』薛萬鈞與高昌女子亂，魏徵曰：『若實，罪且輕。』劉蘭以世亂介賊，破其鄉取子女。宋州盛彦師之討王世充也，殺平生所惡者數十家。高祖謂秦瓊曰：『卿不惜妻子來歸我，又有功，使朕肉可食，當割以啖汝，況子女玉帛乎。』陳宣帝子叔達以郡聽命禪代時，書册詔誥皆其筆。貞觀中以帷簿污漫爲有司露劾，帝以名臣爲護掩。御史蔣之奇糾歐陽公，挽廬陵陳思永自助，永以爲帷簿之私，非人所知。宋末臨安趙景暐知台州，首取陳述古誘俗文書示諸邑，上言專天下之同欲則人不悦纔是。宋祖謂功臣曰：『黃袍加汝身，欲不爲得乎？人生如白駒過隙耳，不如多積金，市田宅以貽子孫，歌兒舞女以終天年。』謝曰：『陛下念及此，死生骨肉。』皆以散官就第。唐史思明兵所向，縱其下淫奪人妻女，以是士最奮。其將田承嗣降，仍授節度。恣功臣以色而人無不貪，猶飼馬以芻而馬無不往。使天下皆有分肉之心，則香餌之下必有懸魚。矢往湍奔，長鯨入網，可盡天下智勇於功名之路也。古給侍史而後禁奚奸，豈知功名之人，志趣奇詭。『文』固是非之正耳，至於是非雖明，而其人若不可已，即『禁』之固不能絶，徒使殺孽嬰無限耳。

英雄發狠，只要勦除奸詐，殄滅愚頑。並頑要除者，頑則必爲詐所用也，何況聽此愚頑供勳貴戲乎。宋陳同父曰：『我祖宗以公恕厚斯民之生，未嘗折困天下之富商巨室。於格律之外，有以容獎天下之英偉奇傑，皆所以助立國之勢而爲不虞之備也。』按察邀功，而廟堂輕矣。即或有合而大要已非，卒爲金人侵侮之資。

『恁時節』謂素粧緩步明窗净几之時。俞君宣：『我只爲消殘渴，忍不住將瓊漿借。』『唤茶』，解渴之謂也。

袁淑，宋文帝后弟，始與王文帝庶子，嘗送錢三萬餉舅，一宿復遣人追取，謂爲使人謬誤欲以戲舅，亦如『那樣聲兒』之戲師，非作者杜撰，豪家如此者多矣。

袁中郎：『楚姬不解調吴肉，硬字乾音信口哦。』字出柔口無不脆，何必吴也。

以『哇哇』喻男根，加『你待打』字，爲剛大傳神。『與個甚的』『那爲甚的好好求他』『瞎了中甚用』『則瞧罷』『争差些罷』與《訓女》折『綉房中則是綉』『綉了打眠』數語，演者俱要高聲朗字以傳。『嚦嚦鶯聲』正《西厢》所云『女孩兒家恁響喉嚨也』，活畫出畫閣裏嬌養。春香鶻伶碌老，目無師長。『待打這哇哇』妙，百般嬌姹可憐，渠此等是也。『争差些罷』，尤爲妙語。

漢有游女，韓嬰曲爲之解曰：『孔子南行至楚之阿曲，見女子浣，使子貢挑之不得。』是宣文甚於馬融。宋閩夾漈鄭樵有云：『興者所見在此，所得在彼，不可以事類推，不可以義理求也。詩取斷章，斷之於此，而無損於彼，此無所與而彼取之。』説詩者屢遷屢變而詩不知。寒山曰：『昨過王秀才，笑我詩多失。云不識蜂腰，仍不會鶴膝。我笑你作詩，如盲徒咏日。有人笑我詩，我謂知音寡。不煩鄭氏箋，豈用毛公解？忽遇明眼人，即日流天下。』正非『陳』夫子所得解也。

『爲甚的好好求他』，此問真正聰明。造端夫婦，即此『甚的』。道學先生日日與人同做『甚的』，口中斷斷不肯説出『甚的』，甚至入内之時，告訴虚空曰：某非爲私欲也，爲天地衍蒼生也，爲朝廷添丁口也，爲祖宗綿血食也。

晋出帝，敬瑭姪。初，博士王震教以《禮記》，久之，不通。謂震曰：『此非我家事也。』唐明宗子重榮好詩，明宗曰：『爾將家子，非素習必不能工，傳於人口，徒取笑也。』然欲易於通曉，仍是『葩經』。老蘇云：『今吾告人曰必無好色，彼將遂從吾言，而忘其中心所自有之情耶？彼既已不能，將遂大棄吾法，無所隔限。故聖人之道，嚴於禮而寬於詩，嚴以待天下之賢人，寬以待天下之中人。』或增數字曰：『嚴以待天下之賢而貴、愚而賤者，寬以待天下之秀而傑、中而貴者。』其義更圓。即此『論六經，《詩經》最葩』一句，亦見作者腴詞麗旨，創意造端，才子之文，無不一線穿就者也。

王金壇句：『《楞嚴》初讀面生紅，爲寫摩登技忒工。還是國風多蘊藉，房融端不及周公。』不脱『閨門』，却稱『風雅』，葩之所以爲葩也。隋趙郡李諤曰：文取明動談理，自魏之三祖，競逞文華，遂成風俗。轉復尋密逐微，遺理存異，以緣情爲勳績，遞相師祖，流遍華壤，彼固以爲欲稱『風雅』，必向『閨門』耳。漢《房中樂》，唐山夫人所作。隋文帝龍潛時，倚琵琶作歌二首，名曰『地厚天高』，託言夫婦之義，後即取之爲房内曲。職在宫内，命婦人教習，爲上壽之用。而詩餘一物，遂爲名公鉅卿流連閨房之物矣。王導後劭，隋時佞臣，撰《隋書》八十卷，多稱口勅，又采迂怪不經之語及委巷之言，以類相從，爲其題目。詞義繁雜，無足稱者。復爲《齊書》，文詞鄙野，或不軌不物，駭人觀聽，是爲今之稗祖，可惜不傳。史臣譏其尚委巷之談，文詞鄙穢，體統繁雜，徒煩翰墨，不足觀采，殆以説『閨門』欠『風雅』耳。

『有指証』，聖人不能禁履武也。伏夢嫁意。葩字，以『閨門産哇』得稱，已暗藏《冥判》數花一段矣。

宋女宗曰：『婦人以專一爲貞，以善從爲順，豈以專夫室之愛爲美哉。』惟『達』故『賢』。達也者，『達』於人生。各各有所欲愛，非一人所能專也。『疾妒』以至生疎，真乃自苦，不知人趣風味者方爾。朱註：宴私之意，不形於動静，情欲之感，無介乎儀容。佛經所謂，婦人自審欲態，不得大言現其欲。彼方知其家欲微不甚。尤以恐涉『疾妒』之嫌，所以如此。其『不疾妒』者，其『賢』也。其『賢』者，其『達』也，即『后妃賢達』，亦是多情。粉鏡三千，必多我見猶憐之景，青蛾三千奉一人，班女不以色事君，果能『賢達不嫉』覺無鉛華更媚。

近吴中孝子儒，有將《關雎》解作『后妃』所自作，其淑女乃所博求以事文王，用廣胤嗣者，比解作刺康后之宴起者勝。《螽斯》有嫚寢之意，嘗讀則百斯男句，笑文王之漁色亦衆矣，其媾精亦勤矣。『后妃』作兩人看，只兩『不嫉妒』，則『家』無不『宜』，猶火增膏，而子女稟性亦無不佳者。李克用二妃與其子明宗二妃皆可取。若劉宋諸公主相聚講論，惟以防制夫婿爲事，或云野敗去，或云人笑我，則難乎其『宜』矣。

歸震澤《節婦銘》：『自初有民，男女貞行，聖人因之，秩爲典恒。王道凌遲，《關雎》刺興。鄭衛靡靡，禮俗以傾。會齊於禚，天宇晦冥。孰知千載，是心猶明。懿矣婉淑，居然性靈。爭芬昧谷，競節高旻。有嚇彤管，於昭汗青。左史之後，靡幽不呈。誰謂隱微，後世無聞。』裴頠《崇有論》曰：『賤有則必外形，外形則必遺制。兆庶之情，信於所習。業服則謂之理，故人君必慎所教，使忽然忘異，莫有遷志。』是『無邪兩字付與兒家』之註。

『曷不肅雍』，刺王姬也。武周制禮，不能使其孫女不嫁齊襄，不爲宋襄夫人。禮至周始密，而越禮事惟其子孫最甚，固不若葩經之不厭『閨門』，只戒『無邪』耳。然國風好色而不淫，或者讀之而疑焉，夫好色而不淫，是必其未嘗好色者也。曰吾大畏乎禮而不敢淫，是必其不敢好色者也。自古至今，有韵之文，十七皆兒女此事，亦以爲非此一事，則文不能妙也。佛以老婆爲千劫繫驢樁，然同此男女，或能爲妙事焉，或不能爲妙事焉。於何知之？於其文知之。若其文，既爲必能爲妙事之文矣，而欲其亦被禁殺，除是天下真有不淫好色一法。教以葩經，而『付與無邪』，亦不濟事。

漢鄧后使閹人『蔡倫造紙』，且監諸儒於東觀。平常一句賓白，腹無書史者亦不得有。『莫言涓滴潤，深染古今情』，唐人題『研』句也。若作雙『鴛』鳳履之形，則陳王著意看羅襪，温尉關心到錦鞋矣。

東西南北皆垂『淚』，却是楊朱真本師。『淚眼』二字莫滑看，爲後許多哭字伏案，即麻姑所云『世間何事不潸然』，如來所謂『多生骸骨，積如丘山，眷屬哭「淚」如四大海水』也。『疑此長江水，盡是兒女「淚」。』『人添「淚」一泓，何愁不成海。』『滄溟倘未涸，妾「淚」終不乾。』『看取薄情人，羅衣無此痕。』雖『一片春城化劫灰，哭聲未了笑聲催』，而『如何千萬家休戚，只在嗚嗚咽咽中，西家還有望夫伴，一種「淚」痕兒最多』『今朝却得君王顧，重入椒房拭「淚」痕』『愁心和雨到昭陽，「淚」痕不學君恩斷』『分明知是湘妃化，何忍將身卧「淚」痕』，皆天公開花以至此。若斷眷屬哭「淚」，除非人不『鴛鴦』。

字有側媚之態，腐儒便云『從不曾見這樣好』，何況其他處處參活句，語語帶戲謔，總不欲香艷曲情，墮入陳腐耳。可知王逸少不及『衛夫人』。傳自婦人尤易見『好』，況夫人即衛玠祖姑，晋武帝所謂衛家種賢而多子，美而長白者乎？

曹操於江陵得履數萬，令宫人著盡乃更製。婦人好蓄鞋，其俗久矣。王導孫宏銜劉裕命，諷晋加九錫，以僕射爲刺史，人有忤意輒加詈辱。令左右爲陶潛造履，潛便於坐中伸脚令度。『不知足而爲屨罷了』是未嘗敢伸令度也。北齊遷鄴之始，千門百戲俱使上党李建興參古雜今，折中定制。邢子才云，爾婦病癲，或問實耶，輿曰：『爾太癡。但道此人疑者半，信者半，誰檢看？』最良之才，雖不能定制，亦知婦足無人檢看，不告以實。

唐高祖竇后，周公主女，事姑疾，淹月不釋衣履。工文，有雅體書，與高祖書相雜，人不辨也。太宗長孫后，當太宗兄弟釁隙已搆，謹承諸妃消釋猜嫌。及授甲宮中，后親慰勉。嘗爲論，言馬后使外家與政，乃戒其侈。此謂開源惜末。賈充原妻李氏，以父豐誅坐徙，充另娶城陽太守郭配女，後李赦還，晉武特詔充置左右夫人。郭曰：『刊定律令爲佐命之功，我有其分，李何得與我並！』『女郎行，那裏應文科判衙』，亦後世則然。

周文族子神舉子度曰：『書足記姓名而已，安能爲腐儒業乎？』高崇文爲節度，不解書厭案牘批判，以爲煩，而嘗有功。北魏世祖初造新『字』千餘，江式曰：『魏承百王之季，文字改變，俗學鄙習，復加虛造，炫惑於時，難以釐改。』則知今『字』實繁，皆由逐漸，亦多事矣。坡詩：『詛書雖可讀，「字」法嗟久換。』魯國賢文所以不能至跋提河者，以聲音之道不通也。外國各文，屢譯方達。秦文漢隸，今亦迥别，則安知後之『字』猶今之『字』歟？區區好奇『字』，辛苦學楊雄，又不如樂天所云：『人各有一僻，我僻在詩句。』恐爲世所嗤，吟向無人處』矣。

北魏太武后慕容氏，令比衆經文字，義類相從，曰：『衆文經隋蒲徽撰萬字文，止不過識字兒。』自古已另有書。

『應文科判衙却字兒不識』者，古亦不少。北齊高歡侄婿，代人庫狄于署名爲千字，連上畫之。又有將王周，署名則先爲吉，而後成其外。宋衛將軍劉道隆，聞帝稱謝靈運孫有鳳毛，不知其父名鳳，輒至超宗處索鳳毛。何敬容身長八尺，尚齊武女長城公主，白皙矜莊，衣冠鮮麗，梁時爲吏部尚書，無賄則略不交語，而拙於書，其署敬字，則大作苟，小爲文。范石湖使金，咏館伴耶律侍郎書：『人問無事無奇對，伏臘今成兩侍郎。』譬之生而盲聾者，於山川之夷險通塞，且未嘗入夢，況其微細區分。於字畫之多寡縱横，且未嘗識面，況其幽深義理。

劉宋蕭思話孫引善書，出手翩翩，似鳥欲飛，是『塗鴉』二字好故實。吴梅村『嫩塗吟紙墨欹傾，慣猜閒事爲聰明』，實即用玉茗意。元世祖於管夫人曰：『使知我朝有善書婦人。』然婦人書多婉弱，即仲姬日與魏公熏炙，亦不免此。獻之嘗書壁爲方丈大字，父羲之甚以爲能，觀者數百人。而唐太宗曰：獻之書篋點翰，頗有媚趣，然行行若縈春蚓，無丈夫之氣。試誦坡公『顛張醉素兩秃翁，追逐世好稱書工。何曾夢見王與鍾，妄自粉飾欺盲聾。謝家夫人淡丰容，蕭然自有林下風』，則畫虎俗字誠不若『塗鴉嫩字』也。

『把蟲蟻兒活支煞』，自指人而言。言『青螢一點光，曾誤幾人老』，殆如蟻之多也。

高歡第五子澂，母魏后爾朱氏，答師曰：『凡人惟論才具，豈在勤勤筆跡？博士當今能者，何以尚爲博士？』第七子涣謂左右曰：『凡人不可無學，但要不爲博士耳。』北魏名將仇池氏楊大眼，遣人讀書，坐而聽之。北周西河郡公李賢，一門極富貴，九歲從師，略觀大指而已。曰：『賢豈能領徒授業？』正由怕『損頭髮添疤納』矣。周宣帝時詔尚書字誤者，即科其罪。樂廣八世孫運曰：『假有忠讜之人，義無假手，更加鉗戮，能無緘口？』亦通。梁武軍鋒新野曹景宗軍，皆桀黠無賴，掠人子女不能禁。事平，爲郢州刺史，開衛列門，爲宅數里。性好内，妾侍數百，窮極錦綉。不耐静，或往人家乞食以爲戲，而部下因弄人婦女。書字有不解，不以問人，皆以意造。庫狄伏連，代人，事爾朱榮爲直閤將軍，歸高歡爲鄭州刺史，不識士流，開府參軍多衣冠士族，皆加捶撻。性吝，積物别庫，遣一婢，專掌鎖鑰。朔州斛律金，司馬子如教署金字，作屋況之，其字乃成。然以贊成高歡大謀，每會議，常獨後，言之輒合理。一門二太子妃，一皇后，三公主。高洋時太后、皇后幸金宅，六宮皆從，年八十有子如光，猶曰：『明月豐樂，用弓不及我，諸孫又不及父，世衰矣。』斛律光初爲侯景部將，潘樂謂高敖曹曰：『斛律家小兒，行奪人名。』云大『光華』，不須螢雪。

或薦樂安孫搴於高歡，會西征，引入帳，自爲吹火，援筆擻就，即署相府主簿。又能通鮮卑語，兼宣傳號令，賜妻韋氏，士門兼貌，時人榮之。高澄初欲之鄴，掌朝政，歡以年少未許，搴爲致言，乃果行。邢卲謂曰：『須更讀書。』曰：『我精騎數千，足敵君羸卒數萬。』以醉死。命求好替，司馬子如舉魏收，歡曰：『收作文書都不稱我意。』乃言廣宗陳元康，即授丞相功曹。馬上號令，盡能記憶，作軍書，俄頃滿紙。歡嘗怒澄，親加毆踏。元康伏地泣，歡謂人曰：『元康必與我兒相抱死。』左衛將軍郭瓊以罪死，婦范陽盧道虛女，沒官，澄啓賜之。康地寒，時人以爲殊賞。歡崩，澄將之鄴，令康預作歡條教數十紙，留付段韶等在後行之。侯景反，澄欲殺崔暹以謝之，康薦慕容紹宗可敵之，恐召不至，康曰：『宗知康蒙顧，新使人來餉金，欲安其意，故受之，保無異也。』宗果破景，賜康金五十斤。晋陽唐邕爲高歡外兵曹，高澄被弒，邕部分將校，造次便了。專掌兵機，承受敏速，文宣主親執其手，引至婁太后前坐之。丞相斛律金上白胡太后，邕手作文書，口且處分，耳又聽受。嘗責侍臣，卿等不中與唐邕作奴。累侍中，封王，文宣段昭儀竟嫁之。爲徵官錢違限，杖參軍從事等。齊朝宰相，未有撾撻朝士，至是大駭。論曰：『若不愛惜才子，何以成夫王業？』小『光華』矣，未嘗『懸梁刺股』也。若魏樂安徐紇，初自書生諂附趙修，尋飾貌事元。又鄭儼累黃門侍郎，總攝中書門下事，軍國詔命，莫不由之。時有急速，令數吏執筆，或行或卧，人別占之。王遵彥等並稱文學，亦不免爲執筆，承其指授。時豪勝己，必相凌駕，書生貧士，矯意禮之。高歡至，乃奔梁，雖『光華』不足道。鉅鹿魏收，益州刺史子建子，幼好騎射，長善胡舞，談有朕理，筆有奇鋒。高歡召爲長史，雖嘗箠之。高澄亦云：『魏收恃才，須出其短。』然嘗曰：『吾或意有所懷，忘而不語，語而不盡者，見草皆已周悉。』聘梁時，梁君臣咸加敬異。部下有置吴婢者，唤取遍行奸穢。還，爲侍中。魏太常劉芳孫女，中書郎崔肇師女，夫家坐事，高洋並以賜收爲妻，時比之賈充，置左右夫人。文宣陵謚，皆其所定。武成於閣上晝收，亦頗『光華』。温嶠後，恭之避難，歸魏家於濟陰。孫子昇，年二十，爲廣陽王賤客，在馬坊教諸奴子書。孝莊立，令修起居注，曾一日不直，上党王元天穆録尚書事，將加捶撻。預謀爾朱榮作詔書，梁武見其文筆，曰：『曹植、陸機復生於北土。』使吐谷渾者，見渾主床頭有書數卷，乃其文也。外恬静内深險，事故之際，好與其間。齊文襄疑之，餓諸晋陽，没其家口，不『光華』矣。庾信長八尺，帶十圍，容止頽然，在江陵聘西魏，遂被留。及陳氏通好，求信等還，周文愛而不遣，至於趙滕諸王周旋款至，有若布衣交。臨沂顔之推，多任縱，不修邊幅。侯景陷郢，頻欲殺之，將妻子奔齊，侍從文宣，頗蒙顧盼，爲祖珽所重。後主時，進《奔陳策》。齊亡入周，隋時疾終，作《家訓》二十篇。河東柳䛒世仕江南，居襄陽。煬帝爲文，初學庾信，及見䛒，體遂變。䛒言雜誹諧，帝每召入臥内，與之宴謔。與后對酒，輒命之，至同榻共席，恩比友朋。撰《鑾駕北巡記》《幸江都道里記》《洛陽古今記》，可謂『光華』。《北史》儒林信都劉焯，每於國子論古今滯義。令事蜀王，非其好也。久之不往，王大怒，令人枷送於蜀，使執仗爲門衛，不『光華』之尤者。惟濟北張景仁，高洋引爲賓客，教紹德，累散騎常侍。胡人何洪珍有寵於后主，欲得通婚朝士，遂爲其子取景仁女，仁遂拜開府加侍中，則最良輩亦有『光華』時。

『花』者，色也。孟郊：『千艷萬艷開，傾盡眼中力。矜新猶恨少，將故復嫌萎。莫教虚過眼，無處不相宜。』總不過好德不能如好色之意。

深深巷陌有個重門開未？所恨者『買花』朱門幾回改耳。

『夜月幾曾無夢處，春風只管送愁來。看取秦坑烟焰裏，是非同作一抔灰。牙籤錦軸忽在眼，「書」中宇宙三千年。不知「讀」此尚何用，凡幾變滅隨飛烟。』『把讀書聲差』自可。

宇文護母閻没齊，與護書曰：『共汝在壽陽任時，博士姓成，爲人嚴惡，汝與元寶菩提及姑兒賀蘭盛洛謀，欲加害，我共汝叔母聞知，各執其兒打之。』似此『哇哇』亦難制伏。《唐書》：宋之問弟之愻，爲連州參軍，刺史聞其善歌，使教婢，亦不得不『當真打一下』。偶憶元載夫人當没入宫，曰：『二十年節度使女，十六年宰相妻，豈能復爲長信昭陽之事？』因付京兆杖之。比之『打哇哇』者，更覺焚琴煮鶴，俗不可醫。豈高秋亦有花，不及當春草耶？

魏叔子謂：『作古文須並逆賊、巨猾、嬌奴、寵婢之情狀，熟悉胸中。』如『搶荆條投地』之類亦是。北魏尉地干尤善嘲笑，世祖見其效人舉措，忻悦不能勝。我見春香此等舉措，亦忻悦不能勝也。

阮亭云：『侍兒偏感路旁人。』善寫美人者，要從這偏旁處寫照。掃鏡青衣亦自妍，則主人之麗加倍。『争差些罷』畫乖丫頭入神，即『理所必無，情所必有』註解。史遷載景帝諸王深僻事纖悉畢備，或疑君子知禮，何庸覩此？小人肆情，適長其非。先儒謂，與孔子删詩同意。方秋崖曰：『《墻茨》諸詩，父不敢以授子，孔子删之决矣。亡者不可復，姑取其熟於口耳者以足之。漢儒之罪也。』皆近迂可笑。所以爲授色知心好侍兒者，春香於小姐，皆不從其令，從其意。你情中，我意中，此之謂歟？

『手拿秋千』，所謂兩脚梢空欲弄春也。

『夫人那些家法』，妙，想是連老爺亦怕者。自夫人有法，而『覆額青絲白雪身，却恨春風破瓜早』，春香可免矣。

魚玄機『舉頭空羡榜中名』，是『女子』不能宦『達』之恨。然南齊婁逞變男子服，仕至揚州從事。北魏公主多爲女侍中，元乂妻爲女侍中，其姊胡后加女侍中貂蟬。高岳母山氏，身長七尺六寸，爲齊女侍中；代人山强母赫連氏，身長八尺，亦爲齊女侍中；漢陽陸令萱聲震天下，齊太后與結爲姊妹。女人亦有不藉夫子自『求聞達』者，第不關學耳。

君不見煌煌燁燁機中錦，『教男學生』尚做不來。

孟郊云：『傾妍來坐隅。』試看小姐春香，低徊几側，已如滿坐韶華，可謂不『辜負明窗新緑紗』矣！楊用修閨鄒魯女洙泗太板重，惟毛大可女弟子徐昭華，有『坐對西河才子句，渾如秋月照澄潭』詩，和之以『那知閨閣有陳思』，於『一弄明窗』恰宜。

『村牛癡狗』譬交媾時不解聞思，真是蠢人。又玉茗自借春香口，罵不解此書之妙者。李涉送妻入道，而有『若逢城邑人相問，爲道花時也不閒』之句。令狐楚所謂『下馬貪趨廣運門』者，恐是『一些趣也不知』耳。《唐詩·袁朗傳》，高宗欲大會群臣命婦，合宴宣政殿，此必武后媚夫之設想也。樂利貞諫止，亦『村老牛』矣。又蘇允恭，荆州人，美姿容，爲隋起居舍人。煬帝每年所賦，必令諷誦遣教宫人，允恭耻之。亦不似美姿容人。

『也曾飛絮謝家庭，欲化西園蝶未成』，喻男趣足時，且有欲暫化女之想。

第八齣　勸農

【夜遊朝】（外引净扮皂隸，貼扮門子上）何處行春開五馬？采郊風物候濃華。竹宇聞鳩，朱幡〔一〕引鹿。且留憩甘棠之下。

〔古調笑〕時節時節，過了春三二月。乍晴膏雨烟濃，太守春深勸農。農重農重，緩理征徭詞訟。俺南安府在江廣之間，春事頗早。想俺爲太守的，深居府堂，那遠鄉僻塢，有抛荒遊懶的，何由得知？昨已分付該縣置買花酒，待本府親自勸農。想已齊備。（丑扮縣吏上）承行無令史，帶辦有農民。禀爺爺，勸農花酒，俱已齊備。（外）分付起行，近鄉之處，不許多人囉唣。（衆應，喝道起行介）（外）正是：爲乘陽氣行春令，不是閒遊玩物華。（衆下）

【前腔】（生、末扮父老上）白髮年來公事寡，聽兒童笑語喧嘩。太守巡遊，春風滿馬。敢借著這務農宣化？

俺等乃是南安府清樂鄉中父老。恭喜本府杜太爺，管治三年，慈祥端正，弊絶風清。凡各村鄉約保甲，義倉社學，無不舉行，極是地方有福。現今親自各鄉勸農，不免官亭伺候。那祗候們扛抬花酒到

〔一〕幡，底本作『轓』，據批語改。

來也。

【普賢歌】（丑、老旦扮公人，扛酒提花上）俺天生的快手賊無過。衙舍裏消消没的睃，扛酒去前坡。（做跌介）幾乎破了哥，摔破了花花你賴不的我。

（生末）列位祗候哥到來。（老旦、丑）便是這酒埕子漏了，則怕酒少，煩老官兒遮蓋些。（生、末）不妨。且抬過一邊，村務裏嗑酒去。（老旦、丑下）（生、末）地方端正坐椅，太爺到來。（虚下）

【排歌】（外引衆上）紅杏深花，菖蒲淺芽。春疇漸暖年華。竹籬茅舍酒旗兒叉。雨過炊烟一縷斜。（生、末接介）（合）提壺叫，布穀喳。行看幾日免排衙。休頭踏，省衆譁，怕驚他林外野人家。

（皂禀介）禀爺，到官亭。（生、末見介）（外）衆父老，此爲何鄉何都？（生、末）南安縣第一都清樂鄉。（外）待我一觀。（望介）美哉此鄉，真個清而可樂也。

〔長相思〕你看山也清，水也清，人在山陰道上行。春雲處處生。（生、末）正是官也清，吏也清，村民無事到公庭。農歌三兩聲。（外）父老，知我春遊之意乎。

【八聲甘州】平原麥灑，翠波摇翦翦，緑疇如畫。如酥嫩雨，繞塍春色䔿苴。趁江南土疎田脈佳。怕人户們抛荒力不加。還怕，有那無頭官事，誤了你好生涯。

（父老）以前畫有公差，夜有盜警。老爺到後呵。

【前腔】千村轉歲華。愚父老香盆，兒童竹馬。陽春有脚，經過百姓人家。月明無犬吠黄花，雨過有人耕緑野。真個，村村雨露桑麻。

（内歌〔泥滑喇〕介）（外）前村田歌可聽。

【孝白歌】（净扮田夫上）泥滑喇，脚支沙，短耙長犁滑律的拿。夜雨撒菰麻，天晴出糞渣。香風𩞄鮓。（外）歌的好。『夜雨撒菰麻，天晴出糞渣。香風𩞄鮓』，是説那糞臭。父老呵，他却不知這糞是香的。有詩爲証：『焚香列鼎奉君王，饌玉炊金飽即妨。直到飢時聞飯過，龍涎不及糞渣香。』與他插花賞酒。（净插花飲酒，笑介）好老爺，好酒。（合）官裏醉流霞，風前笑插花，把農夫們俊煞。（下）

（門子禀介）一個小厮唱的來也。

【前腔】（丑扮牧童拿笛上）春鞭打，笛兒吵，倒牛背斜陽閃暮鴉。（笛指門子介）他一様小腰报，一般雙髻鬖，能騎大馬。（外）歌的好。怎生指著門子唱『一様小腰报，一般雙髻鬖，能騎大馬』？父老他怎知騎牛的到穩。有詩爲証：『常羡人間萬户侯，只知騎馬勝騎牛。今朝馬上看山色，争似騎牛得自由。』賞他酒插花去。（丑插花飲酒介）（合）官裏醉流霞，風前笑插花，村童們俊煞。（下）

（門子禀介）一對婦人歌的來也。

【前腔】（旦、老旦採桑上）那桑陰下，柳篗兒搓，順手腰身翦一丫。呀，甚麽官員在此。俺羅敷自有家，便秋胡怎認他，提金下馬。（外）歌的好。説與他，不是魯國秋胡，不是秦家使君，是本府太爺勸農。見此勤渠採桑，可敬也。有詩爲証：『一般桃李聽笙歌，此地桑陰十畝多。不比世間閒草木，絲絲葉葉是綾羅。』領酒，插花去。（二旦背插花飲酒介）（合）官裏醉流霞，風前笑插花，採桑人俊煞。（下）

（門子禀介）又一對婦人唱的來也。

【前腔】（净、丑持筐採茶上）乘穀雨，採新茶，一旗半槍金縷芽。呀，什麼官員在此？學士雪炊他，書生困想他，竹烟新瓦。（外）歌的好。説與他，不是郵亭學士，不是陽羨書生，是本府太爺勸農，看你婦女們採桑採茶，勝如採花。有詩爲証：『只因天上少茶星，地下先開百草精。閒煞女郎貪鬥草，風光不似門茶清。』領了酒，插花去。（净、丑插花，飲酒介）（合）官裏醉流霞，風前笑插花，採茶人俊煞。（下）

（生、末跪介）禀老爺，衆父老茶飯伺候。（外）不消，餘花餘酒父老們領去，給散小鄉村，也見官府勸農之意。叫衹候們起馬。（生、末做扳留不許介）（起叫介）村中男婦領了花賞了酒的，都來送太爺。

【清江引】（前各衆插花上）黄堂春遊韵瀟灑，身騎五花馬。村務裏有光華，花酒藏風雅。男女們請了，你德政碑隨路打。

閭閻繚繞接山顛。杜甫　春草青青萬頃田。長繼
日暮不辭停五馬。羊士諤　桃花紅近竹林邊。薛能

第八齣 《勸農》批語

『五馬』喻以指左右。『物侯濃華』喻女根當肥白時。『竹』喻男根。『朱幡』喻女根形。『甘棠』喻身樹而並及其味。『江廣』二句，嘲女道不淺。『僻塢拋荒』更復憫之。『爲乘陽氣』二句，作謔喻看，方覺妙絶。愚者專爲『乘陽氣』，而智者半爲『玩物華』也。『白髮』句喻臍下豪，謔且近虐。『兒童』喻男挺末，方更覺『喧嘩』一喻之妙。『馬』喻騎物。『農』喻種物。『化』喻化育言。『清樂鄉』則枯瘺腌臢之輩。適致下疳等疾，毫無樂地，可知『約甲』等字，亦俱謔喻。『快』喻男事。『没的睃』喻女根深處看不見。『酒』喻精液。『捽破了花頼不得我』皆謔之已甚。『酒埕漏了則怕酒少』是二根的確語，『蓋老老官』皆藁砧别號。『抬過一邊』喻女腿脚。『端坐』之喻同意。『紅杏深花，菖蒲淺芽』即翠蝶意，並毛俱喻在内，女根雅譬。『竹茅』喻毫，『旗』喻兩扉。『烟』喻氣出，『提壺』喻囊。『布穀』脱褌也。『幾日免』亦嘲女道。『頭』喻龜腸之屬。『頭踏』喻雌乘雄法。『待我一觀』四字作謔喻看，方覺其妙，彼蠢不解，觀則不能辨其『清』濁也。『雲』喻花頭。『農歌』猶噥歌。『緑』喻豪。『翦翦如畫』喻女根雅極，即明如翦意。『江南』喻女南向。『人户門拋荒力不加』，爲發一笑。『無頭』喻指與趾。『愚父老』視此，不啻『香盤』形容的確。『兒童』仍挺末意。『月』喻女根。『桑麻』以代雙麻。『泥滑刺，脚支沙』喻此事貼切之極。『犁耙』男根。『滑律的拿』嘲女頗酷。『麻』則精水出，故曰撒麻。『晴』喻乾荷葉事，『篭鮓』猶言羴臭，形氣俱妙。『饑時龍涎不及』作謔喻看，方妙。

『焚香』喻男根。『列鼎』喻女根。『玉金』以代玉筋。『流霞』喻女根血。『風前花笑』喻女根。『笛』喻男根有眼。『牛背』亦喻男根。『一鴉』喻女根内肉。『髻』喻豪。『大馬』喻男根。『桑陰』猶雙陰，喻分兩片也。『柳篗』喻男根豪。『順手』嘲女於男。『翦』喻女根。『丫』喻男根。『提金』之金代筋。『十畝』猶《水滸》十字坡意。『旗』喻女扉。『槍金縷』猶槍筋縷，喻男根。『芽』又喻女。『雪』喻精。『瓦』喻女根。『鬥草』喻豪。『鬥茶』則《水滸》寬煎葉兒茶意。『五花』喻女根。『萬頃田』喻婦女之多。『竹』仍喻豪。始知袁高貢茶詩『選納無晝夜，搗聲昏繼晨』，十字有意比興〔一〕。

馬周諫太宗：『貞觀初，率土荒儉而天下帖然者，百姓知陛下愛憐之，積貯固有國之常，豈人勞而強斂之以資寇耶？』商子曰：『夫重取民而間賑其饑，則民不畜於上，徒有糜費而恩不感物，尤爲可痛。』管子以田税者謂之禁耕，以户税者謂之驅遊。于慎行謂管子之法，大要不求之於租税，使民皆取足於上，而上無所求於民，故能以天財地利，立功成名於天下。《淮南子》曰：『天有明，不憂民之暗也；地有財，不憂民之貧也。』舅犯曰：『分熟不如分腥。』尤在以土與民，而與以生財之柄。《隋志》云：『善爲人者，愛其力而成其財。』桓譚上書光武：『今富商大賈，收税與封君比入，中家子弟，爲之趨走，若臣僕，宜令歸功田畝，則穀入多而地利盡矣。』曹魏尚書郎仲長統論曰：『秦政放虎狼心，屠裂天下。井田之變，豪人貨殖，奴婢千群，徒附萬計。船車賈販，周於四方，同爲編户。齊民而以財力相君長者，世無數焉。使弱力少智之子，冤

〔一〕『始知』句二十三字，底本無，據初刻本補。

枉窮困，不知後世聖人，救此之道，將何用也？』光武外祖樊重族曾孫準，以父産數百萬讓兄子，因荒上書鄧太后，悉留富人守其舊土，轉徙貧者就食熟郡。若夫賑給，有名無實，拜鉅鹿太守，督課農桑，廣施方略。《酷吏傳》：『自民不務本，而禮義不足以拘君子，刑戮不足以威小人，以財力相君長。平陵石氏賈巴蜀，舉所致之半賂曲陽侯，依其權力，人莫敢負。擅鹽井之利，所得自倍。』酷吏周由所居郡，必夷其豪，中猾皆伏，有勢者爲遊聲譽以免其見彈。政酷則民飄藏他土，投托强豪，避寒歸暖，順意取適。事移俗變，存者無幾，何必仍舊，每事循古？魏氏給公卿客户，自後小人憚役，多樂爲之。太原諸部，亦以匈奴爲田客，多者數千。北魏初，民多廕附，雖無官役，而豪强徵斂，倍於官賦。自晋歷陳，凡買奴婢、田宅者，輸文券錢入官，又不樂編户者，謂之浮浪人，多爲貴家佃客，典計皆注家籍。宋人書『富人以錢委人，權其子而取其半，爲之行錢，視之如部曲也。或過其家，特位置酒，婦女出勸主人，皆立侍，强之坐，乃敢坐』。然自農官之無術也，民至厭於力食，而務以其力食人，豈知樊重善農稼，贍宗族，其後貴盛無比。温公云：『民之貧富由勤惰有不同，惰者常乏，故必資於人。若法使富者亦貧，則天下不可問矣。』介甫小丈夫也，故深疾富民，歲惡民移。運使朱壽隆諭大姓富室，畜爲田僕，舉貸立息，官爲立籍索之。貧富交利，不得不摶攘以爲生由。污萊極目，偏聚不均，邊地不墾之處亦多矣。官經營之，則弊百出而無成，付之勢家，聽擅其利，則群起爲之，蓋勢家散而小民不能耕，借豪右之力，以廣小民之利，宜優異之。使争先畢舉，固非執良不役良而用國家之膏，以填流民之壑者所喻也。宋石介云：『今之所禁多有，而男去耕女去織則不禁。』陸贄云：『挾輕資者脱傜税，敦本業者困斂求，此教之爲奸也。』惟有連書大有，可以長治萬年。《勸農》一折，是作者小言寓大，牢籠天下者，在舒卷人心。先須誘令戀家懷土，庶作亂者，不能革天下之心耳。鄧艾曰：『夫農戰勝之本也。上有設爵之勸，則下有財畜之功。今使戰勝之賞，施於積粟富民，則浮華之源塞矣。』後漢仇覽，爲蒲亭長，勸人生業，其剽掠遊恣者，皆役以田桑，嚴設科罰；樊曄爲揚州牧，教民耕田種樹理家之術。漢《循吏傳》：『黄霸入穀補侍郎，謁者以免罪復入穀爲吏，至潁川太守。爲修教置京師，勸民植財種樹畜養之道，後位至丞相。』張敞言其僞聲軼於京師，非細事也。請令二千石，無得擅爲條教，不過妒口耳。要當如龔遂所對，皆聖天子之德也。又召信臣爲零陵太守，務在富之，常出入止鄉亭，希有安居。時爲民作均水約束，刻石立於田畔，吏家子弟不以田作爲事，輒斥罷之。

唐馬周言：『縣令既衆，不可皆賢，但州得良刺史可矣。』隋裴翼云：『今考課惟准量人數，半破半成。』漢元帝詔：『丞相悉聽明察守，相郡牧非其人者，無令久賊民。』宋太祖世於守令問以政事，然後遣行。隋李文博曰：『清其流者，必潔其源，若治源混亂，雖日易十貪郡守，亦何益？』隋文往往潛令賂遺令史，受者無貸。王吉上書漢宣曰：『詔書每下，可謂至恩，未可謂本務也。令俗吏不通古今，其務在於期會簿書斷獄聽訟而已。以聚斂整辦爲賢能，非太平之基也。』孔融言：『末世政撓其俗，法害其人，豈可繩以古法？郡縣之政，類多因循而不甚治者，臣知其由也。上下牽制，不得盡其才故也。郡縣吏寧違天子之詔，而不敢違按察之命，其禍有緩急也。願精選監司，必以清望，莫患乎賢者戴不肖於上，而愚者役智者於下，安得如漢文所云：令各率其意以導民焉。』

分裂之時，以未入版圖之郡爲版，假官職則可。魏縣令多選舊令史爲之，齊因魏例，縣宰多用廝濫。

魏昭成帝六世孫文遥爲僕射，令搜貴遊用之，召集神武門，令趙郡王叡宣旨唱名，不令披訴。强者貪如豺狼，弱者略不類物，實狗而冠也。欲得『弊絶風清』，只須『慈祥端正』。作者用字，真乃極有斟酌。『邠風』正是好色愛妃，與民同樂之上乘。陸魯望云：『世路澆險，淳風蕩除，彼農家流，猶存厥初。』生平最喜農莊書，謂是人間真福。邠風之『物候濃華』，方爲真濃華也。

若王導曾孫宋郡公弘之次子僧達，臨川王義慶婿。爲宣城守，受詞辨訟，多在獵所，半不得死。宋太宗時，石保吉姿貌瑰碩，尚太祖女，家多財，所在有邸舍别墅，所至峻暴好殺，待屬吏不以禮。其鎮大名也，葉齊查道皆名士，掌械以運糧，有貸錢者，質其女。好獵，畜鷙禽獸數百。在陳州，盛飾廨舍以邀貴主，則異乎『甘棠之下』矣。

李特與蜀民約法三章，符健與長安民亦約法三章，平世雖不能行，亦須女中堯舜快活條貫。《隋史》論：『善化人者，撫之使静，非有長蛇封豕，不須摧拉凶邪。』『白髮年來公事寡』，蓋太平之世，無有嚴符切勒，政可優緩。豈宜如陳同甫所云，胥吏坐行條令，而下司充位人才，日以冗闒也。北齊初亡，衣冠多遷關内，惟技巧商販及樂户之家，移實州郭，訴訟官人，萬端千變。隋時安定劉彦遠爲相州刺史，百姓呼爲戴帽餳，遽免。請復爲之，民莫不嗤而發伏如神。使竟無發伏才，則『公事』亦難寡也。若隋《蘇威傳》，江表自晋以來，刑法疎縱，平陳之後，牧人者盡改變之，無長幼，悉使誦五教。時又訛言，欲徙入關，饒州吴世華生臠縣令，啖其肉，於是舊陳率土皆反，執長吏，抽其腸曰：『更使儂誦五教也！』則徒事文具之可笑矣。

皮日休曰：『古之官人，以天下爲己累，故己憂之；後之官人，以己爲天下累，故人憂之。』漢宣帝謂：『二千石數易，則民不安業。』章帝曰：『夫俗吏矯飾外貌，似是而非，朕甚厭之。』公孫弘曰：『使邪吏行弊政，用倦令治薄民不可得也。』王嘉謂：『無譴訶細微增加成罪，宣明中勑使昭然知本朝之要務，奈何以移風易俗爲虛語，使國家仁不足以及物，義不足以正非。』極是。若今來縣令加朱紱，便是生靈血染成，即無『春風滿馬』之致。

《周禮》：小行人掌五物。和親康『樂』爲一書反命於王，以周知天下之故。《隋志》諺云『魏郡清河，天公無奈何』，言其輕狡也。『南安府』乃有『清樂鄉』，蓋民之康由於樂，和由於親，其和親因勸化所致。『樂』由於官之『清』，久矣。後漢《孔奮傳》：『時天下未定，士多不修節操。』隋《循吏傳》序：『大禁貪猶或爲之，賞廉猶或不爲，況上賞其奸，下得其欲乎？』趙從橐壽賈似道，即咏其秋壑二字之義：『一「清」透徹渾無底，秋水也無流處，天証取，此老平生，可白青天語。』千古笑柄。不如盧江樊子蓋對煬帝曰：『臣安敢言「清」，只是小心不敢納賄耳。』詔謂其臨人以簡。然後漢朱牧作《崇源論》，言『俗敦厚，則小人守正，俗否薄，則君子爲邪』。時有侮辱人父者，其子殺之，和帝貫其死，後遂定其比爲輕侮法。尚書張敏言：『不能使不相輕侮，而更開相殺之漸，且何以處夫弱不能殺者，願廣令平議。』則簡字亦難言矣。唐陳子昂言：『使須仁智剛明，今巡按天下，使未出，道路之人皆以指笑，不見其益也。』知難得則不如少出。又言：『機靜則有福，機動則有禍，百姓安則「樂」生，不安則輕生。賢人未嘗不思效用，顧無其類則難進。』北魏高宗詔曰：『頃每因發調，逼民假貸，上下通同，分以潤屋，豪富之家，日有兼積，雖屢詔守宰，不如法者，聽民詣闕告言之。』然民得舉告牧守，則專求牧守之失，以取豪於鄉間。齊蘇瓊爲太守，富家多將財物寄置界内，以避盜，冀州之富人成氏被盜，曰：『我物已寄蘇公矣。』遂去。道人研每以出息求徵，瓊見輒與談玄，遂出曰：『府君將我入青雲間，何由得論地上事。』頗有致。後漢《卓茂傳》：『人有言都亭長受其遺者，曰：「竊聞賢明之君，使人不畏吏，今我畏吏，是以遺之耳。」茂曰：「遺善吏，禮也。」曰：「律何故禁之？」茂曰：「律設大法，禮順人情，今我以禮治汝，汝無怨惡，以律治汝，汝何所措其手足乎？」』王渾侄孫述，坦之父也，爲宛陵令，頗受贈遺，尤修家具，爲州司所檢，有一千三百條。王導使謂曰：『名家子不患無禄，此甚不宜。』述曰：『足當自止。』後屢居州郡，『清』潔絶倫。北魏苻寬誘接豪右，大有受取，而與者無恨，則又不容受枉法贓者藉口。

仲長統亦言：『君子爲士民之長，固宜重肉四馬，今反謂藿食者爲「清」，既失天地之性，又開虚僞之名。夫禄不足以供養，安得不少營私門乎？從而罪之，是設機阱以待天下之士也。』又謂：『人遠則難綏，事遠則難理，今州縣當更制其境界，遠者不過二百里。益君長以興政理，急農桑以豐委積，抑末作以一本業，操之有常，課之有限，安寧勿懈惰，有事不迫遽。』顧亭林曰：『古時「鄉」亦有城，故封國之制，有「鄉」侯。』秦時十里一亭，亭必有城，今閩粵凡巡司皆有城，民聚於『鄉』而治，聚於城而亂。聚於鄉，則土地闢，田野治，欲民之無恒心，不可得也；聚於城，則傜役繁，獄訟興，欲民之有恒心，不可得也。自古及今，小官多者，其世盛；大官多者，其世衰。去『鄉』官，猶操密網而布之堂也。守令到任日，莫若令自書其所能，至考課日驗之。

『鄉約』依吕氏，『保甲』依新建，『義倉社學』依朱子。既皆『舉行』，地方更有何事不得『清樂』？馬周曰：隋倉洛口，而李密因之。煬帝末，所在倉庫猶大充牣，而吏不敢賑。及唐師入長安，發永豐倉，民始蘇息。太宗置義倉，高宗即假義倉以給他費。然在太守行之自佳。顧不兼保甲，則倉無衛；兼保甲矣，不更兼鄉約，則保甲昧義；兼保甲、鄉約矣，不再兼社學，則鄉約之意彼不解也。

『快手賊無過』，開口便盡一弊。『酒埕子漏』，小人有小人能處。

『野塘漫水可回舟，春畦交錯似回環』，添上『漸暖』二字，更覺此景如睹。

『竹旗茅舍酒旗兒叉』，所謂野人之所安，野人之所美也。盛世耆老嬉怡如小兒。功名立後，思返閭巷之樂，如獲異味，安得妙手描寫殆盡。

幾世傳高隱，全家在竹『林』，何必蓬萊同占作家山耶。昔有田家閨怨，則亦當有田家閨樂。

鏡水浮山不肯深浚，水乃横流平地。發之即泉出，滂則决田入海。『山陰道上』加以不『到公庭』，則除却『芙蓉肌肉緑雲鬟，罨畫樓臺青黛山。千樹桃花萬年藥，便令仙人憶此間』矣。

放翁：『清伊照碧嵩。』壯闊矣，猶不若昌穀『城外多麗「山」，城邊富鮮「水」』之雋冶。『緑疇』上加『翦翦』，真是畫手。

將『公差』與『賊盜』匹對，妙極。二者有一，不『清樂』矣，况有其二乎？實行鄉約可無設公差，實行保甲故無復盜警。

『以前』已過，所慮以後。『十分積聚盈堤水，六月驕陽奈爾何』，而賢愚迭任，工拙異勢，則非民自所能操，可一嘆也。

齊河間公孫景茂爲太守，好單騎處『人家』，至户入閱。歷周隋，年八十七。梁武從弟昌，位爲衡州刺史，好徑入『人家』，雖亦『有脚陽春』，百姓有些疑畏。

『一爐龍麝錦帷旁，龍射熏多骨亦「香」』『路旁凡草榮遭遇，曾得七「香」車輾來』，皆『香』國中頌語。今云『不及糞渣』，看吃米肉時方知不謬，信斯言也。『滿身蘭射醉如泥，「香」輪莫輾青青破』矣。若論喻意，則是嘲沈約一輩，所謂味有可意味，聲亦有可意聲。即香亦約『情説隨自識，變稱己心願』，方名好香是也。

晋束皙作《勸農賦》，文頗鄙俗，時人薄之，故用無數『俊煞』字。玉茗自言其文，異於皙所作耳。若士情生也，而又愛邠風，真是『俊』物。

誠齋『每遊一家添一人，南溪裏在「千花」裏』『熏滿千村萬落香』，將農家獨擅之樂，三句寫盡。『官』令醉插，笑口更張。

魏晋尚書郎，五日一美食，下天子一等。每入直，給男女侍史各二人，皆選端正妙麗者，真誘人求仕之上策。梁法，郡縣有武吏有書童，唐有帳内官妓，即女侍史之遺意。『門子』即書僮，帳内之遺意，則群吏其求一美黠之少艾，用以餂官者也。

『騎牛勝騎馬』固矣，老嫗騎牛吹笛圖，或題爲西涯相業，則騎馬似騎牛，固亦有法。郭震詩：『却笑野田禾與黍，不聞弦管過青春。』意謂花不如稻。似此『笑插風醉』，何妨並妙。觀樂天朱陳『村』詩，真畫『村』居之樂。坡咏朱陳村，有『不將門户買崔盧』句，則孩『童』又何羨於王謝乎。

『蠶妾畏桑萎，扳高腕欲疲，看金怯舉意，求心自可知。』『便秋胡怎認他』，好在便、認二字。『粉色全無飢色加，豈知人世有繁華，已聞鄉里催織作，去與何人身上著？』『金綉羅衫軟稱身，明日從頭一遍新。若教解愛繁華事，凍殺黄金屋裏人。』雖曰『葉葉羅衫』秪供錦姝綉妾，亦殊不平。惟吟『蓬門未識綺羅香』『艷骨已成蘭射土』之句，則『館陶園外雨初晴，綉轂香車入鳳城。八尺家僮三尺箠，何知高祖要蒼生』者，亦不足深羡矣。

一部『插花』書，故借此折點出題字。山谷句『貧家春到也騷騷』，不論寬鄉狹鄉、一床半床，皆令『笑插花』而『醉流霞』，豈非好色與百姓同之？採桑人之逞『俊』，僅賴此矣。

槍乃茶之始芽者。揀『茶』詞云：『看雲鬟影動，幽意引奇芬初洩。』實屬妙句。『貧女銀釵惜於玉，失却尋來數日哭。』乃知田家春，不入五侯宅。惟瓊州采香者，錦帕金環，差爲富麗耳。然玉茗嘗有『嫩粧宜面出村家』之句矣，似此即景直寫，亦是竹枝遺調。或云『花胡不向金谷開，却弄春光向茅屋，並無高燭照紅粧，但有短垣遮粉肉』，或云『棘籬茅屋藏花裏，也有秋千出短墻，旋開小塢藏春色，更製新聲寫土風』。元人曲：『一個莊家，萬福道勝常時。』遇『俊煞』者，何嘗不興『野色浩無主』之嘆。

後漢餘姚黄昌爲陳相，縣人彭氏舊豪縱，高樓臨道，昌每出行縣，彭氏婦人輒升樓而觀。昌不喜，遂勑收付獄案殺之。豈嫌其不俊耶？抑昌之不俊也？但與『笑插花』，使『醉流霞』，固勝於殺。

『黄堂春遊韵瀟灑』，亦非浪贊杜公，乃玉茗自評此折之曲白也。『花酒藏風雅』，言藏著風騷之意，却又字字典雅，使人不覺。即批者所謂一部插花書，故借此折點出題字。不論寬鄉狹鄉，皆令笑插花而醉流霞也。但聞好色之人，死爲旱魃，恐於農家不利。『閭閻繚繞接山巔』，畫出此鄉。

第九齣　肅苑

【一江風】（貼上）小春香，一種在人奴上。畫閣裏從嬌養。侍娘行，弄粉調朱，貼翠拈花，慣向妝臺傍。陪他理綉床，陪他燒夜香。小苗條喫的是夫人杖。

花面丫頭十三四，春來綽約省人事。終須等著個助情花，處處相隨步步覷。俺春香日夜跟隨小姐，看他名爲國色，實守家聲。嫩臉嬌羞，老成尊重。只因老爺延師教授，讀《毛詩》第一章：窈窕淑女，君子好逑。悄然廢書而嘆曰：聖人之情，盡見於此矣。今古同懷，豈不然乎？春香因而進言，小姐，讀書困悶，怎生消遣則個？小姐一會沈吟，逡巡而起，便問道，春香，你教我怎生消遣那？俺便應道，小姐，也没個甚法兒，後花園走走罷。小姐説，死丫頭，老爺聞知怎好？春香應説，老爺下鄉，有幾日了。小姐低徊不語者久之，方纔取過曆書選看，説，明日不佳，後日欠好，除大後日，是個小遊神吉期。預唤花郎，掃清花逕。我一時應了，則怕老夫人知道，却也由他。且自叫那小花郎分付去。呀，迴廊那厢，陳師父來了。正是：年光到處皆堪賞，説與癡翁總不知。

【前腔】（末上）老書堂，暫借扶風帳。日暖鉤簾蕩。呀，那迴廊，小立雙鬟，似語無言，近看如何相。是春香，問你恩官在那厢？夫人在那厢？女書生怎不把書來上？

（貼）原來是陳師父。俺小姐這幾日没工夫上書。（末）爲甚？（貼）聽呵。

【前腔】甚年光，忒煞通明相，所事關情況。（末）有甚麽情得？（貼）老師父，還不知老爺怪你呵！（末）何事？（貼）說你講《毛詩》，毛的忒精了。俺小姐呵，爲詩章，講動情腸。（末）則講了個關關雎鳩。（貼）故此了。小姐說，關了的雎鳩，尚然有洲渚之興，可以人而不如鳥乎？書要埋頭，那景致則抬頭望。如今分付，明後日遊後花園。（末）爲甚去遊？（貼）他平白地爲春傷。因春去的忙，後花園要把春愁漾。

（末）一發不該了。

【前腔】論娘行，出入人觀望，步起須屏幛。春香，你師父靠天也六十來歲，從不曉得傷個春，從不曾遊個花園。（貼）爲甚？（末）你不知。聖人千言萬語，則要收其放心。但如常，著甚春傷？要甚春遊？你放春歸，怎把心兒放？小姐既不上書，我且告歸幾日。春香呵，你尋常到講堂，時常向瑣窗，怕燕泥香點涴在琴書上。

我去了。綉户女郎閒鬥草，下帷老子不窺園。（下）（貼吊場）且喜陳師父去了，叫花郎在麽。（叫介）花郎！

【普賢歌】（丑扮小花郎醉上）一生花裏小隨衙，偷去街頭學賣花。令史們將我揸，祗候們將我搭，狠燒刀險把我嫩盤腸生灌殺。

（見介）春姐在此。（貼）好打！私出衙前騙酒，這幾日菜也不送。（丑）有菜夫。（貼）水也不挑。

（丑）有水夫。（貼）花也不送。（丑）每早送花，夫人一分，小姐一分。（貼）還有一分哩！（丑）這該打！（貼）你叫什麼名字。（丑）花郎。（貼）你把花郎的意思，謅個曲兒俺聽。謅的好，饒打。（丑）使得。

【梨花兒】小花郎看盡了花成浪，則春姐花沁的水洸浪。和你這日高頭偷晾晾，嗏，好花枝干鱉了作麽朗。

（貼）待俺還你也哥。

【前腔】小花郎做盡花兒浪，小郎當夾細的大當郎。（丑）哎喲。（貼）俺待到老爺回時說一浪，（採丑髮介）嗏，敢幾個小榔頭把你分的朗。

（丑倒介）罷了，姐姐爲甚事光降小園？（貼）小姐大後日來瞧花園，好些掃除花逕。（丑）知道了。

東郊風物正薰馨。崔日[一]用　應喜家山接女星。陳陶

莫遣兒童觸紅粉。韋應物　便教鶯語太丁寧。杜甫

[一] 日，底本作「月」。崔日用，唐詩人，據改。

第九齣 《肅苑》批語

『翠』喻豪，『綉』字同，俱喻女根。『香』喻男根，『杖』字同。『夫人』，夫字讀斷，猶言爲夫之人。『花面』喻女根。『丫頭』喻男根。雖『老成尊重』者，亦『嬌臉嬌羞』，真是女根妙贊。『風帳』喻女根。『暖勾』喻男根。『簾』並喻豪，『雙鬟』同意。『近看』猶《勸農》折待我一觀意，一部書所由來。『恩官』二字嘲女道。『夫人』註過。『通明』喻女根。『甚年』喻年長方該如此。『書』喻女根形。『景致』即穠華意。『埋頭、抬頭』俱喻男根。『平白地』又喻女根。『去的忙』喻男事。『後花園』喻後庭，妙絶。『出入』同意。『心兒』易知。『瑣窗』亦然。『綉草』俱喻臍豪。『老子』喻男根。『下帷』行事，則不見通明相也。以男學女，曰『學賣花』。其『燒刀』喻精，『酒』字同。『大當』喻男根，『小榔頭』同。『星』喻男挺末，『兒童』意同。『通明相』三字喻女根，尤盡其妙。

『父母家貧留不得，君王恩重死難忘』，仕客漁利，多爲豢僮媵而然。元詩『朱門細婢金條脱』，『一種在人奴上』也。『花到朱門分外紅』，『畫閣裏從嬌養』也。王金壇『瓊枝何必問根芽』，『嬌養在人奴上』也。又『見人佯不隱紅鞋』，又『感卿覺我欲來前，特地兜鞋碧檻邊』，此種尤甚。又『意外逢歡笑臉圓，半羞半喜依依處』，亦善寫此『一種』。又『抽來書傳情都淺，鏡側閒看婢掃眉』，寫得他雖『侍娘行弄粉調朱』，別自含情畜思，與『貧家燈昏，鏡暗粧無樣』心緒迥別。又『可能髻攏釵粱後，還向迷藏舊處行』，不知代人『貼翠拈花』時，殊有髻未釵梁之望。又『小玉添香瑟瑟衾，此味近來同嚼蠟』，若只『陪他理綉床』，益覺難乎爲情也。

俞南史：『蘭房春暖調鸚鵡，簾外百花香映户，花面丫鬟當十五，主人驕「養」正相依。』『暮雨朝雲總不辭。』『薔薇帶刺扳應懶，菡萏生泥玩亦難。争及此花簷户下，任人採弄盡人看。』王金壇：『花落春暄日影移，侍兒出幔罷矜持。燈前側立渾難定，細唾柔蟖慢視時。』皆因其慣向『粧臺傍』耳。

宋王銍《侍兒小名録》有曰『春條』。姜白石《咏情》：『娉娉裊裊，恰近十三餘。春未透，花枝瘦，尋芳載酒，肯落誰人後。』最得『小苗條』之趣。教向旁邊自在開，顧不美耶？若次回『津頭狂暴毁粧風』，則『夫人杖』之説也。武進董文友：『閒伴夫人同鬥草，沈思未敢摘宜男。』顧俠君《咏荔支》：『侍兒争奪還相笑，尤物原來盡側生。』一怕『吃杖』，一不怕『吃杖』。

忽憶《唐書》：『張守珪欲斬之，見其偉皙，乃釋之。』珪醜其肥，由是不敢飽，晚益肥，腹緩及膝，奮兩肩自若挽牽者，乃能行。太真何故欲之，豈欲玩其偉皙耶？山被戮時，年已五十，子凡十一，妃尚何愛焉？因念婦人中亦有腰大如許者。元曲云『似這般胖呵，便烏龍白虎青獅豹，也被你壓折腰』，亦殊難服事矣。

王次回愛族婢阿姚甚，後卒娶之，詩云：『拾翠南湘有二姚，風情天付眼眉腰。合德可須分月彩，玉環那更惜風飄。』又『芳姿舊喜擎團扇，合德何勞帶異香』，則腰身雖好，已不『苗條』。

『休教翡翠隨雞走，學綰雙鬟年紀小。見時行待惡憐伊，心只嬌癡空解笑』，是未『省人事』者。『一日三摩挲，劇於十五女』，只摩挲未曾開半點么荷耳，乃未摩挲已省，么荷是摩挲物，奇甚。

真臘、女真皆十歲嫁，朝雲十二事坡公，坡有這些個千生萬生，只在尋一首好詩要書裙帶，及『傷心一念償前債，彈指三生斷後緣』句。《南史》：張麗華年十歲，後主幸之，遂有孕，置淫祠宫中，後主置之膝上決事，一一能記。肯薦諸宫女，後宫德之，何况已十三四。

『温熟低心軟性，今番情定』，是解事主人語。『終須等著個』，個字讀斷，謂等著個解事家主也。『助情花』連下『處處相隨』四字，讀『助情花處處相隨』，則個人『步步覷』也。助情花真乃梅香妙號，即天公開花之花。文友咏新來稚妾：『暗欲窺人趁月遊，忽驚語笑却回頭。原來姊妹偏相惹，説起兒郎滿面羞。』春香顧欲作『助情花』耶？王次回『情深豈怨横陳晚』，是春香『終須等著』意。又『侍兒挑逹語含嘲』，正是喜作助情花者。又『誰云婢價輸奴價，自認柔鄉作婿鄉』，亦等得大有主意。又『並床難耐半宵閒』，故不如遣作『助情花』也。毛大可《採蓮詩》『分房故覺花心苦』，若令作『助情花』，則兩俱不苦也。又『愛閒不蓄雙鬟婢』，正嫌其處處相隨，不覷即不悦耳。

專等小姐有姐夫，『處處相隨步步覷』，此即情中意中六字所由來。『日夜跟隨』，蓋不待横陳，情已深矣。沈憲副長女宛君初婢名隨春，晚婢名尋春，獨得此解。

齊陸大姬取媚百端，纔能三問方下床答。武后詭變不窮，太宗賜號武媚。上官昭容性韶警，楊妃智算警穎，迎意輒悟，婉孌萬態，以中上意。肅宗張后慧中而辨。徒爲花娘而全無意智者，皆非『助情』物也。

郭妃淑麗獨孤姝艷，是『嬌臉嬌羞』。浮生若寄，惟德可論。艷女皆妒色，静女獨檢蹤。懿德好書添女，誠『素容堪畫上銀屏』，是『老成尊重』。

安樂公主姝秀敏辨，及嫁，光艷動天下。嘗作詔御前，請帝署可，帝笑從之。請爲皇太女，魏元忠諫，主曰：『山東木强何所知。』再嫁日被翠服出，向帝再拜，南面拜公卿，公卿皆伏地稽首。前夫武崇訓，子方數歲，拜國公。趙履温諂事主，褫朝服以項輓車，所謂嬌臉不羞，因不老成，失其『尊重』也。

『聖人之情，盡見此矣，今古同懷，豈不然乎』，竟言聖人亦是匿情飾貌，賢文益發錯會聖意。『今古同懷』，所謂口可折而使易詞，心不可折而使易欲。『豈不然乎』，猶言賢文皆以爲不然，豈不然乎？

好花枝莫教虛過眼，『年光到處皆堪賞』，即無涯浪士之説。『説與癡翁總不知』，自註出不解此書之妙者，皆『癡翁』耳。

『天地如文人，菁華不可刊』，是『甚年光』。宋人詞：『重門深院晝羅衣，要些兒晴日照，暖風吹。』又云：『秋使神明爽，春將笑語和。』讀『忒煞通明』一句，益覺『黑雲噴雨凍難消』，及『輕暖輕寒相鑱刓，做不雨不晴情緒』，天布重陰渾似夢，『花如薄命不逢辰』之可恨矣。

『相』字出内典。『春情不可狀，艷艷令人醉』，全以其『通明』。且『通明相』三字大妙，如日下脂、玉生烟，其相皆以通明而妙也。『所事』即此通明相之事，故曰春光能自媚云。

稽宗孟『殘臘卸年華』，翻譜『通明』猶陽焰。『甚年光、所事關』云云，猶云人之明相亦如此春，春之通明，更助人相。然則值此艷陽之天，作此艷陽之人，可不大爲艷陽之事乎？『情腸』即通明陽艷之腸，『詩篇』亦通明陽艷之意，『景致』以可抬望稱勝，男事亦以『抬望』故樂也。然則好色而於夜衾者，真不知『通明相』三字之妙，豈極有情腸者哉！艷陽之年，若不『忙去』，猶可稍緩『關情』，姑遲『抬望』。無奈其『忙』如此，則雖時得『抬望』，猶要傷情，況不得『抬望』者乎。唐明皇驪山宮萬户千門，内外命婦，熠耀景從，浴日餘波，賜以湯沐，春風靈液，澹蕩其間，景從如此之多，決不能逐人遞浴可知矣。迄今想之，真千古以來第一『通明情况』，有『景致』事也。

契丹一切禮，必〔一〕帝后同拜日，以一切承日光成立，而夫婦實始造端，漸至享此富貴，不知無明正由此日與夫婦也。『光』者，氣之靈也。人曰『賴三光以生以成以長』，而忘其所以然，猶魚日藉水以生以成以長，而忘其所以然也。無色界之妙，正以其不『通明相』耳。使亦『通明』，如此照耀，得男女色身種種分明，亦要『鬬情况』矣。

文友：『起看雜樹已花交，不禁蓮瓣一輕敲。』寫『鬬情况』意深微刻酷。

坡：『小兒得「詩」如得蜜，蜜中有藥治百疾。』姜白石贈友侍兒讀書：『誰教郎主能多事，乞與冥冥萬古愁。』使非『講動情腸』之詩書，恐不至此。

『情腸』二字妙，此是用情之具，助色之丹，色情兼此，故更難壞。元稹十五擢明經，累拾遺，言：『古者太子目不閲淫艷，以人之情，莫不耀所能，黨所近。苟得志，必快其所藴，故使素習道德也。』條上十事，二出宫女，三嫁宗女，然其詩，妃主皆誦之，宫中呼爲元才子。或以奏御，帝大悦，問：『稹今安在？』『耀所能』三字妙絶，即玩花柳女郎能之能。麗娘睡情誰見，亦只苦苦要耀所能耳。杜牧言：『近有元白創格，吾

〔一〕必，底本作『心』，據意改。

若在位必誅之。纖艷不逞，非雅人莊士所爲，流傳人間，子父母女交口教授，淫言媟語，入人肌骨。』亦以其『講動情腸』耳。然牧在吴興，令太守爲水嬉，致其婦女而觀之，豈是無『情腸』者？而矯語如此！若李公爲爲齊散騎常侍，武成每令説外間世事可笑樂者，皇后或亦見之。高澄時陽休之弟綝之，作六言歌，淫蕩而拙，寫而賣之，在市不絶。魏收族弟澹，仕隋，太子勇深禮之，令撰《笑苑》，則煬帝在晋陽宫，徵集淫嫗，朝夕共肆，醜言深問，婦女責以慢對之類耳。

『春恩不禁花聳臾，暖風十里麗人天』是『景致』之處。袁中郎『澹紅香白一群群，春色染山還染水』，坡『眸子漲春妍』，則『抬頭』俯首一一蕩胸矣。

于鱗『朱顔驕自持』，繼之以『燕婉當及時』，實『平白地爲春傷』神解。蓋富貴之人，以欲驕故，則無不自持者。而念及『當及時』三字，又必忽然傷情。

黄逋：『春果欲歸何井邑，花如不謝或蓬萊。』陳子龍：『雨外黄昏花外曉，催得流年有限何時了。』殊盡『春去的忙』之意。即『留取穠紅伴醉吟』，亦不可得，况其他乎。

『輕風入裙春可遊』，是玉茗『漾』字之解。

李于鱗詩：『炎天五六月，挈枕逐陰凉。絺服不掩體，唤女及寒漿。』朱夏之時，青春雖去，猶有『通明相』可喜耳。『心如欲火畏紅榴』，亦『甚年忒煞』意。

五代時人物華艷，風俗侈靡，足爲文人之祟，正因其『相通明』然。《唐書》：鞢鞨居最北，武后封爲震國。王交突厥，地方五千里，盡得扶餘、沃阻、弁韓、朝鮮、海北諸國，數遣諸生詣太學，習識古今制度。《明史》：天方古韃靼，乃西海盡處，萬曆中使至，請遊中國。四時皆春，田稻沃饒，士女偉麗。嘿得那地接天方回回祖國，田園市肆，大類江淮，方爲『忒煞通明』。若我土四時不能皆春，士女不盡偉麗，其『通明』未爲『忒煞』也。

『當時近前宰相嗔』，是『娘行出入人觀望』。想女根藏於衣内，而人即於其外，必欲觀之，正以那『景致關情况』耳。最奇是用涓人，世有覷其女婦者，必加駡詈，將以其有淫具乎？則形勢所格，無能爲也。將怒其心目行淫乎？則長秋、長信，豈可使椓奴在前？有閹詩云：『露點能多少，聊謀眼裏歡。穠華常在目，形腐却心甘。』當盡用石女爲是。

物一而觀物者自殊，『但』看得『如常』，便可以爲聖賢，爲節烈，然無奈聰明人便以爲村牛癡狗也。世間除最良輩，决非飲食名位所能收拾，欲不遊春、不傷春，除爲空王弟子耳。蓋儒教明明説造端乎夫婦，而又欲人不好色，夫亦安能？作糜骸腐觜觀，尚不能。而『求放心』三字，能乎？

鴨一雌必數雄乃生雛，獨有鴿雌乘雄，龜腸屬於頭，兔一尻有九孔。羿獲一兔，大如驢，無筋，曰豚。豚，腯也。日本最尚男寵，真臘多二形人，新羅國擇貴人子弟之美者，傅粉粧飾之，名『花郎』，國人皆争事之。晋太康之末，士夫莫不尚之，天下相倣傚。宋東都盛時，少年賴此以圖衣食。尚門第，重姿容，互稱伉儷，鮮以爲耻，父兄不罪，國人莫非，是晋人癡絶事。陶穀云：『四方指南海爲烟月作坊，言風俗羞貧不羞淫，今京師鬻色户將及萬計，至於男子，舉體自貨，進退恬然，遂成蜂窠巷陌，又不止烟月作坊也。』楊慎：『今士夫禀心房之精，從婉孌之習。』心有同然，法爲無用。

女人名花娘，男人之兼有女樂者，名『花郎』，一定不可易矣。搊出花郎，以對春香蕊女，一部花書，並用花郎，妙甚。『花郎』，無花而有花者也。駱丞所謂男有女好，蓋竅皆樂滑，姑於宦官用石女，遂群養子，以樂其竅，謂使人竭其精氣於我，爲妙觀察善思惟云。元曲：『我爲「令史」只圖醉，還要他人老婆睡。』甚矣，其玩法也。

張宗之云：『天下便宜，無有如使人竭其精氣於我者，蓋以有限納無窮也。』外間顧反之以有限供無窮，識趣獨讓某輩耳。『燒刀生灌』喻弄苦春者尤確。又男子之精少如膏雨，壯如露零，老大如霜雪，使紅顔萎黄凋謝耳。惟雄男幼女，則又有『燒刀』之譬，然欲睹狀聞音以意飽適，幼女必得雄男，雄男必得幼女，方盡人道之趣。

此『花』之爲人間第一花，以是『水沁』之花。此水之爲妙香水，以是『沁花』之水。所謂合之則動人情，離之則减物趣者也。只『花沁的水洸浪』六字，將天下『春妲』表裏畫出。而其使人悦目快心，興不能遏處，亦無不盡，非才子乎？幼婦養血，故彼家必時用婦陰浸養，否則陽反孤敗，惟老婦如枯枝吸水，彼益我損，不宜相近。

『浪』，濫淫也。北語『哴』與浪同，『日高頭』仍用通明相義諦。

程村：『豆蔻花中春已老，斷腸多少。』不得外『水灌』溉，徒令内水瀝枯，自然憔悴『乾癟』。『待俺還你也哥』，此一還，真天造地設，斷不可少。

『小花郎做盡花兒浪』，言其深相賞味，淫態有甚於女者，不止謔此一僮也。又大小腸主津液，竅得歡皆有水，是『花兒浪』。進表魏文者云：『伏惟聖體，兼愛好奇。』嘗謂人之異於畜者，正以人知賞色畜不知，人知賞音畜又不知，人知小郎可當花畜更不知，人知做花兒浪比灌小花郎更好，弄小郎當與夾大襠郎俱妙，畜益不知。推之老富媪多吸幼男，長門法女爲男淫，對食家使狐狸舌，皆然。陳留邊讓忽曹操被殺，蔡邕稱其初涉諸經章句，不能逮其意。《章華賦》云：『展中情之燕婉，盡生人之秘玩，爾乃妍媚遞進，巧弄相加，雖復柳惠，能不謠嗟。』夫生人秘玩，全在巧弄，必一男一女，又年相若者，讓輩則然耳。

『小郎襠夾細了大襠郎』，妙語。李白『十四爲君婦，羞顔未嘗開。低頭向暗壁，千喚不一回。十五始展眉，願同塵與灰』，亦此意。

『説一浪』，猶言説一串。『分的朗』，即好一會分明美滿不可言也。

第十齣　驚夢

【繞地遊】（旦上）夢回鶯囀，亂煞年光遍。人立小庭深院。（貼上）炷盡沈烟，抛殘綉線，恁今春關情似去年。

〔烏夜啼〕（旦）曉來望斷梅關，宿妝殘。（貼）你側著宜春髻子恰憑闌。（旦）翦不斷，理還亂，悶無端。（貼）已分付催花鶯燕借春看。（旦）春香，可曾叫人掃除花逕。（貼）分付了。（旦）取鏡臺衣服來。

（貼取鏡臺衣服上）雲髻罷梳還對鏡，羅衣欲換更添香。鏡臺衣服在此。

【步步嬌】（旦）裊晴絲吹來閒庭院，搖漾春如線。停半晌，整花鈿。没揣菱花，偷人半面，迤逗的彩雲偏。（行介）步香閨怎便把全身現。

（貼）今日穿插的好。

【醉扶歸】（旦）你道翠生生出落的裙衫兒茜，艷晶晶花簪八寶填，可知我常一生兒愛好是天然。恰三春好處無人見，不隄防沈魚落雁鳥驚諠，則怕的羞花閉月花愁顫。

（貼）早茶時了，請行。（行介）你看：畫廊金粉半零星，池館蒼苔一片青。踏草怕泥新綉襪，惜花疼煞小金鈴。（旦）不到園林，怎知春色如許？

【皂羅袍】原來姹紫嫣紅開遍，似這般都付與斷井頹垣。良辰美景奈何天，賞心樂事誰家院。恁般景致。

我老爺和奶奶再不提起。(合)朝飛暮卷，雲霞翠軒，雨絲風片，烟波畫船。錦屏人忒看的這韶光賤。

(貼)是花都放了，那牡丹還早。

【好姐姐】(旦)遍青山啼紅了杜鵑，荼蘼外烟絲醉軟。春香呵。牡丹雖好，他春歸怎占的先。

(貼)成對兒鶯燕呵。(合)閒凝盼，生生燕語明如翦，嚦嚦鶯歌溜的圓。

(旦)去罷。(貼)這園子委是觀之不足也。(旦)提他怎的。(行介)

【隔尾】觀之不足由他繾，便賞遍了十二亭臺是惘然。到不如興盡回家閒過遣。

(作到介，貼)開我西閣門，展我東閣床。瓶插映山紫，鑪添沈水香。小姐，你歇息片時，俺瞧老夫人去也。(下)(旦嘆介)默地遊春轉，小試宜春面。春呵，得和你兩留連，春去如何遣？咳，恁般天氣好困人也。春香，那裏？(作左右瞧介)(又低首沈吟介)天呵，春色惱人，信有之乎？常觀詩詞樂府，古之女子，因春感情，遇秋成恨。誠不謬矣。吾今年已二八，未逢折桂之夫；忽慕春情，怎得蟾宮之客？(長嘆介)生於宦族，長在名門。年已及笄，不得早成佳配，誠爲虚度青春，光陰如過隙耳。(淚介)可惜妾身顔色如花，豈料命如一葉乎。

【山坡羊】没亂裏春情難遣，驀地裏懷人幽怨。則爲俺生小嬋娟，揀名門一例裏神仙眷。甚良緣，把青春抛的遠。俺的睡情誰見？則索因循腼腆。想幽夢誰邊，和春光暗流轉。遷延，這衷懷那處言。淹煎，潑殘生，除問天。

身子困乏了，且自隱几而眠。（睡介）（夢生介）（生持柳枝上）鶯逢日暖歌聲滑，人遇風情笑口開。一徑落花隨水入，今朝阮肇到天台。小生順路兒跟著杜小姐回來，怎生不見？（回看介）呀，小姐，小姐！（旦作驚起介）（相見介）（生）小生那一處不尋訪小姐來，却在這裏。（旦作斜視不語介）（生）恰好花園内，折取垂柳半枝。姐姐，你既淹通書史，可作詩以賞此柳枝乎？（旦作驚喜欲言又止介）（背云）這生素昧平生，何因到此？（生笑介）小姐，咱愛殺你哩！

【山桃紅】則爲你如花美眷，似水流年，是答兒閒尋遍。在幽閨自憐。小姐，和你那答兒講話去。（旦作含笑不行）（生作牽衣介）（旦低問）秀才，那邊去？（生）轉過這芍藥欄前，緊靠著湖山石邊。（旦低問）秀才，去怎的？（生低答）和你把領扣鬆，衣帶寬，袖梢兒揾著牙兒苫也，則待你忍耐温存一晌眠。（旦作羞，生前抱，旦推介）（合）是那處曾相見，相看儼然，早難道這好處相逢無一言。（生强抱旦下）（末扮花神束髮冠紅衣插花上）催花御史惜花天，檢點春工又一年。蘸客傷心紅雨下，勾人懸夢彩雲邊。吾乃掌管南安府後花園花神是也。因杜知府小姐麗娘，與柳夢梅秀才，後日有姻緣之分。杜小姐遊春感傷，致使柳秀才入夢。咱花神專掌惜玉憐香，竟來保護他，要他雲雨十分歡幸也。

【鮑老催】單則是混陽蒸變，看他似蟲兒般蠢動把風情搧。一般兒嬌凝翠綻魂兒顫。這是景上緣，想内成，因中見。呀，淫邪展污了花臺殿。咱待拈片落花兒驚醒他。（向鬼門丢花介）他夢酣春透了怎留連，拈花閃碎的紅如片。

秀才纔到的半夢兒，夢畢之時，好送杜小姐仍歸香閣。吾神去也。（下）

【山桃紅】（生、旦携手上）這一霎天留人便，草藉花眠。小姐可好？（旦低頭介）（生）則把雲鬟點，紅鬆翠偏。小姐，休忘了呵。見了你緊相偎，慢廝連，恨不得肉兒般團成片也，逗的個日下胭脂雨上鮮。

（旦）秀才，你可去呵？（合前）

（生）姐姐，你身子乏了，將息將息。（送旦依前作睡即輕拍旦介）姐姐，俺去了。（作回顧介）姐姐，你好十分將息，我再來瞧你。那行來春色三分雨，睡去巫山一片雲。（下）（旦作驚醒，低叫介）秀才，秀才，你去了也。（又睡介）（老上）夫婿坐黄堂，嬌娃立綉窗。怪他裙衩上，花鳥綉雙雙。孩兒，孩兒，你爲甚瞌睡在此？（旦作醒，叫秀才介）咳也。（老旦）孩兒，怎的來？（旦作驚起介）奶奶到此。（老旦）我兒，何不做些鍼指，或觀玩書史，舒展情懷，因何晝寢於此。（旦）兒適花園中閒玩。忽值春暄惱人，故此回房，無可消遣。不覺困倦少息，有失迎接，望母親恕兒之罪。（老旦）孩兒，這後花園中冷静，少去閒行。（旦）領母親嚴命。（老旦）孩兒，學堂看書去。（旦）先生不在，且自消停。（老嘆介）女孩家長成，自有許多情態，且自由他。正是宛轉隨兒女，辛勤做老娘。（下）（旦長嘆介）（看老下介）哎也，天那，今日杜麗娘有些僥倖也。偶到園中，百花開遍，睹景傷情。没興而回，晝眠香閣。忽見一生，年可弱冠，豐姿俊妍，於園内折垂柳一枝。笑對奴家説：姐姐既淹通書史，何不將柳枝題賞一篇。那時待要應他一聲，心中自忖，素昧平生，不知名姓，何得輕與交言。正如此想間，只見那生向前，説了幾句傷心話兒，將奴摟抱去牡丹亭畔，芍藥闌邊，共成雲雨之歡。兩情和合，真個是千般愛惜，萬種温存。歡畢之時，又送我睡眠，幾聲將息。正待自送那生出門，忽值母親來到，唤醒將來。我一身冷汗，乃是南柯一夢。忙身參禮母親，又被母親絮了許多閒話。奴家口雖無言答應，心内思想夢中之事，何曾放懷。行坐不寧，自覺如有所失。娘呵，你叫我學堂看書去，知他看那一種書消悶也。（作掩淚介）

【綿搭絮】雨香雲片，纔到夢兒邊。無奈高堂，唤醒紗窗睡不便。潑新鮮冷汗粘煎，閃的俺心悠步嚲，意軟鬟偏。不争多費盡神情，坐起誰忺？則待去眠。

（貼上）晚妝銷粉印，春潤費香篝。小姐，熏了被窩，睡罷。

【尾聲】（旦）困春心遊賞倦，也不索香熏綉被眠。天呵，有心情那夢兒還去不遠。

春望逍遥出畫堂。張説　間梅遮柳不勝芳。羅隱

可知劉阮逢人處。許渾　牽引東風一斷腸。韋莊

第十齣 《驚夢》批語

『人立』則女根似『小庭深院』，喻意巧甚。又『人立』二字可喻男根。『沈烟』喻男根。『綉線』喻毫。『拋』喻相拍。『梅』喻挺末，方見『關』字之妙。『關』喻女扉。『恰憑闌』喻毫僅至扉也。『翦不斷理還亂』俱指毫言。『悶無端』則喻女根合時。『鏡』喻女兩輔。『衣』喻女兩扉。『髻罷梳』是毫也。『裊晴絲』喻毫末著水時。『春如線』喻嫁孔。『花鈿』即花簪意。『停半晌』喻其艱澀。『没揣』以手揣之則陷指也。『菱花』喻女根形。『半面』喻揣則分開。『彩雲』喻花頭。『拖逗的偏』喻男子側身行事。『全身』指女根言。『香閨』同言行步時香閨不得見全身，惟整花鈿之際則見之耳。『翠』仍喻豪。『裙衫』喻女根兩扉。『花簪』喻男根，『八寶』喻女根八字處乃如寶也。『八寶填』言以鈿簪填入八寶耳。『艷晶晶』三字喻男挺末極切。『沈魚』之魚狀男根。『鳥』同。『月』喻女根。『金粉』之金代筋，喻男莖垢。『畫廊』喻女兩扉。『池館』似池之館，喻女根甚妙。『蒼苔』喻豪。『襪』喻男根，猶靴頭綻兜意。『金鈴』之金代筋，喻腎子也。『頹垣』喻女兩扉。『斷井』斷爲兩半，則形如井也。『美景』指女根耳。『誰家院』猶誰陰户。『提起』亦是謔詞。『朝飛』之飛即『軒』字意，喻兩扉也。『翠』仍喻豪。『雲霞』喻花頭並邊闌之色，因既以麗名此物，遂欲極天下之麗語以寫之，竟可以成古典。『雨絲』喻露滴。『風片』喻邊闌拖動，不意至艷褻物，可著此奇麗清妙之句。『波』喻淫液。『畫船』喻女根形。『錦屏』以代緊瓶。『錦屏人』喻未肯狼藉之婦，作能使瓶緊之人解亦可。

『韶光』喻男莖端，而句意妙絶矣。『青山』以喻毛際。『啼』喻淚滴。『杜鵑』花頭之當花門者。『烟絲』喻豪。『明如翦、溜的圓』將行事時女根形聲一並畫出。『縫』喻勾牽。十字之處分前後陰，故曰『十二亭臺』。『瓶插、爐添』易明。『宜春面』指女根言，方有味。『二八』喻女根形。『桂』喻男根。『折』猶扳倒意。『蟾』喻女根。『一葉』喻女根扉。『没亂裏』喻男根在内時。『驀地』喻其莽撞。『懷人』猶言囊家，『青』仍喻豪。『抛的遠』喻男事。『睡』指女根形。『光』喻挺末即晶晶意。『煎』喻水如油，熱如火也。『那處言』謔絶巧絶。『天』喻深處。『几』喻兩髀側眠，則女根著髀也。既爲肚麗作傳，自當現女根身而説法耳。『風』喻拖動。『笑口』喻女根也。『落花』喻其内物。『阮』代軟，『肇』代翹。『天台』喻高處。『那一處不尋』，妙。不論何地何人也。女老，則雖流，不能似水，故曰『似水流年』。『芍藥』喻花頭。『闌』喻兩扉。『湖』喻圓而蓄水。『石』喻交骨。又『湖石』是有洞者，故以喻之。『領』喻廷孔端。『袖梢』喻兩扉下際。『相見相看』俱指二根。『無一言』更切矣。『蘸客』喻女根。『勾人』喻男根。『蟲兒般』嘲女根癢。『搧』喻兩扉。『風』喻癢則搧動也。『翠』仍喻豪。黑夜御内者曾不知『景上緣』三句之解，故與馬牛無異。『草藉花』喻女根並豪。『雲鬟』喻有鬟之雲，猶草藉花。『輕抬』亦指二根事後往往有此。『十分將息』言十字處已分開，須將息也。『黄堂』喻大孔，『綉窗』喻毛臍。『春暄』喻其熱性。『如有所失』刻酷切當。『雲片』喻女根並扉，『紗窗』喻同。『睡不便』即如有失，嘲譏甚矣。『步嚲意軟』皆著女根解之，方見意趣。『粉印』喻兩輔。『篝』籠也，又可代溝。『香熏』仍喻男根。『綉被』喻女根也。『柳』入花叢則看不見，故曰『遮』。惟於譬喻穢褻之外，仍舊別有至情至理，悉成綺語藻思，故爲天仙化人之筆，若使他手效顰，則俗不可耐矣。

驚字，是寫柳生所謂蕩地『驚』天一俊才也，非徒『驚』夫黃花女兒『夢』中嫁耳。又本張衡《思玄賦》『女子懷春，精魂回移』意。

『驚夢』驚字奇絶，『尋夢』尋字又更奇絶！解尋而『床上故書前世夢』，無限好夢皆可尋矣。

此齣，木人石腸，閲之心折；歌家學士，擊節同聲。而竟無一人，能名其感，均頑艷之故者。兒以四句括之曰：『花』雖一瓣香，幻結春情重，『夢』是意中影，總在癡田種。徒謂字字軟温，著其氣息即醉；一片柔情癡想，出没紙上，將人耳目性情，俱攝入温柔香艷中不得出，猶隔搔也。

暖天如『夢』，故第一字即用之，非真才子争解及此！不但以零星斷『夢』挑一片整『夢』而已。

《訓女》折開口即是『嬌鶯欲語』，此折開口又是『夢回鶯囀』，以鶯即美人之化身也。鶯語不能譯則已，譯之必勸人及時賞色，勿辜天意，莫泥賢文也。『人間一夜啼「鶯」老，鶯起仙人萼緑華』，則作『鶯囀夢回』解亦可。

『緑窗朱户，只有春知處』，是『年光遍』。簾櫳開處，照眼動心，便是一片精魂，故曰『亂煞』。

劉禹錫『長安白日照春空，發色流芳綉户中』，是『亂煞年光遍』。岑參『春風日日閉長門，摇蕩春心自夢魂』，是『人立小庭深院』。雲定興得其女太子勇妃明珠絡帷，貽宇文述，可謂悦目之至侈。若『小庭深院年光遍』時，雖明珠絡帷不與易。

石湖云：『此時天地皆忻合。』所以『關情』。俞君宣：『惺惺不似糊塗好，幾時春到，莫與儂知道。』春到而不知則已，知則豈能不關情耶！

『恁今春關情似去年』，補出去年已懂此事，遂將兒女孩心，寫作艷事。筆墨濃至獨見情來，例以『十四爲君婦，十五始展眉』之説，則去年之『關情』，只是知癢不知痛之故。

『翦不斷，理還亂，悶無端』，心中先自有『絲』，故一舉目而即見晴絲，也謂之觸緒。『年來事事皆無緒，愁見游空百丈「絲」』，『落紅片片煩相繫，不使風吹作錦泥』，元美『春逐曉痕來』，正以此『絲』。伯温『無計網春暉』，又覺此『絲』無用，要之吹開人不識，一一是心華。『裊晴絲』亦是天公示人以當有癡情之証。『裊』甚細也，『摇』則漸粗矣，『絲』甚纖也，『線』則漸巨矣。凡事皆由微至著，以至不可收拾。情芽一甲，爛熳穹壤，游『絲』只織恨綺愁羅，但見彌天壤情『絲』飛縱耳。故余最愛文同《正女吟》『人心如「絲」亂，妾心如珠圓』之句，以此圓珠即智珠也。

唐太宗：『「絲」雨織空羅，横「絲」正網天。』雍裕之：『游「絲」何所似，應最似春心。一向風前亂，千條不可尋。』陳子龍賦游『絲』：『人太無情君太戀，一番惆悵一番遲，春心不斷繞天涯。』卓人月：『情「絲」綉出春光，難道春光兩處不相當，怎閨中解使佳人怨，閫外難迴遊子腸。恰似時常在眼，忽念幾時相别，屈指堪傷，正是去年今日理行裝。』遊『絲』伴汝飄香陌，倩舊燕招君入畫堂。則越娘一一嬌鶯似，生長遊『絲』落絮中，惟恨遊『絲』不絆東君住矣。

『停半晌，整花鈿』比羡門『收寶鏡，炷沈烟，低頭急綉纓』更妙！彼是粧罷而足有痛處，此是甫妝而面忽惹觀也。『停半晌』者，非惟面玉同釵玉，分得儂身作一雙，不覺驚愛之極。麗娘此時方將自化爲男子，急急抱持鏡中人也。其年詞：『圓冰半啓怯梳頭，最是碧澄澄地費凝眸。』又：『菱花瑩，玉容清，分付一江紅淚點春冰。」麗娘之心纔，由於看花而慕色，根於照鏡。宜葉瓊章以『晚鏡偷窺眉曲曲』爲犯淫矣。如曰色難，鏡中現有。天下大矣，豈無東方無間，容若處子，人皆以爲玉魄，堪配新婦者乎！

時人『鏡』詞：無語人知無語事，檀郎須記，要數佳人他第二。阮亭云：妙絶文心。我見佳『面』，輒欲『偷』之，無奈是，物皆可『偷』，獨此不能，直欲將身作鏡耳。《雞肋集》：范覺民作相，年三十二，肥白如冠玉，日日覽鏡，號三照相公。『青娥不識中書令，將謂誰家美少年』，固是千古艷心之句，何況女子哉！

美人對鏡，名爲看自，實是看他。袁中郎『皓腕生來白藕長，回身慢約青鸞尾。不道別人看斷腸，鏡前每自消魂死』，可與『没揣菱花，偷人半面，拖逗的彩雲偏』三句相發。毛大可『徙倚玉抛撇，盼睞珠瑩煌』，亦得步而顧鏡之意。玉抛撇者，王趾立不定也。

『没揣』猶云不意。讀『瞥過宣和幾春色，龍章鳳刻，是如何兒女消得』之句，則没揣無鹽驚破鏡者，亦復不少，豈容盡以孟光『非取鏡中容』爲解乎！

『古來容光人所羨，願爲明鏡分嬌面』，此『偷半面』更得分字之意。

『彩雲』二字分開，彩，肉彩；雲，鬢雲也。『拖逗』二字，寫鏡光吸物，甚切。『逗』字貼彩，『拖』字貼雲，於明鏡中流照側面，故曰『彩雲偏』。接上『步香閨』一句，是既看側面，而復看正面也。

劉孝儀『回履裙香散』，劉孝威『揚履自開裙，艷彩裙邊出』，皆於『香閨』蓮『步』時時著眼者。卓特出以無匹，呈才好其莫當。總衆美於修嫭，『步』無遽而不莊，即王勃所云『偉貞芳之玉「步」』也。唐寅『行搴裳而履高墻』，而則於莊字稍減。

『怎便把全身現』，猶言此僅連衣看耳。若可受用，身全體呈露，更不知如何妙也。亦即睡情誰見意，猶言穿戴家居，人只好見吾面耳。若遍身形好，怎得相示也。楊芝田：『掩映湘簾，斜顧湘裙幅。』聰明女婦自看時，未有不内視此處者，即『怎便把全身現』一句所由來。全身不美非真美，因知《國策》『長姣美人』四字下得狠好。麗娘之言，猶云世間有幾個全身俱美如我之人也。美人不爲知音現全身，即是至不滿志之事。『全身』之好，不出《大藏》總相别相。《般若經》：『如來：足趺高滿與身相稱如來，肩項圓滿殊妙如來，膊腋悉皆充實如來，身相修廣端妍如來，齒相密而齊平白如珂雪如來，手足圓滿如意如來，筋脈盤結堅固深隱不現如來，兩踝俱隱不現如來，支節漸次圓妙如來，膝輪堅固圓滿如來，諸竅圓妙殊勝如來，諸相衆所樂觀殊無厭足如來。』顔容常少不老，勝鬘女人説大乘法。女相不改，即知悟是智變，非關相異。雖如來舉身相爲順世間情，恐人生斷見，權且立虚名。有身非覺體，無相乃真形。然既有『身』，即欲其好之明証也。如來相海微塵數，大人相只是黄帝《素問》『脂者緊而滿，膏者澤而大』意。《碩人》詩亦然。但總以凝脂一句，未細寫下體耳。要知蝶扉脂鮮，非氣血凝膩者，亦不能。優陁延王將諸宫人詣鬱波陁，除却男子，純與女人五樂自娱，裸形撲舞，牽挽戲笑。爾時五百仙人虚空經過，眼見色，耳聞聲，鼻嗅香，便失神足，如無翼鳥，墮彼林中，不待遍體捫循也。女人縛諸天，將入諸惡道，端在『現全身時』能觀察身諸處别相，是無始來身見所迷。横陳如蠟，必非相海所載者。

金海陵『待細看嫦娥體態』，最是解人。體態者，『全身』態也，非面上態也。人身不同，如其面，面態既無一似者，則體態亦無一同者。連衣看有妙處，裸身觀更有妙處也。體字從骨從豊，而態字從能從心。其心或羞或畏，或逞狂或獻媚，其能事必變幻萬端也。春香識稍淺，故先言『穿插』。然《國語》有云：『貌者，情之華。服者，心之文。』彼上車畏不妍，顧盼更斜，轉大恨。畫眉長，猶言顏色淺者，雖『穿插』亦不『好』，況燕姬倩妝巧笑便辟耶。陸凝云『妝淡春濃不奈行』，則任禮耻任妝者，終有『春光不上冷釵梁』之嘆。和凝：『秦姝越艷入深宫，儉素皆持馬后風。盡道君王修聖德，爭師辭輦與當熊。』不若張籍：『一叢高鬢緑雲光，宫樣衫兒淡淡黄。爲看九天宫主貴，外邊爭學内家粧。』宋若昭姊妹鄙熏澤靚粧，不知縞衣綦中，亦聊可與娱耳。

《宋書》：元嘉以後，淫粧怪飾，變炫無窮，漢魏曾不能概其萬一。梁宗室蕭思話姪女爲殷孝祖妻，以多悉婦人儀飾故事，入北魏爲閹人張宗之婦。楊妃家蒲州，智算警穎，奇服秘玩，變化若神。太平公主嫗監千人，三國夫人入謁，侍姆百餘騎，靚粧盈里，不施帷障。阿史那社爾破龜兹還，唐太宗喜曰：朕嘗言之，戰無前敵，將帥樂也；土城竹馬，兒童樂也；飾珠翠羅紈，婦人樂也。其各處所造妃主衣服，皆過靡麗。四方尚高髻，宫中所化也，婦人之智，先視其粧也久矣。

『裙衫翠茜』，得近衣香魂已消。『艷填八寶』，艷粉芳脂映寶鈿。綃紈既妍媚，脂粉亦香新，是『生生出落的』。鸞鏡與花枝，此情誰得知？一枝消得受，儂插傍花鈿，是『艷晶晶花簪』。要皆玉茗之清文花麗，思泉寶飾耳。若『嚴粧纔罷怨春風，薄幸歸來只夢中，百花如綉照深閨，怊悵粧成君不見』則不如不粧矣。

『愛』鳥獸金石非仁也，人皆有惻隱，而見鳥獸死必尤憐之。如艷婦人但無鼻，人皆醜之，故佛亦『好』相具備而加殊特。『愛好天然』，因已『好』故。論佛法固無好醜之相，然天公不生好者，則隨便相付俱可，既生好且極好。無所不極好者矣，而欲其忍而付之不好者，得不淚從枕上滴乎！　有智略豪邁之色尤好，亦天使然。

『愛好』是人獸關。『愛好天然』則只要才貌能標緻，不得復問其爲誰。仙佛若不『好』，也不『愛』做他。經云：皆因癡愛發生此世界，以此愛根，而芽諸欲，由有諸欲，助發愛性。愛欲爲因，愛命爲果，衆生愛命，還因欲本。因自『好』，故欲他人『好』，又必欲『好』人見我『好』。人之貪生，只爲愛形，使皆枯黧猿豕之形，亦棄之不惜。若諸天仙佛，有氣無形，無怪衆生之不願爲。不知彼聚氣成形在天，趣者視之亦有覺。西士謂天神了無花色者，恐不然。西儒謂：不信天堂佛國者，如囚婦懷胎産子暗獄，只以大燭爲日，小燭爲月，以獄内人物爲固然，則不覺獄中之苦。若其母語以日月之光輝，貴顯之妝飾，方始日夜圖脱其囹圄之窄穢，而出尋親戚朋友矣。不知婆娑之難脱，實以有『好』可愛，不可如是譬。試問如來相『好』，非即此相好乎？　言不『好』者，如乍遇疾變，以甜爲苦耳。情欲使非由『愛好』，則人面而獸情者，幾欲轉生爲獸，恣無耻而無譏訶，亦以狀醜噉污，故畏輪迴耳。獸無靈心以辨『好』否，隨所感觸，任意速發，其所爲是禮非禮，不但不得已，亦且不自知。

《四十二章經》曰：色之爲欲，其大無外，賴有一矣。若使二同，普天之人無能爲道者矣。由阿難惑於摩登伽之見，即愛如來相『好』之見，則此間教體莫良於耳，而莫賊於目。阮亭『鏡中各自照蛾眉』，言『好』處自喻，不必吾面如君面也。人不得食，顔色憔悴。智者能施，則爲施色，其施色者世世端正，人見歡喜。臨鸞鏡粉容相並，試問誰端正，則有增上我慢之意。要以袁昂書評，如嬪嬙對鏡，端正自『然』爲准。正以

『好是天然』，方爲真好。

『含笑問青銅，我堪對汝否？ 欲結百年歡，但恐逢輕薄。 不有青銅鏡，何緣自識面？ 自識因自憐，含情對相盼。』是我生來好是『天然』，又『生來愛好是天然』之註。 蓋已將鏡中之人，作爲匹偶觀矣。 此方是盧仝所云『白玉璞裏琢出相思心，黄金鑛裏鑄出相思骨』也。 吾故言，真好色者，即兩婦亦可對食。 其必求男事者，終是欲念甚於色情。 中郎云：『顛之愛石，非愛石也，公愛公也。 我之愛美人才子，非愛美人才子也，自愛自也。』『回頭看年少，不減妾容輝。』『好』矣，是我之所『愛』矣。 我烏知其是妾是年少耶！ 我亦見『好』，即愛耳。 因欲他人之『愛』我之『好』，亦如彼之自『愛』其好焉。 麗娘『愛好』，惟自身好，故欲以供養他，又欲以他好供養己，若自身不好，已且憎之，非如世間醜女，亦思美夫也。 『愛好』之極，故怕老之極，又昔物不至今之感。

李白：『撫己忽自笑，沈吟爲誰故？』以『餘人誰能顧明鏡，對影自相憐，爲女莫逞容，聘容多自傷』合之，是『好處無人見』之解人。 即懷而幽怨之『人』，非謂鹿豕等輩也。

花則艷艷，玉則英英，實惟『三春』則然。 年華與妝面，共作一芳春，必屋裏新妝不讓花，乃爲『三春好處』。 花態繁於綺，閨情軟似綿，若憔悴容華怯對春，便減却『三春好處』。 日長無事可思量，其不思量『三春好處無人見』者寡矣。

『遥見疑花發，聞香知異春。 道旁徒屬目，不見正横陳』，人方恨不見其最『好處』，誰知彼亦恨『人不見』之。

一『我』字便大錯。經典所云：滯殼迷封作諸縛著也。夫人豈真痛哉！皆千萬劫認取爲『我』之根，純熟親切不可思議業力。故『我』爲痛因，痛即『我』果，既已執『好』爲『我』，則欲以此『好我』作諸鄭重，至於不免呻吟啼哭。既已執『好』爲『我』，則於彼其餘無量非我之『好』，生諸慕悦不可思議。

『笑開一面紅粉粧，東鄰幾樹桃「花」死』，是『羞花』名句。及見『香嚴粉紅，「花」底看人面』句，因想『鮮景染冰顔』與『爛紅深雪裏』同妙，則知花特紅多於白，而人特白勝於紅也。

鄭德磷妻韋氏『月鮮珠彩』是『閉月』名句。羞花兼紅而言『閉月』，蓋專主白。《法華・多寶品》：治故塔者生白身天，其身鮮白。羡門有：『憶佳人難得，更名士風流。傾城顔色，候日衣輕，打疊受他憐惜。爲雨爲雲時候，非霧非花，蹤跡分明，似瓊樹交枝，瑶禽連翼。人間天上，往事依稀堪憶。前生是蓬山伴侣，玉清儔匹。』瓊樹瑶禽，皆言白也。

『沈魚落雁，羞花閉月』二句，須爲分别。上句指男人『見』者，下句指女人『見』者，八字雖用熟，其實是絶頂才人之語，寫出美人之極致。『魚』竟魂消，雁欲下視，無情者『見』而有情也。『花』愁奪艷『月』，忽喪精絶色者，『見』而失色也。舊有『艷粉驚飛蝶』句，亦佳。

唐詩『鴉黄粉白車中出，含嬌含態情非一』。歲歲年年恣遊宴，出門滿路光輝遍』，則雖裙簡釵粱自一軍，恐未能遽驚『雁魚』，况於壓倒『花月』耶！

暄淑妍華，物本同類，心目繁媚，合而逾妙，故曰：『暖風十里麗人天。』燒『林』綉野，芳景如屏，無『林』之園，其趣便减。

『春情不可狀，艷艷令人醉』，是『怎知如許』之神。蓋無意相遭，春光已到銷魂處矣。

春雨有五色，灑來花便成。『奼』字、『嫣』字，俱從女者；『紫』如女唇人掌之紫；『紅』如女頰鮮膚之紅，將比兒門，尤其妙絶。蕊女玉户，其色『嫣紅』，及其長也，其色『奼紫』。造物於色不爲無意。假如緑的藍的，决無人愛也。白玉無人自冷香，奈渠『奼紫嫣紅』之處何！

棠村『誰打疊春光成片』是『奼紫嫣紅開遍』，『可憐零碎春光』是『付與斷井頹垣』，『一枝紅是一枝空』即非『斷井頹垣』，已有開遍之感。『數枝花照數堆塵』，『付與斷井頹垣』，即長開不如不開也。

李白：『桃紅未吐時，好個春消息。』初春春事苦無多，春意最端的，春早不知春，晚又還無味。開遍已覺可惜，況『都付與井垣』乎！

『何物不爲狼藉境，桃花和雨更霏霏。只解春來幻作花，不解花飛没春路』，是『原來似這般都』之解。

倪雲林：『美人天遠無家別，逐客春深盡族行。』是『這般都付』。韋莊《落花詩》『西子去時遺笑臉，謝娘行處落金鈿』，稍爲『這般都付』解嘲。『吹來紅片，染一園朝雨，好留造葬美人香土』，語妙而情更痛。人之有死，造物亦視腐胔如落花耳。更造新者，較舊尤妍。然人特有知，則不勝其怖壞矣。意恐花亦有知，同此傷感。

『良辰美景奈何天』，猶言天生此美景，而文乃禁之。『賞心樂事誰家院』，殆專指此事爲樂事耳。奈何天如言如此好天，而無樂事，真惟有嘆奈何也。『良辰美景』，天所爲也，而『賞心樂事』惟『誰家院』得爲之，我不能於誰家院爲之。院即作院君解亦可。『天』不能順情盈欲，故曰『奈何天』。東坡作字留紙，待五百年後人作跋，玉茗亦不意留此兩句，至今日而竟得解人。『老爺奶奶再不提起』者，蛤蜊須與知味者道，彼固不知此『景』之可『賞』矣。

『韶光』專指幼子女，『錦屏人忒看的這韶光賤』是『黃金白璧人癡守』註解。遺山『芳苞一破不再合，對花不飲花應嗔』，羨門『豆蔻花中春已老，斷腸多少』，豪家以妓當花錦屏，猶云妓衣。『錦屏人』即誰家院中之人，則儘可以爲樂事者，却又因聚之多，得之易，侍姆嫗監動輒千人，粗疎過却一生，未曾多方取『樂』，故曰：『忒看得這韶光賤。』若春采蘭英朝采菊，從來好色一騷『人』，不傍『錦屏』，所采能幾？只如山谷所云『貧家春到也騷騷』耳。樂天：『提携社酒携村妓，擅入朱門莫怪無。』殆君有而『賤』視之，不如我無而縱賞之也。又『錦屏』之爲緊瓶，惟彭羨門《情外詞》『一曲後庭花，前身張麗華。懊惱錦屏空，胭脂滿地紅』是解此者。

『二十便封侯，名居第一流。緑鬟深小「院」，那識有春愁。』歡場故尚穠縟，而幾家都尉幾通侯，錦簇花團喧笑語，終難語於『賞心』。天縱豪華刳鄙吝，春教妖艷毒豪奢，『樂事』有之，『心賞』此樂事則未必。『因知海上神仙窟，只似人間富貴家。轂擊肩摩錦綉堆，錦地綉天春不散』，是『錦屏人』。『君莫笑荒亡，黃泉人笑汝。任道驕奢必敗亡，且將繁盛悅嬪嬙』，勸莫『看賤』。

惟張良辟穀，吕后德其諫易太子，曰：『人生一世，如白駒過隙，何自苦如此。』是身爲『錦屏人』而解。『賞心樂事』於『誰家院、奈何天』，而天不能奈何者。龔芝翁『閒倚錦屏腰，看鬟雲送懶，羅襪藏嬌』，又『朱衾畫幔緊圍定，夢憨心軟趁好春，安頓心情，莫遣少年空去』，庶幾不『賤韶光』。看『羅襪藏嬌』尤妙。作看其所藏、看其藏之解，俱得。

李白《宫怨》：『淫樂意何極，樓臺與天通。恩疎寵不及，桃李傷春風。』『閒客不須燒破眼，好花皆屬富家郎。而今莫與金錢鬥，買盡春風是此花。』不知『潛銷暗爍知何處，萬指豪家自不知』，富貴家多不御之妾，正合『錦屏』一句。如制律過於苛細，皆作『賤韶光』之輩。

石湖云：『以此有盡姿，玩彼無窮妍。受用能幾何，而復羞酒錢。』真乃説得明白，不但宫中養女爲子孫謀他日上冢之計。百年薄命，刻刻秋風，一片閒心，時時春夢。有唐以降，率土之濱，家家香徑，春風寧尋越艷；處處紅樓，夜月自鎖嫦娥。惟當令誦『公子王孫且相伴，與君俱得幾時榮』之句耳。吾友云：『古人搜不盡，吾子得何精』，遂舉山谷『憑誰説與謝元暉，休道澄江浄如練』之句。

『美景』專指女根，秦少遊『等閒簾幙碧闌干，衣未解，心先快，别是人間閒世界』，是此『良辰美景、賞心樂事』。若不取通明相，不知點勘花者，雖知樂事，不識賞心。

『豪家月色少於燈，入夜誰家燭最紅？』霜何曾傍綉簾寒，雖復『樂事』，不及『良辰』。『花到朱門分外紅，鶯在侯家語更嬌。水入宫門纔一尺，便分天上與人間。』使不於『良辰』畫景，盡生人之秘玩巧弄，則天上人間有何分别。余有《賦得已凉天氣未寒時》句云：『褥軟簾垂景可思，香奩吟斷與誰持。花衣粉版開甜口，蝶户桃扉照雪枝。德曜未來宜小玉，鸞臺恰在勝芳姿。翻憐此際長門怨，辜負冬郎代畫詩。』

唐太宗：『閲賞誠多美，於兹乃忘倦。無勞上懸圃，即此是神仙。無復昔時人，芳春共誰遣？惟應雜羅綺，相與媚房櫳。』『紅杏枝頭春意鬧，浮生常恨歡娱少』，安陸宋子京所以爲才子。顧唐彦謙又云『青帝於君事分偏，濃堆浮艷倚朱門。雖然占得笙歌地，將甚酬他雨露恩」，則『世情多少濃華眼，一對秋山色界寒』。『看得他賤』，只爲此説。

『雲霞』譬變換，『風雨』譬敗壞，則與『韶光』句，亦無不貫。

龔孝升『城外畫圖城裏屋』，恰是此四句意。『翠軒』是園中高處，『畫船』是園外遠處，故憑翠軒可見畫船，坐畫船亦得見翠軒也。

『嫩雲扶日做花時，微「風」細「雨」徹心肝』，言微『雨』亦驚花也。闌外『雨絲絲』，和恨和愁都織，况加以『風片』乎！一『片』癡情，幾欲隨『風』化作瀟瀟『雨』矣。

周璞謂：《花間》一集，只有『「絲雨」濕流光五字，語意俱妙』。阮亭言宗梅岑『細「雨」亭臺，畫眉啼過催春去，緑沈芳樹，半濕斜陽暮』，亦復不減。小姐於晴時並想到『雨』景，真善遊眺人也。

烟花、烟月、烟波、烟墨，皆以『烟』妙。雨絲、風片、流波，所以如『烟』。『春水碧於天，「畫船」聽雨眠』已佳，此八字更佳數倍。久在北途，益想此妙也。吾每於門外觀『雨』後春溪，泱泱活活，鮮碧瀰漫，愛之至，常入夢。此八字亦可謂形容得出。

『是花都放了』，膚理彩澤，人理成也。『那牡丹還早』，從來不自開，必待東君力也。後固云『點勘這東風第一花』，即《西廂》『露滴牡丹開』也。只消一句，傷盡天下摽梅人。女子經將至，則『花開』，有十二三經來者，則『花開』之遲早大不同矣。

王金壇『裙衩花深，狂詩送抱』，是此『牡丹』。《采蘭雜誌》：遜頓國有淫樹，花如『牡丹』而香，去根尺餘有男女陰形，以别雌雄，必二種兼種，乃花。二形晝開夜合，殆玉茗此句來歷。徐凝『何人不愛牡丹花』，僧可止咏牡丹：『除却解禪心不動，算應狂殺五陵兒。東君擎出牡丹來，遂中天下作花魁。』欲催之連夜發，只爲欲趁其嬌恰恰耳。春香一言，小姐已聲入心通也。

顧況：『若教恨魄皆能化，何樹何山著子規？』過官人斜者，至今聞紅愁緑慘之聲，恐化爲花，則不愁無著。『解道海棠因淚化，莫教沾灑又生花』。『啼紅了杜鵑』，鳥魂而花貌矣。彼鳥亦代花啼耳。將者鴿來合者，蛤是謂鴿合蛤。詩家三昧，亦與《冥判》折『「杜鵑」花魂魄灑』遥遥暗應。杜鵑、牡丹，兩名而一物也。穀氣之實陰吹而正喧，誰謂肚鵑花不解啼耶！

羅鄴：『汝身哀怨猶如此，我淚縱横豈偶然。争得蒼蒼知有恨，汝身成鶴我成仙。』謂鳥『啼』而花不『啼』，亦形骸之論耳。

元詩『青春著樹却成「紅」』，妙舌也。此將『青山』青字渲染『啼紅』紅字，八字一句，遂成千古麗語。『也在江南樹上栖，漫將口血染春堤。人太無情君太怨，五更夢裏盡情「啼」。』程村謂咏物至此，令人閣筆，余覺不及此句。

親見荼蘼，方知『外』字與『醉軟』字之妙。『豆蔻花紅滿眼春，小簾帖燕雨如塵』與此等句，庶幾可以類從。

『牡丹雖好，他春歸怎占的先』，猶言容華已老，女根徒在也。春香亦有牡丹者，故特與説，並『春香呵』三字，遂下得極有斟酌。李咸用『夭桃變態求新悦，牡丹露泣長門月。惆悵東風未解狂，争教此物芳菲歇』，亦以牡丹爲此物，巧不自玉茗始矣。此物歇在後，雖已有春歸之恨，然仍不妨於狂，若並不解狂，而使後歇者，亦空歇，則長門之恨所以爲恨之尤也。楊妃事明皇時，年十七，明皇已五十三，仍爲夫婦二十一年。長壽臨朝已六十三，復在位十九年，雖『牡丹歸遲』，終不代其十四事太宗，開早之趣也。要之，『梅花既白恨紅凄，牡丹亦漚珠槿艷』耳。

『成對兒呵』四個字與『春香呵』三字機鋒緊接，言無論春歸未歸，但得『成對』，牡丹園便好凝盼，便觀之不足。將『明如翦、溜的圓』六字從『成對』字中來，以爲一笑。吾嘗謂劉采春『不知細葉誰描出，二月春風是「翦」刀』，可咏兒門，猶不及『燕語鶯歌』二句之聲音形狀，一併寫出。

『園子』者，牡丹之外廓也，『這園子』猶言此物。『提他怎的』提與抽同，《診祟》所謂抽一抽就好也。將身作瓊樹觀，將人門作艷花觀，將花園作肚裏觀，自玉茗始，便成萬古咏花咏人一定之比擬，不易之典章。

『燕語』，牝音也；『鶯歌』，牡響也。牝語之時，其狀如『翦』；牡動之時，其音亦『圓』，故不曰閒聽而曰『凝盼』也。王阮亭《賀納雙姬》『誰先郎似荷珠到處「圓」』得此解矣。諺云：妻房原是消『閒』物，若不『凝盼』，此閒猶未足消也。『閒凝盼』三字即點勘第一花，愛觀雨上鮮之意，非才子不能知，非才子不能下。自有牝牡以來，不意繪水繪聲，逢此妙手也。昔人比楊鐵崖於狐狸，謂淫詞怪語，能反名實。若狐狸之狡獪以幻化也，如是等解，真非狐狸不辦。『但取當時能託意，不論何代有知音』，今日與之盡行批出，亦玉茗所不料也。奉以爲祖，世間當平添無限妙語。聲色並稱，不必笙歌，即此一事，色聲俱有。不觀胭脂雨上鮮，是不知賞色者也；不觀『明如翦、溜的圓』，是不知賞音者也。但賞色而不知賞音猶爲欠事，況並不知賞色，如畜蠢動者乎！要之，知賞色，則自知賞音矣。

人妙於花，以解語花妙於解語，以通人事達性情，此蛟蟲之所以見寵也。況八音之外，又有此牝牡肉音，直可以澤顔色延壽命。然必牝細牡鉅或牝鉅而牡尤甚，厥音方奇。或以爲八音相宣，無此音之美也。寫『燕語鶯歌』，從無如此之妙者，美人嬌音亦只此六字耳。

『看游女金摇玉照，只消受落花無數』，固宜曰：『提他怎的。』此則有園子雖可觀，既未成對，無可『凝盼』意。佛云：馬腹驢胎，如遊園觀。道云：内守銀房，外觀上苑。將人門作花園觀，固非玉茗杜撰也。

『縒』者，『他』使我不得不愛之詞。『是惘然』猶言『十二亭臺』皆無與牡丹事也。又『到不如』三字已有『解桃愁，分杏怨』意，視之茫茫而心骨沸熱，人命危淺，正坐此耳。

朱淑真：『朝來不忍倚樹立，倚樹恐摇枝上紅。』意望實『賞』。誠齋：『繞樹重重履跡多，生怕幽芳怨孤寂。』惟恐不『遍』。武元衡：『莫愁紅艷風前散，自有青蛾鏡裏人。』『回家』庶可『過遣』也。

『樹有百度花，人無一定顔。花送人老盡，人悲花自閒』，亦『惘然』之正解，男子所更傷。

持合德足則暴起，對無鹽面則漸萎，故『面』有宜春不宜春之異。『宜春面』三字，亦非才子不能撰出。有官官端正而人棄，有偏長小陷而人趨，一宜春，一不宜春耳。王思任『十萬「春」光到越州，真「春」一點落樓頭。若説真春春斷是，只疑一瞥是初秋』，言『春面』也。『見花憶郎面，常願花色新。爲郎容貌好，難有相似人』，郎『面』且春，妾面若不宜『春』，則妾面羞郎面矣。樂天『醉貌如霜葉，雖紅不是春』，不是『宜春面』也。山谷『春將國艷熏花骨』，是『宜春面』。『細看玉人粧面，春工不在花枝』，還要問化强妾貌强耳。

痛春者，惜好物之要壞，雖復新新不已，然迭處迭去，仍極可惜，此真愛好貪色戀肉之極致真髓也。《牡丹亭》言情，大概言至雖佛理亦不能解而後已。賢文其粗之又粗者矣！元曲『對如此良辰美景，可知道動騷人風調才情，訴著你飄零』，亦『春日自長心自短』之指耳。

阮亭：『人玉照穠春，春穠照玉人，扭結香生。』『得和你兩留連』，蓋欲人賞己之心，即自賞自己之心也。朱晦庵『長恨送年芳，芳年送恨長，醒似醉多情，情多醉似醒』，名爲道學，亦深解人間意者。『春呵』三句，以咏秘戲，勝千萬言矣。

『春光』能自媚，未必待人『留連』，花應也愛人，一『留連』亦不可少。及讀義山『春風自共何人笑』句，則知人欲『留連春』，而春不『留連』彼者，亦衆矣。人『留連春』，安知春不欲『留連』人，『留連』不久，春亦無奈耳。『芳心只願常依舊，春風更吐年年艷』，人欲『留連春』也。『年年媚景歸何處，常作紅兒面上春』，春欲留連人也。畢缽羅花，婦人觸之方開；杏，掛裙則盛；芫荽，説褻語則繁，則花之愛婦，婦之愛花，固一而二、二而一者也。獨婦盡愛花，而鮮愛如花之同類，爲人間世一大恨事。『聞説砂存肉，因將糖餞花』，亦『留連』之餘法。陳子龍：『强將此恨問花枝，我淚未彈花淚滴。』阮亭云：此句何處得來？不知從玉茗春亦欲『留連』人得來。嘗見『多情烟樹戀迷樓』句，嘆其寫盡隋煬，是解人。人戀境，境亦戀人也。唐寅『萬點落花俱是恨，一霎悲歡』，因色相既華而殞，靡靡同盡。我觀古今代謝何速，無端兩行淚，長只對花流者，只因色相壞耳。『三伏何時過，許儂紅粉粧』，所恃作僞，猶不足道，必言『三伏雖多污，洗露儂天姿』方是。

元詩『此間不是高寒地，安得春紅入夏中』，欲『春去』而吾猶可『遣』，必心境教稍高寒，始得寄興。『烟霞層巒，老樹參差碧。自在幽閒，久與風塵隔』『陰陰静緑意從容，鬢眉俱碧住山翁』，則貞『春去』有遣者，故曰：『惜花不是道人心。』故曰：『東風吹草木，亦吹我病根。空餘微妙心，欲與静者論。』

『左右瞧』者，目不給賞，可繾者尚不止一色也。『誰道春光真不好，我看恐不似人看。無情紅艷年年盛，不恨凋零却恨開。把酒對花花亦哭，開時那似飛時速？酬花幾點夜深淚，却向花前痛哭歸。』色相雖佳，非春自爲。與其易落，何如不生！故『春呵』之後，繼之以『天呵』。

毒娱情之寡方，怨感目之多顔。因感目之多顔，更毒娱情之寡方，是『春色惱人』註解。『繁華自古無消歇，役使詞人爲斷魂』耳。『十分春易盡，一點情難改』，參入賢文禁殺一句，『惱』字方加一倍。『花老枝相棄，棄成樹下泥。明春枝上發，别是一新姿』，已可『惱』；因娱情之寡方，却令空成樹泥，尤可『惱』；明春别一姿，我無復見，可惱；即得復見，仍娱情之寡方，惱豈復可言喻乎！

凡男女必取有才者，以情從『看詩詞樂府』來。深知賢文之爲愚人設，深知此事别有一種理解義趣，則其情是根深源長之情。

人在世間本無甚趣，細思之，即牝牡亦無甚趣。難得人弄出一種情才來，遂有許多享人趣者，不然愈覺有生之苦矣。一悟才情是自己等輩弄出，偏背衆生，權享人趣的事，却一轉歸真矣。諸天能爾，亦盡成佛。若無情衆生不知此理，隨夢所值，欲生極樂，還隔一層。

楊誠齋：『「詩」星入腸肝肺裂，吐作春風百種花。』如小花郎之花，亦是『詩』人肝肺中裂出之一種。姜宸英：『一春省得閒惆悵，却被冬郎懊惱人。』抽兒女之狎衷，涉歡必笑。唐詩：『風情月思今何在，零落人間策子中。』齊己：『篇章老欲齊高手，風月聞思到極精。』『不是憑騷雅，相思寫亦難』，則有『詩詞』。『宋玉自成名，荒淫歸楚襄。峨峨十二峰，永作妖鬼鄉』，則有『樂府』。以文人錦心綉腸，寫宫閨粉愁香恨，不惟艷詞與理競，亦覺覽古情凄凉矣。茅鹿門曰：秦人詩書同禍而已，放之鄭聲，乃反獲存，蓋雅奥難識，淫俚易傳。大抵詩之淫謔者，爲里巷所布，易傳而難滅，固有不能遍搜而火熄之者。亦先民本人情而有作，人情不亡，則詞不患不明耳。若士謂：大概本原色觸，工於用情而薄於約性。聖嘆謂：有韵之文，非兒女此事不佳。魏文謂：宋玉之徒，淫文放發。蕭統謂：烟墨不言，受其驅染。劉勰謂：爰洎中葉，飾詞者以淫麗爲宗。徐陵謂：咸有緣情之作，非無累德之詞。大都中晚以情役思，極情放意。彼其刳心掃智，鏤樸雕頑，少年睹記，遂如雷開蟄事，吟到人間詩盡年，不知世界何似，亦可畏也。

曹魏尚書郎仲長統以名不長存，人生易滅，優遊偃仰，可以自娱，作《樂志論》：溝池環匝，竹木圍布。場圃築前，果園樹後。良朋萃止，陳酒烹羔。躕躇畦苑，安神閨房。又謂純樸已去，智慧已來，欲敖翔太清，恣意容冶。因有賢文，直欲求三生路於欲界天。

王阮亭曰：王次回艷情詩數百篇，刻畫聲影，有致光、義山所未到者。蓋次回喜作艷詩而工，見者沁入肝脾，里俗爲之一變。公敵嘗問西樵，不墮冬郎雲霧否？其年『低鬟偷諷傷心作』；文友『儂心何事惱，姊姊欺儂小。偷看合歡書，憎儂問起居。好從花下避，怕見書中字。匿笑不回頭，回頭替姊羞』。古之才人，皆能抉其臆而顯攄之，未有情不至而文至者。否則不及情之頑鈍而已。明勳詎理之外，固宜有此嬉春弄物一種，不然，天地産衣食生民之物足矣，彼怡悦人者，則何益而並育之。蓋人不得衣食不生，不得怡悦，則生亦枉。

周子民之盛也，欲動情勝不止，則賊滅無倫焉。古『樂』平心，今以助欲，政刑苛紊，代變新聲，妖淫愁怨，導欲增悲，故有輕生敗倫，不可禁止者矣。色情至重，而聲至與並稱，蓋人之嗜聲，非好絲竹也，實嗜其詞語之可嗜。又因其愁怨妖淫，增悲導欲，所以愁怨者，非别有怨，正爲人命至促，青春更短。以妖淫之至樂，千萬年尚無厭者，乃僅與三五十年，甚至三數十年者，十人中纔一二人，安得不悲？悲則安得不急？急爲歡以畫作夜，故愛聽增悲之聲，正以其聲之即所以導欲也。不識字人多全恃耳受，故樂府出焉；識字人之於聲，則嘗以目代耳，故詩詞貴焉。《騷》多言色，故南人以浪爲騷。

《漢書·藝文志》有《隱書》八篇，大抵皆歡謔幽隱之語，此又以男女隱曲爲義也。枚乘子臯，武帝時特拜爲郎，其爲賦嫚戲曲隨其事，以故得媟黷貴幸。其尤嫚戲不可讀者，尚數十篇。《蔡邕傳》：中常侍多召無行之徒，待詔鴻都門下，喜陳風俗閭里小事，帝甚悦之，待以不次之位。邕言其連偶俗語，有類俳優，乃置鴻都門學，有侍中封侯者。曹植嘗誦俳優小説數千言，即此類。鄭虎臣斃似道者，然性豪侈，著有《閨燈實録》一卷，庶幾可正『傷春感秋』之『謬』。

『因春感情』者，嘆不能長春，正戀春之至也；『遇秋成恨』者，悲人事之易秋，正畏秋之至也。徐昭華『從無長命縷，織作斷腸詞』。使人皆長命，則不得於前者，或得於後，斷腸可稍少矣。

季文博見虞世基子盛飾衣服，問其年，曰『十八』。曰：『賈生當此年，議論何事？』女子無事可論，則惟有思『佳配』耳。春時天地皆忻合，故合歡謂之春情。『忽慕春情』一句，中有無限想像生受。

『眼看拾翠同年人，今又堂堂作人母』，唐人『曉日新粧意便嗔』，皎然『誰遺花開只笑妾』，皆爲『不得早成佳配』者傳神。陳思云：『人命若朝霜，願得展燕婉。』晁采云：『寄語閨中娘，顔色不常好。含笑對棘實，歡娱須及早。』南人語橄欖回味，北人曰：『我棗兒已甜了半日。』雖坡有『南北嗜好知誰賢』之詩，終不掩顧況『八十老婆拍手笑，妒他織女嫁牽牛』句也。

王季重尚書幼女端淑，有《紅吟集》，覺其詩情致昵人。嫁貢士某，或題詩，有『從來謝道韞，天壤恨王郎』句，牧齋爲題其像，深致羨慕。宦族不足言，『名門』亦復難『佳配』，尤其代爲嘆惋。

魏郡侯白好爲俳諧雜説，所至觀者如市，楊素甚狎之。嘗與牛弘退朝，白曰：『日之夕矣。』素曰：『牛羊下來耶！』文帝召之，月餘，死，人皆傷其『薄命』。薄命者早成佳配，更易短折，况李漁有云：見人與『花』似者，當即以『花』魂目之，以其去形體不久也。

情脈念痕，不知所起，曰『忽慕春情』。惺惺不昧，了了常知，曰『没亂裹』。先言春情難遣，後言驀地懷人，蓋先思惟觀想其事，後方思惟觀想其人也。一定次第，絲毫不苟。

『没亂裹』以下共十四句，只是賢文禁殺之註，又即天壤王郎一句。獨於古往今來之中，寫出聰明男女急色實情。夫爲父之心，想到蟠桃養熟，竟恣他人饕殄，豈不極惱、極羞，况未經大熟，可即供其蹂躪？無如女兒之心，則恨不得即早領略。蓋花蕊將開，不自由之血氣如此耳。親見數歲童子大有聽明者，偎依諸婦膝邊，恨不已物立時長大，倍其丈夫，盡力事之。足見色情只分蠢慧，不容以年論也。又全是寫自己忒好，不意竟有生就之人神理，非摽梅意也。

楚王幕中，融如陽『春』，此事謂之春者，壽暖所爲，又得寓目者，無不悦氤氲而宣暢也。又羞又欲，又欲又羞，欲秘不能，真非春字不能比擬。『春情』者，凡慧男女必妙思惟，妙思惟必至無量無邊不思議處。非專取觸，尤取此事前後中際之微細相狀也。蠢夫婦則無之。推而廣之，則女之玩女，亦春情也，不必謂已受觸，思惟中既有如許相狀，則『難遣』矣。非孤身所能遣，則須覓人遣之，故驀地懷之也。所『懷』之『人』，不必專指兒夫，凡可以與吾助諸相狀，共遣此情，互遣此情者，皆是『驀地』者。忽覺一『人』之可，或在天涯，或在目前，俱不可知，而想像者固屬渺茫。目前者，亦不可即，則怨矣。義山云：『故須留半焰，回照下幃羞。』只爲欲見『睡情』，知此事有相狀理，非『人見』不能『遣』，因不能『遣』，故必欲『人見』。或曰『没亂裏春情難遣，驀地裏懷人幽怨』，婦人常有之，未嘗滋味者，更覺火燒祆廟耳。一身受用，二他受用，以分別心，生奇特想，自他相見之相，萬種千般。以他受用爲自受用，皆無始以來，自他身見所迷，是以無慚無愧，恒思欲事。他人萬言不盡者，竟被玉茗接連數句，一直道破。

陳卧子吊朱淑真：『那堪孤向玉山行。』時人『有情無「怨」玉人稀』，恐人不玉，只因己玉爲祟耳。五德智爲『幽』，幽思窅映，鮮不成『怨』。

馬融女適袁隗，曰：『處姊未嫁，先行可乎？』曰：『妾姊高行殊邈，未遭良匹，不似鄙薄，苟然而已。』隗乃紹祖世世三公者，而馬不令占高，遂爲婦人世法世則。

『莫訝眼前多俗物，天孫亦只嫁牽牛』是『一例仙眷』。盧仝所以有『女媧不肯歸婿家』之句。人讀『這中懷那處言，潑殘生除問天』，不得其解，謂雖蟠桃已熟，么荷欲開，而蝶門尚合，芍欄未朽，何至急遽至此！不知肚麗娘意中，言待以『遣春情見睡情』者，所謂從一之『人』，不可有二者也。而今空有所懷，其人未見，則以吾父欲『揀名門』耳。然彼之所揀，附遠厚別，一例仙眷耳。愛熊而食之鹽，愛獺而飲之酒，雖欲養之，非其道。彼之所謂『良緣』，即天壤王郎一輩，我之所謂『甚良緣』也，智不蓋世，貌不入格，材不善狎，心不解情，皆非良緣。豈平日所懷乎！使其所揀，即我之所懷，則『青春』雖『拋』，尚或未遠。惟其所揀，非我之所懷，真乃南轅北轍，終無日到，即雙文所云：『不知他那一答兒發付我者也。』使其忽然有命，我豈能依古遂行，惟有不言而送『殘生』耳。故成『幽』怨而至呼『天』也。使橫『人盡夫也』之見於胸中，則父一而已，其誰敢怨耶！觀此數句，則此書之爲曇陽子而作，不盡訛傳也。其『怨』之意，猶言及今求之天上地下，尚恐非吾意中，何況全然不提，只欲『一例』發遣乎？新羅國縱三千里，王族爲第一骨，不娶第二骨女，雖娶，常爲妾媵。唐玄宗時獻二女，帝曰：『違本俗別所親，朕不忍聞。』《高儉傳》：初，太宗以山東人尚閥閱，崔盧後雖衰，子孫猶負世望賣婚。今謀士勞臣，以忠孝學藝，從我定天下，何容納貨舊門，向聲背實，買婚爲榮耶！命儉等爲《氏族志》，進忠賢，退悖惡，右膏粱，左寒峻，後衰宗落譜，俱稱禁婚。家益自貴，潛相嫁娶。贊曰：自群醜亂華，百宗蕩析，冠蓋皂隸，混爲一區。及風教又薄，言李悉出隴西，言劉悉出彭城。『一例名門』之中，又可以觀世變。

古左右媵皆有姪娣，以一君不止一女，而一國只有一君，既不欲以貴嫁賤，又不欲其『拋遠青春』，故設爲此法耳。陳子龍『佳期難道等來生』，是『拋的遠』之意。青春拋遠，便非良緣，觀『略識君王鬢已斑，老盡名花春不管』語，覺李煜賜宮人詩『風情漸老見春羞』，猶算知人痛癢。唐李濤弟澣，娶竇尚書女，年甲高出濤上。濤望塵拜曰：『將謂是親家母。』雖賠奩晚嫁亦光輝，而滿面羞紅難問矣。

李白：『幸遇聖明主，俱承雲雨恩。』劉憲：『承恩常若此，微賤幸昇平。』青春雖免遠拋，其實『飛作君王掌上身』，猶夫『一例神仙眷』耳。『世上風流詞賦久，俗遊春夢不多時』，何取乎爲一例神仙眷哉。『羞共千花一樣春』，是『俺的睡情』。太真百媚，軒轅萬方，皆是物也。李白『女伴莫話孤眠』，沈謙『總然端正又風流，好處無人看』，『睡情』無人見，則婉意柔情孰與伸？故非小事。但君從何處聽得此無人語耶？經云：女人不得作佛。及轉輪王、梵天王、天帝、釋魔天王無有净行，故爲女人冠子蟲，有傷無補。『睡情誰見』，即鶯鶯『便把麝蘭熏盡，我不自解温存』意，猶云『自家玩弄，不得自家』耳。王敬美『粧殘後，不道更驚郎目』。既曰好處無人見，又曰睡情誰見，何其忍俊不禁耶。劉子曰：人情抒其所欲則喜，不抒其所能則怨。賈誼曰：好人之狀，則人歸之。俺的睡情，蓋不同人之睡情，所謂世間萬事，隨智淺深、成法高下耳。『抬鏡仍嫌重，更衣又覺寒。宵分未歸帳，半睡待郎看』，是引其『見』憐者。『反覆華簟上，羅帳了不施。郎君未可前，待妾整容儀』，是恐其『見』慣者。今之女子，大都儘教人看，却佯羞矣。『誰見』猶言是如何兒女消得也，豈慮無人見，但不知是『誰』耳。『他年何處操箕帚，苦樂參差不可言。』一字人，則畫眉窗裏，身極分明，織錦梭邊，情歸繫屬，竟茫然不知誰付，安得不問天耶！

程村『人爲愁嬌渾無語，算只有雙星私照』，是『因循靦腆』。閨人最重此事，而終於莫或自主者，皆由睡情誰見是靦腆事，此真如何好置懷抱也。因其『靦腆』，則索『因循』，又以晚嫁爲耻，令多『靦腆』正由『因循』。若一了當，便不腼腆矣。『鬥草誰行，早嫁一霎，小鬟贏著，揉翠喃喃罵』，則幾老羞成怒。

『想幽夢誰邊』，是全書眼句。聰明人必靠『想』度日，想中幻設，必有一等世界，一等部署，一等眷屬。事過與『想』過，其迅疾變滅，曾無少異。玉茗曰：『吾聞情多想少，流入非類。吾情多矣，「想」亦不少，非蓮社莫吾與歸矣。』佛謂道家以妄心存『想』，亦以無常非『想』不悟。事既『因循』不得已而問夢，覺則形所接，夢則神所交也。想時恨不作夢，夢時又恐不愜，所想夢時不愜，只是想時不真耳。『風吹荷葉動，無夜不遥憐』者，亦多矣。紛紛『幽夢』，吾誠不知其『誰邊』也。《花蕊詞》『御衣熏盡徹更闌，一枕西風夢裏寒』，則『誰邊』且未得到。朱陳村自是美俗，自生一種蹺蹊，男女便欲决然破壞風習，而黄泉碧落求之。

劉媛『學畫蛾眉獨出群，當時人道便承恩。經年不見君王面，花落黄昏空掩門』，方爲『和春光暗流轉』者。

『遷延』二字，有『不及閒花草，翻承雨露恩』意。『誰能懷春日，獨入羅帳眠』『石闕生口上，含悲不得「言」』，異類而無以告，苦乎哉！和凝云：『跪拜君王粉面低，要對君王説幽意。我心移得在君心，方知人恨深心語。』何可令人見，故曰：『這衷懷那處言。』定是謂：思惟中多相狀，不是謂一觸字也。若蠢女子，初無思惟，即思惟，無多相狀，固不難『遣』，亦不必『人見』矣。

元人詩：『三十六宫恩怨盡，更無花鳥訴秋風。』北魏高祖遺詔：三夫人以下，悉歸家人。稱其開獨悟之明，亦以知此等人心中有『潑殘生，除問天』二句耳。纔成人理，即謂之『殘』，真有『晴須連夜賞』意，爲後『從今後把牡丹亭夢影雙描畫』，直弄得『花殘柳敗休一笑』。經云：女人自審欲態，當知其家欲微不甚，不得大語現其欲。彼『潑殘生，除問天』是自審不微，又欲大語而不得之神。但恐女人縛諸『天』，將入諸惡道。『天』聞此『問』，遽墮樹林耳。

甚良緣，『甚』字一段機軸。父母因其『嬋娟』，必『揀一例名門』，以爲昊天罔極之恩至矣、盡矣、無以加矣！乃以一『甚』字比之一唾，猶言若果是真正『良緣』，真正『神仙眷』，便稍過時，猶或可待，究之亦不過與他家擇婿『一例』也。似此『一例』之人，父母雖許，只成空談，我寧可老作處女，斷不願適。是所『抛』之『遠』，料其殆無邊際，轉更計念，『青春』則又至短至促，不能復再之時，即近『抛』猶尚不可，故遂有『潑殘生』三字，神理從此爆出。緊接曰『睡情誰見』，非謂無有人見，自遂著急。言『紅絲一繫死生休，羅敷已嫁應難傍』，『俺的睡情』真乃無價之寶，如爹娘意殆不知，付與某子甲見矣，然此等意思即告人，有誰能喻？反相笑怪耳！故曰『那處言』，亦非謂羞言男女事也。『天』既令解知此等意思，或當能照察見憐，故須『問』之。

『想幽夢誰邊』，言想人無其人，自今只好想夢耳。其前十餘年未嘗一日想夢，可知後所謂忽忽花間起夢，情起於此句也。『暗流轉』，『暗』字亦除我無人能解，言我所想出之睡情，人間罕有能遂，亦徒持此想與春秋代序而已。身在誰邊，是和春光明流轉；想夢誰邊，是和春光暗流轉耳。同一遣春情法，而明暗則終胡可同年語也。這衷懷那處言，蓋其所想之誰邊，近遠不計，名理難拘，直有不可告人者，方爲偶然心繾之情，方爲真正癡種。『潑殘生，除問天』，全是怨恨。昔氏文之多事，令人枉過此生，無限癡情都歸虛想也。又『潑殘生』二句，爲《驚夢》一篇之髓。蓋人皆畏死，而怕老之一念次之。惟好色人，則羞老之念與畏死同而更甚。年老簪花不自羞，其實羞之至也。以此事必得人愛我方樂，故少年時初不知羞，雖越理忘分，覺趣愈妙者。今不惟羞，且因羞而自傷其決不可爲矣，此指男子而言，婦人則自加倍耳。

經有粗分染法、細分染法。隨智淺深，法成高下，皆因觸有味，因味知法。觀『睡情』數句，麗娘是先有觸想，而得受報。如村愚女不省人道，及嫁乃起，後亦憶持是緣愛觸引起想也。『睡情』不一，嬌女遇壯夫，則如飛鳥依人，壯婦遇兒夫，則如妳母抱子。文友：『無可消閒，不愁那得光陰過。緑窗賡和，佯説愁城大。强得愁來，愁也來何暮。曾經麽？和衣獨卧，今夜愁真個。』又『一片心情眼底柔，倦容踈態越風流，未經惆悵不知愁』。此寫早得佳配，不虚『睡情』者，可謂入神，當以對看。又此段全是寫麗娘宿因帶來深解『色觸』兩字之趣。蓋男子亦必須姝好有色，方爲良配。天上人間第一妙事，而觸者受者，全在女子十三至十八之五年，過此皆爲壞形之花。『想』至此，真覺無色界天雖意根猶在，不如色界天。色界天無觸法，又不如欲界天之有觸有法多矣。即如十五美男膩腮粉後，正應供養色界天王，爲色界一定當有之理。若棄而不賞，猶棄嫩紅不看，聽其倏成老緑，遇笋芽不食，俱教長作篔簹也。

自愛才艷極於輕蕩，謂之『風情』。信如柳之飄縱，身不到處意亦到也。『風情』以對水性，風字之妙，人著其風即熏染成習也。儒釋所以俱不能奪者，以人道獨有風情耳。自婦女不禁對食，而人道中平添無限『風情』。蓋婦人修容者多，更易相悦也。兩寡尤宜，未有婦女執著薪箷火炙之物而不『理所必無，情所必有』者，是謂『風情』。理所必無，情所必有者，正取『風情』勝於正色。『「風情」多少愁多少，百結愁腸説與誰？若爲多羅年少死，始甘人道有「風情」。』人遇『風情』笑口開，惟慧人則然。即道學先生恐亦不能緘嘿。而把人禁殺，是欲其無開口笑時也。則亦安能心悅而誠服耶？或謂若士造此曲，已可譏，君又解之，不畏人笑耶？曰：會祖謂端祖曰，毆儺者愛人笑。子畏人笑，輸伊一籌矣。言情者道火而口不燒，轉勝言性者抱橋柱而澡浴耳。

《冥判》折「甜口兒咋著」，此云「笑口開」，皆極描歡媾時[illegible]之相狀。造物本來無物，有物還應自造。一切衆生與一切筆墨，等是隨業架出，隨業抹倒之事，湯義仍偶念劉禹錫「柳花似多情，千家萬家去」，即造一「柳」人持「柳」枝，何必廿一史上人名是真，而此一人是假乎？「柔條一交結，春意已酥融，天與多情絲，一把一相思」，作一垂絲，皆咏柳佳句。

觀奇字之盈幅，疑美人之滿堂。「通書」而不「淹史」，則少所見多所怪，見橐駝言馬腫背矣。既通書又淹史，而才情暗結於内，則世上風流苦盡諳，窗前時節羞虛擲矣。彼順聖文明亦皆吃盡諳之苦耳。熊孺登詩句：「能生世界春。」孟郊詩：「人命屬花枝，花聞哭聲死。」聖嘆批唐詩「回頭反望柳絲絲」，所謂學道人，必世間真正情種也。才無情則不精，情無才則不深。

花柳皆士女精魂，雖顔色無常，終歸寂寞，而芳菲能惜，始是風流。唐詩張燕公説訐文，閻朝隱如「麗服靚粧」，許景光如「豐肌膩理」。才子之文，獨可愛，亦以有似女色耳。阮亭云：「衆香國中，温柔鄉裏，不許門外人道隻字。」要之「通書」而不「淹史」者，雖欲不爲門外人不得。

待奴兜上鞋兒，「欲言又止」，畫盡女流。「驚喜欲言又止」，更揶揄盡女流。文友：「若個粉郎，嬌艷當面。多事一凝眸，恰逢小妹乍回頭，羞麽羞，羞麽羞？」雖羞，仍復「背想」。

佳人秦笑語，公子晋衣冠，『素昧平生』，不妨一見如故。宋詞：文鴛得侶，舞鳳姑分。懊惱深遮，牽情半露，不覺微尖點拍頻。是足可傳情也。而手語尤易於足挑，古詩：『君手無由搦，敢言侍帷幄。』王維：『氣味當共知，那能不携手。』劉商：『言語傳情不如手。』『咱愛殺你』，是『含情一把手，對面欲交頤』之候。

『如花似水』二語，亦復印定芳心。段成式云：『鴛裏花前選孟光。』夫婦非有血屬之親，譬之風虎雲龍，騰嘯相感。惜乎有心人少，不肯遍尋？『是答兒閒尋遍』尚恐不遇，或遇而不遇，况無『閒』不『尋』乎！

『却在這裏』，固是有酷嗜者必有奇獲。凡正『在自憐』者，遇知『憐』己人，不覺心死。

元曲：『月宵花晝，誰解春衫紐兒扣？浴起忙將裙護體，俏東風有心兒輕揭起。』有『領』難免人『鬆』，有『帶』難免人『寬』，是女人業。『羅裙易飄颺，小立罵東風，愛惜加窮褲，防閑托守宫』，未可與有『領』則欲人『鬆』，有『帶』則欲人『寬』者同論。

『春林花多媚，春鳥復多哀。春風復多情，吹我羅裳開』，則似乎以『鬆寬』爲悦者。『高堂不作壁，唤取四面風。吹妾羅裳開，動郎含笑容』，又似乎將以『鬆寬』悦人者。『忍耐』作一句，『袖梢兒』一句，即忍耐二字倒註。『牙兒砧』者，噤齒則似乎減痛也。

『掘作九州池，盡在大宅裏。處處種芙蓉，婉轉得蓮子』，是曰『温存』。

早知有此關身事，故『作羞』，初相逢一面兒喜『是那處曾相見』，煉不灰可喜心腸，只待掌兒上奇擎看一個飽。記不真，咏不到，是『儼然』到。關情秋波玉溜，分明枕上覷著。孜孜地是『相看儼然』。則知除却此人，皆神有所不予也。

『好處』緊對愛好，惟有『相看無』二語，人間天上消魂處，是不言之情狀，更勝於『言』。讀『早難道好處無一言』八字，令人想息嬀也，不知楚文王曾一問之否？ 阮亭：私語『好』誰聞，嫦娥應羨人。字典：咬，淫聲。煬帝於秦、晋、燕、代、洛陽、江都遊幸，靡定居所，至招迎姥媪，朝夕共肆醜『言』。唐玄宗有武妃女咸宜公主婿楊洄，伺太子短譖爲醜『言』。妃訴於帝，且泣。只因『早難道好處無一言』一句開出。發口鄙穢一輩，説不可盡。然細思之，此時真無他『言』可説。宇文化及對李密，所謂共汝論廝殺事，乃作經傳雅語耶！『好處』始應有『言』，則『臣窺鏡誠不如徐公』，而妻妾皆言美於徐公』者，亦道三個『好』喜歡緣耳。説幾句知心話，道蓬萊都是假。『無一言』何如佞以媾歡。

造物付以生育之具，曰爲造物辦其事，豈非『春工』？

文友：『滿地胭脂，疑是「花神」淚。待與落花馳檄，同問春風罪。』『專掌惜玉憐香』，適與賢文相反，則知花落非渠意也。

寫麗娘訂婚以『夢』，真乃作者千載苦心，言以此遣春情見睡情之一大事。而在絶頂聰明女子，使其不問何人，但有父母之命，媒妁之言，便可藉手登車，决無此理。使其苟得所欲，即將鑽穴相窺，踰墻相從，如世稗官所載，又决無是理。若是則惟有死耳，决無身名兩美之日也。故放手寫出『潑殘生』三字，蓋直以麗娘爲有死之心，無生之氣者也。於是乎施天手眼，用佛慈悲，謂我説爲天下才子，則安忍其如此也。幻出此一『夢』。夫夢中之人，何可真得，仍歸於死耳。而『夢』中之人，既爲世間現有之人，則雖死復生也可。吾乃今知作者於麗娘所謂置之死地而後生者也。

二氣均，方能爲雨。氤氲交，結爲雲。譬之於炊，必水火均敵，方能生氣。動静相摩，所以化火。燥濕相烝，所以化水。『雲雨』只是暖法，氣爲『雲』，汗液爲『雨』，言此乃男女氣血壯盛之事也。交合時必身熱燥，如天興雲六通。《般若經》所謂：身生烟焰，體注衆流也。『雲雨十分歡幸』，妙。『雲』者，陰精之氣；『雨』者，陽氣之精。未有雲霧不濃，而雨雪能大泄極暢者，故以比『歡幸』莫如此二字。惟人當陽極欲泄之時，值天公陽極欲泄之會，則此事之『歡幸』尤爲十分，一寫必孕。漢《禮儀志》：仲舒奏江都王四時庚子日，令吏民夫婦皆偶處，則求『雨』有功。

『混』字屬陰，『烝』字屬陽，儒者所謂『混』然『烝』出，然必亂性。巇禮而後生，豈非『混陽』？『混陽』二字賦春甚妙。陰氣本静，一切世間淫亂，皆『混陽烝變』四字所使。此時憲徒制絞决，而玉茗獨歸罪天公也。

情稱『風情』，以能『搧』耳，搧字註出情上加風之故。『魂顫』而『翠綻』，則信宜謂之風情。眉與毛俱散爲『翠綻』，是驗室女法。

聲顫覷人『嬌』，其狀令人欲死。『嬌凝翠綻魂兒顫』與次回『細唾柔嘶慢視時』同妙，君從何處看得此無人態耶？

用修：人在『景』中憐，日永景上緣，是心不能殺境，而境攝心。蓋他以我爲『景』，我以他爲景。識得破一切皆幻，墮相續法曰緣，因和合有，故名爲『緣』。生相似果，故名爲『因』。如生盲人，亦夢白婦，此是内識多生所熏。

『想内成』，西銘所謂戲言出於思也，戲動作於謀也。淫欲同『想』成，愛亦有不同，『想』而更妙者。

假借之四大，暫熏樂業『因緣』之八識，長墮苦輪矣。

想蘊謂取象奔馳世間，福俱與心量相稱，此生終不能滿。自已多生願，是心作因，是心成果。心空境空，佛鏡照力。三教無別法，但是一心作。念若不生，境本無體。是以但了一心，自然萬境如幻。若能了境，便識心萬法皆如闥婆影。真心以靈知寂照爲心，不空無住爲體，實相爲相。妄心以六塵緣影爲心，無性爲體，扳緣思慮爲相。故全心是境，全境是心，隨境有無，各無自相。若出世法，如電裏穿針，無用心處。

雖禪家六行，其一思惟，不思則不能通微。惠能曰：不思善，不思惡，却又不斷百思『想』。然心忘念慮即超欲界，心忘境緣即超色界，心不著空住玄，即超無色界。無色界天是妄分别意根，無『想』天惟是外道修無想。定以生其中，受五百劫無心之報。外道不達，謂之涅槃。必起邪見，仍墮地獄。蓋無『想』則無鼻、舌、身、意、色、聲、香、味、觸、法矣。無眼界乃至無意識界，惟非『想』、非非『想』處，依識滅識，庶乎其可耳。

身爲業鬼借宅，變幻沓來，惟『果』位上聖人重得輕受自餘。『因』地中人一日未証聖，尚有不可知。不可知，不可忍。不可忍，一切業障皆須閲歷。言『因中見』則非一世之緣也，所以佛貴於言下撥著多生種子。魏叔子云：生平無淫事，而生平難斷淫念，又最能鑿空作淫『想』。想過與事過，其空一也，則何不以想代之？然即成爲『因』矣。

衛玠與晋成都王穎，俱樂廣婿。玠總角時嘗問廣夢，廣曰：『因』也。玠思之經日不得，遂以成疾。廣命駕爲剖析之，疥病即愈。然不加『想内成，景上緣』二句，未足盡夢之理。雖做夢，是閉眼見鬼，見鬼是開眼做夢。然不是『因中見』即是『想内成』，不是『想内成』亦是『景上緣』矣。王龍溪云，一爲應跡所纏，則魂滯於魄。能終日酬應萬變，而此念寂然，不爲『緣』轉，是謂通乎晝夜之道。而知凡有所夢，即是先兆，亦妙。知夢爲『景上緣』，則色即空、空即色之説，益信也。知色即空，則無受想行識矣。

花臺殿即牡丹亭。

『春透』根忍耐二字來。交情通，體心和諧，歡情溢出。芙蓉面是『春透』，其不『透』者可恨矣。孟郊『歡去收不得』，李端『事去思猶在』，時人『因羞强正釵，雲收雨歇易傷神』，齊魯姬姜顔色變，是『怎留連』三字之解。幾家憶事臨妝笑，猶是『留連』之餘。

自把人禁殺之後，『人便』必要『天留』，即天留亦不過『一霎』滕白：『日高鄰女笑相逢，慢束羅裙半露胸。莫向秋池照緑水，參差羞殺白芙蓉。』草藉花眠之『花』指人而言。

多才難自持，有情寧不極。送柔抱於花叢者，方欲以此致其尊親，遂其恩仇，甚至習演揲法，服慎恤膠，無非圖問『可好』兩字。此處特爲寫出，以見密意滿横，睟深情出，艷語之極致。

男子之竭力盡技，只爲欲『好』。其欲好又惟恐其『忘』，只『小姐可好』，『小姐休忘』二句，亦爲此輩傳神，真才子也。

《楞嚴》：一者婬習交接，發於相磨。二者貪習交計，發於相吸。『慢廝連』即嫪戀之法，廝連又慢，非慢於厮連也。古詩『儂贈緑絲衣，郎贈玉勾子。郎欲挖儂心，儂思著郎體』，又『碧玉搗衣砧，七寶金蓮杵。高舉徐徐下，輕搗只爲汝』，故身則取其『緊相偎』，事則必於『慢厮連』。慢厮連即『好一會分明』五字也。男愈『慢』，女愈『緊』矣，不慢則雖滿不分明，便滿而未美矣。阮亭謂：清遠道人善於繪夢。其句云：『憶共錦衾無半縫，郎似桐花，妾似桐花鳳。往事迢迢徒入夢，銀箏斷絶連珠弄。』似爲『緊相偎，慢厮連』六字補註。

棠村有『膚光欺雪』句，其年有『翠衾酥透』句，皆頌『肉』也。谷《咏扇》：『六月火雲烝「肉」山，持贈小君聊一笑。』白香山不惟忘『肉』味，兼擬減風情。姜宸英：『歡是情所爲，抱郎莫著衣。』《合德傳》：以輔屬體，無所不靡，人人貪色，以柔靡耳。王金壇：弱骨柔肌屬體時，相偎難許半衾離。如何買得春休至，只有寒宵與意宜。玉膩綿香細骨軀，暖相偎處恰愁吁。嬌癡怕到春風换，不似寒宵酷念奴。欲嘗一臠美，不惜百金買，惟宵衾慣擁昉者知之。少遊『寶釵落枕，知何日唐人得近』，『衣香魂已消』，皆恨不得『肉』者。『薄綃纖縷紅酥露』，終隔一層。漢靈起裸游館，宫人皆解其衣。石虎爲四時浴室，共良婦、女官媟戲，蓋色情之動物，全在裳解履遺之際。『恨不得團成片』六字，刻出『雙情共一娱』五字意思。氏族之學，謂之『肉』譜。『百物皆毛人獨肉』，正天公偏厚裸蟲，使其易於『成片』處。『憶昔君前嬌笑語，兩情宛轉如縈素』是『團成一片』法。『麗質徒相比，鮮彩兩難同』，即『團成片』亦可分别看，殊不可負却造物此意。佛許比邱以肯毁形好也，而弓足者且更造作形好。色情難壞，尤以『肉』。如來百種相好，不出圓滿等字。圓滿之所以好者，『肉』也。如來體貴修廣，亦以『肉』狀愈加暢觀。使木、石、骨、角爲之，亦何取圓滿修廣哉。芙蓉肌

『肉』緑雲鬟，正恐蓬山所少者此耳。萬物皆能住世，惟『肉』不能，曾不如筋、角、骨、革。高齊慕容紹宗守郢州，人死火別分食。張巡醃尸爲糧。北人好食牛羊，則合衆『肉』而爲一『肉』，其行爲萬騎風敗爲一川。『肉』亦不足惜，魏以仇儒之『肉』食趙準。劉禹錫詩：『臨刑與酒杯，未覆仇家白。』官先請肉，則崇『肉』飼豸之報。

曹爾堪詞『養娘新配淺深粧，紅處思量，白處思量』，是『肉兒』兩句意。雪膚鮮俊，遲日融麗，分段締玩，不甘一死乎！玉茗此書，只是特闡色情之難壞，而色情又以此處『肉』字爲主，見得人間既以『肉』爲勝事，則天上若使非『肉』，亦不願生西方。既然非『肉』亦不願往，寧可輪回受此好『肉』耳。或曰，《契經》：住滅定者，藏識持身而壽不滅亦不離，暖根無變壞，識不離身。若全無識，應如瓦礫，豈得名爲住滅定者？諸天相視成陰陽，須解得妙相。近者『團肉成片』，相視者交媾時互視褻處也。身身相視尤妙。不是一夫一妻也，曼持天地猶若生酥，況於天身，豈無『肉』象？如來隨衆生機，亦必幻出廣博好『肉』。其然，則蠢肉凝皮有如豕彘者，亦可以息淫機矣。

『雨』字讀作去聲，阮亭『「日」痕紅曙一欄花』，可與此句相發。『日下胭脂』畫出乾坤兩般艶物，尤似女根之新嫩也。『雨上』，雨落上也。『日下』字，則從《秘辛》捧著『日』光來。乃知《秘辛》於『一溝渥丹，火齊欲吐』上加『捧著「日」光』四字，真才子也。遍大地人衣綉夜行，實實皆是懵漢。阮亭云『情思泥人何處去，碧桐陰裏簾櫳』，猶未知此句之妙。古詩『開春未盡歡，秋冬更增凄。共戲炎暑月，方得兩情諧』，亦圖看此『日下胭脂』耳。蓋在『日下』，則月鮮雪膩更無匿彩。聖嘆云『一見絶世佳人，即促其解衣上床，殊覺可惜』，必如夢梅之『日下』細玩，庶乎可耳。觀『日下』二字，則知媾歡一事，艷思欲其盡展，尤因嗜興非徒嗜甘也。或諫魏高祖：『太子恂，年十三，不宜於正晝之時，舍書御內。』迂矣。

『脂』若不以日照，雖著『雨』不見其『鮮』；若不著『雨』，雖『日下』亦不鮮也。『鮮』字乃日雨二者三合而成。日字妙矣，雨字尤妙。『衫薄偏憎日，裙輕更畏風』，恐人偷見日下『胭脂』也。『風裙隨意開，粉汗無庸拭』，欲人偷覷『日下胭脂』也。

或曰劉夢得云：『汗餘衫更馥。』『雨』喻汗，『脂』喻肉，直寫得一身好肉，一身好汗。『鮮』滴欲沐玩一『逗』字，意却不然耳。肉只『玉生烟』一句，形容已盡，千古才人，自《碩人》一章後，於形肉鮮有能刻畫者。『玉生烟』『脂著雨』，寫肉鮮奇，自若士始。『蝴蝶門』『牡丹亭』『軟烟絲』『熟蟠桃』『花衣』『粉版』『么荷』『甜口』『明如翦』『溜的圓』，寫形巧麗，亦自若士始。至今不嗣，是爲恨焉。『困來模樣不禁憐，旋移針線小姑前』，千古妙舌。蓋小姑前乃萬不能相逼之處，又被你惡憐人是乏了意，連聲『將息』，故非去也不教知，怕人留戀伊者。

楊衡『仙娥初侍紫皇君，金縷鴛鴦滿絳裙』，何况凡間女子。沈宛君《課女綉》詩『不解春惱人，惟譜花含蔻』，今夫人云『怪他裙衩上，花鳥綉雙雙』，各妙。元曲則云『被面綉鴛鴦』，是幾等兒眠思夢想也。

『僥倖』二字，從後折『分明美滿』來。都元振：『竹葉壞水色，郎亦壞人心。』宋詞：『幾曲屏山，都是舊看承人處。任不寒暄半語，背人處猶自憐他。』元曲：『問娘行，這段姻親却緣何心便肯。』唐詩：『夢中無限風流事，夫婿多情亦未知。當時心比金石堅，今日爲君堅不得。』世間『有些僥倖』者，殆不止一麗娘矣。

貫休：『舉世皆趨世，如君始愛君。』予嘗謂『女郎兒夫』四字最妙。『兒夫』則少『俊』可知，『女郎』則清揚可想。『年可弱冠，丰姿俊妍』八字，如見一彩筆文人、紅顔公子、茗英翹秀，立我目前。想其遇形觸物，無不朗然映照。一有鬑鬑，即乏趣矣。蓋風韵韶靡者，必情味不淺，情味不淺者必性理偏奇，於色欲間喜立勝事。我既善持容範，彼必深相賞好，是以懷而幽怨，睡情願彼見之。天下除是蠢才無意中人，餘則眼底必有，眼底即無，胸中亦有。

漢李固以元老而傅粉。操命邯鄲淳詣植，植澡訖傅粉，拍袒，誦俳優小説數千言。訖，問淳何如耶，然後評説混元造化之端，品物區别之意。及命厨宰，酒炙交至。淳出，謂之天人。《北史》稱江東天子，傅粉宫中，則未髭可知，然終不能『俊妍』也。何至今做戲，不做生傅粉？一遺漏事。武母私賀蘭，只因『弱冠妍俊』。易之兄弟俱傅朱粉，亦『俊』欲加『妍』耳。

晋元帝引見庾亮，風清都雅，遂聘其妹爲太子妃。亮年五十薨，何充猶曰：『埋玉土中，使人情何能已！』杜預孫乂成帝后父，膚若凝脂，目如點漆，桓彝曰：『乂形清，玠神清。』晋王渾婿裴楷俊爽，時人謂之玉人，言近之照暎人也。晋武時中牟潘岳，挾彈出洛陽道，婦人皆連手縈繞，投之以果。晋哀帝后父王濛，臨鏡自照曰『王文開生如此兒』，入肆買帽，媪愛其容，遺以新者。梁簡文雙眉翠色，手玉不辨。謝晦與從叔琨俱在宋武前，帝曰：『一時頓有兩玉人。』宋劉湛曰：『我見謝道兒未嘗足。』謝莊孫覽，尚齊錢唐公主，梁武入，長揖而已，仍被賞味曰：『此生芳蘭竟體。』魏文明太后徵兄馮熙，尚長公主，主生子誕、修，皆姿質妍麗，文明俱引入禁中。陳文帝衛將軍，山陰陳子高亦狀似婦人。唐太宗文德皇后父高儉，齊宗室，狀貌若畫，知太宗非常，以女歸，儉卒陪葬昭陵。明葉天寥，美如衛玠，皆『丰姿俊妍』舊樣。采蓮詩：『貪看年少信船流。』要知女之貪男色，較男看女尤甚。何也？以男子有色者尤少也。

吴梅村在雲間爲會，連遣覓女郎倩扶不得。夜分，則張刺史來赴，投刺後，吴命以己車迎入。使者傳復須一車，及至，則挾一衣冠少年，光艷暗射，人各各却步，且不敢詢姓名。及細燭之，即倩扶也。『俊』或讓男，『妍』必讓女，合之故極佳矣。王于一晚客湖上，狎一妓甚粗，或嘲之曰：『近代美人尚肥。』則只圖『肉』段耳。

女人貴能『題賞』者，以聰明夫婦，何事不有。不能詩詞，不能寫出情狀耳。男人代寫，不如受樂者之自寫，令人讀之可以忘死也。

王修微『只合喚他如「夢」』，真絶頂聰明語，是玉茗以此事爲『夢中之事』來歷。『漢苑深宫，往事如「春夢」』，思想『夢中之事，何曾放懷』。經所謂：而我以心，推求尋逐，恒審思惟，連持不絶，心心相續，惟見妙好。皆由無始貪嗔癡從心語，意之所生。

王彦泓：『笑問檀郎詞内意，芳心透出眉尖喜。』昔人謂《夷堅志》中，有藥餌飲食，豐賤恣口所需。『消悶』之『書』，自有一『種』，須以内典眼照之，則雖看盡情詞，亦成無量壽佛，否則雖『數卷殘書續命膠，亦恐他生還識字』矣。

『甘意摇骨髓，艷詞洞魂識』『來生只願嫁冬郎，知得閨人意思詳』。《文心雕龍》：至魏大因非説以著《笑書》，弄思銜詞，詆嫚媟黷。《論衡》曰：『好筆墨者，增益實事，爲美盛之語；用才能者，造生空文，爲虛妄之傳。聽者以爲真然，説而不捨；覽者以爲實事，傳而不絕。至或典城南面，讀虛妄之書。』晉《范寧傳》：何晏神懷超絕，王弼妙思通微，而蔑棄典文波蕩。後生飾華言以亂實，騁繁文以惑世。昭明七召，能使崩城之婦，嫣然微笑，願横施以自昵。韓偓詩，皆脂粉裙裾語，宋李端叔喜之，誦其序云：『咽三危之瑞露，美動七情。』唐温彦博孫庭筠詞多側艷。褒公曾孫宰相文昌子段成式，多記奇篇秘籍，有『應願將身作錦鞋』句。坡：『畫地爲餅未必美，要令癡兒出涎水。』山谷詩：『或得野狐書，有字不可讀。狐涎著其心，字義皆炳然。却來觀六經，全是顛倒想。』謂晏叔原嬉弄『樂府』，可謂狹邪之大雅，豪士之鼓吹，乃使少年俊士，近知酒色之娛；清節臞儒，晚識裙裾之樂。圓通秀禪師又呵山谷：『丈夫翰墨之妙，甘施於此乎？』其『纔入新婦磯，又入女兒港』云云，坡亦謂：『此漁父太瀾浪。』王阮亭云：費無學《轉情集》中多有佳句。次梗劇手，極其昵致。柳屯田小詞，傳播旗亭北里間，終不解作香奩綉閣中語也。其撰《倚聲集》，推羨門爲近今詞人第一，與兄西樵好作香奩詩。序云：『情至之語，風雅掃地，然不過使我宜尼廡下，俎豆無分耳。自欲「消悶」，又以「消」人之悶。』讀香山『老思閒語話，「悶」憶好詩篇』，令人有『好書到眼愁將盡，媚句勾腸懶再吟』之嘆。

陳子龍『未經惆悵不知愁』，豈料一經惆悵便『掩淚』。

『縷金衣透雪肌香』，要知『雲片雨香』必竟自『雪肌』出。凡求『雨』男女，欲和而樂。東坡『且圖的氤氳久』六字，可解『雲雨』之義。『記得多嬌多少「雨」情「雲」緒，把閨中遺事都付與落花飛絮。』『纔到夢邊』者，『無窮此心興，乞夢願更長』也。後既云『好一會分明美滿不可言』，此偏云『雨香雲片，纔到夢兒邊』，畫出無饜足之道。

龔芝翁：『兩好心情難罷，願一世小年爲夜。』文友『推郎先起』，阮亭謂與『小玉上床鋪夜衾』同妙。『怕高堂唤』，亦惟兩好者則爾。

瑜珈論十八變者，謂從身上發焰，身下注水，於其地起水勝解，即令成水火，風亦然。於山谷中往來無礙，又能往彼同其色類。天人爲欲火所煎，尚腋下『汗』出，五衰相現。山崖墻壁，直過如空者，尚有氣有『汗』，而况人乎？

『心悠步嚲意軟鬟偏』八字，摹情過褻。即醫書：『溶溶不能自收持』七字。『悠』者思味不已，所謂『困迷無語思猶濃』。『軟』者，不勝嬌困，轉羞人問，髻亂釵横，無力縱猖狂矣。做事不費神情，方免得『心悠』二句。

『没亂』處見元曲。又元人云：『他不嫌，俺正憐。不顧傷廉，何曾記點。君似不消魂，魂消不似君。』『費盡神情』，可參。即前所謂誰見之睡情，偶於夢中一用也。夫地者，偶成天之功力者也，樸而實愚，惟地能之，故力發於蓄極之滿。『費盡神情』四字，用在女人身上，尤妙。蓋惟慧女子爲然，而蠢者即皆不爾。知『費盡神情』，則能於此法中無法不悟矣。以此愛根，而芽諸欲，有諸欲境，助發愛性，如後之『款款通陰程迸』皆『費盡神情』之故。『誰家年少足風流，妾擬將身嫁與，一生休。縱被無情棄，不能羞』，非貪其『費盡神情』，何至於此。『若爲多羅年少死，始甘人道有風情。』『神情費盡』自是人理，乃多有不『費神情』，只由氣血者，何異木石交、鹿豕遊乎？惟器不從心，『神情』無可『費』之地者，决由前業。

鄒祗謨：『一種嬌慵如夢。』徐士俊：『擁著半床懶。』阮亭云：『春與人有何恩怨，索解不得。要只是極歡之事，奈何不教久也？』使未『嘗』夢，決不至『倦』矣。

『不索香熏綉被眠』，與『傷情兩炬緋羅燭』相類，即《西廂》『縱把射蘭「熏」盡，我不自解温存』意。鮑照妹令暉所以有『芳華豈矜貌，霜露不憐人。是時君不歸，春風徒笑妾』句也。身既人間旖旎『香』，益覺熏骨真『香』無處覓矣。韋莊雖云『日暮飲歸何處客，滿身蘭射醉如泥』，而荀郎『「熏」透玉嬋娟，人間能得幾個』，正非醉客所能也。莊又云『恩重嬌多情易傷』，『不索香熏綉被』，作『滿身猶帶令公「香」』解亦得。言若使夜夜得抱荀郎，即磨吸臭味，反是普『香』世界。

白：『夜衾「香」有思，秋簟冷無情。』『也不索熏』，言即『香』亦無思也。曹爾堪咏『香』：『黑盡孤眠，誰更知他好。』程村謂當以此補『香』嚴三昧。『鳳帳鴛被徒「熏」，寂寞花鎖千門。競把黄金買賦，爲我將上明君』，則真『不索』復熏。

盧仝：『何處堪惆悵，情親不得親。』毛大可『前事每經思』，真是神味相酬，方有『幾番思「夢」下床遲』之侶。

薛能『思惟不是夢，此會勝高唐』，固是。

韋莊『舊歡如「夢」裏，想像舊房櫳』，則『去不遠』而實遠者，豈惟夢哉？阮亭：『正羅帷「夢」覺，紅褪湘勾，「夢」裏事尋憶難休。』夢裏蓮褪，夢中足動可知。芝麓有『膩玉輕勾，玄雲濃繞，芳「夢」粘人難起。鴛裯鳳被，端值消魂一死』句。阮亭謂『讀《毛詩》時，最喜「甘與子同夢」句，以爲古人言情，非後人可及，今讀芝翁此詞，覺其妙不止於此，以共枕各枕，無之不甘也。』王金壇《花燭詞》：『四月春蠶已剥綿，「困」人風日嫁人天。不知織就鴛鴦錦，費却如花幾夜「眠」。』織錦者，想出房中百千情狀也，較『不索香熏綉被眠』又高興多矣。

第十一齣　慈戒

（老旦上）昨日勝今日，今年老去年。可憐小兒女，長自綉窗前。幾日不到女孩兒房中，午餉去瞧他，只見情思無聊，獨眠香閣。問知他在後花園回，身子困倦。他年幼不知，凡少年女子，最不宜艷妝戲遊空冷無人之處。這都是春香賤才逗引他。春香那裏？（貼上）閨中圖一睡，堂上有千呼。奶奶，怎夜分時節，還未安寢？（老旦）小姐在那裏？（貼）陪過夫人到香閣中，自言自語，淹淹春睡去了。敢在做夢也。（老旦）你這賤才，引逗小姐後花園去。倘有疎虞，怎生是了？（貼）以後再不敢了。（老旦）聽俺分付。

【征胡兵】女孩兒只合香閨坐，拈花翦朵。問綉窗鍼指如何？逗工夫一線多。更晝長閒不過，琴書外自有好騰那。去花園怎麽？

（貼）花園好景。（老旦）丫頭，不説你不知。

【前腔】後花園窣静無邊闊，亭臺半倒落。便我中年人要去時節，尚兀自裏打個磨陀。女兒家甚做作。星辰高猶自可。（貼）不高怎的？（老旦）廝撞著，有甚不著科，教娘怎麽。

小姐不曾晚餐，早飯要早，你説與他。

風雨林中有鬼神。蘇廣文
素娥畢竟難防備。段成式
寂寥未是采花人。鄭谷
似有微詞動絳脣。唐彦謙

第十一齣 《慈戒》批語

『香閣、香閨』，或『眠』或『坐』，俱喻女根。『艷妝』及空冷處，意同。『拈花』，喻以指探。『翦朵』喻以指左右之，故曰『針指』，而問『如何』。『綉窗』亦喻女根，『一線多』喻以指探，而未破瓜不過如此耳。『琴書』俱肖其形於外。『騰那』喻不能深探，却可於外用工。『那』者以指左右，『騰』者挪之使上也。『磨陀』意同。

『星辰』喻男挺末，『高』喻其長，『微詞』喻其聲。

『昨日勝今日，今年老去年』，夫人亦有因春感情，遇秋成恨之意，但深淺懸殊耳。

徐昭華《虎邱詩》有『搴裙一上生公石』句，文心妙絶千古。使『只坐香閨』，安得有此佳詩流傳人口。

杜牧：『才子風流咏曉霞，倚樓吟住日初斜。驚殺東鄰「綉」床女，錯將黄暈壓檀「花」。』施肩吾：『皎潔西樓月未斜，笛聲寥亮入東家。却令燈下裁衣婦，誤翦同心一半「花」。』又：『清詞再發郢人家，字字新移錦上「花」。能令龍宫賣綃女，低徊不敢織輕霞。』更莫『問綉窗針指如何』矣。

王金壇：『一隊明粧擁碧油，羅衣風影照溪流。謝女捉將團扇出，潘郎扶得板輿游。』『中年人』若去亦復入人妄想。

葉硯孫『學新歡兒童調笑，譜舊夢老輩胡盧』，是『女兒家甚做作』之意。

王金壇《即事》句『最是北堂無意緒，匆匆時節話偏長』，亦未知『有甚不著科教娘怎麽』者。

『素娥畢竟難防備』，是女人業。翁山：『我言「素」女即丹砂。』經云：如此之時，同名近女，蓋女而不『素』則已，『素』則不論何人，但與相近，未有不爲影射者。

第十二齣　尋夢

【夜遊宫】（貼上）膩臉朝雲罷盥，倒犀簪斜插雙鬟。侍香閨起早，睡意闌珊。衣桁前，妝閣畔，畫屏間。

伏侍千金小姐，丫鬟一位春香。請過猫兒師父，不許老鼠放光。僥倖《毛詩》感動，小姐吉日時良。拖帶春香遣悶，後花園裏遊芳。誰知小姐瞌睡，恰遇著夫人問當。絮了小姐一會，要與春香一場。春香無言知罪，以後勸止娘行。夫人還是不放，少不得發咒禁當。（内）春香姐，發個甚咒來？（貼）敢再跟娘胡撞，教春香即世裏不見兒郎。雖然一時抵對，烏鴉管的鳳凰。一夜小姐焦燥，起來促水朝妝。由他自言自語，日高花影紗窗。（内）快請小姐早膳。（貼）報道官厨飯熟，且去傳遞茶湯。（下）

【月兒高】（旦上）幾曲屏山展，殘眉黛深淺。爲甚衾兒裏，不住的柔腸轉。這憔悴非關，愛月眠遲倦，可爲惜花，朝起庭院。

忽忽花間起夢情，女兒心性未分明。無眠一夜燈明滅，怪煞梅香唤不醒。昨日偶爾春遊，何人見夢。綢繆顧盼，如遇平生。獨坐思量，情殊悵怳。真個可憐人也。（悶介）（貼捧茶食上）香飯盛來鸚鵡粒，清茶擎出鷓鴣斑。小姐，早膳哩！（旦）咱有甚心情也！

【前腔】梳洗了纔匀面，照臺兒未收展。睡起無滋味，茶飯怎生咽。（貼）夫人分付，早飯要早。（旦）你猛説夫人，則待把飢人勸。你説爲人在世，怎生叫做喫飯？（貼）一日三餐。（旦）咳，甚甌兒氣力與擎拳，生生的了前件。

你自拿去喫便了。（貼）受用餘杯冷炙，勝如賸粉殘膏。（下）（旦）春香已去。天呵，昨日所夢，池亭儼然。只圖舊夢重來，其奈新愁一段。尋思展轉，竟夜無眠。咱待乘此空閒，背却春香，悄向花園尋看。（悲介）哎也，似咱這般，正是夢無綵鳳雙飛翼，心有靈犀一點通。（行介）一逕行來，喜的園門洞開，守花的都不在。則這殘紅滿地呵。

【懶畫眉】最撩人春色是今年。少甚麼低就高來粉畫垣，原來春心無處不飛懸。（絆介）哎，睡荼蘼抓住裙衩線，恰便是花似人心好處牽。

這一灣流水呵。

【前腔】爲甚呵，玉真重遡武陵源。也則爲水點花飛在眼前。是天公不費買花錢，則咱人心上有題紅怨。咳，孤負了春三二月天。

（貼上）喫飯去，不見了小姐，則得一逕尋來。呀，小姐，你在這裏。

【不是路】何意嬋娟，小立在垂垂花樹邊。纔朝膳，個人無伴怎遊園。（旦）畫廊前，深深驀見銜泥燕，隨步名園是偶然。（貼）娘回轉，幽閨窣地教人見，那些兒閒串。

【前腔】（旦作惱介）哇，偶爾來前，道的咱偷閒學少年。（貼）咳，不偷閒，偷淡。（旦）欺奴善，把護春臺都猜做謊桃源。（貼）敢胡言，這是夫人命，道春多刺綉宜添線，潤逼鑪香好膩箋。（旦）還説甚來。（貼）這荒園塹，怕花妖木客尋常見，去小庭深院。（旦）知道了。你好生答應夫人去，俺隨後便來。（貼）閒花傍砌如依主，嬌鳥嫌籠會駡人。（下）（旦）丫頭去了，正好尋夢哩！

【忒忒令】那一答可是湖山石邊，這一答似牡丹亭畔。嵌雕闌。芍藥芽兒淺，一絲絲垂楊線，一丢丢榆莢錢。線兒春甚金錢吊轉。

吁，昨日那書生，將柳枝要我題咏，强我歡會之時，好不話長！

【嘉慶子】是誰家少俊來近遠，敢迤逗這香閨去沁園。話到其間腼腆。他捏這眼奈煩也天，咱嗽這口待酬言。

那書生可意呵，

【尹令】咱不是前生愛眷，又素乏平生半面。則道來生出現，怎便今生夢見。生就個書生，恰恰生生抱咱去眠。

那些好不動人春意也！

【品令】他倚太湖石，立著咱玉嬋娟。待把俺玉山推倒，便日暖玉生烟。捱過雕闌，轉過鞦韆，揞著裙花展。敢席著地，怕天瞧見。好一會分明，美滿幽香不可言。

夢到正好時節，甚花片兒吊下來也。

【豆葉黄】他興心兒緊嘸嘸，嗚著咱香肩。俺可也慢掂掂做意兒周旋。等閒間把一個照人兒昏善，那般形現，那般軟綿。忑一片撒花心的紅葉兒吊將來半天。敢是咱夢魂兒廝纏。

咳，尋來尋去，都不見了。牡丹亭、芍藥闌，怎生這般淒凉冷落，杳無人跡。好不傷心也！（淚介）

【玉交枝】是這等荒凉地面，没多半亭臺靠邊，好是咱瞇睽色眼尋難見。明放著白日青天，猛教人抓不到魂夢前。霎時間有如活現，打方旋再得俄延，呀，是這答兒壓黄金釧匾。

要再見那書生呵，

【月上海棠】怎賺騙，依稀想像人兒見。那來時荏苒，去也遷延。非遠，那雨跡雲蹤纔一轉，敢依花傍柳還重現。昨日今朝，眼下心前，陽臺一座登時變。

再消停一番。（望介）呀，無人之處，忽然大梅樹一株，梅子磊磊可愛。

【二犯么令】偏則他暗香清遠，傘兒般蓋的周全。他趁這，春三月紅綻雨肥天，葉兒青，偏迸著苦仁兒裏撒圓。愛煞這晝陰便，再得到羅浮夢邊。

罷了，這梅樹依依可人，我杜麗娘若死後，得葬於此幸矣！

【江兒水】偶然間心似繾，梅樹邊。這般花花草草由人戀，生生死死隨人願。便酸酸楚楚無人怨，待打并香魂一片，陰雨梅天。守的個梅根相見。

（倦坐介）（貼上）佳人拾翠春亭遠，侍女添香午院清。咳，小姐走乏了，梅樹下睡。

【川撥棹】你遊花苑，怎靠著梅樹偃。（旦）一時間望，一時間望眼連天，忽忽地傷心自憐。（淚介）

（合）知怎生情悵然，知怎生淚暗懸。

（貼）小姐甚意兒？

【前腔】（旦）春歸人面，整相看無一言，我待要折，我待要折的那柳枝兒問天，我如今悔，我如今悔不與題箋。（貼）這一句猜頭兒是怎言。

（合前）（貼）去罷。（旦作行又住介）

【前腔】爲我慢歸休，緩留連。（内鳥啼介）聽，聽這不如歸春暮天。難道我再，難道我再到這亭園，則掙的個長眠和短眠。（合前）

（貼）到了，和小姐瞧奶奶去。（旦）罷了。

【意不盡】軟哈哈剛扶到畫闌偏，報堂上夫人穩便。咱杜麗娘呵，少不得樓上花枝也則是照獨眠。

武陵何處訪仙郎。釋皎然　　只怪遊人思易忘。韋莊

從此時時春夢裏。白居易　　一生遺恨繫心腸。張祜

第十二齣　《尋夢》批語

『膩臉』喻兩輔，『朝雲』喻花頭。『倒』字妙，扳倒『犀簪』方得『插』也。『鬟』喻豪，『衣桁』喻男根，『粧閣』喻女根。『畫屏』喻身，又屏可代瓶也。『拖帶』二字無非謔喻，『胡撞』意同。『抵對』字謔喻更顯。『焦燥』二字不問可知。『花影紗窗』四字，女根雅號。『幾曲屏山』喻胸至陰凡幾叠。『眉黛』喻豪，『衾』喻腹裏，『腸』喻男根。『愛月、惜花』俱喻行事。『庭院』俱喻女根。『未分明』喻瓜未破。『梅香』喻精，『鷓鴣、鶺鴒』俱喻花片。『匀面』喻以手摩，『照臺』喻女兩輔，『甌』喻女根，『拳』喻男搥未收仍展，爲『未收展』一段，又喻男根。『展轉』即用指騰那意。『空閒』謔得刻毒。『鳳』喻簷際，『翼』喻兩扉，『高低』喻女根相狀非一。『粉面垣』喻兩輔，凡物吐出可見，即謂之飛。『少什麽無處不』言天下婦人皆『懸』此『春心』也。『荼蘼』喻男根豪，『裙釵線』喻女根豪。『抓住』猶言二毛相結。『牽』即廝連有帶勾不放意。『玉真』之真代筋。『眼前』字妙，非喻女根而何？『題』須以筆，『紅』喻男根。『三二月』言一月形分二三摺。『天』喻深處。『垂垂花』喻女根，『垂垂樹』喻男根。『畫廊』仍喻兩輔，『銜泥燕』肖女根形。『窣地』猶言深處。『那些兒』指男根，『花妖』喻女根，『木客』喻男根。『荒園』喻已破之瓜，『小庭』喻未破之瓜。『砌』喻兩輔，『籠』喻女囊。『鳥』喻男根邊闌不麗，其『籠』便可『嫌』矣。『楊線』喻豪。『榆莢』喻女根幼小時。『線兒』即出翫饅頭切一刀之説。『金錢』以代筋全。『話長』指男根言。『近遠』以喻抽送，『沁』喻水出。『眼口』俱喻女根，『半面』

喻女根已分開。『恰恰生生』喻初破瓜時也。『抱咱』猶言咱抱。『眠』指男根，『石』喻交骨。『嬋娟』喻女根長。『玉山』喻身，『目』喻女根。『秋千』喻兩足樹起。『裙花』喻女兩扉，又欲展其裙，則不得不先樹其足意。『捱過雕闌』喻兩手持脛，身挨膀開，擘分子户也。『香肩』喻女根球簷兩畔。『嗚』喻深埋不動，另是法中一法。『形現』喻男根起時。『軟綿』喻其歇後事畢之後。『葉』將花掩，『紅葉』喻女兩扉。『半天』喻分兩開，『眯睽色眼』女根妙號，同一物也。分開便見兩邊。『亭臺』，粘合便似『没』了，但成眯睽一眼。尋之不見『多半』耳。『活現』喻男根復振。『方旋』於内打車也。『黄金』之金代筋，喻男根，『釧』喻女根。『形圓』男根甚巨，則女根變圓成匾矣，出奇之筆。『人兒』仍喻男根，『照人兒』喻挺末之光，喻得艷巧之極。『眼下』喻溺孔下。『陽臺一座登時變』喻行事與畢罷時，女根相狀各别。『梅子』喻男莖端，觀『傘兒般』三字，益信『紅綻雨肥』喻女根也。『葉兒』喻豪，『男迸』則女『苦』，而彼不顧也，只將『仁兒』在『裏撒圓』耳。垂星在表似『傘』半開，在半表半裏似『傘』半收，直『迸』入裏則似『傘撒圓』也。『畫陰』畫視女陰也。『草』仍喻豪。『打并一片』喻女根復合，更須稍用手法。『梅天』喻精留深處。『香』喻男根，『翠』仍喻豪，『遠』喻其深。女根『眼望』不料被男根『傷』却花『心』，故自『憐』。『淚』喻餘液，『甚意兒』問看官解我所喻否。『春歸人面整』作一句讀，喻了事時女根仍合也。『無言』易明矣。『待折』喻扳倒也。『猜頭』喻看官不解其意，女根未破時，可喻以『短眠』，既破則『長眠』矣。『留連』字妙，『軟咍咍』喻男根已痿。『樓上』喻女根深處。『遊人思易忘』所以不解其喻。『從此』言自此以後無人不知玩其如此相狀，而從前未知，爲『一生遺恨』也。

人謂晚唐猥薄，不知效尤既久，幾於人人自厭，不得不别開生面，作者亦欲特開生面耳。

『尋夢』二字，千古奇文。羡門：『揚州一場花月「夢」。』夢好却如真，事往翻如夢，蓋歡娱似夢『尋』難得，惟床上故書前世『夢』可以一『尋』耳。若士之喜濃文艷史，無非尋夢之意。

只一『膩』字，寫春香亦一美人。『睡意闌珊』，猶有『丫鬟喚起倒穿鞋』之意。小步紅尖刺碧苔，『衣桁前』亦復入畫，與元人『攏釵燕鞁綉鸞，卷朱簾綠陰庭院』同妙。

『即世裏不見兒郎』，似云世間第一狠『咒』。所謂不學俱欲之物，非『盲兒問乳色，不識身從何處來』者，足見認一日三餐爲吃飯，亦是搗鬼，與時人『來生左太沖』『來生教作無鹽』兩『咒』同妙。

『衾兒裏不住的柔腸轉』，所想若再相逢，還有多少的睡情教見也。

『忽忽花間起夢情』，蓋麗娘此時已將『花』園作生門觀矣，非麗娘解爾，實玉茗代之。世間俗夢不從此處起，故『夢』尸得官，『夢』糞得財耳。

雖自審欲態，不得大言現其欲，彼故曰『未分明』。

王建『殘「燈」未滅還吹著，年少宫人不睡時』，恰好與春香『一夜燈明喚不醒』對看。

情一片，幻出人天姻眷。諸天且因情幻出，何况於人。『何人見夢』已謂天下有之，『獨坐思量』四字，爲害不淺。男女同性，而男人欲情有問者，以事多則具萎，且名利所分也。若女人既無經營進取之事，得暇輒自撫玩，又無不可用之時，故入土方休。惟不撥動則已，一撥動則安心受侮，渴不擇漿。

卓人月：『驀相逢冶郎，真可換服移粧，辨不出雌雄他我。』阮亭云：『此等處是蕊淵才情獨絶，人不易及，使辨得出其「可憐人」，猶算不得「真個」。』滬上玉烟校書典酒政，能令意之所屬不至苦飲。嘗欲得一少年如衛玠以配。遲暮佳人雖多，見『可憐人』矣，不得一『真個』者不止也。

龜蒙《大堤》詩：『請君留上客，容妾薦雕胡。』此『飯』雙關。富貴家聰明子弟，頗有無一好臉在前不能『吃飯』者。欲餐秀色，麗娘亦常情耳。身以細滑爲食，意以法爲食，此則柔以剛爲食，剛以柔爲食，塞以吞爲食，吞以塞爲食，寸以吐爲食，吐以寸爲食，光以潤爲食，潤以光爲食。總而言之，氣爲水母，光致潤，潤浴光。實水以氣爲食，氣以水爲食，水得氣成泡而胎結焉耳。前所云渴不擇飲者，真有以此當飯之事。《内則》：年未滿五十必御，體人情哉。中行説法，正免健幹之婦，因要『吃飯』而之他，或陽避骨肉，而陰就奴外也。觀此益覺山谷『一醉解語花，萬事若畫餅』二句之妙。

雲收雨散不重來，是『生生的了前件』。憶元人『一言半句恩情，三次兩次丁寧，萬劫千生誓盟，柳衰花謝春風，何處鶯鶯』，爲之一笑。

『沈吟想幽夢，閨思深不説』，理所必無，情所有，故深思此『一段』，故不説。

『園門洞開，殘紅滿地』，如觀已狼藉之女根而悟及自身也。

『園門洞開』，故最撩人。『最撩人春色是今年』，與《驚夢》折『恁今春關情似去年』對節而生。『關』則未洞開矣。女多憂思，則户開不閉，乃至胎墜，不得小便，竟可用油塗手，入内托正，斯洞之開極矣。惟此一『開〔一〕』字，非我出力與之批出，再過一萬年，誰知若士巧至于此。

〔一〕開，底本作『關』，據意改。

楚詞『魂要渺以淫放』，張衡賦『願得結精遠遊以自娱，飄飄神舉逞所欲，獲我所求夫何思』，真欲使上古並於當今，遐方亦爲近地。『春心』即牡丹心，『無處不飛懸』者。深深院落芳『心』小，狂情十里『飛』相燒。一片芳『心』千萬緒，人間没個安排處。即前想夢之誰邊，不可情有理無計也。

『吴蠶若有風流分，抽出新絲織綉「裙」』『東鄰女伴真嬌劣，偷解「裙」腰竟不知』。裙之關人，徒以衩耳。

觀『好處牽』語，則雖不肯失德，而尚德不尚容之語，非彼所敢知矣。

其所以『重溯』不已者，只爲『觀之不足』耳，與『賞遍亭臺也惘然』緊緊呼應，雖欲『回家閒過遣』而不能也。

陳舒：『活水春塘行遍了，虚緑摇魂天杳杳。』程村云：『似《轉情集》中語。』蓋使人觸目感心者，花之外即是『水』，以此中曾照古人影也。此『水』既屬譴喻，爲誦杜牧『當時樓下「水」，今日到何處』，盧仝『此「水」有盡時，此情無終極』四句可以一笑。安得人意常同春水『滿』乎？貫休『千場「花」下醉，一片夢中遊。游絲不綰芳魂，晚風又催弱絮』，是『水點花飛』意。

紅粧帶臉春，『買』取歸天上，何嘗『費錢』。天公年年開『花』，所以不惜『不費買花錢』，猶云自家會造之物，故不看得珍重耳。

誦『天便有情人漸老，由來真宰不宰我』句，則私自憐兮何極，『心上有怨』。

『題紅』是御溝題葉故事，無非急於欲嫁之意。徐徘《花》詩：『方鮮類「紅」粉，比素若鉛華。佳麗復隨

「花」，鮮「紅」同映水。』人只一度『紅』，心安得而不『怨』？ 不費買花錢，故聽牡丹遲開早敗。『心有題紅怨』，故欲催夜發，已且點勘也。 時有『落花點點人天癸，去多來少是紅年』句，亦切。

『何意嬋娟小立在』，不減『閒倚雕闌，自賞娉婷影。 女伴潛呼渾未省，横睇回波，纔訝紅粧並』之妙。

山妻原是消『閒』物，即謂此事爲『閒串』，未嘗不切。

時人詞『不用支開小婢』，是不怕『道咱偷閒學少年』者。

『把護春臺都猜做謊桃源』，乃認真之至語，一句掀翻《大藏》。

姜白石『萬古感心事，惆悵「垂楊」灣』，不但註出夢梅姓柳之意，即論交情，亦與元人『綉屧踏殘紅杏雨，絳裙拂散緑「楊」烟』同麗。

射蘭熏，胭脂搶，俊的是容光，煉不灰可喜心腸，愛的是臉兒紅那般模樣。 是『誰家少俊』？ 當年邢尹分男女，便合雙魂化一魂。 爲『誰家少俊』一笑。 近耶『遠』耶『來』何遲，當年兩小無嫌猜，恨不相遇。

元曲：『則見他舉止處堂堂「俊」雅，我在空便裏孜孜覷罷，他背影裏斜將眼梢抹，俺家裏酒色春無價。從來秀才每色膽天來大，險把俺小膽兒文君嚇殺，你將王侯宅眷作鶯花寨。』『少俊』真乃可惡。『那一個我見他側坐著虎熊腰』，則必有好一會分明美滿之具，而『香閨』初未知也。

水殿燈昏獨自承恩，『其間』初不『腼腆』，『今朝别有承恩處，遥被人知半日羞』，豈自『話到』亦腼腆耶。『腼腆』全因好一會分明美滿，否則不然。 娑婆國土，何獨以此又『腼腆』又必爲、又必爲又難『話』之事，而成世界，誠難索解。 單于過聽不足以自污，雖不得不『話到其間』，猶有分毫『腼腆』。 所至徵集老媪，共肆醜言，則以『話到其間』不『腼腆』爲當矣。

二句總下兩段。『捏這眼』寫從心求味，眯瞏涎臉，又樂極閉目，知察個中也。『奈煩』者聚氣滿爐，取勝無厭也。又施逞千般，做意兒要也。加一『天』字，妙，此味實出天賜耳。『嗽口』寫受樂肺腎相連，欲言而爐中受其橐籥氣，下不得上屬，惟有張口也。『酬言』者，要知彼雖捏眼，却有無限問好艷語也。『待酬言』心得所欲，口常欲笑，氣不上屬，則酬不出也。又情極處却無語，『待酬言』而其詞甚羞，欲吐終茹也。幸未全被侍兒知相狀，更嗔側耳要聆聲耳。

嚴維『衆音含笑戲，誰不點頭憐』，有『嗽這口待酬言』意。阮亭『私語好誰聞，嫦娥應羡人』，謂寫昵事不入褻語，是唐人風味。不知李白《自代内贈》『妾似井底桃，開花向君笑。安得秦吉了，爲人道寸心』，已開玉茗『肚麗娘』三字之意。則『酬言』時多，而不『酬言』時寡矣。『猶記當時叫合歡』，好處多『言』也，而今獨覆相思塊肉不成片也。

今『生』所尊親，或多『生』之『愛眷』，今『生』之『愛眷』，或多『生』所尊親，故知賢文皆形骸之論。『則道來生出現』，比『擬君古人乃並世』更妙。天生間世風情種，自有連枝比翼。一個俊梁鴻，肯付區區賣菜傭？蓋真正聰明男女，無不虛空觀想，有一意中人者。設其人而遇之覿面，則無論男女遠近，無理有理，未有不作念一生，冀合『來生』者也，故曰『則道來生出現』。

『怎便今生夢見』，猶言但夢已足，不必定真也。

初嫁之夜，全須彼此領略『生生』二字之趣。少女歸少年，光華自相得，既然『恰恰』，那管『生生』乎！

玉茗詩：『何世無仙才。』天生一代一雙人，偏教兩處消魂，天爲誰春？是『恰恰生生』四字。反面龍章鳳姿自可，而閨秀偏愛『少俊』，姝好形狀如己者，纔起親附愛。方謂之生就天生絶世佳人，力已竭矣，又生一絶美才子以配之，力固有所不足也。余曰：不然。天下未有無對者，但偏不相遇耳。有多少佳期難再，新歡無味。阿大、中郎、封胡遏末之恨正以此。『抱咱去』是最要緊事、最鄭重事、最不可思議事，奈何竟非『生就』之人也。公瑾公年近於『生就』，五官將去抑又次之。

『生就個書生，抱咱去眠』，妙。既已爲女，則自知要被人『抱眠』之物矣。既知則無不設想一可『抱』會『眠』意中之人，方與之『抱』者。無奈意雖如此，天未必爲我『生就』，今既生就，則安問遠近，安計密疎哉！想到『生就』之妙，真令『少俊』男子俱恨不化女人身，而受其『抱眠』矣。『生就』内並『好一會分明美滿』七字，亦有王修微『偏是薄情郎，夢也如真個』爲妙絶之句，非以其能暗藏『分明美滿』四字乎？況向夢兒裏咒，其何爲分明美滿，一至於是，令我不得不思也。亦猶睡情誰見之妙。既爲女子，則自知要被人睡矣，睡而無情，亦何樂乎睡哉？睡既有情，則其可憎可愛相别真不可以道里計。今我自設想之睡情，真欲擅古今所未有，但不知可有知音者見否。知音，彼亦古今所難得之人；不知音，則彼全不懂我，豈不枉哉！

『他貌融和，言談出衆，只待要乘鸞跨鳳，便是鐵石人見了也感嘆嗟呀，休道是俏心腸所事兒通達』，是『那些好不動人春意也』註解，論喻意則固指陽道之拳奇也。

『他倚』非他倚，『倚立咱』於石也。『推倒』句便可解，只半『倒』靠『石』耳。如此則『天』須斜視，故曰『敢席著地怕天』也。『捱過轉過』衹是喻側凑時，『立』看既佳，則不得不『推倒』矣。先『立』而端詳之，是真正解人語，與只圖『推倒』未嘗『立』看者，胸次霄壤也。

『玉生烟』火烝水象，是愛極境。又大動時，女根相狀如此，大有笑他雲雨暗高唐之音。幼安：『碧樹冰簟午風凉，都是好風光，説著後教人話長。』王金壇：『晝視如花更灼然，那堪惟向暗中憐。』『日暖玉生烟』，作者蓋教人以暄暖無風之日，在『日』下行事，庶幾得此相狀。若以怕天瞧見，坐失此趣，亦復不必。何也？此事原是天教人做的，況蠅交蟻合，天瞧見何嘗怒之，天之視衆生，寧異蠅蟻耶？夏日彰微遠勝燭，一刻千年猶不足。盡眼凝滑無瑕疵，却願天日恒炎曦。『試看天曲軟灣香，直欲萬世忘感傷，端嚴廣博映斷長』，天尤賴『日』天子力得妙觀察。以佛觀淫欲如蚊蚋交感，譬如兩木人，設機能摇動，追尋了無得，净淫無差别。『天』亦豈異於是。

『郎笑上高樓，誇道日頭好。儂欲下樓去，郎道今還早。風透輕羅白「玉」凉，羞暈知多少』，『怕天』耶？却愛熏香小鴨美，他長在屏帷，『天』安知不欲瞧耶？節閔太子時姚班諫曰：『内作坊或言語内出，或事狀外通。』唐河間王孝恭以平江南輔公跖賜奴婢七百。性奢豪，年五十，子晦嗣立，第起觀閣臨市區，人候日庶民禮所不及。然室家之私，不欲人窺。自肇至梧，婦人四月即入水浴，不避客舟。日本風俗，男女雜沓。安南風俗，洗浴便溺，往來坐立，男女裸體，不相回避。臺灣土番暑月男女對坐。裸體淫欲之事，父母子女略不羞避。觀元魏末北人欲安舊習，足見寄心於習，寄口於群，六根所常執爲道理。《曲禮》：『君子居他國，不求變俗』，禹適裸國，解衣而入，因之也。江魚入海，則惑失其所常。心能轉物，物物歸心，若隨物轉，即是衆生。《衛風》：『胡然而天，胡然而帝。』伯敬謂，刺宣姜淫於其子，想其巢位而姣之時，其狀猥甚。胡以儼然以小君臨人，如天如帝，如此之盛美哉？豈『天亦不瞧見』耶？乃知爲貴者諱，以其文華足以相飾也。王孌裸妻於子女之前，又『瞧見』亦不妨者。

讀此『秋千』等句，益憶楊升庵『顫巍巍一對玉弓兒，把芳心生拽』之妙，蓋顫巍巍則高[糸烏]可知，玉弓兒則去衣可知，心生拽則一對玉弓極力拉開，相距甚遠可知。又升庵有『雪皺雲鬆倩郎整，羅帳燈昏蓮瓣暝。掌中無力裊瓊枝，渴思半消殘酒醒』四句，亦妙絶。言雲鬆則足紈擦散可知，言雪皺則足紈白色可知，蓮瓣暝則齒痕難分可知，掌中則被握可知，無力裊則女癢欲止而被握甚力可知，『渴、消』則嘴含可知，酒醒則鼻吸可知。如歐陽承旨舞姬脱鞋吟之妙。『夭夭曲曲玉灣卷』，夭曲盡其弓狀，灣卷盡其横圓。翠鳥飛去天欲軟，則春酥見欲消，自然柔膩絶無矯揉之跡可知。

李白『含笑引素手』，山谷咏荔『紅裳剥盡見香肌』，皆『捎著裙花展』意。『捎』勒限也，引其自手展裙，不教引裙遮户也。其實『裙花』之展，由於麗娘股開鞋兒謎，所以慚愧也。王修微『暗忖歡情，慚愧鞋兒謎』，艷極趣極，蓋言自己不覺股亦大展，足已朝天也。

女『香』草，男人置衣則臭，女子置履則『香』，故曰：欲知女子强，轉臭得成『香』。坡有『味難名，只自知』。阮亭：『不辨何名，但聞薌澤，那堪謝氏堂前，見一段清「香」染郗郎，但恐麝臍無主任春風耳。』李于鱗：『單衫婀娜春風「香」，語「香」時透郎懷抱。』盧綸：『自拈裙帶結同心，暖處應知「香」氣深。愛捉兒夫問閒事，不知歌舞用黄金。』杜巫山詩《贈薛判官新娶寡婦》『千秋一拭淚，夢覺有餘「馨」。人生相感動，金石兩青熒』，皆謂此『幽香』也。羨門：『晚粧初覺蜂黄褪，蜂黄褪，「幽香」一滴，露珠新揾。』阮亭謂彭九是艷情專家，實用玉茗此意。一滴謂雄精回出耳，『幽』即深也，『香』即臭也，寫『分明美滿』而不及其氣味，但見相狀，猶未盡此事之妙。『好一會分明美滿，幽香不可言』十二字合成一句，真非才子不能爾也。又夾入『幽香』二字，使人不覺其褻。自唐人『滴博雲間戍，蓬婆雪外城』得來。

《大藏》：蛹有熱滑軟劣粘悶痛，味有可意味以稱情，故聲亦有可意聲。情所樂，欲即香。亦約情説：隨自識變，稱己心願，方名好香，是玉茗來處。此事謂之色，而惟此一事，聲色臭味備焉，故可好胭脂雨暖玉烟，色也。『美滿不可言』，相也。『幽香不可言』，臭也。『好一會不可言』，味也，又鼻得臭而味入口也。『分明不可言』，聲也。此一事之聲色臭味，任天下無量好聲色臭味，不與易也。況於更有謔浪之聲、舌戰之味乎？不形之形，亦有蛹趣，其識所見耳。

李白『人生飄泊百年内，直須酣暢萬古情』，欲其『滿』也。用修『琴心慵理，多病負年華』，元美『酒腸新窄，羞見意中人』，皆不『滿』之詞。夢中謂『滿』算不得，若實境正難當耳。最難言處最難忘，是『滿』。女多憂思，則户不閉，轉胞者，竟可以油塗手入内托正，天之生是使難『滿』也，實爲産人之故，而人遂不得不嫪薛之尊崇。『分明美滿』是婦道魂消處。所謂『齊心同所願，含意俱莫申』者也。千豪萬艷，事秘難書，犯古今之不韙，無非貪此『滿』字；盡古今之道術，無非助此『滿』字；極稗官家之模寫，無非描此『滿』字。欲『滿』者人之所同，或『滿』或不『滿』者，物之各異，不能隨處充『滿』，何足獻酬群心。雖昏實善，『滿』之謂歟？『不可言』三字，雖由豆蔻全含，心淺易悦，真爲檀口無言。慧心密印，經所謂初中後皆受樂者。包小説萬千言，滿則美，不滿則不美。分則明，不分則不明。滿美則分明，不滿美則不分明。滿美分明，必好一會，不滿美分明，必不好一會也。好一會滿美分明，則香不可言。不好一會滿美分明，則不香不可言矣。創巨痛深，名香實臭，言之須醜，故不可言。天中大繫縛，無過於女色，女人縛諸天，將入諸惡道。若無『好一會分明美滿』七字，雖欲縛之，恐亦不能，元人是以有『夢中尋可意種』之句也。

『興心』即捻眼奈煩。蓋此事全視『興』，將女根看平常物，即無『興』，看作至寶，即有興。故女根困醜者，不入鑒。『緊噤噤』有恨不吞嚼意，實兩臂架踠，兩掌扳肩也，不然便與下文『形現』二字不合，『形現』指男女根方妙。

李白『風流自簸蕩，謔浪偏相宜』，是『掂掂』。吕洪『時情正誇淫，匠意方雕巧』，是『做意』。柔亦不茹，剛亦不吐，爲『做意兒周旋』，一笑。『俺可也』等語，所謂心語，何可令人見也，遮莫風流心，原薄倖，故意賺情則奈何。

『照人』者，昭昭靈靈，理明如鏡也。棄位而姣，是『照人兒昏善』的解。稼軒詞『此樂誠然不可支』，殆謂是歟？『昏善』妙，餘外『昏』境，皆不『善』也。

『等閒間』便如此，亦可爲閨英闈彦爽操虧閑者少恕矣。

『提起來羞，這相思何日休』，只是『那般形現』。阮亭謂卓珂月刺淫諸詞傷雅，只是『那般形現』，相看儼然，猶是照人那般形現，是註出相看儼然，聰明男女行事，方兼圖此一句也。

《無盡意經》：入至四禪天，身得輕『軟』。心腸拽，模樣兜，美恩情萬種難學，不由師授，方爲『那般軟綿』，不但因昏善而然耳。

『撒花心的紅葉兒』，畫出女根。一心注想此處之『善』，故『昏』時見『半天』中吊下此物也。又此物生於身半以上，故以『半天』喻之。

徐士俊記醉鄉之俗大同，睡鄉之土平夷廣大，其人安恬舒適，不車不舟，不絲不穀，二鄉之外，有温柔鄉焉。其名起於漢，雖俗不盡如醉鄉，亦睡鄉之鄰郡也。其水足以潤而不洪，其山膩滑不可上。其間氣候雖寒暑各擅勝境，大約四時早暮，皆類春三月時。其重門叠閣，皆以葳蕤鎖鎖之，雖懷佘竊窺，終不可得。簇簇擁護，如堆落花，正此鄉深奥處也。芳香酷烈殊甚，但覺人間惡路岐，幾被此中蓋盡。鄰雞四號，曉月欲落，此鄉遂震動。但微視銀缸，絳帷希微，黯淡而已。得老是鄉者，惟軒轅、錢鏗、張蒼數人，其他雖帝王將相，終不能久據也。解人晝游，尤目盡其勝。别有一鄉在後，大致相似而稍不同焉，蓋從玉茗此書得來。

太白『念此杳如夢，凄然傷我情』，東坡『一歡如覆水』，又『一歡難把玩，回首了「無」在』，任爾豪雲艷雨、靈雲秀雨、昵雲嬌雨，美滿十分，香疤雖炙，收歇時皆是『這般凄凉冷落，杳無痕跡』，故曰『好不傷心』也。元才子艷詞嬌傳，空費雕蟲。高唐『夢』水流花謝，『寂寞』遺蹤，豈徒爲此地而言哉。

『没多半亭臺靠邊』，便有鶴髮雞皮之懼。

袁中郎『遠夢老難成』，况於『白日』。葉硯孫『好夢須從天外去』，除却『青天』。若元詩所云『蝴蝶夢滿東西家，萬古春歸夢不歸，眼前片片飛蝴蝶』，則誰道『「青天白日」不是夢魂』耶。『霎時間有如活現』，試作夢中觀想也，事勝趣彌濃。好色者亦只因事過之後，胸中常如『活現』，所以死而後已，其實此事不『得俄延』。

元人咏妓睡『東墻下秀英壓的黄金釧碎，陷人坑上，被兒裏直挺著塊望夫石』，可爲頑鈍如石不知痛癢物一笑。坡：『夜來春睡濃於酒，壓損佳人纏臂金。』三婦陳批：與《西厢》『檀口揾香腮』，俱别有神解。謂嚙妃唇甘如飴而不得，只得且揾香腮也。想及秦宣太后對尚子，爲之噴飯。

『怎賺騙』之後，所以咒夢。羊車去矣，幾見君王解得相思。阮亭謂夢見君王覺後疑，註疑，亦『怎賺騙』也。鄒程村『從别後，長自低巾掩袖，懊惱多情』，雖自家夫婿，亦爲『賺騙』耳。杜句：『伏枕思瓊樹，之子白玉温。』『依稀想像人兒見』，則如何瓊樹枝，夢裏看不足也？

『從此萬重青嶂，合無因，更得重回頭去』，亦『荏苒』望鄉休向晚，山影更參差。徒爾『遷延一轉』勝説一度由緩至急，急而復緩，緩而復急，以至於如搶性命之急，是曰『一轉』。『仙路無程醉是因』，又『數重雲外樹，不隔眼中人』『敢依花傍柳還重見』，亦理所有。

『眼下』二字，妙，包無限聰明。方好色者，惟其獨知『眼下心前』四字之趣。

坡公詞惟《楊花》一闋，雄奇幽艷。徐野君『好似郎蹤，猶疑妾「夢」』，亦佳。『陽臺一座登時變』，殆將灑淚和苔碧矣。推麗娘之心，直欲無晝無夜，雙描此畫，歷億萬年曾不變易。王修微『未卜此時真個』，亦連持心不忘受耳。戴石屏：『有「梅」花處惜無酒，三嗅「清香」當一杯。』董張《代寄修微》：水仙祠畔那人逢，剛認做『梅花一樹』。阮亭謂，寫草衣孤冷閒靚，可歌傳神。

『若見江魚須痛哭，腹中曾有屈原墳。』麗娘『死後葬此幸矣』，亦復如是，勝莊宗樂器焚身少許。

『天下夢緣隨處妄，世間幽恨幾人開。』龔芝麓：『繫夢管簫新殿脚，惱人風露舊宣華。』元曲：『口兒裏念，心兒裏愛，天若知道，和天也害。』『拜你個媏娥不妒色』，情之所致，不擇人，擇人情豈天真出？ 任格子森嚴，文人啾唧，星火初生，誰暇及待？ 轉語商量，換個人兒親昵，則是真情已去，假情來已，說不得呵還是當初此物。『偶然間心似繾』，所謂能言不能言之口，可解不可解之心，情不能禁，必欲遂之，意馬偏韁，殊不可訓，路昭、劉晟、高潤、蕭綜，亦不過受此害耳。 羅願云：『淫由小人不勝血氣，有不能勝則易愛爲忍。』人皆有情，未嘗不善至於害物以得之，則制度者之未審也。

經論三結：一色愛、二無色愛、三無明心。不了色界愛，不必論無色愛。如文宣褻瀆之好，遍於宗戚。魏明帝或納士妻，觸情恣欲，及惡所仇異，愛所尊親，欲淫法所不得，勢所不得者皆是。世間確有此一種，亦非好色，亦非好淫，五根中屬意根也，然未有不由『偶然間』之一『繾』者。元曲『花花草草煞曾經』『花花草草由人戀，生生死死由人願』，還出『偶然間心似繾』註脚，即老泉彼先以『死』自處其身之說。妾所以不如婢者，以非『偶然似繾』之人，又恣意中應當之欲，非觸情恣欲之謂也。加入『便酸酸楚楚也無人怨』一句，則雖與同受罪，亦所甘心，況身爲王霸無人得制之者乎？ 隋煬之『死』揚州，亦此二句。『櫻桃血寫天公疏，私乞風光續小年』，止爲有『花草』耳。李白云：『積此萬古恨，春「草」不復生。』但看春草向春生，幾見情人爲情『死』，豈其然？

『酸酸楚楚』不但蕊女遇壯夫，瀝枯虛人，腹酸肢痛悉在。大同俗以淫死者爲樂死，衆共祭之，亦因其無『怨』耶？ 謂之『香魂』，則與腥毛臭骨皆塵土者，猶稍有別。『歲華翻手又淒涼，世味令人鬢得霜』，『守』之不亦難乎？ 『擬架小層樓，望得伊家見始休』，麗娘既『望眼連天』，柳生即報以思量泉壤，聰明人於此事，真將上古遐方等諸當今近地耳。

『能知此意是，甘取衆人非』，故曰『自憐』。以其人終望不至，故自憐，至於『傷心』。李清照：『誰令妃子天上來，虢國韓國皆天才。』蓋皆能『忽忽地傷心自憐』者。

『知怎生』，不是不知，正是言得味深，『知』故『悵』且『淚』耳。又爲徒然設想，而『悵』且『淚』也，『暗懸』尤其酸楚。

『「春意盡歸」無語處，年華多似未開時』，是『春歸人面』無一言之解。『春歸人面』即『交情通體心和諧，歡情溢出芙蓉面』之謂。『整相看無一言』，似月舊臨紅粉面矣。

商隱：『花情羞脈脈，「柳」意悵微微。莫嘆佳期晚，佳期自古稀。』薛能咏『柳』：『自多情態竟誰憐？』『柳』也者，天地之柔情也。縱遠飄空，一根萬緒。化爲飛絮，尚遍房櫳。凡好色至極之人，無不帶女人情性，是女人轉世者。《題箋》直須論此耳。恒嗔緑『柳』，難繫青春，此時且不必道，『惟有詩魂消不得』，故欲『題箋』。『知我意，感君憐，此情須「問天」』，故欲『問天』。悔不與題者，彼或以我不知音，故不復入吾夢也。又『問天』者，問其何以造留如此妙事，我若『題箋』，直欲以數萬言寫出其形味也，肯以『欲説春心無所似』塞責耶？『猜頭』句自注。

『如能在公掌，的不負明眸』，尚未是悔不與題『猜頭』。

薛能：『就中難説是詩情，同有詩情自合親。』賈島：『一種春心無處托，欲寫寫殘三四遭。』又『值得吟成病，終難狀此心』，又『詩緣見徹語常新』，又『千年外始吟』。坡：『與物寡情憐我老，遺春無恨賴君詩。』

又『詩從肺腑出，出輒愁肺腑。有如黄河魚，出膏以自煮』。雖相憶事，縱巒『箋』萬叠，難寫微茫，然只將詩意思，自與夢商量。則夢中一題，亦無不可。

棠村：『造物如何，把香天粉井，劫塵埋了？』『料相思此際，濃似飛紅萬點』，皆『爲我慢歸休緩留連』意。賈島『共君今夜不須睡，未到曉鐘猶是「春」』，即慢緩亦有限矣。『賴有秋千堪送日，不然愁殺暮春天』，又不如『昨日穠華在何處，收却餘春入卷中』也。

『子規夜半猶啼血，不信春風唤不回』『已是七分春去了，何須鳥語苦相催』，是『這不如歸春暮天』，聽聽者猶云已老不如死也。王岱『無情事，多情惱，「天」自傷心「天」不語，春惟有恨春難好』，又豈惟子規乎？

『惜春雖似影横斜，到底如看夢裏花。但得冰肌親玉骨，莫將修短問韶華。』『緩歸』一句，言此事信可晝夜不厭。『觀之不足、賞遍亦惘』，移嘲男子之力不從心者，尤覺可傷。『不再到』者，徒觀尚未慊意，况未能無刻不觀，只有做夢不醒，心求此味耳。『難道我再』言情歷亂，寄意重複，有『是我送春春送我，何人意緒還相似』意。

『漢武秦皇亦可憐，只今「眠」却幾千年』，是『長眠』也。『嬌寒癡暖，只是戀衾窩』，是『短眠』也。則『挣的個』，言短眠猶謂不足，直欲繼以長眠也。世間人皆是醒好似睡，惟所願難償，所愛已死者，暄凉同寡趣，朗晦俱無理。四威儀都無是處，生人味半點無幹，反是睡時稍得安適。未罹其酷者，真信不及也。

『春風分外尖』，故『軟咍咍』。孤衾引思緒，故『報夫人穩便』。

王維「高「樓」望所思，目極情未畢。枕上見千里，窗中窺萬室」，即窺見亦無益於「獨眠」。

王建「「花」亦不知春去處」，「樓上」鏡，長帶一「枝花」影。「惟有洞房深處客，一枝夢裏四時紅。勝置好「花」安四壁，不教人道是春歸」也。

「古瓶斜插數「枝」春，此即君家勸酒人。移取堂前雙蠟燭，花邊「照」出玉精神」。若「獨眠」則精神憔悴，不足相「照」。

棠村「隻影羞人燈暗了」，「獨眠」無「照」，豈不更苦？文友：「低枝防壓鬢，遠折怕移蓮。分送鄰家姊妹，念他短命紅顏。但留一枝並蒂，自供屏前。」「照獨眠」者，是並蒂應更傷心。

李白「春風不相識，何事入羅幃」「豈無嬋娟子，結念羅帳中」。「花枝照獨眠」，真令人念「晚粧人倦嬌相向」也。文友：「和郎坐，閒坐說東家。小鴨漫燒宮裏餅，香濤滾撥雨前茶，春去且由他。」「和郎坐，粧卸玉簪斜。戲譜新詩題冊葉，輕移小盞護燈花，遲遲入帳紗。」反觀乃見「獨眠」之苦。

「只怪遊人思易忘」，笑其不知好色無連持心。「一生遺恨繫心腸」，恨所作事，多未盡興也。自得「夢」可代事之法，凡情所必窮，想所必至者，從此皆「時時」於「夢裏」與盡「春」情耳。雖一落臺詩，悉玉茗自寓其心，蓋與他作迴別。

第十三齣　訣謁

【杏花天】（生上）雖然是飽學名儒，腹中飢，峥嶸脹氣。夢魂中紫閣丹墀，猛抬頭，破屋半間而已。

蛟龍失水硯池枯，狡兔騰天筆勢孤。百事不成真畫虎，一枝難穩又驚烏。我柳夢梅在廣州學裏，也是個數一數二的秀才，捱了些數伏數九的日子。於今藏身荒圃，寄口髯奴。思之，思之，惶愧，惶愧。想起韓友之談，不如外縣傍州，尋覓活計。正是家徒四壁求楊意，樹少千頭愧木奴。老園公那裏？

【字字雙】（净扮郭駝上）前山低岔後山堆，駝背。牽弓射弩做人兒，把勢。一連十個偌來回，漏地。有時跌做綉毬兒，滚氣。

自家種樹的郭駝子是也。祖公公郭橐駝，從唐朝柳員外來柳州。我因兵亂，跟隨他二十八代玄孫柳夢梅秀才的父親，流轉到廣，又是若干年矣。賣果子回來，看秀才去。（見介）秀才，讀書辛苦。（生）園公，正待商量一事。我讀書過了廿歲，並無發迹之期。思想起來，前路多長，豈能鬱鬱居此。搬柴運水，多有勞累。園中果樹，都判與伊。聽我道來。

【桂花鎖南枝】俺有身如寄，無人似你。俺喫盡了黄淡酸甜，費你老人家澆培接植。你道俺像甚的來？鎮日裏似醉漢扶頭。甚日的和老駝伸背。自株守，教怨誰。讓荒園，你存濟。

【前腔】（净）俺橐駞風味，種園家世。（揖介）不能勾展脚伸腰，也和你鞠躬盡力。秀才，你貼了俺果園，那裏去？（生）坐食三餐，不如走空一棍。（净）怎生叫做一棍。（生）混名打秋風呢！（净）咳，你費工夫去撞府穿州，不如依本分登科及第。（生）你説打秋風不好，茂陵劉郎秋風客，到大來做了皇帝。（净）秀才，不要攀今吊古的。你待秋風，誰道你滕王閣風順隨，則咱魯顔碑響雷碎。

（生）俺干謁之興甚濃，休的阻當。（净）也整理些衣服去。

【尾聲】把破衫衿徹骨搥挑洗。（生）學干謁黄門一布衣。（净）秀才，則要你衣錦還鄉俺還見的你。

此身飄泊苦西東。杜甫　笑指生涯樹樹紅。陸龜蒙
欲盡出遊那可得。武元衡　秋風還不及春風。王建

第十三齣《訣謁》批語

『崢嶸脹氣』喻男根，『紫閣丹墀』喻女根，『破屋』喻袴亦得。『硯池』喻女根，『蛟龍筆勢』喻男根。『數一數二』四字又喻其事，真乃妙絶。『荒圃』猶破屋意。『鬍奴』喻豪，『楊』字代陽。『樹少干頭』即放翁『何方可化身千億』之恨。『前山低窊』非男根而何？『弓弩』喻男根能作伸屈之勢，屢伸屈而不『漏』，則挺末如『毬』矣。『果子』即青梅意，『前路』喻女根，『柴』喻男根如筋一束。『有身如寄』，男根妙喻。『黄淡酸甜栽培接植』，俱指女根。『伸皆』喻男根。『株守』株字猶木客意。『園』喻女根。『展脚伸腰』須陽壯時，否則『鞠躬盡力』亦無益也。『走空一棍』男根妙號，取譬真有神助，然元人已有『新油來的紅悶棍，恰掘下陷人坑』句。『秋風』之秋代湫。『風順』喻女事。『嚮碎』嘲女道，『阻當』亦然。『破衫衿』喻男根皮，『布衣』同。『錦』代緊，『鄉』代香。『苦西東』嘲男根小而女根大。『欲遊那得』同意。

『雖然是飽學名儒，腹中飢』，所謂『飢』人難療以錦綉也。張球獻許公：『近日厨中乏短供，兒童啼哭飯籮空。内人低語向兒道，爺有新詩謁相公』，却不道『主人被酒渾忘却，客裏誰知忍餓難』。齊武弟阿五名後堂山曰：『首陽蓋怨貧薄也。』道脱衣與乞兒曰：『我與若亦何異？』南齊廢帝見錢曰：『昔思汝一個不得，今日得用汝未？』『名儒』他日惟有痛喫飯耳。濟陽江淹素能飲啖，十三採樵得貂蟬，將鬻之，其母曰：『汝才如此，豈長貧賤，可留待爲侍中時著之。』至齊明帝時，果爲侍中，入梁封侯，此並飲啖俱艱，益覺可嘆。宋衛將軍謝莊父密繼與叔父晉駙馬混，累世資重，聞兄臧否人物，每亂以他語。居身不華，而飲食盡其豐美，上每就之求食。彼何人斯？若高氏漸强，北魏諸王莫復圖全，惟恣飲啖，三日一羊，五日一犢，則飽不如飢也。惟北齊崔㥄子瞻在臺使宅，送食備極珍羞。裴御史者，伺攜箸往，飲啖恣情。瞻曰：『遂能不拘小節，君定是名士。』頗有致。宋劉裕佐命，劉穆之性奢豪，食必方丈，内外諮禀盈階滿室，亦可作『脹氣名儒』羯鼓。

『妙語嚼芳鮮』，『飢』亦小事，何至『氣脹』。

白：『未會悠悠上天意，惜將富貴與何人？』『高車大馬滿長安，舉目那能不惆悵。』智可以摧天下者，名不出一家，是『峥嶸脹氣』。脹且『峥嶸』，則非逐無聲之臭而飽無味之膻者所能望其項背矣。

南齊武帝第八子子隆，素充肥，服芦菔丸以自消損，猶無益，若『名儒脹氣』更不對症。《東坡年譜》：廿二得第，三十四徐州還朝，爲王詵寫《蓮花經》，三十七通判杭州，三十八監試科場，三十九納朝雲，四十一作《表忠觀碑》，四十七在黄州始號東坡，遊赤壁，四十九除起居舍人，五十四除龍圖閣學士，五十六除翰林承旨，五十七知揚州，以兵部尚書召。五十八任端明殿侍讀學士，貶寧邊州節度副使惠州安置。六十二責瓊州别駕，遇老饁婦曰：『内翰昔日富貴，一場春「夢」。』遂呼爲春夢婆。六十六，徽宗元年大赦，始歸，次年卒於常州。《唐書》：王伾，杭州人，迯陋無大志，初爲太子侍書，山陰王叔文得伾至翰林院，尤通天下路謝。爲大匱竅以受珍，使不可出，則寢其上，資以飴妻子，順宗時貶死。『夢魂』中可占其志。枝山雖坐紫薇花底，只似黄粱『夢』裏言，從來天上游俱『夢』也。于慎行《筆麈》：悟性者陽『魂』之精，記性者陰魄之精。邵康節子伯温嘗『夢』至殿廷，望殿上女主也。明年唱名，乃宣仁曹太后垂簾，是『夢魂紫閣』實據。袁中郎『甕中呼小玉，「夢」裏拜荆卿。』文友作《天上宫詞》曰：『新寓人間，故鄉天上，我「夢」恰纔歸去。多慮多慮，天上修文，除我更無佳句。』心情又别。惟刺史大福而爲厠死大腹之應者，驚戒世人『夢魂』不淺。

『猛抬頭』，如夢忽醒之意。

『寂寞空字中，了無一可説』，『破屋半間而已』，只堪空壁掃秋蛇耳。『寂寂寥寥揚子居，年年歲歲一床書』，猶勝於是。幼安：『若有人來，只教童道者，屋主人今自居。休羨彼有摇金寶轡，織翠華裾。』若『半間而已』，居大不易，讀至此句，令人憶眉州陳希亮子慥，隱光黄間，用財如糞土，妻子奴婢皆有自得之意也。

王金壇：『染鬚耆艾窺鄰艷，露肘儒酸炫族公。終是貴人能解事，白樓亭院換青紅。』蓋『紫閣丹墀』久横胸中耳。其嘗取『若非天上神仙宅，定是人間將相家』爲富民堂聯，以易我『破屋半間，却又不與』。惟『青山青草裏，一笛一蓑衣』者，並『破屋半間』不要，勝漢末汝南陳蕃庭宇蕪穢，曰『丈夫當掃除天下，安事一室』，智短心長者十倍。

《夷堅志》：『乾道初，内侍陳源居在秘書省東，有閩士獻書曰：「宅西正是三館，措大羨人富貴，於心常以弗堪，或能害我。」』正畏其『猛抬頭』耳。如漢劉馥在京，居中常侍王忠故宅，曰『吾有先人敝廬，何爲於此』，則是矣。齊中書令高澄長子少瑜與武成同年，體至肥大，十行俱下，嘗於第中作水堂，貴賤慕學，處處營造，則學者可笑也。謝晦爲領軍，宋武使其弟瞻居晋南郡公主故第，謝莊子朏詣梁武帝曰：『子陵遂能屈志以爲侍中尚書令。』固辭不許，敕材官起府於舊宅，梁南陽守汝陰賀革以買主第爲宅，免遇各不同。

博陵李德林以書檄佐隋文，常令自選一好宅並莊房。隋取陳，以高熲爲元助長史，陳平進齊國公，後賜行宫一所爲莊舍。張衡，隋煬晋邸臣，幸榆林，還至太原曰：『朕欲至公宅，可爲朕作主人也。』衡馳還，與宗族設牛酒。帝上太行，開直道九十里，抵其宅，賜以宅傍田三十頃。後爲楊玄感所劾，鎖詣江都卒，反不如『破屋而已』。時惟安康李遷哲，世爲山南豪族，父仕梁周，將徇山南，哲遂降，封縣伯。周文以其信著本州，除本州刺史。天和初鎮襄陽，厚自奉養，妾媵至有百數，男女六十九人。緣漢千餘里，第宅相次，姬媵有子者，分主之。各有僮僕侍婢閽人守護，鳴笳導從，往來其間，歡讌盡生平之樂，爵安康郡公，古今無有其偶，較之蔡瑁更勝。宋劉袛子業，時奔魏尚主，後爲齊募，命鎮彭城，還處故居，亦佳。

《後漢·李通傳》：『世以貨殖著姓，且居家富逸，爲閭里雄〔一〕，以此不樂爲吏』。屋佳者，雖『紫閣丹墀』不『夢』。而梁中書令剡人徐勉曰：『此逆旅耳，何事須華。』惟釋氏之教，以財爲外命。既已瞢之，宜使成立，但勿學石崇爲荆州刺史劫商致富可矣。

王衍妻郭，賈后母黨，衍疾郭之貪鄙，口不言錢。郭令婢以錢繞床，衍起見之，曰：『舉却阿堵物。』衍弟澄，年十四，諫郭貪鄙，郭曰：『夫人以小郎屬新婦，不以新婦屬小郎。』捉衣裾與杖。澄固勇力絶人，爲敦所忌，後爲青州刺史者，總因未喻『腹中飢，破屋半間而已』之苦故。又元曲：『鏡中兩鬢皤然矣，心頭一點愁而已。』

〔一〕雄，底本作『碓』，據意改。

漢末激揚名教，互相題拂，品覈公卿，裁量執政。太學生三萬人，郭林宗、賈偉節爲之冠，更相褒重。後雖禁錮，而海内希風之流，遂共相標榜，指天下名士，爲之署號。陳留高氏蔡氏，並皆富殖，群人畏而事之，惟夏馥比門不與交通，由是聲名爲中官所憚，捕爲黨魁，賴變姓名以免。獨郭林宗辟命並不應，而不爲危言覈論，故宦官不能傷，然年僅四十二。其論曰：『墻高基下，雖得必失。』林宗始入京時，人莫識，李膺弟子符融，一見嘆服，介於李膺。膺時爲河南尹，於是林宗名震京師。時漢中晋文經、梁國黄子艾，並恃其才智，炫耀上京，卧托養疾，無所通接。洛中士大夫好事者，承其聲名，坐門問疾，猶不得見。融察非其真，請膺察之，二人遂逃去。雖住『破屋』，幸而不『飢』，遂作『狡鬼騰天』計。終於『失水硯池枯』，適爲蓼兒洼混江『龍』輩所笑。柳生超然，何至於此。

齊領軍彭城劉悛，閨房賓客供費奢廣，作金浴甕，妹女皆王妃。《宋史》：蒲宗孟閬州人，與東坡交，性侈汰，每夜然燭三百，有小濯足、大濯足，每用婢子數人。唐相段文昌，以金盤濯足，曰『聊以酬平生不足耳』。如此則『數九』也好，『數伏』也好。

北齊後主，以鄴清風園賜穆提婆，租賃之，於是官遂無菜，賒買於人。北魏甄深論鹽池不當禁，文甚佳。免官後專事産業，躬親農圃，時以鷹犬馳逐自娱。陳留裴知略身長九尺，自齊奔周，爲隋司農，凡所種植，别有條制，出人意表。性頗豪侈，食前方丈，荒園中亦可見經濟，不必飢腹乃始『寄身』。東晋刁氏三世刺史，兄弟子姪並以貨殖爲務，有田萬頃，奴婢數千人，劉裕時乃滅。周處次子禮，在會稽，貪財好色，惟以業産爲務，則可鄙。尚書令郗嶠家産豐富，擬於王者，反吝於數，李武子恃帝婿，乘其入直，率人往斫之，亦一快。

《唐書》：薪蕬國，家資億萬者，爲上官。新羅宰相家，僮奴三千人。嘗讀《晋史·陶侃傳》，最快意，謂晋代惟祖逖與侃兩人。侃極貴後，媵妾數十，家僮千人，有男十七，似此才命雙全，不枉人生一世。北魏平文后廣寧王建祖姑，生昭成帝，故建尚公主，從破衛辰，賜僮隸五千户。然魏時貴種，黜爲門卒者，甚多窮，討赫連昌時，奚斤糧竭馬死，使負酒食，從駕還京以辱之。然宋州平，賜僮隸七千户，斤有數十婦。宋彭城王義康私置僮六千餘人，高歡后弟婁昭家僮千人，姪叡縱情財色。洛陽房漢爲高歡丞相長史，賜其奴婢，多免放，歡後賜生口多黥面爲『房』字而付之。宇文周時，安定梁睿以功臣子養宫中，後平蜀功賜奴婢一千口。突厥破賀金城，虜渾王妻子，遺周將建康史寧奴婢百口，子雄〔一〕尚周文女。孝閔時，寧刺荆州，頗自奢縱。于謹平梁江陵，周文賞奴婢千口。隋北海段文振平越嶲蠻，賜奴婢千口。新野來護兒從楊素平浙賊高智慧，賜奴婢百人。後從宇文述破楊玄感，復賜奴婢百人。廬江樊子蓋以平玄感，賜女樂五十人。汝南周法尚仕周爲岷州刺史，司馬消難圍之，棄城走，消難虜其家三百歸。隋文幸洛，召之，賜奴婢三百口，給鼓吹一部。楊惜族子素入隋，特獻平陳策，諸子無汗馬勞，皆柱國。家僮數千，宅擬宫禁，邸店、水碓遍諸方。京兆王韶爲隋晋王行臺僕射，陳平，賜奴婢三百口，後卒，文帝命爲起宅，泣曰：『子相在，言甚多，吾每披尋未嘗釋手，寵章未極，舍我而死乎。往者何用宅爲，但以表我深心耳』。『思之思之，惶愧惶愧』，

〔一〕雄，底本作『碓』，據意改。

蓋以胸中曾有諸人耳。

會稽夏統市藥於洛，會上巳，王公並至，士女駢填。賈充將耀以文武鹵簿，遂令建朱旗舉幡校，分羽騎爲隊，軍伍肅然。須臾鼓吹亂作，胡笳長鳴，又使妓女之徒，服袿襹，炫金翠，繞其船三匝，統危坐如故。充等各散曰：『此吴兒是木人石心也。』『思之惶愧』，殊復不是。

《南史·隱逸傳》曰：『夫獨往之人，皆禀偏性，不能借譽姻遊。』若『時』來逢見信之主，豈其放於江海？不得已而然故也。

晋安定皇甫謐曰：『田里之中，亦可以樂，何必崇接世利，鞅掌官事，然後爲名哉。』人之所至惜者，命也。道之所必全者，形也。况吾之弱疾乎？散意於樂妙之門，人謂書淫。晋武詔曰：『男子皇甫謐其以補司隸校尉不應，令我景仰。』稽康謂神仙不可學，導養得理，則彭祖之倫可及。《與山濤書》言：『聞道於遺言，意甚信之，一行作吏，此事便廢，安能捨其所樂而從其所懼耶？今但欲守陋巷，時時與親友叙闊，志意畢矣。』然康實與魏宗室婚，或以避嫌。嘗擬上古以來高士，爲之傳贊，欲友其人於千載也。若只『破屋半間』亦不能然。潘岳從子尼著《安身論》，言：『求者，利病之機也；行者，安危之决也。定其交而後求，篤其志而後行，定交而不求益，故交立而益厚。行則由乎不争之途，貌若無能，志若不及，慮退所以能進，不求重於人而人敬焉。有欲者，天下共争之，無欲者，天下共推之。然棄本要末之徒、知進忘退之士，莫不飾才鋭智，抽鋒擢穎，傾倒乎勢利之交，馳騁乎當途之務焉。』杜預父恕言：『用不盡，其人雖才且無益。』又言：『先意承旨，以求容美，率皆天下淺薄無行誼者。』而陳留阮武謂恕，器能可以至大官，而求之不順。韓友之談，不知曾及此否。

放翁：『平生謾忽王公貴，俯仰鄉鄰更可憐。』吴興沈約高祖警，謝安命爲參軍，以内足於財，無仕進意，謝病歸娱。約爲梁侍中僕射尚書令，於政得失，唯唯而已。又宗人沈預，家甚强富，志相陷滅。後劉裕至吴興，其孫田子隨之，去同義師，功還執仇，無男女少長，悉屠之。即後佐義真鎮關中，計誅王猛子鎮惡者。九泉相逢，誰當『惶愧』。

『樹可千頭』可與『兔尻九孔』對看。梁武云：北方高凉四十强仕，南方卑濕三十已衰。曹州李勣家富多僮僕，年十七往説翟讓。魏州郭震爲尉，掠賣部中口千人以餉賓客。武后召詣，竟以《古劍篇》受知，驟任凉州都督。然宋中書令王僧達孫融嘗路搥車壁曰：『車前豈可無八騶？』中丞沈約彈其揚眉闊步，被罪，詔有『謂己才流，無所推下』語。『發迹』固不可期，况柳生既無僮僕，難餉賓客者乎！

高適：『君不見富家翁，昔時貧賤誰比數？一朝金多結豪貴，百事勝人健於虎。子孫成行滿眼前，妻有珍珠妾能舞。自矜一身忽如此，却笑旁人獨愁苦。』元曲：『投托可運未來，枉了狂圖，我左右來無一個去處。天也，則索閣落裏韞櫝藏諸』，『這壁厢攔住賢路，那壁厢擋住仕途，枉了短檠三尺挑殘雨，好不值錢者也之乎』，『這廝蠢則蠢家豪富，他腆著胸脯』，皆『讀書辛苦』人所作。

彭城劉彦之，以劉裕鄉里與義師功，其孫擕資籍豪富，厚自奉養。與齊武同從宋明出郊，渴倦，得早青瓜，對剖食之。齊武常遊擕家，懷其舊德。未『發迹』時一絲存注，皆所感念，不但『搬柴運水』也。

晋僕射劉毅曰：『今之中正，歸正於所不服，天下安得不解德行而鋭人事。凡官不同事，各得其能斯可矣。』梁武時詔置州望群宗鄉豪各一人，專掌搜薦，『鬱鬱居此』者，或減一二。

高適：『門外列車騎。』『談笑正得意。豈論草澤中，有此枯槁士。』『市魁乘意氣，凌出衣冠上。』士夫嗛退者，不爲閭巷所尊禮，讀『有身如寄』一句，神悄意孤，頓有酸風吹扉，淡日照林之象。只此悲凉，已足頓送性命矣。『無人似你』尤可憐。人生難得是相知相守，北則有未必知我而終守我。如蒼頭青衣，彼於主人，則豈解其眼光看何處，心頭抱何事者。『喫盡了黄淡』，猶勝似當家尊嫂，惡恩養劣兄嚴一輩。

《唐書》楊牧自謂：『素後既同中書，遂爲奢侈。』同時路岩年三十六，相懿宗，亦奢肆不法，爲『醉駝伸背』一笑。

魏州魏徵棄家産不營，通貫書術，隋亂，詭爲道士。嘗爲人作書與李密，密見稱善，促召之。嘗謂密曰：『今驍將鋭士，死傷略盡，又府無現財，戰勝不賞，此二者不可以戰。』况柳僅『讓荒園』，天下偏是林邊樹下，人心中眼中，有坐致太平之全策。然吾廬何在，數間茅屋，雞豚落日，不脱田家趣。客來茶罷，自挑野菜同煮。多少邯鄲新夢破，零落珠歌翠舞，得似衰翁籬下，長作溪山主，則『荒園存濟』頗有『幾世傳高卧，全家在一林』之趣。『讓』之則『主人貪貴達，清境屬鄰家』矣。

坡翁、放翁能取眼前人物，自成勝寄，玉茗亦爾。『不能自展脚伸腰，也和你鞠躬盡力』，取譬卑官，亦復確當。却裝清卷謁清賢固妙，然坡門尚有高述、潘岐，以其人品平平，不得與秦、黄、晁、張同稱。今人不能自樹，徒知扳附勝流，竟何益耶。等名『走空一棍』而已。

嘗聞之，揣情者必以其甚喜之時，往而極其欲也；必以其極懼之時，往而極其惡也。因其疑以變之，因其見以然之，有就之不用而去之。反求者挑其事，非吾不任；與之疑，非吾不决，則彼之從我，若針之於磁，應是『走空一棍』祖師。顧既出於機心之發，則不難如《論衡》所云『譽而危之，厚而害之』矣。

葛仙曰『洪尤疾馳逐苟達，或慕非義之奸利，内以誇妻妾，外以炫交遊』者，亦漢貢禹之意。『費工夫不依本分』，蓋亦風氣使然。

元時，衍聖公子與其族争求襲爵，訟於藩邸，世祖曰：『第往力學，我則與之。』夫力學，固孔氏之『本分』也。惟是晋張載言『世亂則奇用』，及其無事，牛驥共牢，利鈍齊列，則『危邦自謂多麟鳳，肯把王綱取釣翁』。譬如傾國人，埋没在鄉縣。頓覺諸暨阮，僕從皆受位。捉車中郎將，把馬員外郎，一洗『依本分登科及第』之欝矣。

《抱朴》：『且人之未易知也，雖父兄不必盡子弟也。』劉子：『淺美揚露，則以爲異；深明沈漠，則以爲虚。名由衆退，而實從事彰，故良材萬不一遇也。中材之人，於見瞻者求可稱而譽之，見援者闡小美而大之。彼欲施而無財，欲援而無勢者，遂不得行成名立。』詩云：『澡身濁井泉，沐髮渾水溝。本欲求光澤，翻貽七尺羞。所以濯足者，須乘萬里流。』『費工夫撞府穿州』，誠爲無濟。

陳留阮籍將開模以範俗，若良運未叶，則騰精抗世，邈世高超。《抱朴》：『鸞鳳競粒於庭場，則受褻於雞鶩。龍麟雜厠於芻豢，則見黷於六牲。珠不爲莫求而虧其質，以苟且於賤賈。鼎不爲委淪而輕其體，以見舉於侏儒。藏智以待天年之盡，名不出户，不能憂也。安能遍於仕類，俯仰於其所，不喜修飾，於其所棄遺哉。』義山待恐不得識其面，恐不得讀其書，然後乃出。『依本分』極相應，『登科第』必亦徒爾。

盧仝：『低頭雖有地，仰面却無天。』『不要扳今』極是。冷烟衰草，前朝宫闕，長安道上，行人依舊。名深利切，『不要吊古』却非。

《玄觀手抄》：謝霜回有靈檀几，隨意所欲，文字輒形。故道經云：『世有靈檀，則百事可圖。』不然即『風順』都不知之。

魏昭成五世孫元景安歸高齊，請姓高氏。曰：『丈夫寧可玉「碎」，不能瓦全。』替他『碎』得可憐。

明明壯年，反决意自廢，逮於垂老，又漫爾出遊，高才人以身世爲兒戲，真有如是之事，無處不迸眼淚也。柳生二十，『興濃』猶是時調，元人曲『做不的孟嘗君一隻脚』。盧思道《勞生論》：『撝謙之風，縉紳不嗣。』『若以鳴爲德，鸞凰不及雞。順風激靡草，富貴者稱賢。侯門豈無酒，王門豈無肉，主人貴且驕，待客體不足。擊石易出火，叩人難動心。今日朱門者，曾恨朱門深。朱門只見朱門事，獨把孤寒向阿誰？早知世事哀如此，自是孤寒不合來。秦中豪寵争出群，渭上釣人何足云。只今市駿憑毛色，騄駬驊騮笑殺人。風塵之士深可親，心如雞犬能依人。貴人之意不可測，等閑桃李成荆棘。』所親則飾其短，所疎則削其長。憐才如春風，拂面便消，忌才如嚴霜，一寒透骨。尤可痛者，陰用其策，而陽棄其身。如高歡妻長娣次子段孝言，以侍中監作城北，都下典作者，悉膝行跪伏稱觴。爲僕射，富商大賈，多被銓擢。將作丞崔丞曰：『天下尚書，豈段家尚書也！』言無辭對，惟厲色遣下。然賓館多留草萊名士，良辰美景，未嘗虚棄，尤好女色，與諸淫嫗密邇。較《唐書》杜佑，節度嶺南，爲開大衢，疏析廛閈。所言今藩鎮如田悦輩，惟軍士是恤，遇士人如奴，能差幾許！豈復有羊叔子云：『使知勝臣者多而未達者不少也。』『干謁興濃』，得無坡翁所云『爲世間高人長者所笑』。

晋尚書郎夏侯湛與潘岳，號連璧。母羊氏有五妹，性頗豪侈。侯『服』玉食。爾朱榮子文略既以妹魏后，寵於高歡，遺令恕十死。高洋時，嘗邀齊諸王至宅，諸王共假聚寶物以邀之，文略弊衣至，從奴五十人，皆駿馬侯『服』。平秦王有七百里馬，略敵以好婢，賭得之。乃世間又有秀才所整之『衣服』。太和八年，進士多貧者，有乞兒還，有『大通年三十，三人碗杖全』語，『整理』殺亦不凶。

王次回句：『謝娘衵服經三浣，一味濃芬似舊時。』若『破衣衿』即『徹骨搥洗』，終是酸污氣。北魏肅宗時，王忠者，性好衣服，著紅羅繻綉作領，帝曰：『朝廷服有常式，何爲著百戲衣？』曰：『臣少來所好，情在綺羅。』帝曰：『人之無良，一至此乎！』『破衫衿』中，亦復無良頗有。

《析津日記》：『燕人少思慮，多輕薄。』元詩：『天涯奔走成何事，輸與寒窗抱膝吟。人間那有延年術，只羡田廬自在身。』青衫已是人遲暮，還禁得『學干謁鬢門一布衣』耶！

『丈人立身貴不朽，陟要階華亦何有』，不過圖『還鄉時一衣錦』耳。王季重擬於津口作二亭，一曰『錦旋』，一曰『生還』，蓋警之也。然李賢與李遠並周信臣，周文以賢子爲平高太守，遠子爲平高州令，並加鼓吹，牧宰鄉里。宇文護謂令狐整曰：『朝廷藉公委任，然公一門之内，應有「衣錦」之榮。』乃以其弟爲本州太守。周蘇綽從兄亮臣爲岐州刺史，本州也，特給鼓吹，光還其宅，並給騎士三千，列羽儀，遊鄉党，經過故人，歡飲旬日，然後入州。如此『還鄉』，差亦不惡。周韋孝寬子爲隋京兆尹，帝戲曰：『卿當不以富貴威福鄉里耶？』曰：『陛下擢臣非分，竊謂已鑒愚誠，今奉嚴旨，便似未照丹赤。』帝大笑。古多爲本州者，只須論其人耳。北魏衛國董徵教孝武書，累安州刺史，人稱仗節還家，尤其僥倖。

『欲盡出遊』者，欲將此春腸，遍置前千古、後萬年、横四海之《牡丹亭》，一一借姓與青山也。然東坡有云：『青山有何好？』又：『脚力盡時山更好，莫將有限趁無窮。』以贈好色人尤當。

第十四齣　寫真

【破齊陣】（旦上）徑曲夢迴人杳，閨深珮冷魂銷。似霧濛花，如雲漏月，一點幽情動早。（貼上）怕待尋芳迷翠蝶，倦起臨妝聽伯勞。春歸紅袖招。

〔醉桃源〕（旦）不經人事意相關，牡丹亭夢殘。（貼）斷腸春色在眉彎，倩誰臨遠山。（旦）排恨疊，怯衣單，花枝紅淚彈。（合）蜀妝晴雨畫來難，高唐雲影間。（貼）小姐，你自花園遊後，寢食悠悠，敢爲春傷，頓成消瘦。春香愚不諫賢，那花園以後再不可行走了。（旦）你怎知就裏？這是春夢暗隨三月景，曉寒瘦減一分花。

【刷子序犯】春歸恁寒峭，都來幾日，意懶心喬，竟妝成熏香，獨坐無聊。逍遥，怎剗盡助愁芳草，甚法兒點活心苗。真情强笑，爲誰嬌。淚花兒打迸著夢魂飄。

【朱奴兒犯】（貼）小姐，你熱性兒怎不冰著，冷淚兒幾曾乾燥。這兩度春遊忒分曉，是禁不的燕抄鶯鬧。你自窨約，敢夫人見焦。再愁煩，十分容貌怕不上九分瞧。

（旦作驚介）咳，聽春香言語，俺麗娘瘦到九分九了。俺且鏡前一照，委是如何。（照鏡悲介）哎也，俺往日艷冶輕盈，奈何一瘦至此。若不趁此時自行描畫，流在人間，一旦無常，誰知西蜀杜麗娘有如此之美貌乎？春香，取素絹丹青，待我描畫。（貼下取絹筆上）三分春色描來易，一段傷心畫出難。絹幅丹青，俱已齊備。（旦泣介）杜麗娘二八春容，怎生便是杜麗娘自手生描也呵？

【普天樂】這些時把少年人如花貌，不多時憔悴了。不因他福分難消，可甚的紅顏易老。論人間絕色偏不少，等把風光丟抹早。打滅起離魂舍欲火三焦，擺列著昭容閣文房四寶，待畫出西子湖眉月雙高。

【鴈過聲】（照鏡嘆介）輕綃，把鏡兒擘掠。筆花尖淡掃輕描。影兒呵，和你細評度，你腮斗兒恁喜謔，則待注櫻桃，染柳條，渲雲鬟烟靄飄蕭；眉梢青未了，個中人全在秋波妙，可可的淡春山鈿翠小。

【傾杯序】（貼）宜笑，淡東風立細腰，又似被春愁著。（旦）謝半點江山，三分門戶，一種人才，小小行樂，撚青梅閒廝調。倚湖山夢曉，對垂楊風裊。忑苗條，斜添他幾葉翠芭蕉。

春香，橙起來，可廝像也。

【玉芙蓉】（貼）丹青女易描，真色人難學。似空花水月，影兒相照。（旦喜介）畫的來可愛人也。咳，情知畫到中間好，再有似生成別樣嬌。（貼）只少個姐夫在身傍，若是因緣早，把風流婿招。少什麼美夫妻圖畫在碧雲高。

（旦）春香，咱不瞞你，花園遊玩之時，咱也有個人兒。（貼驚介）小姐，怎的有這等方便呵？（旦）夢哩！

【山桃犯】有一箇曾同笑，待想像生描著。再消詳邈入其中妙。則女孩家怕漏泄風情稿。這春容呵。似孤秋片月離雲嶠。甚蟾宮貴客，傍的雲霄。

春香，記起來了。那夢裏書生曾折柳一枝贈我。此莫非他日所適之夫姓柳乎？故有此先兆耳。偶成一詩，暗藏春色，題於幀首之上何如？（貼）却好。（旦題吟介）近睹分明似儼然，遠觀自在若飛仙。他年得傍蟾宮客，不是梅邊是柳邊。（放筆嘆介）春香，也有古今美女，早嫁了丈夫相愛，替他描模畫樣，也有美人自家寫照，寄與情人。似我杜麗娘寄誰呵？

【尾犯序】心喜轉心焦。喜的明妝儼雅，仙珮飄颻。則怕呵，把俺年深色淺，當了個金屋藏嬌。虛勞，寄春容教誰淚落，做真真無人喚叫。（淚介）堪愁夭，精神出現留與後人標。

春香，悄悄喚那花郎分付他。（貼叫介）（丑扮花郎上）秦宮一生花裏活，崔徽不似卷中人。小姐有何分付？（旦）這一幅行樂圖，向行家裱去，叫人家收拾好些。

【鮑老催】這本色人兒妙，助美的誰家裱。要練花綃簾兒瑩、邊闌小。教他有人問著休胡嘌。日炙風吹懸襯的好，怕好物不堅牢。把咱巧丹青休涴了。

（丑）小姐，裱完了，安奉在那裏？

【尾聲】（旦）儘香閨賞玩無人到。（貼）這形模則合掛巫山廟。（合）又怕爲雨爲雲飛去了。

眼前珠翠與心違。崔道融　却向花前痛哭歸。韋莊

好寫妖嬈與教看。羅虬　令人評跋畫楊妃。韓偓

第十四齣 《寫真》批語

「徑曲」確是女根，「珮」喻内中花片，「冷」因事畢之故。「月」喻女根外貌，「雲」喻内花，「月漏」則雲見也，二句麗絶。「一點」喻水，「翠蝶」並豪喻之，尤麗絶。「伯勞」作入聲字讀，取音不取義。「春歸」喻男根出，「紅袖」喻女根邊闌，「相鬬」喻兩扉相搭，「眉」亦喻毫。「斷腸」句，喻男根已出，則見翠豪也。「叠」喻女根兩扉之皮，「衣單」喻兩扉單薄不肥，則怯受拳奇之物也。「花」喻女根，「紅」喻女根血。「蜀粧」川字，三分處也。「晴雨」猶乾濕，言三分易畫所難畫者，分乾與濕耳。「高唐」喻深處，「雲影」言深處之雲僅得窺其影也。「春傷頓瘦」又嘲女根。「春歸寒峭」反襯行事時之熱鬧。「芳草」喻豪，見其漸長而花未得開，則益愁矣，故曰「助愁」，而欲「剗」之。「真情强笑」喻情動則扉張，「熱性」易知，「冷淚」是不行事時水。「燕抄鶯鬧」喻其形聲，「窨約」喻言夾住。「十分」即《水滸》十字坡意。「趁此時畫」，喻女根老瘦則難看也。「一旦無常誰知如此」爲普天下老瘦女根太息，亦爲萬古以來老瘦女根吐氣。「三分」喻女根，「一段」喻男根，「一段傷心畫出難」言二根已合，則其狀不可得畫也。「自手生描」喻以指摸。看此批本《牡丹亭》，豈不勝看仇、唐名手所畫春圖耶？ 女根老瘦，却謂因由男根「無福」，亦極有理。「風」喻其動，「光」喻挺末，「抹」者「丢」去，男根則須「抹」浄。「離魂」喻其兩扉，「四寶」即八寶意，一邊兩層則爲四寶也。 男根既入，則女根狀如西字，故曰「西子湖」。「月」喻女根，「眉」喻豪，此物以稍「高」爲入格，又高乃墳起之意。「鐘」喻女根合時，『擘掠』二字妙甚，『筆花尖』喻男根，『腮斗』喻兩輔壯美。『柳條』喻男根，『渲雲鬟』喻毛上滲水，『個中人』喻男根在內。『秋波』作湫波解。毛『翠』以淡爲妙，極是。『三分門户』前已註明。『一種人才』，種字讀作去聲，此物只有種人之一能，故曰一種人才。『小小行樂』言愈小愈可爲行樂之具也。『青梅』喻男挺末，『撚閒廝調』妙甚，頗可把玩，不必遽用也。又以指撚凑，令其易進也。『垂楊』喻未舉時，『忒苗條』嘲嫌男根之小也。『芭蕉』喻女根兩扉，又寸心長得展意。『翠』仍喻豪，『真色人難學』言看肉比看畫固迥勝。『空花水月』四字，女根妙贊。『中間好』，妙。外雖極好而中更好也。讀『再有似』句，令人作驢兒馬子决驟。『美夫妻圖在』即春圖也。『碧』字喻毫，又『碧』以代逼，作逼『雲高』解亦得。『邈入其中』喻男精。『片月離雲』喻已破之女根，甚爲切當。圓看成『月』，側成『片』也。『蟾』喻女根外狀，『宫』及『雲霄』喻其深處且嘲之也。『飛』喻兩扉。『替他描模畫樣』，臨川若士是也。『心喜轉心焦』，喻事後轉乾。『年深色淺』，二根確然。『真真』之第一真字，亦以代筋言。『無人』知我此喻，能遂『唤叫』其名也。少時女根不瘦，亦『精神出現』耳，四字真正才子方能道破。『卷』喻女根形，『本色人兒妙』言與其畫崔徽全身，不如但畫此処也。『練花綃』喻兩輔之白，『簾兒』喻豪，『瑩』乃根根見肉之謂。見過邊闌惡者，方知『邊闌小』之妙。『日炙』則見胭脂之鮮，喻全取乎書視也。『懸』喻其生就時高下端正，『襯』喻兩輔及眉豪，合『懸襯』二字解，又喻通身妍醜。『不堅牢』非女根而何？『巧丹青』自喻其非寫人也，寫物也。『珠』喻莖端，『翠』喻豪，『與心違』喻兩不得凑，『痛哭』喻泄，無非形容女根麗絶千古，作祖開後之句。批出此書，爲千古麗情第一書，固才子矣。然禪家作文，其妙尤在隨手掃却。知老瘦黯淡女根，爲世間第一可憎可惡之物，又曉得不多時憔悴了二句，作者已將千古麗情第一之書，掃滅無餘，不留影響，庶幾絶世無雙之才子哉。

讀《寫真》數曲，吾欲以一篇淡墨磨情淚評之。 或曰，君評亦復『千行殘墨磨情淚』也。

唐寅：『「月」下幾多「花」意思，花間多少月精神，月思花情共一家，花月世間成二美。』詩家成法，但遇兩好之物，即捉成骨肉眷寵，要知全以色合耳。

易安『獨抱濃愁無好「夢」』，猶勝『夢回人杳更逼魂消』。 以劉青田而有『休臨鏡，頗畏菱花「冷」』句，『珮冷』何獨不然？ 中郎『燈孤與電争』，又『分月蕩舟還』，皆有『人杳魂消』之意。

葉硯孫：『憶昨宵怯暑不成眠，情如霧。』此『似霧如雲』云云，作夢中受觸終非真味解亦可，或作楊妃入『月』痕之月解，非是。 『倦起』較『幾家憶事臨粧笑』更淫。

元曲：『子規聲教人恨他，他只待「送春歸」幾樹鉛華。』若倩得張郎畫眉嫵，任子規凄楚，則『聽』如勿『聽』矣。

一女問父物，母曰『肚腸』。 及嫁，回曰『只得肚腸還好』。 『斷腸春色』即欲遥遥斷取寄與《牡丹亭》之春腸。 此處自若士以前，不曾有人描畫至此，故曰『倩誰臨遠山』。

永叔：『人心應不似伊心，若解歸時歸合早。』正爲有『斷腸春色在眉灣』一句存心耳。

幼安：『熏梅染柳，更没些閒，閒時又來鏡裏，轉變朱顔。 春自繁，穠人自「消瘦」。』尤其可『傷』。 一年『減一分』，十年便減十分也。

輕暖軟寒相鞔，剁做不癢不疼情緒。 一顧春風一斷腸，尤爲恁『寒悄』起也。

『强笑爲誰嬌，淚花兒迸飄』二句，爲未嫁女傳神，與陳子龍『人自傷心花自笑』，恰恰相反。『此淚若灌情田裏，管取常流盡不如』矣。

『鏡照「愁」成水，「愁」容鏡亦憐。』何況「夫人見焦」。『東君何似莫教開，直到如今都不管，惟有深閨憔悴質，不堪端坐細思量。』『愈愁煩愈難瞧』，愈難『瞧』愈『愁煩』矣。『十分容貌不上九分瞧』，所謂病過的殘春也。雲鬢未秋私自惜，況瘦到『九分九』乎？『看盡了漢宫人淚』，是咏鏡佳句。『趁此時描畫』，當由可憐面偏與『鏡』相宜矣。王金壇：『窗楞映日滿樓明，雪艷初臨寶鏡清，良夜自看還獨笑，不妨身畔立卿卿』，亦佳。

『青銅不自照，只擬老他人。今春競時發，猶是昔年枝。惟有長「憔悴」，對鏡不能窺』，六句只抵此處『憔悴了』一『了』字。

展成：『猶向藥烟影裏問殘「花」。』因『如花憔悴』而念及『花憔悴』也。『莫愁紅艷風前散，自有青蛾鏡裏人』，則『花』落信無關己事矣。『如何鑄入青銅內，不遣秋霜换蛾翠』，『不多時』之懼甚矣哉。介甫：『寶鏡慵拈，强整雙鴛結』，又『一段心情空自愛，風流那得時常在』，爲『不多時憔悴了』輩傳神，覺其語妙絶世。坡：『賦詩必此詩，定知非詩人。詩畫本一律，天公與清新。誰知一點「紅」，解寄無邊春。』是玉茗言言取譬之意。

葉硯孫：『秋風斜過春容削。』乃知妻之『易老』，皆因夫之『難消』耳。獨西魏河南王子和，棄妻子納一寡婦曹氏爲妃，攜男女五人。又高祖兄北海王祥，與母高太妃並逼虐細民，及犯罪，曰：『今不願富貴，但願母子相保，與汝掃市作活。』又以烝安定王燮妃高氏，拘之別館，母杖詈之曰：『汝自有妻妾侍婢，少盛如花，何忽共許老物奸通，我得老婢，當噉其肉。』又杖其妃劉氏數十，曰：『新婦大家女，門户匹敵，何所畏也。而不檢校夫婿，婦人皆妒，獨不妒也？』長孫稚棄妻子，與羅氏私通而娶之，羅年大稚十餘歲，生三子。前夫女呂氏，宇文静，帝母。朱氏，楚人也，長於宣帝十餘歲。北齊祖珽文甚麗，解鮮卑語、四夷語，長醫術相法，常云『丈夫一生不負身』，而與寡婦董氏通，裴讓之嘲其奸。耳順則『紅顔雖去，福分』反深。

『一抔黄土埋艷春』，求『老』多不可得。然在『絶色』之人，固以爲與其『憔悴老』，不如『丢抹早』矣。

『論人間絶色偏不少』，自淹通書史中來。太真合德，簇漢堆唐，雖淑類博傳，而無言共盡。吾是以有『閒來開卷認前身，領取當年百萬魂』之意。『千年與昨日，一種並成塵。定知今世上，猶是昔時人。焉能取他骨，還持埋我身。』吾是以有『願將彼骨糅成土，持葬兒今屢轉身』之詩。

少遊：『怎得東君作主，把緑鬢朱顔，一齊留住。』留住而不一齊，尚非好色者之所願。升庵：『青雲頭上髻，明月眼中瞳。峨峨多不久，自古恨常濃。』辨才：『衆美仍羅列，群英已古今。也知生死分，那得不傷心。』在好色人則今日之有，且不能代昔者之無。陸務觀：『此身行作稽山土，猶吊遺蹤一泫然。』但作『古「人」若不死，吾亦何所悲』解，猶淺矣。錢穀：『昔時紅粉今時夢。』卧子：『無數美「人」天上落，只添了數抔黄土。』皆『古全埋國艷，今尚鬥家媛。青苔竟埋骨，紅粉自傷神。千年光景東西漢，把春風大小喬。昔人心賞已成空，花膚雪艷不復見。不是世間常在物，後二千年更斷腸』意。

『鉛華久御向人間，欲別鉛華更慘顔』，甄皇后千載凝魂，青燐吟嘯，輕輕縮却數百年，茫茫據此一頃刻。但覺古人跡已泯，古人意未消耳。若『人間』索性無『絶色』，則任其迅疾變滅，如蛇蟲狗彘，全不足念。顧『偏』有之，而皆『早抹』。其『去遲』者，反在蛇蟲狗彘，則誠同類者之大痛也。惟永嘉陳傳良斥楊鐵崖『夢裏繆』爲兒女語，又有『花顔國色草上塵，朽骨何堪掛唇齒。生女常如夏侯女，千年穢跡吾欲洗』句，彼殆未見『絶色』，不足相怪。俗謂洩漏元氣爲『丢抹』者，女嫁則母命之施巾結帨。註曰：『帨者，婦人拭物之巾，常以自潔之用也。』『一抹』則事畢矣，不然，玉茗下字無一落空，何字不可下而下此兩字耶？

坡《題虢國圖》：『明眸皓齒誰復見，只有丹青餘淚痕。』此則『待』並淚痕『畫出』。

『淡掃輕描』，玉茗自註其取譬之輕巧。

時人《咏鏡》：『檀郎須記，要數佳人他第二。』阮亭云：『絶妙文心。』妾顔不如誰？是與『影兒評度』，莫吾悦吾，苟自悦也已。

一切端嚴淫女，暗地莫不『喜謔』，笑咖咖吟哈哈，皆賴此微微美懷耳。若不喜謔，反不如不端麗矣。解道『緑雲鬢下送横「波」，牽我心靈入秋水』，方是『個中妙人』。否則雖驚人全瀉滿腔愁，横『波』秀翦，有『清矑曼臉爲誰妍』之嘆。

其年『梅花初著輕輕雪，梨花更帶娟娟月』，雪月與花枝，依然遜可兒。所謂可兒，全以『宜笑』在一白耳。爲孫夫人雪胸鸞鏡裏好容光，且須『行樂』，休辜負鏡中人老，是自知其『宜笑』者。阮亭最喜玉茗『真色人難學』一句，謂詩文皆然，西子、梅精外不多見。王金壇『個人真與梅花似，一片幽香冷處濃』，亦謂冰雪心腸冰雪貌，方爲『真色』也。此處曲意，則言女色遍身皆是，而『真色』全在女根，『花水月』亦非以觀音比也。

『縱有才難咏，寧無畫逼真』，一篇全喻女根，故曰『畫將來可愛人也別樣嬌』。言真宰當時造此形好，真乃如人意所欲出也。今日即欲另造一好相，猶不能也。

須知得婿非難，得『風流婿』難，虢國之所以不再醮也。

今見青天如許大，又思天上畫蛾眉。思入『碧雲』時，真有此意。主人起樓何太『高』，欲誇富力壓群豪，應笑樓前騎馬客，腰帶金章頭已白。彼自謂已據『碧雲』而實未也。前呼蒼頭後叱婢，借問因何得如此，婿作鹽商十五年，不屬縣官屬天子。『美』而不『高』。魏穆壽尚樂陵公主，遇諸父兄弟，有如僕隸，『高』矣『美』矣，未堪在『碧雲』也。

坡：『勳名將相今何限，往寫褒公與鄂公。』又：『每摹市井作公卿，畫手懸知是徒隸。』倪黄片紙出，則鐵崖輩攢而題之，亦是當時打鬨習氣。『圖畫』中『碧雲』手當如鵬搏獅驟，决不藉人扶掖。《華嚴》云：『心如工畫師，造種種五陰一切世間中無法』，而不造『風情稿』，即徐陵所謂孟光同隱極素女之經文也。漢廣川王畫屋爲男女裸交狀，請諸姊妹飲。齊鬱林王子潘妃諸閤壁，皆圖婦女私褻之狀，蓋繚綾嘗鸚之類。宋劉績畫鄱陽王與寵姬欲偶交狀，以寄其妹。明孝宗賜江夏吴休章曰『畫狀元』。『古來畫師非俗士，骨可朽爛心難窮。』若寫意中之人面，終以『風情稿』爲上藝，只有清歡畫亦難耳。

王金壇：『流品自知應第一，不須尋見尹夫人。』石湖：『玉京只在珠簾底。』皆『雲霄』意。若鑒裁凡近者，未可與深語也。『暗藏春色』，又自註出：一篇全是喻意。直應天授與詩情，又復君才幸自清如水，其玉茗之謂乎？

徐龍：『黛眉欲門春山巧，笑倩郎「描」，回就郎身抱。』丈夫代畫時，是此一就消魂。子昂曾作仲姬玩花、烹茶二圖，惜未爾爾。

每讀王鐐『謝安團扇上，爲畫敬亭雲』，韋莊『欲將張翰秋江雨，畫作屏風「寄」鮑照』，輒嘆唐賢造語之工。濠梁南楚材游陳、潁，妻薛媛寫真『寄』之曰『恐君渾忘却，時展畫圖看』，遂歸。二語可謂自誇其美矣。人嘲之曰：『不是送丹青，空房應獨守。』若所畫寄是三分春色，二八春容，歸應更速。『似我寄誰』，言斯世恐無可兒，非謂天下少妄一男子也。

『金屋藏嬌』猶云羅敷已嫁。温尉咏楊妃『今來看畫猶如此，何况新逢絶世人』，亦幾『淚』落。會昌時，有題三鄉者：余家若耶，每貪幽閒之境。洎隨良人入關，不意良人已矣，邈焉無依。今復東邁，雖殘骸尚存，而『精』爽都失。命筆聊題，痛哭而去。給事中王祝和云：『佳人留恨此中題，不知雲雨歸何處，定使王孫見欲迷。』精神已逝，他人猶欲淚落，况『精神』出現者乎？後主見楊堅畫像，曰：『此人吾不欲見之。』宋仁宗見元昊畫像，驚得疾，亦『精神出現』使然。

『留與後人標』，如東坡作字，必留紙待五百年後人作跋，欲後人與之批出。顧虎頭畫謝安，以爲有蒼生來未之有也，玉茗此畫亦有蒼生來未之有矣。又作此物精神鍾於子女之身，毓爲『後人』之秀解亦得。嗟乎！『由來境與畫，一種空花颺，從來畫看勝栽看，免見朝開暮落時』，然歟？否歟？

牧齋題《韓偓集》『定有千年蠹，能分紙上香』，與『且將粧鏡樣，留取在人間』，異事同情。《法苑》云：

『帝釋化老人，來游豐草間。狐獻一鮮鯉，猿聚多柴火。兔以卑劣求難遂，願以微躬供一餐。』此老子者，遂復天身。手指此兔謂狐狸云：『吾感其心不滅，其跡寄之月輪，傳乎後世。』人之望『後』，豈不甚哉。

曾見棕結書套，入水不濡，頻嘆人心之巧。觀『懸襯』句，則顧愷之四體妍媸，本無關於妙處之説，吾不謂然。

明大慈仁寺磁觀音相，好美異，得諸窑變，非人工也。若士之巧，無異窑變。北魏時蓟人平鑒之洛與慕容儼爲騎射友，夜則胡畫以供衣食者，不可與此曲等而觀之也。雖寫人兒實喻本色，故云『咱巧丹青』。『涴』者，胡嘌謬解，即同著糞也。又言：我此數曲雖復全喻女根，仍舊純是一片白浄，一片妙悟，莫因『胡嘌』道破，便與穢褻齊觀也。『儘香閨賞玩無人到』，喻外托聖賢，内慚屋漏，深院重門何所不有，所思雲雨外，何處寄馨香？故曰『則合掛巫山廟』。讀至此句，每想合德楊妃，有艷態千秋隔之嘆。

『眼前珠翠與心違』，喻珠翠只可粧面首，不能照花心，便成身外之物，不足憶念。『好寫妖嬈』二句，言若將世間此物一一『寫看』，則懸襯之處，妍媸迥殊，或頌或譏，大有『評泊』，非徒有面便算楊妃也。

京兆宋弘讌見光武，新屏圖畫列女，帝數顧視之，弘正容曰：『未見好德如好色。』朝陽門外東嶽廟後，設帝妃行宫，宫中乳保侍者以百數，皆捨身塑像者。元魯國大長公主，捐金構後寢，象帝與妃夫人裸寺之容。成宗時卜魯罕后創建萬壽寺，中塑秘密佛像，后以手帕蒙覆其面，褻狀醜怪。嘉靖十年中允廖道南始請毁北寺内歡喜佛。明英華殿以供西番佛像，元寢宫旁有秘密堂，彩闌翠閣，内有浴室，玻璃爲宫，宛若在水交，爲窟穴，皆極明透。天啓時令宫女習禳醮，擇軀體豐碩者一人，飾爲天神，皆合名『巫山廟』耳。

北魏高宗時爲佛石像，令如帝身，有肖帝后。開壁鑿山鎸建佛像，雕飾奇偉，又爲保太后窋氏立廟於本鄉，悉令其族人主祀事。元紹之逆，太宗姊華陽公主有保護功，故立其『廟』於太祖『廟』壇。後馬周死，唐太宗思之甚，假方士術求見其形。張知謇，幽州人，兄弟五人，皆明經高第。武后奇其貌，召工圖之，稱其兄弟容而才，謂之兩絶，數寵賜，兩人封郡公。知謇年八十，知嘿與來俊臣等掌詔獄。玄宗在蜀時，舊宫爲道士祠，冶金作帝像，盡繪乘輿侍衛。天寶時，常鏤玉爲玄宗肅宗像於太清宫，復琢林甫、希烈像，侍左右。代宗時有詔瘞之。文宗時太原王播平章弟起爲太常，詔畫像便殿，號當世仲尼。歷節度平章，年八十八。錢鏐之先爲董昌執刺史，自領州。僖就加節度同中書郡王。自立生祠，刳香爲軀，而妻媵侍別帳。元太祖與其后塑像侍立大士前，南齊南陽隱士宗測眷戀松雲，侍中王秀之慕之，令畫其形，與己相對。像『巧』百出，悉無及『這形模』者。惟題張仙像者所云『堪笑吃虚魂，影目看妻爲』，彼勇宜男，則真不欲勞畫也。

王西樵《然脂集》，攬擷古今閨秀文章，至百六十卷。又撰閨中遺事，爲《朱鳥逸史》，六十餘卷，難説不爲『這形模』起見。

第十五齣　虜諜

【一枝花】（净扮番王引衆上）天心起滅了遼，世界平分了趙。净鞭兒替了胡笳哨。擂鼓鳴鐘，看文武班齊到。骨碌碌南人笑，則個鼻凹兒蹻，臉皮兒皰，毛梢兒魋。

萬里江山萬里塵，一朝天子一朝臣。俺北地怎禁沙日月，南人偏占錦乾坤。自家大金皇帝完顏亮是也。身爲夷虜，性愛風騷。俺祖公阿骨多，搶了南朝天下，趙康王走去杭州，今又二十餘年矣。聽得他妝點杭州，勝似汴梁風景。一座西湖，朝歡暮樂。有個曲兒，説他三秋桂子，十里荷花。便待起兵百萬，吞取何難。兵法虚虚實實，俺待用個南人，爲我鄉導。喜他淮揚賊漢李全，有萬夫不當之勇。他心順溜於俺，俺先封他爲溜金王之職。限他三年内招兵買馬，騷擾淮揚地方，相機兒行，以開征進之路。哎喲，俺巴不到西湖上散悶兒也。

【北二犯江兒水】平分天道，雖則是平分天道，高頭偏俺照。俺司天臺標著那南朝，標著他那答兒好。（衆）那答裏好。（净笑介）你説西子怎嬌嬈，向西湖上笑倚著蘭橈。（衆）西湖有俺這南海子、北海子大麽。（净）周圍三百里。波上花摇，雲外香飄。無明夜，錦笙歌圍醉繞。（衆）萬歲爺，借他來耍耍。（净）已潛遣畫工，偷將他全景來了。那湖上有吴山第一峰，畫俺立馬其上。俺好不狠也。吴山最高，俺立馬在吴山最高。江南低小，也看見了江南低小。（舞介）俺怕不占場兒砌一個錦西湖上馬嬌。

（衆）奏萬歲爺，怕急不能勾到西湖，何方駐駕？

【北尾】（净）呀，急切要畫圖中匹馬把西湖哨，且迤遞的看花向洛陽道。我呵，少不的把趙康王剩水殘山都占了。

線大長江扇大天。鄭峭　旌旗遥拂雁行偏。司空曙
可勝飲盡江南酒？張祜　交割山川直到燕。王建

第十五齣 《虜諜》批語

『遼、趙』俱喻男根。女根『心起』得瞭而『滅』，女根『界平』得翹而分。『靜鞭』男根，『笳哨』女根。『文武』兩賢，『骨』堅相。『碌碌』，光相濕相。『骨碌碌笑』男根暴興之貌。男人背南向北，故曰『南人』，謂女向南，故以彼爲『南人』。男根骨碌碌興，則女根女口一齊『笑』開也。可『鼻凹』即前山低窊意，『匏』急脹紫黑貌，即後山堆之説，想見粗翹猛起，眼似愁胡。『日月』肖女根形，『錦乾坤』以錦代緊。『大金』大筋也，『十里』猶《水滸》十字坡意。『虚虚實實』喻其事，『他心』喻女根心。『有萬夫之勇』，女根不可『當』，方能使髓『心順溜於俺』，形狀確然，不但嘲女道之禁得，男事之少勝也。『溜筋王』即艷晶晶花簪意。『南海北海』喻女二陰。『平分』以喻女根，『高頭』以喻男根。『笙歌』喻其聲。『錦』以代緊，非緊則其聲雖有，不若『笙歌』之可聽矣。『吴山』喻跨據西湖，『立馬』喻男根筆樹，『砌』字喻塞滿之狀，甚爲刻酷。『上馬嬌』喻雌乘雄，非砌緊則上馬之時，不能致其嬌畏也。『洛陽』以代樂陽。『線』喻女根，『扇』喻兩股，『旗』喻兩扉，『飲盡』喻彼家法，『割』字有分裂意。

《北史》論：『天』道人事自有代終。佛郎機人長七尺，相害則交捫『心』。金『起』甚速，人皆爲『遼、趙』怨天，而不知其各有不可捫『心』處也。《見只編》：宋人《嘗后圖》：棄雪拚香，無處著這面孔，那將軍是報粘罕的孟珙。直至蔡州城麰人爲油，『天心』稍復。

『多少清「笳」明月夜，「胡」人心喜漢人悲』，固由性情强弱不同耳。明掘冢者得耶律楚材頭顱，加凡人幾倍，可免將軍空恃紫髯多之誚。迤北人謂京師爲黄裹，正以『沙』漸少也。既已句句是謔，又句句俱有正義，所謂雙管齊下也。使作肚麗傳而有一句不謔，即爲鈍置之人。使第以謔爲能而正意淺薄，又爲寡學俗筆。絳樹一聲能歌兩曲，其即玉茗先生之謂乎？『萬里江山萬里塵』，説煞北朝，令人想『春水碧於天，畫船聽雨眠』之樂，欲吟『駱漿肉飯「南」邊有，不記龍「沙」是故鄉』兩句。明明修日朗月，忽然風起，沙滿半空，使人意興頓敗，未至黄河以北者不知也。嘗嘆『邊日照人如月色，野風吹草作泉聲』，善狀北景。此『萬里江山萬里塵』，非才子不能道破，『沙日月』三字，亦非才子不能道破。

北魏太史令王亮，因華陰公主等言讖書，國當遷鄴。崔浩言東州人常謂國家居廣漠，如牛毛之衆，今若參居郡縣，處榛林之間，情見事露，啓輕侮之意。屈丐蠕蠕必來雲中，今輕騎南去，誰知多少望塵震服，是國家威制諸夏之長策也。劉裕伐姚興，浩請鬥兩虎而收其利，豈顧婚姻酬一女子之惠哉。秦地戎夷混並，裕得亦不能守，風俗不同，人情難變，欲行荆揚之化於三秦，不可得也。終爲國有。又言攻城不克，挫損軍勢，不如掠地，城之反在軍北者，即是囿中之物。議伐蠕蠕，浩曰：以爲荒外無用之物，舊説常談漠北高凉，不生蚊蚋，夏則北遷田牧，其地非不可耕而食也。今年不摧蠕蠕，則後無以禦南賊。自國家併西國已來，南人恐懼，今試與之河南之人，自量不能守，是以不必來。蠕蠕恃其遠，夏則散種放畜，秋則背寒向温，南來寇抄，今出其慮表，暫勞永逸，但恐諸將瑣瑣使不全舉耳。及往果莫相收攝，若復前行，則盡滅之矣。或請先發南伐，浩曰：『我破蠕蠕，馬力有餘，今因西北守將從破西北，多獲美女，南鎮聞而心羡，亦欲南抄耳。』劉義隆與赫連定、馮跋等虛相倡和，兩相觀望，有似連雞不得俱飛。世祖謂諸人曰：『卿輩常勝之家，始皆自謂踰人遠矣，至于歸，終見不能及。』將伐牧犍，浩難諸臣曰：『汝曹謂軍至彼地，必渴乏，漢終不於無水草之地立郡也。』咸曰：『不如吾曹目見。』浩曰：『汝曹受人金錢，欲爲之詞耳。』『沙日月』反有勝於『錦乾坤』處，不謂狀似婦人之崔浩反知之，勝完顏亮遠矣。

蘇峻之亂，温嶠欲遷都豫章，三吴之豪請都會稽，惟王導言金陵便。桓温欲都洛，孫綽曰：『今作勝談，自當任道。而遺險校力，量分不得。不保小以固存，豈不以反舊之樂賒而趨死之憂促哉？植根江外，久遽適習亂鄉乎？』『錦乾坤』但要能占，亦是一説。《唐書》：著作郎襄陽朱樸上書曰：『關中隋家所都，我實因之，凡三百年文物資貨，奢侈僭僞皆極焉，廣明巨盜陷宫闕，里閈市肆所存十二。比幸華陽，十二之中，又亡八九。江南土薄水淺，人心澆浮輕巧，河北土厚水深，人心輕愎狠戾，皆不可都，惟襄鄧夷陵有險可四拒，運天下之財，可使大集，建都之極選也。』則欲崇飾其本鄉之見。

群花歸一人，方知天子尊。花世界憑誰統？人生得意須豪縱，真使不著酸儒面孔也。

今日特爲花娘作傳，豈可蜂王不到！一部色情書，故寫當色魔王時，豈特地請出他來証明色情之難壞。謂即如此人媟嫚大化，縱心大倫，棄禮急情，悉皆憑『天』作孽，益信前責天公造出花樣之不謬耶！按楊姑姑在淮，乃金章宗竄汴後，元兵已破中都，全嘗習元衣冠爲元行省矣。使楊婆塗附者，以色湊色，且以楊名妙真，見世事之妙，實屬『天』真。此後欲不開花，殊復不能不開花也。《莊子》：孔子與柳季爲友。季僖時人，孔襄時人，大千如幻，何有時定處定。不博者，檢得一二事，競競用之，有何佳？博者明知而暗改，何傷乎？

觀金主亮初封陳王平章政事時，咏驛竹曰：『孤驛蕭蕭竹一叢，不同凡卉媚春風。我心正與君心似，只待雲梢便拂空。』書壁云：『蛟龍潛匿隱滄波，且與蝦蟆作混和。等待一朝頭角就，撼摇霹靂震山河。』中秋《待月》詞曰：『停杯不舉，停歌不發，等候銀蟾出海。不知何處片雲來，做許大通天障礙？把虬髯撚斷，星眸睜裂，惟恨劍鋒不快。一揮截斷紫雲腰，待細看嫦娥體態。』題畫圖曰：『萬里車書盡混同，江南豈有别疆封。提兵百萬西湖上，立馬吴山第一峰。』明年南征，詞曰：『旌旆初舉，正駃騠力健，嘶風江渚。射虎將軍，落鵰都尉，綉帽錦袍翹楚。怒磔戟髯争奮，捲地一聲鼙鼓，笑談頃指長江齊楚。六師飛渡，此去無自墮金印如斗。獨在功名，取斷鎖機謀，垂鞭方略，人事本無今古。試展卧龍韜韞，畢竟成功旦暮，問江左，想雲霓望切，玄黄迎路。』調《喜遷鶯》，以賜諸將。知玉茗比以男根，皆本其所自云。合觀諸作，固一博暢才人也。彼其所遇，想俱得配參軍之王渾妻，則有封胡之謝道韞耳。世間好色只有三種：一者純陽爲龍，無所不交。《醫經》所謂太陽之人。色欲無度，如朱温等，不止一人。二者美慧相似，多情共喻，願與同死，不能擇地矣。三者世無消愁解悶之物，或勘幼女，有奇樂，陽不用陰浸養，則孤敗是也。除此三者，即一妻尚覺有真精送與臭皮囊之嘆，况多人乎！世間多有一等混沌罔兩，愈魍魎愈見混沌，若寫精與之，殊更可惜。古云，心有靈犀一點通，施與此輩，心不相通，何益之有？又不如豪閹之法，使人毁形，而竭精氣於其身矣。

宋太宗孫仁宗母李宸妃已是杭人，高宗母又是杭人，生而浙臉，則知『志在杭州』亦天心也。『汴』人稱臨安爲地上仙宫，徽廟在北，所以索邢后拭淚帕付李勳致上耳。

神武曰：『天下濁亂習俗已久，今督將家屬，多在關西，黑獺常相招誘，人情去留未定，我若急作法網，恐督將盡投黑獺，士子競奔蕭衍，何以爲國！』故《北史·宇文神舉傳》云：『并州既齊氏别都，多有奸猾。』人言南宋終以荒亡，不知其亡稍緩者，正以知與臣民同此『歡樂』，天下甚欲其存耳。

竹山詞『淡柳湖山，濃花巷陌，惟説錢塘而已』，『粧點杭州』也。『東風吹煖劫灰盡，却説江都夢又真』，『勝似汴梁風景』也。『明月有情應記得，西風不見舊長安』，『走去杭州又三十年』也。『長安少年更翾薄，一餉飛蚊自云樂』，『一座西湖朝歡暮樂』也。坡云：『前生我已到杭州，到處長如到舊游，遊遍錢塘湖上山，歸來文字帶芳鮮。吴儂生長湖山曲，呼吸湖光飲山緑。不論世外隱君子，傭奴販婦皆冰玉。』誠以『佛寺乘船入，人家枕水居』。『展得緑波寬似海，水心樓殿勝蓬萊。門前碧浪家家海，萬井中心一朵山。』『西湖』之外，無有兩也。

『西湖』，杭人無時而不遊，凡締姻、賽社、會親、送葬、經會、獻神以至密約幽期，經營囑托，無不在此湖中。元宵燈夕，公子王孫，紗籠喝道，帶佳人美女，遍地遊賞，有喬虔婆、喬師娘、喬宅眷等名。裝宅眷者，珠翠盛飾，呵殿而來，卒然遇之，不辨真僞。市井舞隊，有粗姊細姐等名，以供豪家幕次之玩。嬪妃宣唤，皆有賞賜，有一夕致富者。《雲麓漫鈔》：『凡元正、冬至、寒食三節，京尹出榜放三日，或以金帛、女人爲一擲，不似元魏末運，翻禁人元夕相偷戲也。南齊廢帝時，都下放女人觀秋，何足異。巨室争出采春尋芳，討勝遨遊，攜艷妓，粧束學男兒，諸庫彩畫歡門，皆有官名角妓，設法賣酒。才子欲買一笑，則徑往庫内，點花牌，惟意所擇。花茶坊樓上專安妓女。酒樓皆設私妓數十輩，登樓則以名牌點喚私妓，謂之賣客，如鑾王二姐、一丈白、楊三媽、舊司馬二娘、裱褙陳三媽、浴堂徐六媽、黑媽媽、蕭婆婆、高節婦、徐媳婦輩，蓋北宋黄山谷已羨其坊曲之勝矣。民間不重生男，凡生女則愛護如捧璧擎珠，教以藝業，因備士夫採賃，有所謂貼身、横床、本事人、供過人、針線人、堂前人、劇雜人、拆洗人。』陶穀所云：『今汴京鬻色户以萬計，至於男人舉體自售，風俗羞貧不羞淫，不是過也。』《周禮》：太宰以九職任萬民，八曰臣妾無常職，轉移職事貨殖。傳江南之民，玩巧事末，富者設財役貧，恣欲自快，飾婦女以游媚富貴，末業貧者資也。彭越云：『貧賤不能辱身，非人也，况微賤之人，禮所不及，其所知能正如羊豕乎？』勝朝六院，客雄則以劍進，客清則以塵進，客浪達期以酒，客幽閒則以香，客沈則以詩字取妍，客爽則以歌舞合韵，猶惜其不如北妓，兼能轉移執事耳。荀子曰：『君以至美之道導民，民以至美之物養君。』慎子曰：『故用人之自爲，不用人之爲我。』賈子曰：『使歡然皆自安其處，惟恐有變。』老子曰：『既以與人，已愈多。』《淮南子》曰：『好没者不求沐浴，已具足其中矣。』民不能得其所欲於君者，君亦不能得其所欲於民。黄石子曰『聖人以樂降人之心』，謂人樂其家，謂人樂其都邑。聖則以樂樂人，愚則以樂樂身。樂人者久而長，樂身者不久而亡。使景既蕭條，政又刻急，則人何樂？蕞爾益當畏弛而背馳矣。

宋姜白石詞：『芦溝曾駐，見説「金」人，也學綸巾攲羽。』都下聞蕭總管述其風土云：『契丹家住雲沙中，有車如水馬如龍。春來草色一萬里，芍藥牡丹相對紅。』較之十里荷花固須遠遜。隋煬幸榆林，汝南周法尚曰：『兵亘千里，腹心之事，首尾不知，請爲方陣四面外拒，六宮與百官家口並在其中，車爲壁壘。』從之。『起兵百萬』，亮殆不信。曹操、苻堅皆以多敗，而其祖其叔入汴時，騎僅數千，曰給宋以俟天晴，校射畢，即送伊主還宮耳。

元諧少與隋文同受業於周子召，及平陳乃奏曰：『臣嘗言當使叔寶爲令史，今可用臣言。』上曰：『本以除逆，非欲誇誕，公之所奏，殊非朕心。』『巴不得到』出於誇誕，宜爲白面書生吴允文海鰍船數千兵所敗耳。

秦檜和金，令子熺作表曰『上穹悔禍，副生靈願治之心。大國行仁，遂子道事親之孝。可謂非常之盛事，敢忘莫報之深恩』，是『高頭偏照』。然《北史》論：高氏藉四胡之勢，跨有山東，周文承二將之餘，創基關右。雖弘農沙苑，齊卒先奔，而河橋北芒，周師撓敗。齊謂兼并有餘，周則自守不足。而《斛律光傳》：高洋時，周人嘗懼齊兵之西度，令椎河冰。至武成時，齊人椎冰懼周之逼。唐太宗時，高昌言冬風裂肌，夏風如焚，安能致大兵？而侯君集竟平之，曰：『賊不進，阻山谷，天贊我也。』則知不惟『高頭』之恃，而在操心之危。『平分天道，雖則是平分天道，高頭偏俺照』三句括盡一部廿一史。自吕氏復書，冀其見赦，已見『高頭』在彼矣。把人禁殺何益於低小哉。《唐書》：岐公杜佑次子牧，嘗作《罪言》：生人常苦兵。兵祖於山東。禹畫土曰『冀州』，舜以其分太大，離爲幽并，程其水土，與河南等。常重十三，冀州以恃强不循理，冀其必破。弱既破，冀其必强大也，并州力足以并吞也。幽州，幽陰慘殺也。隋文非宋武敵也，而宋武不能使一人渡河以窺胡。天寶末，李郭兵五十萬不能過鄴尺寸，後生所見，言語舉止，無非叛也。以爲事理正當如此，沈酣入骨髓，無以爲非者。至有困急食盡啖屍以戰，以此爲俗，豈可與决一勝一負哉！不審地勢，爲浪戰，最下策也。使亮治其地百年，民皆謂亮所爲正當如此矣。

昔人題二劉妃圖，有『秋風落盡故宫槐，江上芙蓉並蒂開。留得君王不歸去，鳳凰山下起樓臺』語。金亮嘗曰『梁珫爲余言，宋有二劉貴妃，資質艷美，西施所不及也』，令高師姑潔衾以待。經曰：『西域水土剛强，故其人華色而肌肥，北人汗㵱，故陽内固。』宋徽宗時，禁中有怪，上亦避之。中夜或往諸妃榻中睡，以手撫之，亦温暖，或云朱温之厲所化。西北多佳人，平生性所欲，亮殆倦覿於其所已饜，欣得於其所難致也。此處『你説』之你，正亮向珫言，并無著字。禄山上前應對，貴妃嘗在坐，詔令楊氏三夫人，約爲兄弟，由是禄山心動，聞馬嵬事，數日嘆惋。雖林甫養育之，國忠激怒之，然其他腸有所自也。噫！紅顔一代有危機，雄心已飽雞頭肉。安得可汗秉禮義之心，如李德裕云云乎？按高宗，徽第九子禪位，太祖之裔，極意妃妾之娱，意在保形壽之緩，盡竊浮生之至歡而已。賊檜之言，安得不中聽哉。其憲聖吴后，開封人，即侂胄母之姊，十四歲入邸，每戎裝侍側。觀音高五丈，制金縷衣以賜之，御書六經稍倦，后即續書，至今皆莫能辨。年八十三，逮見四世，加號隆慈備福。劉妃，工畫人物。其外更有趙蘭王郭、陳、孫、蔡、張、李諸夫人御批，諸内夫人代書，太子食榜，俱司膳内人所寫。又御前應制，多是女流、演史、説經、彈棋、隊戲，每日輪尼姑、道姑各一，導帝燒香。王尚之爲郎，乞减宫嬪之冗，上曰：『卿何由知我宫中事？臺臣論知閤鄭藻説甚事，不是説他娶嫂麽？不看執柯者誰，朕也。』大臣家賜與帝后衣，謂之御退衣服，其風流超詣，即取王子安『别是一家春』句以名亭，不愧也。

酒澆歌舞地，粉飾太平年。滿目綺羅珠翠，一片揭天歌吹。六代只遺兒女事，正以『那一答好』也。朱淑真：『一片笑聲連，鼓吹人氣煖，吹幾陣紅香影。』《竹枝》：最是『笑』聲不須買，湖裏無時不是情。謂之不『好』固不可得。俞彦：愁『月』愁『花』愁欲死，是誰題作莫愁湖？武平一：參差畫舸結樓臺，忽驚水上光華滿。使無『花摇』，即萬井樓臺，疑綉畫燈船高與畫樓齊，何用？羨門云，阮亭詩『年來腸斷秣陵舟，夢繞秦淮水上樓』，何其移情至此？不知難忘者，捲起朱簾人面素耳。『花』壓闌干春草碧，誰念沙場刀箭瘢？四方澒動烟塵起，猶在『濃香』夢魂裏。『花』之妙又在有『香』。『六代精靈在月中，繁華自古送英雄』，故尤宜『夜』。『人意似知今日事，急催弦管送繁華』，是以『無明夜』。『邊郡今無事，珍珠犬馬馱。蒙恬城下骨，夜夜聽「笙歌」。』『月華如水浸宫殿，有酒不「醉」真癡人。「歌」舞未終樂未闋，晋王劍上粘腥血。君臣猶在「醉」鄉中，一面已無陳日月。』嗚呼！

陳子龍『笙歌如夢倚，無愁長江水』，謂明末餘事，實假王子南來，日弄幼女爲事者，不如此處『無明夜緊笙歌』六字深切。

潼關一敗，胡兒喜簇『馬』驪『山』看御湯。只成東坡『辛苦驪山山下土，阿房纔廢又華清』，石湖『三十六書都莫恨，煩將歌舞過揚州』之感。

就窩奪得『笑』歸來，方是『狠』手。吾獨無如『漢家一片當時土，肯爲奸雄載歌舞』，何也？

湖上山一重，一掩翠雲襟，湖上草緑似裙腰，一道斜西子湖山，只辦得逢人便嫁。突兀石存今古史，霏微烟寫興亡畫。便『借來耍耍』何妨。

崔灝：『一朝太子升至尊，宫中人事如掌翻。』非『萬歲』不能『借耍』。

太州宫友鹿詩：『銅雀春深二喬鎖，忖量老瞞心亦頗。』余謂二喬之父，老瞞車過腹痛之人也，取之之心雖有，斷不與冗散等視。有句云『瞞若得喬焉忍鎖，頂「戴」奇擎報乃公』，『耍』則腹痛不止矣。北魏道武孫均爲朝陽戍主，有南戍主妻遊沔濱，輒遣略取，不『借耍耍』亦是癡人。惟元伯顔破江州，宋兵部尚書呂師夔置酒庾公樓，取宋宗室二女盛粧以獻。伯顔曰：『問罪於宋，豈以女色移吾志乎？』斥遣之，是不以『耍』爲先務者。

裴矩仕隋，西域諸番至張掖交市，令掌其事，誘令言其國俗，作《西域記》。兼并誅討，互有興亡。或土地交錯，封疆移改，或空有邱墟，不可記識。彼或人户數千，即爲國主，謂中國爲神仙，臣依其服飾，丹青圖寫，後卒爲突厥吐谷分領。和士開事齊，武成言詞容止極諸鄙褻，言自古帝王盡爲灰土，故帝坐朝止書數字而已，固不如『遺工偷景』稍占勝致。

劉秉忠吊宋：『南史床頭堆一角，六朝如夢雨茫茫。』晋司馬楚之如魏，尚宣武妹華陽公主，坐通西魏，賜死。周文拜其妻爲襄城公主，楚之父子相繼鎮雲中，朔土服之，雖亦『低小』，猶勝梁武侄秖奔齊爲高澄監『畫』工矣。有此錦綉心肝，應占金粉福地，解造『砌一個緊西湖馬上嬌』，尤可免『玄宗侍女舞烟絲，「西」子無因更得知。可惜當時好風景，吴王却不解吟詩』之誚。『世上英雄本無主，争教紅粉不成灰！』但吟『隋煬棄中國，龍舟行海涯。春風廣陵死，不見秦宫花』可耳。

晋元帝云，今之會稽，昔之關中。宋人詞『且消受「剩山殘水」』，是彼國實録。『都占了』則有『天意忽將南作北，一片湖山是塞沙，留得娟娟亡國月，一片斜陽猶是漢』之戚。惟王渾至建鄴曰：『諸君得無戚乎？』宜與周處曰：『魏滅於前，吴亡於後，亡國之戚，豈惟一人！』渾有慚色。入晋爲吏，梁王違法，處深文案之，大是妙人。

北魏高祖弟裕，婢妾千數，日業鹽鐵，遍於遠近，臣吏僮僕，相繼經營。及與諸姊公主等訣，言及一二愛妾，主哭且駡曰：『正坐多取婢輩，畏罪作反，此酒可勝飲盡耶？』

宋姜白石《堯章詩》：『洞庭西北角，雲邊更無邊。後有白河沌，渺漭有數千。豈惟人盗窟，神龍所盤旋。白湖辛巳歲，忽墮死蜿蜒。一鱗大如箕，一鬚大如椽。白身青著鬣，兩角上梢天。官使覆其體，數里聞腥羶。一夕雷雨過，此物忽已遷。遺跡陷成川，中可行大船。是年虜亮至，送死江之壖。』或云祖龍讖詭異非偶然。足見龍最好淫，亮非常物。又見佛經：大身衆生，多在海中，而阿修羅等長數十由旬，不誣也。

第十六齣　詰病

【三登樂】（老旦上）今生怎生？偏則是紅顔薄命，眼見的孤苦伶仃。（泣介）掌上珍，心頭肉，淚珠兒暗傾。天呵，偏人家七子團圓，一個女孩兒廝病。

〔清平樂〕如花嬌怯，合得天饒借。風雨於花生分劣，作意十分凌藉。止堪深閣重簾，誰教月榭風簷。我髮短迴腸寸斷，眼昏眵淚雙淹。老身年將半百，單生一女麗娘。因何一病，起倒半年。看他舉止容談，不似風寒暑濕，中間緣故，春香必知，則問他便了。春香那裏？（貼上）有哩。我眼裏不逢乖小使，掌中擎著個病多嬌。得知堂上夫人召，賸酒殘脂要咱消。春香叩頭。（老旦）小姐閒常好好的，纔著你賤才伏侍他，不上二年，偏是病害。可惱可惱。且問近日茶飯多少？

【駐馬聽】（貼）他茶飯何曾，所事兒休提、叫懶應。看他嬌啼隱忍，笑譫迷廝，睡眼懵瞪。（老旦）早早稟請太醫了。（貼）則除是八法針針斷軟綿情。怕九還丹丹不的腌臢証。（老旦）是甚麽病。（貼）春香不知，他一枕秋清，怎生還害的是春前病。

（老旦嘆介）怎生了？

【前腔】他一搦身形，瘦的龐兒没了四星。都是小奴才逗他。大古是烟花惹事，鶯燕成招，雲月知情。賤才，還不跪？取家法來。（貼跪介）春香實不知。（老旦）因何瘦壞了玉娉婷，你怎生觸損了他嬌情性。(貼)小姐好好的拈花弄柳，不知因甚病了。(老旦惱，打貼介)打你這牢承，嘴骨稜的胡遮映。

(貼)夫人休閃了手，容春香訴來。便是那一日，遊花園回來，夫人撞到時節，説個秀才，手裏拈的柳枝兒，要小姐題詩。小姐説這秀才，素昧平生，也不和他題了。(老旦)不題罷了，後來？(貼)後來那那那秀才就一拍手，把小姐端端正正，抱在牡丹亭上去了。(老旦)去怎的？(貼)春香怎得知，小姐做夢哩！(老旦驚介)是夢麽？(貼)是夢。(老旦)這等著鬼了，快請老爺商議。(貼請介)老爺有請。

(外上)肘後印嫌金帶重，掌中珠怕玉盤輕。夫人，女兒病體若何？(老旦泣介)

【前腔】説起心疼，這病知他是怎生？看他長眠短起，似笑如啼，有影無形。原來女兒到後花園遊了。夢見一人，手執柳枝，閃了他去。(作嘆介)怕腰身觸污了柳精靈，虚囂側犯了花神聖。老爺阿，急與禳星，怕流星趕月相刑迸。

(外)却還來。我請陳齋長教書，要他拘束身心，你爲母親的，到縱他閒遊。(笑介)則是些日炙風吹，傷寒流轉。便要禳解，不用師巫，則叫紫陽宫石道婆，頌些經卷可矣。古語云，信巫不信醫，一不治也。我已請過陳齋長看他脈息去了。(老旦)看甚脈息，若早有了人家，敢没這病。(外)咳，古者男子三十而娶。女子二十而嫁。女兒點點年紀，知道個甚麽呢！

【前腔】忒恁憨生，一個哇兒甚七情。止不過往來潮熱，大小傷寒，急慢風驚。則是你爲母的呵，真珠不放在掌中擎，因此嬌花不奈這心頭病。(老旦泣介)(合)兩口丁零，告天天半邊兒是咱全家命。

（丑扮院公上）人來大庾嶺，船去鬱孤臺。禀老爺，有使客到。

【尾聲】（外）俺爲官公事有期程。夫人，好看惜女兒身命。（合）少不的人向秋風病骨輕。

柳起東風惹病身。李紳　舉家相對却沾巾。劉長卿

遍依仙法多求藥。張籍　會見蓬山不死人。項斯

（外、丑下）（老旦、貼吊場）無官一身輕，有子萬事足。我看老相公則爲往來使客，把女兒病都不瞧。好傷懷也。（泣介）想起來一邊叫石道婆禳解，一邊教陳教授下藥，知他效驗如何。正是世間只有娘憐女，天下能無卜與醫。（貼隨下）

第十六齣　《詰病》批語

『紅顔薄』喻兩扉，『眼見』二字，其喻女根更明。『掌上珍，心頭肉，淚珠兒暗傾』十四字喻女根確切至矣。『風雨』以喻行事，『十分』十字處分也。『重簾』喻豪，『月』喻女根。『風簷』二字更妙。《葬經》所謂蝦鬚蟹眼，須看合尖也。『髮』亦喻豪。『迴腸寸斷』喻男根徐退。『雙淹』似並溺孔言之。『乖小使』喻男根，『乖』者如人意也。『病多嬌』喻女根，小使不乖即能致『病』，確極毒極。『眼裏不逢』非喻女根而何？『掌中擎著』喻更妙矣，無遇只得掌擎，摹寫閨情酷刻。『賸酒殘脂』雖喻男事，亦有使人以口代陳者。『所事兒休題』猶言其事已畢，不復抽提之後。『笑譫迷』三字，幾於畫出女根。『睡』而有『眼』非女根而何哉？『八法鍼』妙絶，鍼入則成八字也。『丹』喻勢槌上處，『九還』喻其進出。『秋清』之秋代湫，以喻事後物净名，思男子合爲『春前病』，確。而且惟『一搦身形』即掌上珍意，與龐兒四星，皆女根妙喻。『燕鶯』，即明如翦溜的圓意。『烟花雲月』即霧濛花、雲漏月之解，觀『觸損』二字益知吾解之不謬。『嘴骨棱胡遮映』，即女根之瘦了龐兒，裱不助美者，大可發笑。『印』喻腎囊，『金帶』之金代筋，『掌中珠』喻男挺末，『怕玉盤輕』喻女根瘦，『心疼』指花心言。『眠』時似稍『長』，起時似稍『短』，喻女根入微，故繼以『似笑如啼』。其『有影』句自釋上句，言其笑啼似耳，非真『虛囂』不緊也。『側犯』尤妙，因不緊所以側。『星』喻勢槌上處，『月』喻女根圓形，『流星趕月』喻二根相遇處，確切無以加矣。『相刑迸』更妙，男有似欲迸傷之意，終爲女所『刑』剉。

『拘束身心』四字亦切女根。『哇』字從口，『往來潮熱』亦喻其事，熱而且潮，意詳到甚。『大小』又喻男根大則『傷』，小則『寒』，復寓微理。『急慢風驚』四字更切，『真珠』之真代筋，喻男莖端，『不放掌中』則入『心頭』矣，入細入妙。『兩口』喻前後陰，『半邊』與『全家』同意，無不確。『大庚』梅花多處，以喻男精。『船去』亦喻女根，『鬱孤』嘲女道也。『女兒身命』四字，可作女根別號。『秋風』之秋代湫，『柳起』即舉字，意舉喻男根。『家』喻女根。『仙法』即容成法，『藥』乃慎恤膠類，『蓬』喻豪，『不死人』喻不痿陽。

袁小修云：『我或豐於多生而嗇於一生。』故曰『今生怎生』。

楊升庵王孺人亦年二十一于歸，不逮事其姑，因子耕耕殤，成疾，沈滯遂不離床闥，後竟不能復出一聲，張頤揚指而已。沈蓮池元配張碩人因子祖植殤，成疾，死戰掉憒亂不能復言，年僅二十八。而蓮師以爲漫爾一期之報，猶浮漚起滅於滄海也。『偏則是』猶言母『命』已『薄』汝更薄，吾本『薄命』今更薄也。

北魏侍中李神儁，四方才子咸宗之，而少年之徒，皆被褻狎。見崔㥄子瞻，曰：『我遂無此物，令人傷懷。』看人兒女大酸心之甚，正以自覺伶仃也。

魏莊帝之尊其父母，蓋逼諸妹之請也，賈充前妻李豐女事亦然。《魏書》：晋褚后臨朝，殷浩遺褚裒書曰：『足下今之太上皇也。』此方是『掌上珍，心頭肉』。

高洋爲安德王納后，弟李祖欽女妃母薦石榴於前，魏收曰：『房中多子之兆。』漢哀牢沙壹一産十子兆。魏高祖時，太原秀容郡婦人一産四男，四産十六男。漢景帝子中山靖王勝，爲人樂酒好内，有子百二十餘人。慕容廆庶兄吐谷渾子六十人。魏文明太后兄熙尚主，男女四十餘人。周襄陽李遷哲男女六十九人。梁王第十弟恢男女百人，男封侯者三十九，女主三十八。唐明皇子四十餘，宋徽宗二十四女三十一子。『七子團圓』何足詑。

人之少有老態，不耐寒暑，不勝勞役，皆因氣血方長，而勞心虧損損其心者。調其榮衛，以胃者衛之源，脾者榮之本，故不能飲食，難於『子』息。乳母命門火衰，兒飲其乳，必脾胃虚寒。張氏云：『嘗觀梟猾輩，苗裔恒發祥。兒孫繁美者，必自祖父强。家傳好身手，兼併肆鋒鋩。驕奢意氣盛，肥白眉宇揚。亦有本分人，硜硜守門墻。固無爲惡才，方寸欲誰傷。晚得伶仃兒，顱顖多羸尫，甚至艱嗣育，數乳輒數殤。行必亂所爲，弱草偏遭霜。善類日以寡，善書日以詳。著書勸世者，請先勸玉皇。歷觀史册幾，鄉豪魁傑將。』乘機赴會，鬱爲鉅族，未有不子女早生，多而且健者。其父母之氣血俱强，好合易孕，殆即天使之也。然楊收自謂素後，梁闇自謂坡子。郭曖子銛尚西河公主，主初嫁沈氏，生一子，銛無子，以沈子爲嗣。來俊臣，京兆人，父操，博徒也。里人蔡本負博不能償，操因納其妻，而生俊臣。北魏代人陸馛，妻赫連氏，身長七尺五寸，甚有婦德，爲相州刺史，簡諸縣。强門百餘人爲假子，令爲耳目。元海非劉，而亡晋者，劉也；克用非李，而亡梁者，李也。理學名儒云：理也者，天意之大者也。數也者，天事之小者也。天道如弈，非勝敗之數盡，則不知其技之精也。若血脈之屬，長留人間，不能保其無倡優盗賊供人淫殺者，固不如和靖、太初不爲凡間度子孫，而粹精長在天，芳名長在世，於理爲受美報也。

《唐書》：周曾本李希烈將，密得烈計，以告李勉，爲烈殺，德宗贈太尉。貞元中，女及曾侄豊争襲封，上曰：『令各封五十户。』爲『一個女孩兒』垂念，極是。凡把人禁殺，使古今天下無限閨人，『花』不暢開。

或遇弱男，或守少寡，皆『作意凌藉』者也。

王金壇：『腰肢未許同行擬，性格還從夫婿猜。阿母錯疑教不嫁，幾回偷看畫圖來。』又『説嫁驚心盡日癡，當初忍笑畫鴛鴦，真個如今擬鳳凰』。文友：『欲與歡言礙小姑，捏郎臂上問寒無。交膝語歡言，低處便模糊。小姑却做癡呆態，故把歡言細問奴。』皆爲『其間緣故』四字作許綺語。

阮亭云：『沈宛君與瓊章論和凝《春思》，翻教阿母疑句，此何須疑？直當信耳。』語甚妙，此『春香必知』語亦妙。

惟如意、太平真乃母女同喻其味，若『則問他便了』，誠恐人到中年怕作關情句矣。

『茫茫天地間，萬物各有親。人生知此味，獨恨少因緣』是『命裏不逢乖小使』註解。

東坡云：『情愛著人如黐膠，油膩急於解。』雪尚爲沾染，況又反覆尋繹乎？『茶飯懶應』，心自與身仇耳。

元美：『一燈清，炯炯淚珠痕。』即『嬌啼隱忍』之意。

『此歡竟莫遂，不知狂與羞』，是『笑譫迷』。

《唐書・柳公綽》：『太醫箴智實誘情，誰教天付與聰明？只合「懵騰」過此生。』若『眼懵騰』，則正爲聰明所誤。

『吾人少儔侶，住坐無儔匹。心期不會面，懷之成骨疾。』此則疾在『軟綿』處。

『入我相思門，知我相思苦』，爲『八法鍼』，一笑。元曲：『除非是俏泛兒勾牽，轆軸兒盤旋，鋼鑽兒鑽研。』真臘婦女最淫，産一二日即與夫合，宜矣。

摩登伽貪愛阿難，如來指示不净，使之厭離。《坊記》：婦人疾，問之，不問其疾，蓋恐是『腌臢症』也。項斯羞病難爲藥，若『丹的』時，正恐藥殺元氣，天不覺耳。

《魏書》：祖渠牧犍時，有罽賓沙門東入鄯善，自云能使鬼治病，使人多子。所用固『八法鍼、九還丹』耳。宰相楊再思言，昌宗治『丹』藥有大功，不知輸骨髓以助雞皮亦大功也。《唐書》：王勃，絳州人，卒年十九，通之孫也。嘗謂人子不可不知醫。時長安曹元有秘術，勃從之遊，盡得其要，其父福疇有譽兒癖，然如此兒真可譽也。白帶出於胞宫，精之餘也。淫濁出於二腸，水之濁也。婦人带下病多致不孕，故扁雀過邯鄲，自鳴帶下醫以治之。女人肝脈弦出魚際乃血盛無偶之症。有清欲湯，四物湯五錢，加油菜子二撮，經行後空心服即斷孕。經來起居則内滲而爲淋瀝，乘外邪而合陰陽則瘕生，有起居所使，小便出血者，有陰冷重墜者，熟艾熱裹入陰中，交接違理，出血作痛，亦治肝脾。又以亂髮、青布燒爲末滲之，止婦人交接他物所傷。雞冠血塗赤石脂滲，婦人傷於丈夫而頭痛，補中六味主之。小户嫁痛，甘草、生薑各五分，白芍四分，桂心二分，酒煎三四沸服。小麥、甘草煎湯洗，女人合多則瀝枯，虚人補弱，男宜壯脾節色補羸。女宜及時嫁，婦居幽閫，類多血氣不調，或胎創未愈而遽合。或登厠，風入其陰户，皆成痼疾。石瘕生於子門，入子藏則絶産，入胞絡則經閉。白凡治陰梗出痔漏。有穿臀穿陰者，俱屬肝脾腎症，子宫留穢觸之，則成下疳，生於莖端，初如粟粒，膿後作白，久不愈，必成楊梅。有生於玉門内者，但不痛爲異。足跟爲督脈發源之所，婦人跟痛乃肝脾腎血虚，婦人起居忍小便，水氣上逆而轉胞，亂髮燒灰，米醋湯調下。蠟油調滑石，塗入産門爲滑胎藥。或多交合使精血聚於胞中，以致産難。胞漿先下，急服大料，四物濃煎，葱湯熏洗，用油燭塗户内。小兒目睛緩視，大便臭穢，乃飲交感時乳所致。臍爲精根，風入關元則絶嗣。幼年手淫，無精可出，欲泄不泄，化爲膿血。傷寒男從臍受，女從陰受。疫症男從口過，女從陰過。又受風邪，及内寒，俱令陰中腫痛。『腌臢症』雖略臚列，而幽陰不遂之生病，非藥之所能療，軒農後起，必爲另設一法。后者，厚也，通用。若『龐兒没了四星』，則后而不厚，無足取矣。姜宸英『一自閒情無著處，北堂萱草最關心』，『玉娉婷』者念之哉。

王金壇：『魘語夢回嫌婢唤，惡愁懷抱恐兒知。』玩『是夢麽』三字，老夫人視夢爲渾閒事也。

飛卿：『更能何事銷芳念。』《筆麈》：以事勞心者，事受之。以理勞心者，理受之。惟以心勞心者，其心必傷，故曰『説起心疼』。

《北史》：巴俗好『道』，尤習老子之言，『只叫石道婆』殆沿鄉習。《元百種曲・魯莊公》劇云：『俺娘阿，我只道過中年人老朱顔改，那知他撲郎君虎瘦雄心在。又早愁看鬢蕭蕭生白髮，俺把那少年心瞥罷。』李白：『壯年不行樂，老大徒傷心。持此道密意，無令曠佳期。』『宛轉蛾眉能幾時，須臾白髮亂如絲。』夫人説，若『早有人家，敢没這病』，真乃知音。明世宗父在安陸藩，與致仕尚書鄭厚，欲聘其女爲世子妃，辭以臣女不欲令婚王室。及上即位，鄭不敢嫁其女，遂病死。其父畏事不嫁其女，固爲不慈，世宗不取入宫，亦不知情字之趣。干令寶《晋紀總論》：『先時而婚，任情而動，父兄不罪，天下莫非。』魏高允曰：『今皇子娶妻多出宫禁，諸王年十五便賜妻别居，然所配或少長差舛，或罪入掖廷。』楊椿有曾孫，爲之早娶，遂見玄孫，率多學，尚南齊文惠太子。武帝未弱冠時所生石虎，破鄴獲劉曜女，年十二，納而嬖之，生子世，遂立爲后。曜子胤美姿貌，年十歲，身長七尺五寸。北魏穆紹年十二，尚琅琊長公主。高澄尚静帝妹，時年十二。董偃年十三，通漢武妹館陶公主。陳主納麗華，華年十一旋即生子。東坡三十九納朝雲，雲年十二。知真臘指法之淺，則『秦蛾年十五，昨夜事公卿』，已非『學佩宜男，偷丸益母，欲語羞年小』之時，何必吟『雙眉畫未成，那能就郎抱，破顔君莫怪，嬌小不禁羞』矣。文友：『羅敷雖未有夫，還應念使君有婦。況妾未經十五，豆蔻心兒難吐。語劉郎桃花雖好，天台深處，多少香雲護。』可不必作。惟鳳洲《嘉靖宫詞》：『靈犀一點未曾通，憔悴春風雨露中。』則男老精微之害。

《笑林》：『姑問嫂何事嫁？曰「周公禮耳」。及還，曰「我罵你者説謊的」。』『父母行事，給子往隔壁王媽媽家，俄頃還，曰「王媽媽家也在彼如此動」。』云『古者』自是宋人習氣，然程伊川亦言，十五六苦於欲，反能不動，後則否。又言，始則云豈可以父母遺體作配下賤耳。

鄭谷：『一夜嬌啼緣底事，爲嫌衣少縷金花。』商堯藩：『霍家有女字成君，年少教人著綉裙。』則真『點點年紀知道甚麽』。

『初入長門宫，謂言君戲妾』，似『知道什麽』語，與劉得仁『白髮宫娃不解悲，滿頭猶白插花枝。曾緣玉貌君王寵，準擬人看似舊時』略同。

『自從鑾殿別，長門幾度春。不知金屋裏，更貯若爲人』，『長信多秋色，昭陽借月華。那堪閉永巷，聞道選良家』，則已『知道什麽』矣。

坡：『秦王十八已龍飛。』唐人：賈生十八言何事？漢明帝馬后，扶風人，身長八尺，十歲即能御僮婢。陳宣帝柳后，河東人，長七尺二寸，九歲即能幹理家事。孫策年十五，美姿容，好笑語，故士民見者無不盡心。北齊高洋于兄澄第五子紹義，年十二，猶騎置腹上，令溺己臍中。然瑯琊王儼爲中丞，坐殿視事，悉依魏典，諸父王公皆拜，後矯詔誅和士開，死年十四，後主謚爲楚恭哀帝，以慰太后。妃文宣李后侄女，進爲楚帝后，有遺腹四男。魏陸琇曰：『苟非鬥力，何患童稚？』周武平齊還，謂韋孝寬曰：『人言老人多智，然朕惟共少年一舉平賊。』秦王年十六，羅士信年十四，李勳年十五，杜伏威年十六，徐世勣年十七，乃至渾瑊年十二，而以邊功拜太師，封王。覺今人動輒以『哇兒』視其子，子亦以哇兒自居之，不學無術。

經云：『若男魂來，於母起愛，於父起恚，作如是念。若彼丈夫離此處者，我當與此女人交合。作是念已顛倒，想生見彼丈夫遠離此處，尋自見與女人和合。父母交合，精血出時，爾時父母貪愛俱極，便謂父精是所自有，見已生喜，而便迷悶，以迷悶，故中有粗重，既粗重已，便入母胎。自見已身在母腹内，向腹蹲坐。女魂於父起愛，亦爾魂入陰殼，猶火麗薪，幼認字義，長無以異，是以千劫爲繫驢樁。』一個哇兒甚七情，誠乃腐儒夢話。

余有《十索》詩云：『兒已及娘眉，娘猶貪膝上。終日綉鴛鴦，從娘索多樣。姑望子成名，教郎住書館。乘醉昵姑床，從姑索酣暖。』又有《小星十索》：『不應蓮底汗，長遺妾嗚咽。佯魘伸儂足，從伊索鼻尖。』俱艷絶。

《中郎集》：聞之王母，王父隱而豪者也。王母撫余姊弟五人，余兄弟得儁，曰『天高地遠以有今日』。

病時望兒輩，余妹冠進賢拜床下曰『兒歸矣』。此『珠』真堪掌上擎。

元曲『孩兒是娘的脚後跟』『半邊兒是全家命』，所謂恩身者，仇心也。

『慘碧愁黄堆幾尺』，『病』焉得『輕』。

韋敻子世康，尚周文女襄樂公主，刺史絳州，與諸弟書云：『况娘春秋已高。』隋廢太子曰：『娘竟不與我一好婦女，亦是可恨。』指皇后侍兒曰『皆我物』。『世間只有娘憐女』，宜《河圖》挺佐輔有『百歲之後，地高天下，人知其母，不知其父』之讖矣。商子曰：『民知母不知父，其道愛私。』齊邱子曰：『禽獸之性，隨母而不隨父，戎羯之禮，事母而不事父。』人有疾痛，呼母而不呼父，是以趙嬈王聖亦極尊榮。逮於魏之常寶，遂稱爲保太后，大疑大政，令群臣於前評議。史臣謂，雖事乖典禮，而觀過知仁。誦孫綽《感昔有恃》『望晨遲顔，婉孌懷袖，極願盡歡』句，畫出嬌癡猶向娘懷倒意。恨不能如鮌之爲魚，其子既有驚，必歸母，還入其腹耳。繼子得食，肥而不澤。獨魏高祖於文明，既非所出，又嘗欲廢之，至單衣閉室，杖之數十，顧纏綿哀慕山陵，尚擬相從，雖恭己無爲。賴慈英亦『娘憐』異於父愛耳。獨是母如欒盈，母女如盧蒲姜者，世頗有之。益欲誦坡公『斜日照孤隙，方知空有塵。微風動衆竅，誰信我忘身。一笑問兒子，與汝定何親』之詩。

第十七齣　道覌

【風入松】（净扮老道姑上）人間嫁娶苦奔忙，只爲有陰陽。問天，天從來不具人身相，只得來道扮男妝，屈指有四句之上。當人生，夢一場。

〔集唐〕紫府空歌碧落寒李群玉，竹石如山不敢安杜甫。長恨人心不如石劉禹錫，每逢佳處便開看韓愈。

貧道紫陽宫石仙姑是也。俗家原不姓石，則因生爲石女，爲人所棄，故號『石姑』。思想起來，要還俗，《百家姓》上有俺一家；論出身，《千字文》中有俺數句。天呵，非是俺『求古尋論』，恰正是『史魚秉直』。俺因何住在這樓觀飛驚，打并的勞謙謹勅？看修行似福緣善慶，論因果是禍因惡積。有甚麽榮業所基，幾輩兒林皋幸即。生下俺形端表正，那些性静情逸。大便孔似園莽抽條，小净處也渠荷滴瀝。只那些兒正好叉著口，鉅野洞庭；偏和你滅了縫，崑池碣石。雖則石路上可以路俠槐卿，石田中怎生我藝黍稷。難道嫁人家空谷傳聲？則好守娘家孝當竭力。可奈不由人諸姑伯叔，聒噪俺入奉母儀。母親説，你内才兒雖然守真志滿，外像兒毛施淑姿，是人家有個上和下睦，偏你石二姐没個夫唱婦隨。便請了個有口齒的媒人，信使可復；許了個大鼻子的女婿，器欲難量。則見不多時，那人家下定了。説道，選擇了一年上日月盈昃，配定了八字兒辰宿列張。他過的禮，金生麗水；俺上了轎，玉出崑岡。遮臉的紈扇圓潔，引路的銀燭煒煌。那新郎好不打扮的頭直上高冠陪輦，咱新人一般排比了腰兒下束帶矜莊。請了些親戚故舊，半路上接杯舉觴。請新人升階納陛，叫女伴們侍巾帷房。合巹的弦歌酒讌，撒帳的詩讚羔羊。把俺做新人嘴臉兒一寸寸鑒貌辨色，將俺那寶妝奩一件件都寓目囊箱。早是二更時分，新郎緊上來了。替俺說，俺兩口兒活像鳴鳳在竹，一時間就要白駒食場。則見被窩兒蓋此身髮，燈影裏褪盡了這幾件乃服衣裳。天呵，瞧了他那驢騾犢特，教俺好一會悚懼恐惶。那新郎見我害怕，説道，新人，你年紀不少了，閏餘成歲。俺可也不使狠，和你慢慢的律呂調陽。俺聽了，口不應，心兒裏笑著。新郎，新郎，任你矯手頓足，你可也靡恃己長。三更四更了，他則待陽臺上雲騰致雨，怎生巫峽内露結爲霜？他一時摸不出路數兒，道是怎的？快取亮來。側著腦要右通廣内，嗒著眼在藍笋象床。那時節俺口不説，心下好不冷笑。新郎，新郎，俺這件東西，則許你徘徊瞻眺，怎許你適口充腸？如此者幾度了，惱得他氣不分的嘴勞刀俊乂密勿，累的他鑿不竅皮混沌的天地玄黄。和他整夜價則是寸陰是競，待講起，醜煞那屬耳垣墻。幾番待懸梁，待投河，免其指斥。若還用刀鑽，用線藥，豈敢毀傷？便搽做趄了交索居閒處，甚法兒取他意悦豫且康？有了有了，他没奈何央及煞後庭花背邙面洛，俺也則得且隨順乾荷葉和他秋收冬藏。哎喲，對面兒做個女慕貞潔，轉腰兒到做了男效才良。雖則暫時間釋紛利俗，畢竟情意兒四大五常。要留俺，怕誤了他嫡後嗣續；要嫁了俺，怕人笑饑厭糟糠。這時節俺也索勸他了，官人，官人，少不得請一房妾御績紡，省你氣那鳥官人皇。俺情願推位讓國，則要你得能莫忘。後來當真討一個了。没多時做小的寵增抗極，反撚去俺爲正的率賓歸王。不怨他，只省躬譏誡。出了家罷，俺則垂拱平章。若論這道院裏，昔年也不甚宫殿盤鬱。到老身，纔開闢了宇宙洪荒。畫真武劍號巨闕，步北斗珠稱夜光。奉香供果珍李柰，把齋素也是菜重芥薑。世間味識得破海鹹河淡，人中網逃得出鱗潛羽翔。俺這出了家呵，把那幾年前做新郎的臭粘涎骸垢想浴，將俺即世裏做老婆的乾柴火執熱願凉。則可惜做觀主遊鵾獨運，也要知觀的顧答審詳。赴會的都要具膳餐飯，行脚的也要老少異糧。怎生觀中再没個人兒？也都則是沈默寂寥，全不會啑喋簡要。俺老將來年矢每催，鏡兒裏晦魄環照。硬配不上仕女圖馳譽丹青，也要接的著仙真傳堅持雅操。懶雲遊東西二京，端一味坐朝問道。女冠子有幾個同氣連枝，騷道士不與他工顰妍笑。怕了他暗地虎布射遼丸，則守著寒水魚鉤巧任釣。使唤的只一個猶子比兒，叫做癩頭黿愚蒙等誚。（内）姑娘罵俺哩！俺是個妙人兒！（净）好不羞！殆辱近耻，到誇奬你並皆佳妙。（内）杜太爺，皂隸拿姑娘哩！（净）爲甚麽？（内）説你是個賊道。（净）咳。便道那府牌來杜櫜鍾隸，把俺做女妖看誅斬賊盜。俺可也散慮逍遥，不用你這般虚輝朗耀。（丑扮府差上）承差府堂上，提名仙觀中。（見介）（净）府牌哥，爲何而來？

【大迓鼓】（丑）府主坐黄堂，夫人傳示，衙内敲梆。知他小姐年多長，染一疾，半年光。（净）俺不是女科。（丑）請你修齋，一會祈禳。

【前腔】（净）俺仙家有禁方。小小靈符，帶在身傍。教他刻下人無恙。（丑）有這等靈符，快行動些。（行介）（净）叫童兒。（内應介）（净）好看守卧雲房，殿上無人，仔細燈香。（内）知道了。

紫微宮女夜焚香。王建
猶有真妃長命縷。司空圖
古觀雲根路已荒。釋皎然
九天無事莫推忙。曹唐

第十七齣 《道覡》批語

『紫府』喻女根色，『碧落』喻豪，『竹』喻男根。以女根爲『紫陽宫』，切極。元人已有『一脚騰空上紫雲』語。『魚直』亦似女根，『飛鷩』喻女兩扉，喻男挺末。『形端表正』指女根言。『紈扇』喻女兩輔，『銀燭』及『直上高冠』俱喻男根。『半路』喻身半以下，『杯觴』亦喻女根。『合巹』喻兩扉合，『撤帳』喻兩扉開。『弦歌』字妙。『被窩』乃喻女根。『身髮』喻毫，『霞』喻男根，故有自稱妙人之語。『虚輝朗耀』仍喻男根。『乾荷葉』、脆柳枝，亦見元曲。『府主』喻男根，『衙内敲梆』喻其事。『刻下』猶言刻畫下身，『卧雲房』喻女根又極妙麗。『燈』喻女根，『香』喻男根。『雲根』喻女花頭。『真一』之真代筋。『妃』可代飛。『縷』喻合之可爲一束也。『天』喻深處，『無事』猶言不至傷損，『莫推』女手莫推也。

雷次宗《豫章古今記》：『石姑宫』在上遼。婦以圖帛作裙，一日誤燒，問婢損何處，曰『正燒著火雲寺門』，是紫陽宫等來處。

『古人已冥冥，今人又瞢瞢』，皆自『嫁娶』貽之禍。

『陽』施正氣，萬物化生。『陰』爲之主，群形乃立。『陽』用其精，陰用其形。府『陽』浮行於表，藏陰沈寒主裏。諸『陽』俱在於面，而五藏之『陰』其俞在背。彼家之法，每夜必令人擁背，女擁又不如幼男云。

坡贈辨才：『羡師遊戲浮漚間，笑我榮枯彈指内。』唐梁鍠《傀儡詩》：『須臾弄罷寂無事，還似「人生夢一場」。」彈指榮枯浮漚游戲，恰似『嫁委奔忙』，而須臾弄罷，則觀之不足，賞遍亦惘，回家興在閒難過遣矣。『夢』之所不如真者，以石姑亦不禁其做『夢』也。若弄罷即寂，『夢』亦何減於真，李後主『『夢』裏不知身是客』。後半『場』尤墮惡趣。

『苦薏與甘菊，芳馨共爲伍。同是歲寒花，其中有甘苦』。『夢一場』稍甘，『當夢一場』更苦，須知化『石』心難定，却是爲雲分易甘，坡所謂幽處得小展也。故言女不傷春，除非使之盡石。

漢惠帝時，京洛有人兼男女體，兩用人道。《晉史》：惠懷之世，京師有人兼男女體，亦能兩用人道。《七修類稿》載，杭友蘇民詗娶一妾，下半月女形，上半月則陰户出陽勢矣。《玉曆通志》載，心房二宿，具男女二形，婦人感之而孕，男女亦具二形也。粵西獞住元謀，善變幻，上半月爲男，下半月爲女，好事者俱演爲劇。《大般若經》：有五種黄門，爲人中惡趣，陽根不滿名扇褫半擇遊。《醫經》：有子門不端，及五種無花之婦，不堪世用。螺者牝户斜紐如螺，直刺不入。紋者花頭僅容小管。鼓者花頭繃緊，無路可刺。角者花頭尖小如角。兩兩相較，何物之不齊也。余皇《日疏》：海中所産多類人，玄羅類人足，戚車類男陰，淡菜類女陰。誠齋《雜記》：海人魚眉、目、鼻、手、足悉如美女，皮肉白如玉，灌少酒便如桃花，髮如馬尾，長五六尺，陰形與男女無異。臨海鰥寡多取養池沼，藥染其髮，交合之際，小不異人，殆黄門『石女』怨氣所化歟？

元人詩：『東鄰女伴真驕劣，偷解裙腰竟不知。』寫被人『開看』，蘊藉可畫。宋人詞『日長無事可思量，坐來惟覺情無極』，又『問君終日怎安排』，心眼『開看』，自不容已，然每便『開看』則無明無夜只自形相矣。

經典浴便溺時，不得下視僻處，隱而窺之，能無面赭？蓋婦人除却窮忙，無暇『開看』則已，若白日無時自看，無有不思春者。如麗娘等聰明女兒，至十四五歲，必無不暗地捫看者，時捫看矣，得不思春？

遺山：『守宫一著死生休，狗走雞飛莫爲女。』唐時女士被選入宫，即試以《守宫論》。論曰：『甚矣，秦之無道也，宫何必守哉？』『暮夜持香臂，佯羞謝皎童，歸來花月畔，淚漬守宫紅。』齊俗長女不嫁，爲家守祠，緑窗青閨之彦，亦迫於世之毁譽而不易其操耳。況亦知江南與江北，紅樓無處無傾國，妾身爲『石』良不惜，君心如『石』那可得？『開看』之時，應有恨甚於此姑者。

因事改『姓』，固作書化板爲活之法，亦自淹通青史中得來。人以玉茗爲戲，不知姓譜皆戲耳，所自來豈皆實乎？不但夷夏之裔久混一區，亦鰻生螟育，何可紀極！古者異德爲異氣，異氣者異姓。石勒指石爲姓，石崇姪孫樸没於石勒，以與同姓，引爲宗室，位至司徒。苻秦初因池中有蒲，謂之蒲家，遂以爲姓。劉淵以遠祖是漢甥，姓母姓。隋《高構傳》：有啞女之野，爲人所犯，生男不知姓，於是申省，構判曰：『母不能言，窮究理絶，按《風俗通》，姓有九種，此兒生於武鄉，可以武爲姓。』梁武侄正德以奸掠人妻，賜姓悖氏。又德妹長樂主，適陳郡謝禧，德有之，呼柳夫人，生二子焉，二子何姓？北魏世祖謂秃髮傉檀曰：『卿與朕源同，因事分姓，今可爲源氏。』《南史》：東昏潘妃，本姓俞，王敬則處奪來者，其父亦從改姓焉。南唐既復姓李，群臣以信王妃父南平王亦姓李，請停婚，詔曰：『太尉國之元老，婚不可停，信王妃可氏南平。』突厥既人與牝狼所生，其祖泥師都既别禀異氣，妻一孕四男，至都亦有十妻，所生子皆以母姓。阿史那，其一也。《晉書》：呼延氏、蘭氏、喬氏，皆五部胡也。唐安寧遠，元魏時破洛河，天寶時帝以外家姓，賜其王姓竇。突厥攝圖可汗妻，周趙王招女也，隋禪自請改姓，乞爲帝女。韋孝寬世爲三輔著姓，而與族弟瑱，並賜姓宇文。韋鼎入隋，文帝曰：『韋世康於公遠近？』曰：『南北分派，未嘗訪聞。』乃令與康還杜陵，遂考校昭穆，爲韋氏譜。高熲父賓，棄齊官奔西魏，獨孤信引爲僚佐，賜姓獨孤氏。隋后以賓父之故吏常往來其家。獨孤楷本姓別，齊敗沙苑，爲信所擒，給使信家，因賜姓焉。爲宇文護執刀，賜爵縣公。人臣亦得賜姓，尤奇。隋周摇初姓普，乃與魏同源，及居洛陽，改爲周氏。楊義臣本代人，姓尉遲。父征突厥死，故養於宮中，編之屬籍，爲王從孫。王世充本西域胡，祖頹禪，徙居新豐，死，妻與儀同王粲野合，生子曰瓊粲，遂納爲小妻。充父收隨母，因姓王氏。魏昭成五世孫元景安，隨孝武入關，臨陣東歸，上疏宗議，請姓高氏，知欲誅諸元也，後家屬徙彭城，遂姓高氏。洛陽高隆之爲姑婿，高氏所養，因從其姓。高歡命爲弟領大宗正，昭成六世孫元文遥隱林慮山，高澄徵爲功曹，宣傳文武號令。武成時爲僕射侍中，多令宣勅，聲韵高朗，然探測上旨，時有委巷之言，賜姓高氏，籍屬宗正。子弟依例，歲時入廟。周文帝時，武帝與齊王不利居宮中，令於河西郡公李賢家處之，六載乃還。因賜賢妻吴姓，宇文氏養爲侄女。又以十一王達，令賢弟遠子之。隋文第二弟瓚，美姿容，妻周武帝妹，數不平，禪後鬱鬱，陰有咒詛，宇文氏竟絶屬籍，瓚從幸西園遇酖，卒年四十四。平齊之役，諸王咸從，留瓚居守。兄整從平齊，力戰死，娶尉遲綱女，與獨孤后不相諧。開皇中，子智積請葬尉遲太妃，帝曰：『昔幾殺我，我有同生二弟，並倚婦家勢，常憎疾我，我向笑之云：爾既嗔我，不可與爾争嗔。』時有醫師逐勢，言我百日後當病顛，二弟私喜，以告父母，父母泣謂我曰：「爾二弟太劇，不能愛兄。」我因言一旦有天下，當改其姓爲悖，父母許我此言。父母亡後，二弟及婦又讒於晋公，於時每還，如見獄門，常不喜入，托以恚氣，常鎖閣静坐，每聞云：「復未耶？」當時實不可耐，羡人無兄弟。』世間兄弟相争者，由争名利故也。又隋文從弟弘父母在鄴，懼爲齊誅，因假外家姓爲郭氏。司馬懿子亮、孫宗，過江爲宗正，謀反，庾亮收殺之，貶其族爲馬氏。武后改王后姓爲蟒，蕭妃姓爲梟，異母兄子姓爲蝮，唐氏諸王姓爲虺。永樂時，蒙古入貢，賜以吴姓、柴姓、楊姓，亦奇。至也先又賜名金忠。

情根枯斷幻雲空，仍舊『渠荷滴瀝』，則石之業。

『滅縫』各有不同。幽閉之法，用椎擊婦腹，即有一物墜蔽其户。今患陰癩者，亦有物蔽之，甚而露出於外。

海者天之積虚，故謂之天牝。『正好叉口』及『廣内』字，與細腰挨遥映成笑。非造物故使其廣，以致美滿者稀，實因爲男女生育之位也。

《晋書》志：大宛國婚姻，以三婢試之，不男者絶昏。明選駙馬，錦衣視其隱處，少陰老陽即舉不堅不能摇動，必令女目盲。女欲而男未能，及能而女興已過，必傷其心，令經不調。一婢尚不可信，况徒據『大鼻』耶。

後漢末，魏郡欒巴爲閹人，素有道術，能役鬼神。後陽氣通暢，白上乞退，復仕至太守、尚書，子賀亦爲太守。『偏没唱隨』，安得盡然？漢之權閹，嬙媛侍兒充備綺室。後《魏書》：閹人張宗之，始納南來殷孝祖妻蕭氏，多悉婦人儀飾故事。《北史·宦者傳序》：親由褻狎，魏世多矣，齊末又甚焉，乃自書契以來未之有也。其宦者之徒，醜聲穢跡，千端萬緒，事缺而不書，略存其姓名云。閹劉騰妻魏氏，靈后恒引其妻入內，又頗役嬪御，公然受納。崔亮托妻劉氏傾身事之，故位顯赫，神獸門外有朝貴憩息所，此輩就階升騎，飛鞭競走，至驕貴如唐趙韓駱，皆隱廳趨避。《五代史·宦者傳》：唐末方鎮僭擬，悉以宦官給事，而吴越最多。莊宗立詔，故唐宦者悉送京師。明宗又詔天下悉捕宦者殺之，多亡竄山谷，削髮爲浮屠。《豪異秘録》：齊末中官，自文宣令彭城王婦服以爲嬪御之後，多招取幼童，托言皆二儀子，率家二百人，令弓足爲女裝，啑其精，日三十人，十日而復。年過十六，即資遣歸娶，或以餉富人，既廣妻娶，則以此輩平其怨曠。又男爲女淫，使弓足者，以男事供養，已裸拜祀狐家，置裸室於浴堂，奪來婦女意不順者，裸鑰其中。令嫗監亦裸而守之，聞召則裸扛至前，以其足㢲獻著已鼻。每宴同類，使婦裸舞。又一壯婦，袾體持一裸婦，代械戲舞勸賓，就婦乳飲，喧譁違格者，罰飲婦人濯足酒。又各家婦於浴堂爲裸會，互相比視稱量記頌，有私乳、屏足、四狀元，作閨刑，有剃毛、淋溺、舔了、咀蝶、飲溺、吮足、戴鞋、做馬、打肉丁、趯響、定肉、夾棍、足絹牽頸、畫髒著口等目。《唐書·力士傳》：河間吕元晤官京師，力士娶其女，國姝，遂擢晤至少卿。肅宗爲李輔國娶元擢女爲妻，以故擢弟兄皆位臺省。『偏没唱隨』，偏要唱隨。使不爲厥配，置弓足面首，則吕元諸氏雖欲如石姑之背邛亦不能矣。又北魏時，瑶光寺尼工奪婿。明于慎行《筆塵》：漢時宫中有對食，釋其字義，當是以竅對竅，互吸精氣也。人間既有善巧方便之法，則石姑取多男而背邛亦可，取多婦而對食亦可。

北俗婚夕，男女不相避嫌。《抱朴子》有戲婦之法，脱履而規其足，問以醜言，責以慢對。北齊婦人爲戲女婿法，風俗遷訛，豈一事耶？

《唐書》：夜郎爨不育女自以姓高，不可以嫁人，因其『悚懼恐惶』，不令見『驢騾犢特』，極是。其俗女歸夫家，夫慚澀避之，旬日乃出，豈不『驢騾犢特』故反『悚懼恐惶』耶？東女國乃羌别種，有八十城。以女爲君王，有侍女數百，或姑死婦繼，無簒奪。俗輕男子，但令耕戰，女貴者，咸有侍男。子從母姓，舐足爲禮，風俗太秪與天竺同。武后時來請官號，册爲將軍，賜瑞錦服，天授間王。及子再來朝，詔與宰相宴曲江。自失河隴，悉爲吐番羈屬，則雖『驢騾犢特』，見慣渾閒事矣。南平獠，女多男少，婚法女先以貨求男。驃國西有裸蠻，男少女多，或十或五共養一男。即中國九州，亦有其民。五男三女、三男五女之處，顧不得『悚懼恐惶』，正要那『驢騾犢特』矣。

『雪垂白肉，風蹙蘭筋』，杜工部之咏馬也。阮亭則有『肉怒垂星圓，筋暴陰虹直』，並可移以贈『驢』也。曲家悟此，當知世無褻語不可文言。姑能捉塵而談，當微吟髯仙『腰間玉具高柱頣』之句。《南史》：孝武子廢帝，嘗目叔褘爲『驢』，孝武以其言類，遂封爲廬陵王。廢帝又呼叔明帝爲猪，土盛以籠。後謝靈運孫超宗爲齊南郡王司馬，曰：『既是驢府，正應爲司「驢」。』使外『驢』而内不『驢』，並婦人不懼矣。

王金壇：『古者石交人，定交杵與臼。』屠緯真云，今持文柄者，率愛少孌而賤老成。魏張彫武，中山北平人，故護軍長史元則停其宅，武以美貌，故偏被教。『世間欲斷鍾情路，男女分開住。掘條深塹在中間，使他終身不度』，是非開自有『乾荷葉』，而此塹亦無庸矣。沈約曰：『上古淳民未漓，情嗜疎寡。』繁欽曰：『伏惟聖體，兼愛好奇，自極意櫻桃，忘情豆蔻，丹穴與黄庭，遂有迭擅之運。』觀《鶯聽録》所載，《黄庭經》萬餘言，幾於不顧地獄，謂論理自是不該，論情則生可死，死可生，男可女，女亦可男，局於死生男女之説者，皆形骸之論也。可行情事之處，皆爲樂窟，身歷方知男女雖殊，情只一解，但無才者，無情耳。大腸主津，小腸主液，『乾荷葉』之説亦不然，惟開元中歲遣使採擇天下姝好，納之後宫，可憐並『乾荷葉』也無分。

羨門：『情外花梢，豆蔻含春色。風狂雨驟相狼藉。懊惱錦屏空，胭脂滿地紅。諸姨偷覷著，調笑多輕薄。一曲後庭花，前身張麗華。』王金壇：『愛郎珍惜只儂知，難忘霞侵月滿時。可記鬢邊花落下，半身暖日靠闌干。』皆『背邛面洛』意。吾尤賞其『含春色』三字，更顯出『花梢』二字之妙。《蜀主本紀》：武都丈夫化爲女子，蜀王納以爲妃。『石』姑有『背』，反勝貞女。化爲石，終古孤身雙不得，正不必化爲丈夫也。

唐詩：『鄂君香被事難窮，綉被難分事可憐。』遂爲人間萬不能廢之法。宣和時，都城賣青果男子孕而誕子。女人生子，有從大孔出者。又交腸病，糞出於前。男女皆有子宫，即氣海，即血室，即命門。皆上連心，下連腎，前旁光，後肛腸。賣青果者，應是肛腸偶然居側耳。男若泄精，女取舐之，欲心而飲，即便懷胎。『背昂而樂』即不誤人『嗣續』可也。

『宫中養女爲子孫，歲歲年年作寒食。』東坡知空信忘身一笑，問子汝何親。蒲州裴寂爲晋陽宫監，唐祖父子舊與結好。及兵起，進宫女五百，米千萬斛。後每朝，必引寂坐，入閤則延卧内。詔三貴妃賚王食宴其家，又聘其女爲趙王妃，子律師嗣，尚臨海公主，史臣論其事以串昵顯此一閹也。雖獻宫女是其無用物，然不害其女妃男主。高力士女頗能言禁中事，年狀差似代宗沈后。閹官既有女，石姑何妨有兒耶？

王武俱并州人，故武后得自在引納後宫，以撓蕭淑妃。寵而下詞，降體以事主。后柔屈不耻，以就大事，帝謂能奉己伺后。所薄必款結之，后顧不知其險，而毁短之。『省躬知誡』極是。

『仙妻難再得，后羿只長嘆』，『出了家』難説『罷』。

北魏有尼寺，視宫内如掌中，臨京師若家庭，得往觀者，以爲天堂。不遊『東西二京』，焉知『宫殿盤鬱』？梁武太清元年，海中有浮鵠山，去餘姚岸可千餘里，上有女人，年三百歲，有女官道士四五百人，年皆出百。北魏時，至皇太后出俗爲尼，高祖馮后因姊昭儀争寵爲尼。世宗崩，高太后欲害胡后，胡立而高爲尼，稱尼太后。武成鞭嫂，李后載送妙勝寺爲尼。陳後主沈后，唐時猶在武進爲尼。明皇妹表玄宗曰：『妾於天下不爲賤，何必名繫主號然後爲貴？請入數百家之産，延十年之命。』上知主意，乃許之，寶應時薨。其姊金山公主及明皇女萬安公主，俱爲女道士。明皇女楚國公主，嫁吴澄，興元時請爲道士，詔可。代宗女華陽公主，韶悟過人，大曆七年丐爲道士，號瓊花真人。德宗女文安公主，丐爲道士。憲宗女永嘉公主、永安公主，穆宗女義興公主、安康公主俱爲道士。趙普妻，太祖呼爲嫂，女亦加郡主之號，而普妻女同請爲尼。真宗時，太宗孫允良夫人錢氏以與夫不協，度爲洞真道士。仁宗郭后與楊尚忿争，誤批上頰，廢爲玉京冲妙仙師。明京師皇姑寺尼姑、道姑並處。《宋史》有熙寧修女道士給賜式一卷。知玉茗雖用一姑，亦嘗論世也。司空圖：『世間不爲蛾眉誤，海上方應鶴背吟。』王右丞：『一生幾許傷心事，不向空門何處消？』『出了家呵』，只恨不能往浮鵠山耳。惟武攸止女惠妃生壽王，養於寧王邸，王妃元氏親乳主。及帝别爲王納韋昭訓女，使楊氏自請爲道士。楊時十七，帝五十三，則『殆欲近耻』也。

『執熱』二字，深嘲女道，即堅持雅操者，執彼熱根鮮復『願凉』。《南史》：梁王蕭誉畏見婦人，相見數步遥聞其臭。經御婦人之衣，不復更著。臭者，心之所走。『臭粘涎』，經所謂摩觸出不净。石姑『想浴』，浴黄庭可也。若太宗、玄宗之年年幸温湯，如意大足，且幸汝洲温湯，則妃主雜糅，靈液澹蕩，心入目鎸，交窺互賞，正恐垢愈濯而欲愈熾矣。

北齊文宣令諸術士合九轉丹成，曰：『我貪人間樂，不能飛上天，待臨死時取服。』漢《藝文志》有房中八家，百八十六卷。言房中者，性情之極迷者，弗顧則生疾而隕命。《抱朴子》：天地得交接之道，故無終竟之限；人失交接之道，故有傷殘之期。以六經訓俗士，以方術授知音。雖曰房中，而房中之法十餘家，房中之術近有百餘事。我命從來本自然，果然由我不由天，誠守銀房觀上苑，紅蓮花發是天魂。須將死户爲生户，莫把生門當死門。元有上陽子，以意傅會采陰術，李日華謂此術縱有，必源於老狐，非人類所當言。漢武時有神君儀君。孟昶母，唐明宗女瓊花公主，好房中法。甘始、東郭、延年、封君達、冷壽光之類，皆方士能容成術者，操皆録問行之。李德裕好修房中之術。嚴分宜等，終日講房中之術，以媚上而已，謂之肉灶燒丹，借廳修養。王鳳洲《嘉靖宫詞》：『黎園子弟鬢如霜，十部龜兹九部荒。妒殺女冠諸侍者，大羅天上奏霓裳。』王維：『無有一法真，無有一法「垢」。』照鄰：『我有壺中要，題爲物外篇。』翁山：君欲輕身成大藥，莫辭多嚙女唇丹，我言素女即丹砂，有金且買東方妾。謂既不離真，亦不舍妄，縱横遊戲，具大神通。能使元神出入二竅，正凶暴而淫毒，則成羅刹；抱欲而修行，則成魔道。狄梁公所謂『身自納妻，謂無彼我。皆托佛法，詿誤生人』者妄云。到無爲處無不爲，借問青天我是誰？豈知東土西母各居天，不聞夜夜連床卧耶！漢《禮儀志》，仲舒上江都王求雨方。令諸巫母大小皆相聚。丈夫無能相從飲食，令吏妻往視，極是。

《禪林實語》云：『真觀寶高才博學，性托夷簡，不視邪色，要其心固有所待。一日遇僧如公，相之曰：「君相淡泊，取菩薩位如拾芥耳，第淫根未斷，奈何？」曰：「師言知我，若素志一遂，天下浮華不足棄也。」僧即偈曰：「世有男女相，此人自分別。以佛視淫欲，如蚊蚋交感。譬如兩木機，無增亦無減。汝若發菩提，往事如空花。天女本來净，魔登淫第一。今各成正果，淫净無分別。誠使取净淫，追尋了無得。如何空花相，轉展謂真實。此是衆生心，汝何固執著？净淫無差別，即汝妙明心。」』然其所以異於機木，而罪在天公開花者，正以遍界人物由此事生育耳。

充塞世間，並屍堆糞壤耳。叨利天人與此界中同一地居，而下詣半空輒云『臭』穢，非虚語也。吾輩凡夫，乃至一身之内，及諸眷屬，朝昏熏盟，液汗不流，則香；小嬰病苦，肌毛孔罅間雪諸不净，則『臭』。獨以業識障，不信他國土有蓮花。父母逼處娑婆界内，累千萬劫，以染爲净，以苦爲樂，真大痛也。即有口念彌陀者，而身與心所耽，並是彼佛世界，烏有之人，烏有之事。石頭曰：『我此法門不論禪空解脱，惟達佛之知見。大象不遊兔徑，長鯨不入鯢網，非有揀擇去取也，彼淺與小，安放廣大身不下，自不容不别行耳。否則雖生爲國王，索頭總在别人手裏，一旦牽向不可知處，蓋乞而食則得，不得悉聽外緣。而所得食，又實破吝者之慳，起達人之信，故一缽於家，是衲僧勝事。奈何今之尼僧，盡昧其旨。若覺得國王宰官家千萬劬勞，尚有少分可愛，樂放不落處，則此苦直至劫終，或劫終而苦不終。畢竟軟暖易於孤危，娑婆世界中，人易發心者此耳。使世間好處，一向固若南山，雖至窮劫，寧復有一人向冷灰裏著脚乎？即開門七事相煎，亦債主怨家相似。出世之苦，必竟是樂。世間之樂，畢竟是苦。』閻浮界四洲，惟北俱盧人壽並千歲，服食妙好，隨心立至，視化樂天。而有志之士，誓不往生，謂其人没溺利風，不興一念，求見聖人，諸大聖人亦遂不生其國。嗟乎，彈指頓超無量劫，殷勤肯奉百年身。擬煎白石平明吃，不擬教人哭此身。學取大羅些子法，免教松下作孤墳。離床而蠅營，就床而鴛變，遊魂一去，曙天不來。乍喜衾温，漸催骨冷。女色繫縛，百千萬劫，諦察深思，難可附近。當生厭患，常若遠離，況有卧房同幻蜃耶？大雄門中全是巧鎔惡見，不見惡相，事到無可奈何，皆是催人作祖。無奈衆生到極處，又不肯發出世大心。

《晋史》：梁末荆州女越姥，法服不嫁，常隨陸法和往來，私好十有餘年。法和離後，别更他淫。有司考驗並寔，因遂改嫁，生子數人。武后時河内老尼，亦畜弟子數百人。女冠耿先生，玉貌，能黄白術，入南唐宫，得幸於玄宗，而有孕，大欲了不異人。《朝野遺記》：婕妤曹氏姊妹，通籍禁中，皆爲女冠。賜號虚無先生者，左右街都道録者，皆厚於侂胄，或謂亦與之狎，皆『工顰妍笑』之尤者，不獨魚玄機『自吟半醉起梳頭』矣。

漢武時，女巫楚服與陳皇后寢居相愛，又有長陵徐氏等號神君儀君，貴人公主慕其術。東晋會稽王爲相時，尼姑姏母，尤所喜愛。南齊東昏時，師巫尼媪，出入紛紜。宋南郡王義宣後房千餘，尼媪數百，男女三百。魏初祭天神，皆女巫行事，后率六官肅拜。初祭孔子廟，亦有妖覡。隋太常所隸有女巫八人，文帝祀家廟，亦用女巫，如生人禮。南宋女巫嚴道育夫爲劫，坐没入奚官，元凶姊東陽公主，與劭並惑信之，號曰天師，與謀逆。孝武弟竟陵王誕疏上，禕往巫鄭師憐家咒詛。南齊廢帝嘗令女巫楊氏速求天位，父死謂是楊力，號曰楊婆。齊少帝問蕭坦之：『聞人欲廢我，有諸？』曰：『何至是，當是諸尼師母言耳。』臨淮王敬則以手弑宋帝，爲齊領軍大司馬，母爲女巫。陳後主張麗華，聚諸女巫於宫中。樂浪王誼，周文帝母之侄孫也，爲襄州總管，以平尉遲回，党隋文，以第五女妻其子奉孝，即蘭陵王也。隋文將幸岐州，曰：『陛下初臨萬國，人情未洽，何用此行？』帝曰：『吾昔與公位望齊等，一旦屈節爲臣，或當耻愧。是行也，振揚威武，欲以服公心耳。』後與柱國元諧俱失意，言論醜惡，帝責其巫覡盈門，年四十六賜死。《明史》：琉球重巫，洪武二十五年，入貢有女師。生姑、魯妹二人亦來。煬帝祀恒嶽，有道士女官數十人，於讀中設醮。《唐書》：王璵，方慶六世孫，玄宗好神仙，以爲祠祭，使漢以來，喪葬皆有瘞錢，後世里俗，稍以紙寓錢爲鬼事，至是璵乃用之。肅宗時又以祠禱見寵，爲節度同中書。帝嘗不豫，璵遣女巫乘傳分禱天下。巫皆盛服，中人護領，所至於托州縣。時一巫美而蠱，以惡少年數十自隨，尤憸倰不法。璵托鬼神致將相，時左道紛紛出焉。至宣宗時，諸觀女冠猶濃粧盛服。宋徽宗時，賈岩上言：女冠請謁，未聞有所屏絶。端平時，尚書李心侍郎上言潛邸：女冠聲焰滋熾，則女謁盛矣。《抱朴子》，仙也，非儒也，乃極言禳解之非，然其人『並皆佳妙』，猶勝賊秃騷道士耳。

第十八齣　診祟

【一江風】（貼扶病旦上）病迷厮，爲甚輕憔悴？打不破愁魂謎。夢初回，燕尾翻風，亂颯起湘簾翠。春去若多時，花容只顧衰。井梧聲刮的我心兒碎。

〔行香子〕（旦）春香呵，我楚楚精神，葉葉腰身，能禁多病逡巡。（貼）你星星措與，種種生成，有許多嬌，許多韵，許多情。（旦）咳，咽這弄梅心事，那折柳情人，夢淹漸暗老殘春。（貼）正好簟罏香午，枕扇風清。知爲誰顰，爲誰瘦，爲誰疼。（旦）春香，我自春遊一夢，卧病如今。不癢不疼，如癡如醉。知他怎生？（貼）小姐，夢兒裏事，想他則甚。（旦）你教我怎生不想呵。

【金落索】貪他半晌癡，賺了多情泥。待不思量，怎不思量得！就裏暗消肌，怕人知。嗽腔腔嫩喘微。哎喲，我這慣淹煎的樣子誰憐惜？自噤窄的春心怎的支？心兒悔，悔當初一覺留春睡。（貼）老夫人替小姐冲喜。（旦）信他冲的個甚喜，到的年時，敢犯殺花園内。

【前腔】（貼）看他春歸何處歸，春睡何曾睡。氣絲兒，怎度的長天日。把心兒捧湊眉，病西施。小姐，夢去知他實實誰。病來只送的個虛虛的你。做行雲先渴倒在巫陽會。全無謂，把單相思害得忒明昧。又不是困人天氣，中酒心期，魆魆地常如醉。

（末上）日下曬書嫌鳥跡，月中搗藥要蟾酥。我陳最良承公相命，來診視小姐脈息。到此後堂，不免打叫一聲。春香賢弟有麽？（貼見介）是陳師父！小姐睡哩！（末）免驚動他，我自進去。（見介）小姐！（旦作驚介）誰？（貼）陳師父哩！（旦起扶介）（旦）師父，學生患病，久失敬了。（末）學生，古書有云：『學精於勤，荒於嬉。』你因爲後花園湯風冒日，感下這疾。荒廢書工，我爲師的在外，寢食不安。幸喜老公相請來看病，也不料你清減至此，似這般樣。幾時能勾起來讀書？早則端陽節哩！（貼）師父，端節有你的！（末）我説端陽，難道要你粽子？小姐，望聞問切。我且問你，病症因何？（貼）師父問什麽？只因你講《毛詩》。這病便是君子好求上來的。（末）是那一位君子？（貼）知他是那一位君子。（末）這般説，《毛詩》病，用《毛詩》去醫。那頭一卷就有女科聖惠方在裏！（貼）師父，可記的《毛詩》上方兒？（末）便依他處方，小姐害了君子的病，用的史君子。《毛詩》：『既見君子，云胡不瘳。』這病有了君子一抽，就抽好了。（旦羞介）哎也。（貼）還有甚藥？（末）酸梅十個。《詩》云：『摽有梅，其實七兮。』又説『其實三兮』。三個打七個，是十個。此方單醫男女過時思酸之病。（旦嘆介）（貼）還有呢？（末）天南星三個。（貼）可少？（末）再添些。《詩》云『三星在天』，專醫男女及時之病。（貼）還有呢？（末）俺看小姐一肚子火。你可抹凈一個大馬桶，待我用梔子仁、當歸瀉下他火來，這也是依方：『之子于歸，言秣其馬。』（貼）師父，這馬不同那『其馬』。（末）一樣髀鞦窟洞下。（旦）好個傷風切藥陳先生。（貼）做的按月通經陳媽媽。（旦）師父不可執方，還是診脈爲穩。（末錯按旦手背介）（貼）師父，討個轉手。（末）女人反此背看之，正是王叔和《脈訣》。也罷，順手看是。（診脈介）呀，小姐脈息到這個分際了。

【金索掛梧桐】他人才忒整齊，脈息恁微細。小小香閨，有甚傷焦瘁。（起介）春香呵，似他這傷春怯夏肌，好扶持。病煩人容易傷秋意。小姐，我去咀藥來。（旦嘆介）師父，少不得情栽了竅髓針難入，病躲在烟花你藥怎知？（泣介）承尊覰，何時何日來看這女顏回？（合）病中身怕的是驚疑，且將息休煩絮。

（旦）師父，且自在。送不得你了。可曾把俺八字推算麽？（末）算來要過中秋好。當生止有八個字，起死曾無三世醫。（下）（貼）一個道姑走來了。（净上）不聞弄玉吹簫去，又見嫦娥竊藥來。（見貼介）（貼）姑姑爲何而至？（净）吾乃紫陽宫石道姑，承夫人命，替小姐禳解。不知害的甚病？（貼）鬼魅病。（净）爲誰來？（貼）後花園耍來。（净舉三指，貼搖頭介）（净舉五指，貼又搖頭介）（净）咳，你説是三是五，與他做主。（貼）你自問他去。（净見旦介）小姐，道姑稽首那。（旦作驚介）那裏道姑？（净）紫陽宫石道姑。夫人有召，替小姐保禳，聞説小姐在後花園著魅，我不信。

【前腔】你星星的怎著迷？設設的渾如魅。（旦作魘語介）我的人那！（净背介）你聽他唸唸呢呢，作的風風勢。是了，身邊帶有個小符兒。（取旦釵掛小符作咒介）赫赫揚揚，日出東方。此符屏却惡夢，辟除不祥。急急如律令，勅！（插釵介）這釵頭小篆符，眠坐莫教離。把閒神野夢都迴避。（旦醒介）咳，這符敢不中？我那人呵，須不是依花附木廉纖鬼，咱做的弄影團風抹媚癡。（净）再癡時請個五雷打他。（旦）些兒意，正待携雲握雨，你却用掌心雷。

（合前）（净）還分明説與，起個三丈高咒旛兒。（旦）待説個甚麽子好？

【尾聲】依稀則記的個柳和梅。姑姑，你也不索打符椿掛竹枝，則待我冷思量，一星星兕向夢兒裏。

綠慘雙蛾不自持。步非烟　道家妝束壓禳時。薛能
如今不在花紅處。僧懷春　爲報東風且莫吹。李涉

第十八齣 《診祟》批語

『迷廝憔悴』四字，喻病時女根如畫。『打』字尤謔。『燕尾』喻兩扉，『翠簾』喻毛際，『井』喻女根，『梧』喻男根，『心』指花心，『刮的碎』謔且虐矣。『葉葉』亦喻兩扉，葉葉分明，即女根之楚楚處，其不楚楚者不然也。『星星』喻勢槌上處，『種種』喻胎孕，『嬌』以形言，『韵』以聲言，『情』以戀言，『梅』喻勢槌上處，『折』喻扳倒麈尾。『簞』喻女身，『爐』喻女根，『香』喻男根，『扇』喻兩扉，『風』喻行事，『誰』喻男根之暴者，『卧病』喻女根眠。『不癢不疼』四字爲女根一笑，『如癡如醉』又一笑。『知他怎生』，猶云天如何生此疼癢癡醉之物，又作生育之生解亦得。『就裏』指女根言，『樣子』同『淹』喻水，『煎』喻熱也，『自噤窄』三字嘲殺女根。『怎的支』，女根欲噤而男根使不得噤也。『留春睡』喻男根雖不復動女仍留睡於内，『何曾睡』喻痿後雖欲睡内不動亦不可得。『氣絲兒』喻已萎之陽，『長天』喻女根之深，『日』喻其形，『眉』喻毛際，『把心兒捧凑眉』喻不奈何時以手揉之也，幾於令人笑死。『實實』二字喻男根之狠，『虚虚』二字喻女根之空，即長天怎度意。『行』時如『雲』，又喻花頭，『又不是困人天』猶言不是正行事時。『我自進去』亦喻男根，『冒日』猶言以日下冒，『端陽節』猶言端正陽事伺候。『粽子』之粽代種，『天南星』亦梅實意。南者，男也。『媽』字取義固由北地馬群，衆牝隨一牡，亦因其字從馬，言其如馬在胯也。『陳媽媽』句是倒註出先生所以姓陳名最良之意。花娘必須之物，既是陳媽媽，花娘所請之師，除却陳姓更有何姓？陳媽媽既有最良之功，安得不用最良爲名？不然此書名姓，無一不與肚麗關照，即韓子才亦是閒子猜之意，豈最良名姓獨無著落耶？陳媽媽三字取義極通，憐其被蹂躪出不净而不避污穢，身爲收拾，非媽媽愛女之心，能如是乎？『小小香閨有甚傷』，喻未破瓜之物。『傷』之謔絶，『八字』女根之狀，『中秋』之秋代湫，然『中秋』者，圓也，不溜不圓。『吹簫』喻淫具之相遇，『花園耍』喻媾歡。『三指』喻探，『五指』喻擘，『星星』喻勢槌上。『設設』軟也，二字足傳女根之神，『唸唸尼尼』又爲其聲傳神。自星星起，連下『風風勢』並媾歡時聲容情狀一併寫出矣。『赫赫揚揚』仍喻男根，亦令想像如見，無非入神之筆。『急急』二字亦復妙，『叉頭』喻男根形，『眠坐莫離』言眠著、坐著俱可行事也。又雌乘雄爲『坐』，坐字兩意，謔得更虐。『木』指男根，『纖』嘲小物。『團風抹媚』俱喻女根，而『團風』二字尤刻酷矣。『携雲握雨』妙極，譬言捻住濕髒。『五雷』即五指，『掌』打之謔，亦女根所難當也，又『掌心雷』仍是喻男根，掌心托之，知善擊物，豈非掌心雷乎？『一星星』猶言一下下，『竹枝』易明，『花紅』喻女根可見處。

唐武宗曰：『吾情慮耗盡。』亦『輕憔悴』一証。

『豆蔻花紅滿眼春，小「簾燕」帖雨如塵。』眼字、簾字與玉茗此意相倣。

『只畫春風不畫秋』，正以『春去花衰』耳。

『夢兒裏事，想他則甚』八字是一《大藏經》之旨。『怎不思量得』，觀之不足，又好一會分明香滿不可言也。宋徵輿：『些事關心，輸却雙釵股。』阮亭云：『直得雙釵。』

『貪癡』妙。此癡字、貪字，即佛所戒也。經云：『「癡」燈所害，愛繭自纏，思惟彼我，更痛自他。積滯著之情塵，結相續之識浪。「貪癡」愛水，滋潤苦芽。以分別故，「癡」愛隨起。因「癡」愛故，我所病生。既有此執，其苦無量。』而無奈可『貪』者，正是此『癡』，不覺得爲而爲者，尤『癡』矣。無奈尤『癡』則尤可『貪』，當『半晌』之時，不但憲網不懼，即菩薩耳提不知矣。

《寶積經》：因嗔犯者，爲過粗重，易可舍離。因『貪』犯者，爲過微細，難可舍離。因『癡』犯者，爲過深重，連持不絶。故若爲女人染心所觸，及因相顧而生愛著，或歡喜遊戲，不覺不知於諸欲染，『貪』著堅固。『貪他半晌癡，賺了多情昵，待不思量，怎不思量得！』並偶然間心似繾六字，俱真正個中人纔道得出。偶然間心似繾，即『癡』種子也。唤畫雖『癡』，非是蠢情之所至，真難忍作白骨觀。即不『癡』也，天下多美婦人，何必是又不『癡』也。不以身殉欲，不以名殉情，皆不『癡』也。惟『癡』則偶然心繾而半晌之間，直視我爲無價也。直盡力畢命而不惜，而或可或否，有不能計，即美甚與否，亦非所論者。多情亦是『癡』種，故爲所賺。『怎不思量得』正寫其『半晌』之貪愛，盡力畢命、敗名喪節而不惜也。偶然間心似繾與『貪他半晌癡』，遂攝盡古來多少理所必無，誰知情所必有之事！如孝文衽席是也。又『貪他半晌癡』，其解甚深。欲心與情迥别者，欲只取其事，心存『人盡夫也』之心，雖有古今情至之詩詞文華，彼亦不解，雖有極聰明解事之人當其前，彼亦不辨。若情，則視不知情而但知欲之人如狗彘，必聰明付與聰明手矣，無他分於『癡』與不『癡』耳。有情者以『癡』故妙，但有欲者，以不『癡』故不妙也。然此『癡』非真『癡』，在幻世間稍可借以度日者，惟此知情識趣，又才又美之幼男女耳。欣看母女同名，近婦無分輕重，等爲癡字所攝。然佛謂之

『癡』則可，在妒詐争名者亦謂之『癡』，渠之品地較此還隔萬里也。世間有一等他利名心極齷齪〔一〕，却不肯招尤衽席者，正因其心不『癡』，謂他婦女亦是一樣，得萬物與得一物，亦是一樣。此其人但知男女之樂在觸耳，不知在形貌情狀諸處别相其至明。不『癡』正是極蠢無慧處，不如一切光明但有兒女癡情者遠矣。

魏元禮《春去》詩：『可憐全學薄情郎，與易闌珊留不住。』是玉茗此句的解。文友：『儂處「春歸」，郎處「春歸」否？』程村：『「春」歸百計尋「春」補。』意亦同妙。

千古氣崩空多少英雄，亦各尋『度日』法耳。宋徵輿：『懨懨倚枕，看人開鏡奩。』程村謂摹寫病中追魂瀝魄之筆，彼豈知人在『氣』中，如魚在水之樂也。王金壇『陵谷滄桑終日事，不堪長作意中人』，與『氣絲兒怎度的長天日』似相反而實相成。天下偏是蠢人氣充血盛，恣欲不傷。偏是慧想無窮人『氣絲度日』，可謂恨事，亦天妒使然也。『窨約』已見元曲。

『美景向空盡，歡言隨事銷。親愛暫平生，形骸終委滅。天長地自久，人道有虧盈。榮枯各有分，天地本無情。今春蘭蕙草，來春復吐芳。』悲哉！人道異，一謝永銷亡，安得光陰遲，不爲憂傷促今古，管不得人間作麽來？爲『只送的個虚虚的你』致痛也，『夢去知他實實誰』，即憐再來，可留得在？一切深經之旨。誰言此書導淫？即此一句，點醒英靈無限。

文友：『癡想只教魂夢浪，閒情空對景流連。』亦恐其『先渴倒』也。又『暗憶舊歡都不似』，則『忒明昧』

〔一〕齪，底本作『齟』，據意改。

之意。

程村《寄文友》：『他生撇不下鴛鴦被，今生攢不上鮫盤淚。』殊不知『全無謂』。武太后：『從來誇有龍泉劍，試割相思得斷無？』王修微：『叠盡雲箋情有限，除非做本相思傳。』舊詩：『天下無心人，不識相思字。天下有心人，盡解相思死。』皆指不得互出於口、互入於耳而言。若必有『謂』，便無『坐來雖近遠於天』之恨矣，不過鶴出自丁棠、姜出自桓之類耳。

嬌苦欲爲之無生，則白晝似宵，驕陽疑月，是『魆魆地常如醉』。如此方寫得時時刻刻想其分明香滿，而又不得真實到手，試之再三神理出。陳子龍『驀地一團愁到了，怎生圖個不眉顰，冷清清地奈何人』，與『魆魆地常如醉』相類。天羽云：『元美豈終日無事，將精神於情艷上體貼料理，參微入竅耶？』爾時精魂所極，幾化爲婦人女子，心語何可令人見？玉茗之妙譬無窮，亦然。

石榴花發便相思，『端陽節』如何得好？

嘗思古法異今，皆因理勢，非無謂也。古之嫁女，以娣姪爲媵者，誠以一國只一君，而一君不止一女。若以國君女嫁陪臣，又不如使從其姑姊，且數人之中，必有一人得君者，必有一生子繼君位者，則皆我之自出也。然則今之家多女，而得一豪家又佳婿者，仍當用此法，庶少『過時思酸』之病矣。

廣漢郭玉爲太醫丞，和帝令嬖臣美手腕者，與女子雜處幃中，使玉各胗一手，玉曰：『左陰右陽，脈有男女。』譙人華陀，博能，厭事曹操，廉知詐疾，收付獄訊，考驗服。此等『錯看手背』者，正當收訊考驗。同昌公主降韋保衡，薨，懿宗欲盡誅諸醫，未爲過也。《説鈴》：有醫術不用藥者，郡守召治病，則批其頰，治夫人，則鮮其足紈，摩弄三時。守怒命收之。徐曰：須『用被蓋』。如其言，發汗而愈。此或獨精趹陽之脈耶？《智度論》：不順藥法，是名横死。今之醫者，使人在活不活之間，以貽他醫，以爲其人雖死，而不出於我之爲。嗚呼！此張禹之所以亡漢，林甫之所以亡唐歟！

『人才整齊』，不徒脂膏者，往往『脈息微細』，推豐兹嗇。彼之故，非天地之不仁，乃造化之無力耳。雖然植松腐壤，未期必盡，藏雪深山，屢年不消。土陶爲瓦，則久齊二儀。須知違其性則堅者脆，順其理則促者長耳。『情栽竅髓』，《倉公傳》所謂病得之欲男子而不可得也。混沌重來，情根不死，虚空粉碎，恨種難消，則奈何？

《淮南子》：顔淵伯牛之夭，皆情心鬱殪，故莫能終其天年，何况於『女』。『半窗月在猶「煎」藥，幾夜燈間不照書』，在『女顔回』更覺可憫耳。

胃虚則惡寒，胃氣下陷則寒熱交作，脾胃虧損内生『風』，余嘗恨佛國無『梅』花，不知即彼土杜魯。

王金壇『却是昨宵添病處，恨無禪慧與消除』，比『打符棒』自然稍勝。

好夢被人偷換，故『思量』。珠淚未乾常帶笑，少人知，是冷思量，是熱事偏耐『冷思』，故奇。

王昌齡『「夢」見君王覺後疑』，惜乎『夢』中未曾得『兕』。坡：『春「夢」又被燈花哄。』于鱗：『與郎十期九不果，郎有他人休誤我。』次回：『前世剛修半面緣，佳期難道等來生。』皆『兕』意也。『一星星』者，爲甚揑著眼耐煩等語，『兕』者，『兕』其『拆了丁香結，不碎丁香節』也。《彩筆情詞》云：『無半點餘濫情懷，弄精神百事有。叮囑道是必多情耐久，常想著歡娱時候。時時禱告，只願得裏王雲雨萬年稠。』

第十九齣　牝賊

【北點絳脣】（净扮李全引衆上）世擾羶風，家傳雜種。刀兵動，這賊英雄，比不的穿墻洞。

野馬千蹄合一群，眼看江海盡風塵。漢兒學得胡兒語，又替胡兒罵漢人。自家李全是也，本貫楚州人氏。身有萬夫不當之勇，南朝不用，去而爲盜。以五百人出没江淮之間，正無歸著。所幸大金皇帝遥封我爲溜金王，央我騷擾淮揚，看機進兵。奈我多勇少謀，所喜妻子楊氏娘娘，能使一條梨花槍，萬人無敵。夫妻上陣，大有威風。則是娘娘有些喫醋，但是擄的婦人，都要送他帳下。便是軍士們，都只畏懼他。正是山妻獨霸蛛吞象，海賊封王蛇變龍。

【番卜算】（丑扮楊婆持槍上）百戰惹雌雄，血映燕支重。（舞介）一枝槍灑落花風，點點梨花弄。

（見舉手介）大王千歲。奴家介冑在身，不拜了。（净）娘娘，你可知大金皇帝封我做溜金王。（丑）怎麼叫做溜金王？（净）溜者，順也。（丑）封你何事？（净）央我騷擾淮揚三年。待我兵糧齊集，一舉渡江，滅了趙宋。那時還封我爲帝哩！（丑）有這等事？恭喜了。借此號令，買馬招軍。

【六么令】如雷喧鬨，緊轅門畫鼓鼕鼕。哨尖兒飛過海雲東。（合）好男女，坐當中，淮揚草木都驚動。

【前腔】聚糧收衆，選高蹄戰馬青驄。閃盔纓斜簇玉釵紅。（合前）

群雄競起向前朝。杜甫
平原好牧無人放。曹唐

折戟沈戈鐵未銷。杜牧
白草連天野火燒。王維

第十九齣 《牝賊》批語

『刀』喻女扉，『墻洞』易明。『野馬』句喻其勢之猛。『江海』固喻女根，『塵』喻男根之垢，『出没江淮』喻男根進退，『騷擾』騷字妙甚。『梨花』以喻男精，惟徐文長木蘭劇有梨花館句，已先得若士之心。『梨花槍』却要『娘娘會使』，謔極確極，亦非才子不解其理。蓋手弄之者，女也，能弄使勁則爲會使。天下多任『槍』作主者，此人會使，故於肚麗傳中特特請他出來。『帳』喻女扉，『血映胭脂』喻二根之色，『重』字指男根言，『介』喻女囊皮殼，『胄』喻合尖之處，『趙宋』以代翹送，『帝』猶蒂也。『緊』方聲亮，其理甚確。『畫鼓』喻女根形，『哨尖』喻男根形，『坐當中』喻雌乘雄。『草木』喻豪，『青驄』同意，『盔纓』亦然。『玉叉』喻男根也，『折』喻扳倒，『沈』喻埋没，『鐵』喻其堅，『平原』喻未毛之女，『白草』喻已老之婦也。

字典：牡爲棠，牝爲杜。視牝如貝，實有戎心，『牝』之爲『賊』久矣。

隋煬虜琉球男女數千而還，則是中國有琉球『種』也。唐太宗破高昌，徙高昌豪傑於中國。高宗總章二年，李勣討徙高麗民三萬於江淮，則是江淮有高麗『種』也。自杞伯來朝，已用夷禮，狄謂晉曰：『我諸戎飲食衣服言語不與華同，雖不列會，亦無耻焉。』晉傅玄言：鄧艾取一時之利，使鮮卑數萬，散居人間。魏毛修之，滎陽人，能爲南人飲食，有寵。而晉代士夫又好爲羌煮貊炙，逮劉石亂華，百宗蕩析，誇夏之裔，混爲一區。綦連猛，其先姬姓，避難出塞，北魏常討徙叛胡，出配郡縣，遷雜夷數萬，以實燕京，北填六鎮。魏世祖擊魯陽蠻，徙萬餘户於幽并諸州。爾朱榮欲出三荆，悉驅生蠻，徙諸種雜人五千餘家於北邊，徙青徐民萬餘家實河北。洪武二十年，馮勝出征元，哈出以二十萬人降，封海西侯，散其衆居閩、廣、雲南諸處。二十一年藍玉北征，獲順帝次孫地保奴，安置琉球，玉私其母妃。高歡六世祖，晋玄菟太守。既累世北邊，故習其俗，高洋至謂太子得漢家性質，欲廢之。彼雖擾雜華風，而法俗詭異，志態不與華同。李翱故云，戎風混華，異學魁横，民無常心，以習熟者爲常。即金元之有宋，非金元之能，石晋氏之罪也。以幽州賂契丹，其民日夜安其教而習其長技，用之以搗我固易易。『世擾羶風，家傳雜種。刀兵動』，雖十一字，具見全史在胸，感嘆已舊。且有漢兒女嫁奚兒父，奚兒盡是漢兒爺之嘆。

《後漢·郭伋傳》：漁陽彭寵之後，民多猾惡。周《韋孝寬傳》：時汾州之北，悉是生胡，抄掠居人，阻斷河路。《北史》：白蘭山北又有可蘭國，體輕工走，逐不可得。孟威以明解北人語，勑在著作；孫搴以能通鮮卑語，宣傳號令；祖珽以能鮮卑語，免罪復參相府；劉世清以能通四裔語，爲當時第一。北魏時代人漢姓而爲北部大人，世領部落者甚多。魏玄祖將議革變舊風，大臣並有難色，多言北人何用知書。以吴人之好豉，嗤北人之好芥，同乎我者遽是乎？異乎我者遽非乎？觀武后時，關内父老請改國號，則知僭於上者治於下。后所言：朕不愛身，而知愛人，於天下無負，若輩知之乎？信也。享其利者爲有德，覺『膻』字之大非矣。

北齊時南汾州接西魏，土人多受其官，爲之防守。自房謨攝州事，遂自相糾合，擊破西人。魏孝莊時，京兆王熙爲南秦州召其魁帥爲腹心，擊捕反者略盡，乃曰：『汝黨皆死盡，何用生爲？』以次斬之。

隋漢王諒遣余公理自太行下河内，史祥曰：『河北人多不習兵，所謂驅市人而戰。』遂擊敗之，皆可証此數句。

『這賊』二字作一句。高歡從人議，欲仍節閔爲帝，崔㥄曰：『如此王師何名義？』舉太守石愷，謂其子弟曰：『諸郎輩莫作「賊」。』太守打殺人，㥄曰：『何不答下官家作「賊」？只捉天子上殿，不作偷驢摸犢「賊」。』徐勣自言『十二三爲無賴「賊」，逢人則殺；十四五爲難當「賊」，有所不愜則殺之；十七八爲佳『賊』，臨陣乃殺』。漢陸子曰：『末世智巧横出，用意各殊。』劉劭曰：『徒「英」而不雄，則雄材不服也；徒「雄」而不英，則智者不歸也。』『英雄』之『賊』，何若捉推上殿狗脚之皅，志性凡劣驢號之王？惟北魏甄深，陰結豪貴，劫害爲業者，是『穿墻洞』一類。若北齊祖珽，好以貨漁色。高歡宴僚屬失金叵羅，竇太令皆脱帽，於珽髻上得之，高洋每呼爲『賊』，而愛其多技。武成崩，遺陸媪書，得爲侍中。謂人曰：『大姬雖婦人，實是雄傑，女媧以來無有也。』陸媪自往案行，爲築第宅，稱以國師。後頗乖異，欲罪及媪，遂百方排毁之。偷杯正其舞智自晦之處。《隋史》論：群盗雖無謀，豪傑因其機以動之，乘其勢而用之。

亂殺平人不怕天，郡侯逐出渾閒事。平日咬文嚼字，一旦肩披股裂，登於匹夫之俎。高歡實因山東諸高以成伯業。高昂字敖曹，魏司徒允之五世姪孫也，姿體雄異，數爲劫掠，鄉閭莫逆，酷好爲詩，求婚不許，劫而野合，馬矟絶世，據信都。神武至信，使澄以子孫禮見之。從破爾朱兆於廣阿，好著小帽，嘗祭河曰：『河伯水中之神，高敖曹地上之虎，行經君所，故相决酹。』時鮮卑共輕中華，朝士惟憚昂，神武申令三軍，每爲鮮卑言，昂若在列，則爲華言。後敗，爲西魏追斬。『賊』但劫女，又好爲詩，亦妙。

趙郡李顯集諸李數千家於殷州，方五六十里居之。子元忠因母病，專心醫藥，遂善方技。孝莊時盜賊蜂起，西氏五百還經趙郡，以路梗共投元忠，忠遣奴爲導，曰：『若逢「賊」，但道李元忠遣。』及高歡東出，遂載箏詣門，未即見之，乃下車獨坐，酌酒擘脯食之，曰：『其人可知，勿復通也。』及見，曰：『天下形勢可見。』又問，高昂兄弟來未？歡曰：『從叔輩粗，何肯來？』曰：『雖粗，並解事。』破殷州，刺史爾朱羽生即以行殷州事。後至晋陽，曰：『昔建義轟轟大樂，比來寂寥。』將神武鬚大笑。彭城劉叔世仕齊，藏亡匿死，吏不敢過從。平陳爲南海太守。朱全忠畏張濬出，使全義遣牙將爲盜者，夜圍其署，屠其家百餘人於玉坷，則令入覲，遣人賊之於華州。盧州刺史鄭啓收捕得楊行密，曰：『爾且富貴，何事作「賊」？』豈知『賊』有『賊』樂。

作『賊』且須英雄，足見胸無千卷書，身無千斤力，在世皆爲愍生。『萬夫不當之勇』如晋彭城劉裕，善長刀。劉牢之世壯勇，能跳五丈澗。麥鐵杖能行五百里，陳末結聚爲盜。廣州刺史俘之以獻，配執御撒。罷朝後行百餘里，至南徐州行劫還，及牙時仍又執撒。陳亡後，江東反，楊素遣頭戴草束，夜浮渡江，覘賊中消息。叙功未及，素馳駟還京，麥步追之，每夜則同宿，素見而悟，奏授儀同。吴興沈光，陳亡後家長安，初建禪定寺，其幡竿高十餘丈，光上繫繩，手足皆放透空而下，號肉飛仙。伐遼東，徵驍士同類數萬人，皆出其下，衝梯竿十五丈，光升其端，與賊戰。化及以光驍勇，使總禁臺。殺帝夜，化及黨將兵至四面圍合，光大呼，斬數十人，復遣騎翼而射之，年二十八。麾下人皆鬥死，無一降者。河橋之戰，周文驚不得寐，見其將高平蔡務至，曰：『承先此來，吾無憂矣。』齊人見其重印，曰：『此鐵猛獸也。』

北魏時以私馬仗從戎者優階。北魏静帝美容儀，能挾石獅子以踰墻，而被高澄打三拳。代人薛孤延從高歡西征，還爲後殿，一日斫折十五刀。沙苑之役，侯萬敘西魏力人，持大棒守河橋。

唐建中間，吐番常以南詔爲前鋒，操倍尋之戟。漢末隴西鮮卑紇千年，十歲彎弓五百斤，衆推爲乞伏可汗。南宋劉裕將檀道濟，高平人，世居京口，目光如炬，北魏圖之以禳鬼。蔡裔聲若雷震，嘗有二偷入室，裔拊床一呼，兩盗俱隕，殷浩用爲軍鋒。齊襄陽太守太原祁人王茂，身長八尺，姿表瑰麗，潔白美容，少有驍名，梁武兵起，以爲前驅，單刀直前。外甥韋欣慶，以鐵纏槊翼茂進，事平爲侍中領軍，以東昏余妃賜之。可備將材者，亦可爲『賊』料。

陸贄：含靈之類，固必難誣。雖曰蚩蚩，而上之得失靡不辨，上之好惡靡不知，故馭之以智，必嗤而不從。民雖匹夫，中有豪傑、有奸雄、有義勇，是以聖人不敢以匹夫待民。如使進不能陳其謀，退不能安其身，是以禄餌爲斧鉞，組紱爲鉗鈇。與『去而爲盗』者之寄命於人，且圖尊富一矣。隋文既平陳，詔人間甲仗悉皆除毁，武力之士，皆可學文，河以東不得乘馬，亦何益耶。

大儒釋經，『牝』只是承筝能受的物事，玄『牝』謂是至妙之『牝』，不是那一樣的『牝』。司馬公欲自成一家，變《尚書》《論語》文字。惟意此一部色情書，故特用完顔亮色魔工，而猶以爲未足也。須於中間再加一夫號『鐵槍』之牝賊。只取其心喜『鐵槍』，不失『妙』真之性，顧不得時代不同矣。古今經傳，何必堅執哉！若依史遷所聞，則有虞妻二祖姑，唐特禪於其婿，武且以十四世祖奪其姪孫之國。況贋托之書，如《家語》等類，子華子之屠岸賈甚多。夫奪族等事既皆起於三代，則今之同族相圖者，真乃其風已古，不待舅犯言之，尚欲爲名教宗耶？聖賢論此亦以爲理當必無耳。夫『理當必無』四字，則不足以服黠者之心也。我以傳實之事爲必無而禁，彼不以贗造之事爲必有耶？善乎佛氏之言，曰：戲論世界。

盧曹於海島得長人骨，以兩脛爲雙槍，遺其一於神武，使供四姐之弄，則長人目瞑矣。夫妻上陣大有威『風』，比『心許凌烟名不滅，年年錦字傷離別。柱天勳業緣何事？詞客偷名入卷中』較勝矣。如王莽時瑯琊吕母，子爲縣吏，爲縣吏所冤殺，母散家財以酤酒買兵弩，陰厚貧窮少年，得百餘人，遂攻海曲縣，殺其宰，以祭子墓。引兵入海，其兵浸多，吕母病死，衆入赤眉。時平原女子遲昭平，善説經，亦聚衆數千在河陰中。閹人王慎祖斫蒙遜足，遜妻孟氏擒殺之。楊子引商壯女爲一軍。《舊唐書》：藩鎮用兵日久，女子皆可爲孫吴。种世衡爲鄜州，婦人亦令習射。瑯琊王歊，導之後，太原王恭起兵討太原王國寶，歊起兵應之，以女爲貞烈將軍，用女人爲官屬，多所殺戮。梓潼太守苟金龍妻，廷尉劉叔宗女也，梁人來攻，龍病不能部分，妻督登城拒戰，百有餘日，死傷過半。以副高景有陰圖，劉與城人斬景及其黨與數十人，梁人還後，賞其子爲平昌縣子。《唐書·高麗傳》：岑牟反，詔燕山道李景行討之，行留妻劉代守城，虜來攻，劉擐甲勒兵守，賊引去，帝嘉之，封燕郡夫人。劉遐爲石季龍所圍，遐妻邵續女驍猛，將數騎出遐於萬衆中。杜伏威爲隋將所窘，西門君儀妻負威走。朱温妻張精悍，兵事多從咨决，足不及履。克用妻劉，教侍妾騎射佐戰。義陽朱序鎮襄陽，苻堅遣丕圍之，序母韓領百餘婢並城中女丁，自登城當一面。王君㚟河西瓜州人，開元時破吐番，玄宗宴㚟及妻夏於廣達樓，夏自以戰功封武威郡夫人。遼法子爲帝，太后則居官城領部屬。兀朮破燕，見遼卒龐太保妻耶律氏明眸修頷而納之，權略過男子，兀朮驚畏之。工部侍郎龐顯宗其在龐氏時所生也，孫昌玉杖殺夫仇。竇桂娘殺李希烈並妻子，苻登毛后手殺數百人。金時沙里質聚兵守土，元時阿魯直守拒萬奴，豈惟綉旗女將？劉節使女與李全戰於東平而已。北魏楊大眼氐人，難當孫也，世據仇池，嘗獻伎，李冲曰：『吾自此舉終不復與諸君齊列矣。』除直閣將軍，巡撫軍士，呼爲兒子。三子皆潘所生，每逢戰獵，必戎裝出，齊驅並坐，對諸寮言笑自得，楊嘗指謂之曰：『此吾潘將軍也。』大眼徙營州，潘在洛陽，頗有失行，大眼側生婿言之大眼，致潘死，更娶元氏。大眼子殺此婿，奔梁武。謝朓，宋文帝女之子，啓齊明王敬則謀反。朓妻，則女也，嘗懷刀欲報朓，朓不敢相見。周將王世勣容貌魁岸，隋封郡公，以相者言其妻當爲皇后，竟配防桂州。南詔一千家有治人官，擇鄉兵戰，走險如飛，男女勇捷，不鞍而騎。此等『威風』，亦殊爲孱女吐氣。

『擄的婦人送他帳下』，是婦人所願否？徐陵與楊愔書，以清河公主之貴，餘姚書佐之家，莫限高卑皆被驅掠。謝道韞遭孫恩亂，夫被害，方命婢肩輿，抽刀出門，手殺數人。梁元帝時，江陵城內火燒數千家，以爲失在婦人，盡於市東。魏破元帝於江陵，兵至僅二十八日，選男女數萬口，分爲奴婢。宋元凶時，義師起，劭厚撫王羅漢委兵事，多賜美色。齊明帝欲篡廢帝而慮王敬則，梁武曰：『敬則志安江東，窮其富貴，宜選美女以娛其心。』魏静帝詔曰：『頃舊京淪覆，宗室子女爲雜户濫門所拘辱者，悉聽離絶。』金末崔立之變，驅士夫妻女於省中閱之。高歡在晉陽，請置晉陽宫以處配没之口。高洋爲帝，在城東射，勑京師婦女赴觀，不赴者罪以軍法。又徵集淫嫗，悉去衣裳，分付從官，朝夕臨視。然洋殺元氏三千男，而洋子廢帝詔諸元良口配没宫内，及賜人者並放免。隋煬帝幸晋陽，汾陰遼東涿郡悉以陳後主、沈后從所在招迎老媪，朝夕共肆醜言。趙元楷隨化及至河北，遇盗，僅以身免，妻崔被拘。謂妻曰：『可死，不可爲賊婦。』乃去其衣，形體悉露，縛於床簣之上。崔紿曰：『今力已屈，當聽處分，但請解縛，不敢相違。』范陽盧氏盛年寡居，親教授其子。後子以曾仕逆亮，慈州刺史上官政簿籍其家，悦而逼之，盧以死誓，政以燭燒其身。隋和州刺史韓擒虎以五百人宵濟采石取金陵，賀若弼至夕始扣北掖門，以有司劾其縱士卒淫污陳宫，不得封公。突厥使至，隋文帝引至韓前，曰：『此是執得陳國天子者。』惶恐不敢仰視。高聰被徙爲兵户，族祖允薦之，求於王肅，以爲偏裨所經淫掠無禮，豈允正人所料？王猛孫鎮惡連爲前鋒，從劉毅破姚興以待劉裕，然收斂子女不可勝計。北魏鄭伯猷尚安豐王延明女，爲青州刺史，專主聚斂，誣民謀叛，配没婦女。惟北齊將亡，高澄第四子延宗至并州，籍没内參千餘家，賜將士，兒童、婦女亦爲棄屋投磚，是一快。南詔攻成都時，蜀中婦孺悉入成都，閭里皆滿，户所占地，不過一床。讀詩至『白骨馬蹄下，誰言皆有家。聞道西凉州，家家婦人哭。寄言丈夫雄，苦樂身自當』『訣别徐陵淚如雨，鏡鸞分後屬何人？主將淚洗鞭頭血，扶妾遣升堂上床。幸無白刃驅向前，何忍將身自棄捐』，每爲嗚咽。安得如周之破齊，兵馬不入人村也。

杜洛周僭竊時，市令驛帥咸以爲王，有市王、驛王，何况『海賊封王，封俺爲帝用』。《劉豫傳》：『人呼我爲賊，我自做王帝。雖然不多時，一日勝一世。』劉豫竟得善終。墓曰皇莊，至今尚存，尤屬不平。劉豫父名翹，而韓延之以名其兒。邦昌僭逆，而徐師川以名其婢。賊既可『封』爲『帝』，帝亦可名婢矣。若懷義而亦封梁公鄂公，則甚爲狄公羞也。

南齊武帝時，蠕蠕獻獅子皮褲褶，取飾戎裝。楊妙真令『婦女先送帳下』，正當以獅子皮飾之。李陵曰：『吾鼓不起，軍中豈有女子乎？』搜之，則關東群盜妻女徙邊者，隨軍爲卒婦，匿車中。盡斬之，然其軍反敗。

止而悦，男下女。凡男之遇女必歡顔而遜語，女之遇男必佯倨而顯驕，遂爲今古不易之常。《北史》：吐谷渾號其妻爲母尊，正無怪也。齊桓曰：『我先君卑聖侮士，惟女是崇。』頃公帷婦人觀諸國使，亦崇婦之風。陳時元會宫人皆隔綺疏觀。

『好男女坐當中』，古來多有。《循吏傳序》曰：『漢興，凡事簡易，禁網疎闊，故雖高后女主，不出房闥，而天下宴然，民務稼穡，衣食滋殖。』觀吕后以術誅越、信，以諸吕爲諸王臣，又刧張良使諫易太子，高祖曰：『吕氏真而主矣。』言其實實能。又側耳東廂，跪謝周昌，諫易太子，俱能極人夢者。謂真而主之言，因太子能致四皓，愚矣。高祖常避吏，吏繫吕后，遇之不謹，則時有不利耳。即武后有親子，而欲立武氏，亦不過以此愚。武使姑極力相助，與李相持，非實然也。漢順帝陽嘉二年，蒲陰狼殺女子九十七人，豈累世母后秉政之故耶？《三國志·吕布傳》：謂劉備曰：『我與君同邊地人也。』請備於帳中，『坐』婦床上，令婦向拜，稱爲弟。備見布語無常，外然之而已。布好占諸將妻，故郝萌夜攻其閤，閤堅未入，布不知誰，直舉婦袒衣科頭，從溷入，排壁出，詣都督高順營，排順門入。後關公力向操請布妻，操又必不與而自納，豈亦以爲『好』耶？後漢末零陵蠻反，巴郡劉緄以車騎將軍出定荆州，監軍宦者奏緄將傳婢二人戎服自隨，議謂無正法不合糾。公孫瓚鐵門固守，婦人傳宣，袁術使婦人大聲出令。隋韋孝寬擊尉遲迥，安卧帳中，使婦人傳宣教令。北魏時，代人古弼征馮弘，使婦人被甲居中。契丹將軍白頸鴉侍夫數百人。單于母欲殺李陵，單于匿之。大閼氏死，乃妻以女。蘇武至，陵不欲自賜武，乃令妻賜武牛羊數千頭。馮嫽持漢節使諸國。

梁武初，苻堅使其子暉拒慕容冲於蒲阪，冲乃令婦人督厲其衆，竟破暉。楊敞夫人參語許諾，惲其子也。張安世夫人家僮七百人，皆有技作，内治産業，累積纖微，是以能殖其貨，且免於霍氏之難。高岳，歡從弟，居洛，歡每以事至，必居岳舍。岳母山氏，代人，山强貌美，而身八尺五寸者之孫也，見歡室中有異，遂款結之。韓陵之戰，中軍已敗，岳如右軍，大呼横衝，以功封公，山氏授女侍中，入侍皇后。陸琇母赫連氏，身長八尺五寸，甚有婦德，爲女侍中。北魏時，代人陸忻之尚顯祖女常山公主，神龜初與穆氏頓丘長公主並爲侍中。世宗崩，高太后欲害胡后，于忠藏胡别室中。後妻中山王尼須女，胡太后引爲女侍中。宋顧琛以意迎孝武義師，得吴郡守，母孔氏年百餘歲，嘗爲王廞女司馬，胡后加女侍中貂蟬。任城王澄諫曰：『婦人而服男子之服，衰亂妖妄，請依常儀。』盧瓊仙、王瓊芝，南漢女侍中。石虎有信任女尚書，元魏多列女職，使任事。《唐書》：回紇，匈奴後，世臣突厥，自菩薩之母烏羅渾能决了部事，遂攻突厥，聲震北方。北魏桓帝魁岸，馬不能勝，卧則乳垂至席，其后臨朝，與石勒通和，時人謂之女國使。齊後主緯由父輔之以中官，孏嫗將合牝牡，必説廬帳親覯。其時婢嫗抎回天之力，宇文宣帝以大輅載婦人而自步從。集百官内外命婦，令京城少年爲婦人服飾，舞而入殿。劉裕將建義與孟昶定謀，昶知妻非常婦人，曰：『人毁我於桓公，决當作賊，卿幸可早爾離絶脱，富貴相迎不晚也。』妻曰：『事不成當於奚官中奉事大家，義無歸志。』又曰：『觀君舉措，非謀及婦人者，不過欲得財耳。』周明帝獨孤后妹爲隋文后，百官請曰：『《周禮》，百官之妻，命於王后。宜依古制。』后曰：『婦人與政，不可開其源。』《北史》論曰：『殷肇王基，不藉董氏爲佐。周成王業，未聞姒氏爲輔。而隋文潜耀之初，獻后便相推轂。煬帝大横方兆，蕭妃密勿經綸。是以恩禮綢繆，始終不易。然朝權莫豫，故市朝遷貿，俱得保全。今或不隕，舊基更隆，先構焉虐？』高祖母隋獨孤后從姊太宗長孫后，本魏拓拔氏公主，又嫁長孫冲。后善事諧妯娌，及行事，親戒諸將。或『坐當中』，或坐旁邊，無非『好男女』也。

武后初立，命群臣及四夷酋長朝后肅義門，内外命婦人謁朝皇后，自此始。晚患風疾，遂使后與太子享太廟。洛州李君羡惡王世充而率衆歸唐，時太史占當有女武王者。會有内宴，爲酒令，各言小字，羡自陳曰『五娘子』，帝愕然曰：『何物女子，乃此健耶？』卒以忌誅。武后時家屬訴冤，后亦欲自託，復官爵，以禮改葬。肅宗張后詔内外命婦悉朝后光順門，親蠶。時群命婦相禮儀物甚盛，不獨漢后出蠶。大將軍妻、參乘太僕妻、御五營校尉司隸校尉河南尹妻，皆乘其夫官車導從。晋有女尚書，著貂蟬，陪從取列侯妻六人爲蠶母，北齊亦然也。張巡姊軍中號陸家姑，元太祖女號監國公主，趙氏時林妙玉應試中式爲女進士。齊東陽女子婁逞變服爲丈夫，遍遊公卿，粗知圍棋，仕至揚州從事。事發，明帝驅令還東，曰：『如此技，還作老嫗，豈不惜哉？』肅宗女和政公主，自軍輿以貿易取奇贏千萬贍軍，能彀强弓，吐番犯邊，主避南奔遇賊，喻以禍福，皆稽顙爲奴。《唐書》：史思明之叛，衛州女子侯，滑州女子唐，青州女子王，相與歃血赴行營討賊。滑濮節度許叔冀表其忠，皆補官。勝梁武弟弘，身長八尺，與吕僧鈐征魏，而全無經略，畏怯過甚。魏將氏人楊大眼曰：『不畏蕭娘與吕姥。』宏惟知好内通，梁武女侍妾千人，積錢貨，關鑰甚嚴，質人田宅，期訖便驅券主，豫章王悰作《錢愚論》以譏之。吕，范陽人，世居廣陵，長七尺七寸，周師至，並齊段孝先持重，不與戰，自晋陽被掠，無遺類。斛律光自三堆還，曰：『段婆善爲送女客。』後主以遭大寇，抱光頭哭。隋段達身長八尺，稱段姥遠矣。故韓世忠宴將士，怯戰者俾婦人粧以愧之。光武十八年，遣馬援擊交阯女賊徵側，斬之。《唐書》：戛黠斯在焉耆北，即古堅昆。人皆長大，男少女多。新羅漢樂浪地，俗皆婦女貿販，異姓女雖娶，常爲妾媵。貞觀五年，貞平死，帝伐高麗，善德使兵五萬入高麗南都以披其勢，立女善德爲王，帝遣使册其襲父封國，人號聖祖皇姑。二十八年善德死，贈光禄大夫，妹真德襲，請改章服從中國制，内出珍服賜之。真德織錦爲頌以獻，五年死，帝爲舉哀。隋末突厥殘波斯殺其王薩和，國人立和女爲王。又訶陵在海中，上元間國人推女子爲王，威令整肅。《南史》：海南有扶南國，俗多褻露，以女人爲王，壯健似男子，晋太康時入貢。《北史》：倭國在大海中，魏時譯通中國，自云太伯之後，光武時遣使入朝。靈帝時有女子卑彌呼爲王，侍女千人，尤能以鬼道惑衆，呼死人復立。其宗女台爲王，出聽政，跏趺坐，大業時來貢，曰：『聞海西菩薩天子重興佛法，故遣來學。』《唐書·四夷志》亦言，其女多男少，後稍習夏音，更號日本。仲哀死，以開化曾孫女神功爲王，隋開皇末欽明之孫女推古立，貞觀五年遣使來朝，長安元年遣其臣真人來朝，披紫袍進止有容，武后宴之麟德殿。開皇初王死，女孝明立，上元中王死，以聖武女高野雞爲王。然則男爲主者常，而或妃或女，但能即主之，亦不必定付之無能之男，使『坐當中』也。穹壤之間，無事不隨時遷變，如昔之女國，今或轉爲男，猶之戟既可變爲漢劉，亦可變爲元。武后之世，特中國『男』君變『女』之一時耳。

《五代史》：友珪妻張，與友文妻王專房，侍翁疾，王尤寵，將傳位，友珪夫婦相對泣。及弒温，外甥袁象先以禁兵入宫，珪與妻趨北垣樓下，將踰城走，不果，使人進刃其妻及己。唐莊宗時，叔克寧妻孟氏尤剛悍，莊宗弟存灝等各遣其妻入説孟氏，孟氏數迫克寧，謀泄被誅。莊宗子繼岌有破蜀功，劉后作教使殺之，使至，岌徘徊泣下，令乳母縊己。明宗病甚，子河南尹重榮聞哭聲謂已崩，擁兵入。侍衛以反聞，率騎兵出。榮於門隙中見，走歸府，夫婦匿床下。王淑妃養子重益殺之，則不成『好男女』。使友珪不先與妻刃，其不爲唐莊宗有者鮮矣。李嗣昭本姓韓，汾州人，克用養爲子，嘗決圍救出莊宗，後卒。子繼韜以罪奔梁，爲平章，居數月，梁滅，因隨其母朝京師。其母楊善畜財，平生居積行販，至資百萬，厚賂宦官，得免罪。後居晉陽，石敬瑭起兵太原，契丹求賂，敬塘貸於楊氏以取足，亦算不得『好男女』。

第二十齣　悼殤

【金瓏璁】（貼上）連宵風雨重，多嬌多病愁中。仙少效，藥無功。顰有爲顰，笑有爲笑。不顰不笑，哀哉年少。春香侍奉小姐，傷春病到深秋。今夕中秋佳節，風雨蕭條。小姐病轉沈吟，待我扶他消遣。正是從來雨打中秋月，更值風摇長命燈。（下）

【鵲橋仙】（貼扶病旦上）拜月堂空，行雲徑擁。骨冷怕成秋夢。世間何物似情濃。整一片斷魂心痛。

（旦）枕函敲破漏聲殘，似醉如呆死不難。一段暗香迷夜雨，十分清瘦怯秋寒。春香，病境沈沈，不知今夕何夕。（貼）八月半了。（旦）哎也，是中秋佳節哩！老爺、奶奶都爲我愁煩，不曾玩賞了。（貼）這都不在話下了。（旦）聽的陳師父替我推命，要過中秋。看看病勢轉沈，今宵欠好。你爲我開軒，一望月色如何。（貼開窗，旦望介）

【集賢賓】海天悠，問冰蟾何處湧。玉杵秋空，憑誰竊藥把嫦娥奉。甚西風吹夢無蹤。人去難逢，須不是神挑鬼弄。在眉峯，心坎裏别是一般疼痛。（悶介）

【前腔】（貼）甚春歸無端廝和哄，霧和烟雨不玲瓏。算來人命關天重，會消詳，直恁匆匆。爲著誰儂，俏樣子等閒抛送。待我謊他。姐姐，月上了。月輪空，敢蘸破你一床幽夢。

（旦望，嘆介）輪時盼節想中秋，人到中秋不自由。奴命不中孤月照，殘生今夜雨中休。

【前腔】你便好中秋月兒誰受用。翦西風淚雨梧桐。楞生瘦骨加沈重。趲程期是那天外哀鴻。草際寒蛩，撒刺刺紙條窗縫。（旦驚作昏介）冷鬆鬆，軟兀刺四梢難動。

（貼驚介）小姐冷厥了。夫人有請。（老旦上）百歲少憂夫主貴，一生多病女兒嬌。我的兒，病體怎生了？（貼）奶奶，小姐欠好。（老旦）可怎了？

【前腔】不隄防你後花園閒夢銃，不分明再不惺忪，睡臨侵打不起頭梢重。（泣介）恨不呵早早乘龍。夜夜孤鴻，活害殺俺翠娟娟雛鳳。一場空，是這答裏把娘兒命送。

【囀林鶯】（旦醒介）甚飛絲繾的陽神動，弄悠揚風馬丁冬。（泣介）娘，拜謝你了。（拜跌介）從小來覷的千金重，不孝女孝順無終。娘呵，此乃天之數也。當今生花開一紅，願來生把萱椿再奉。

（衆泣介）（合）恨西風，一霎無端碎綠摧紅。

【前腔】（老旦）並無兒蕩得個嬌香種。繞娘前笑眼歡容。但成人索把俺高堂送。恨天涯老運孤窮。兒呵，暫時間月直年空，好將息你這心煩意冗。（合前）

（旦）娘，你女兒不幸，作何處置？（老旦）奔你回去也。兒！

【玉鶯兒】（旦泣介）旅櫬夢魂中，盼家山，千萬重。（老旦）便遠也去！（旦）是不是聽女孩兒一言？這後花園中一株梅樹，兒心所愛。但葬我梅樹之下可矣！（老旦）這是怎的來？（旦）做不的病嬋娟桂窟裏長生，則分的粉骷髏向梅花古洞。（老旦泣介）看他强扶頭淚濛，冷淋心汗傾，不如我先他一命無常用。（合）恨蒼穹，妬花風雨，偏在月明中。

（老旦）還去與爹講，廣做道場也。兒，銀蟾謾搗君臣藥，紙馬重燒子母錢。（下）（旦）春香，咱可有回生之日否？

【前腔】（嘆介）你生小事依從，我情中你意中。春香，你小心奉事老爺、奶奶。（貼）這是當的了。（旦）春香，我記起一事來。我那春容，題詩在上，外觀不雅。葬我之後，盛著紫檀匣兒，藏在太湖石底。（貼）這是主何意兒？（旦）有心靈翰墨春容，倘直那人知重。（貼）姐姐寬心，你如今不幸，孤墳獨影。肯將息起來，稟過老爺，但是姓梅姓柳秀才招選一個，同生同死，可不美哉！（旦）怕等不得了。哎喲，哎喲！（貼）這病根兒怎攻，心上醫怎逢。（旦）春香，我死後你常向靈位前叫喚我一聲兒。（貼哭介）他一星星説向咱傷情重。（合前）

（旦昏介）（貼）不好了！老爺、奶奶快來！

【憶鶯兒】（外、老旦上）鼓三鼕，愁萬重。冷雨幽窗燈不紅。聽侍兒傳言女病凶。（貼泣介）我的小姐，小姐！（外、老旦同泣介）我的兒呵，你捨的命終，抛的我途窮。當初只望把爹娘送。（合）恨匆匆，萍蹤浪影，風翦了玉芙蓉。

（旦作醒介）（外）快蘇醒。兒，爹在此。（旦作看外介）哎喲，爹爹，扶我中堂去罷！（外）扶你也，兒！

（扶介）

【尾聲】(旦)怕樹頭樹底不到的五更風，和俺小墳邊立斷腸碑一統。爹，今夜是中秋也，兒！(旦)禁了這一夜雨。(嘆介)怎能勾月落重生燈再紅？(並下)

(貼哭上)我的小姐！天有不測之風雲，人有無常之禍福。我小姐一病傷春竟死了。看官們怎了也，待我哭他一會。

【紅衲襖】小姐，再不叫咱把領頭香心字燒，再不叫咱把剔花燈紅淚繳，再不叫咱拈花側眼調歌鳥，再不叫咱轉鏡移肩和你點絳桃。想著你夜深深放翦刀，曉清清臨畫稿。提起那春容，被老爺看見了，怕奶奶傷情，分付殉了葬罷。俺想小姐臨終之言，依舊向湖山石兒靠也，怕等得個拾翠人來把畫粉銷。

老姑姑也來了。(凈上)你哭的好，我來幫你。

【前腔】春香姐，再不教你煖朱唇學弄簫。(貼)爲此。(凈)再不和你蕩湘裙閒鬬草。(貼)便是。(凈)小姐不在，春香姐也鬆泛多少。(貼)怎見得？(凈)再不要你冷温存熱絮叨，再不要得你夜眠遲朝起的早。(貼)這也慣了。(凈)還有省氣的所在，雞眼睛不用你做嘴兒挑，馬子兒不用你隨鼻兒倒。(貼)啐！(凈)還一件，小姐青春有了，没時間做出些兒也。那老夫人呵，少不的把你後花園打折腰。

(貼)休胡說，老夫人來也。(老旦哭上)我的親兒。

【前腔】每日繞娘身有百十遭，並不見你向人前輕一笑。他背熟的班姬四戒從頭學，不要得孟母三遷把氣淘。也愁他軟苗條忒恁嬌，誰料他病淹煎真不好。（哭介）從今後誰把親娘叫也，一寸肝腸做了百寸焦。

（老旦悶倒，貼驚叫介）老爺，痛殺了奶奶也！快來，快來！（外哭上）我的兒也！呀，原來夫人悶倒在此。

【前腔】夫人，不是你坐孤辰把子宿囂。則是我坐公堂冤業報。較不似老倉公多女好。撞不著賽盧醫他一病喬。天，天，似俺頭白中年呵，便做了大家緣何處消？見放著小門楣生折倒。夫人，你且自保重。便作你寸腸千斷了也，則怕女兒呵他望帝魂歸不可招。

（丑扮院公上）人間舊恨驚鴉去，天上新恩喜鵲來。稟老爺，朝報高陞。（外看報介）吏部一本，奉聖旨，金寇南窺，南安知府杜寶，可陞安撫使，鎮守淮揚。即日起程，不得違誤。欽此。（嘆介）夫人，朝旨催人北往，女喪不便西歸。院子，請陳齋長講話。（丑）陳相公有請。（末上）彭殤真一壑，慶吊每同堂。（見介）（外）陳先生，小女長謝你了。（末哭介）正是。苦傷小姐仙逝，陳最良四顧無門。所喜老公相喬遷，陳最良一發失所。（做哭介）（外）陳先生，有事商量。學生奉旨，不得久停，因小女遺言，就葬後園梅樹之下，又恐不便後官居住，已分付割取後園，改作梅花庵觀，安置小女神位，就著這石道姑焚修看守。那道姑可承應的來？（淨跪介）老道姑添香換水。但往來看顧，還得一人。（老旦）就煩陳齋長爲便。（末）老夫人有命，情願效勞。（老旦）老爺須置些祭田纔好。（外）有漏澤院二頃虛田，撥資香火。（末）這漏澤院田，就漏在生員身上。（淨）咱號道姑，堪收稻穀，你是陳絕糧，漏不到你。

(外)不消爭,陳先生收給。陳先生,我在此數年,優待學校。(末)都知道。便是老公相高陞,舊規有諸生《遺愛記》《生祠碑文》,到京伴禮送人爲妙。(凈)陳絶糧,《遺愛記》是老爺遺下與令愛作表記麽?(末)是老公相政跡歌謠。什麽令愛?(凈)怎麽叫做生祠?(末)大祠宇塑老爺像供養,門上寫著杜公之祠。(凈)這等不如就塑小姐在傍,我普同供養。(外惱介)胡説。但是舊規,我通不用了。

【意不盡】陳先生,老道姑,咱女墳兒三尺暮雲高。老夫妻一言相靠。不敢望時時看守,則清明寒食一碗飯兒澆。

魂歸冥漠魄歸泉。朱褒　　使汝悠悠十八年。曹唐

一叫一回腸一斷。李白　　如今重説恨綿綿。張籍

第二十齣《悼殤》批語

『連宵風雨』喻其事。『重』字與『愁中』應，惟其重，故愁彼在中也。『顰笑』喻女根。『雨打風摇』喻男。『燈月』喻女。『拜月』二句，喻女根拜下則似月而中『空』，行去則『雲』懸而『徑』合，妙絶之談。『整一片』而中『斷』，喻女根甚確。『斷』則瓜分故曰『心痛』。『枕』喻男根。『函』喻女根。『似醉』七字嘲女道。『一段香』喻男根。『十分清』喻女根十字處分開也。『瘦怯湫寒』又是虐謔。『八字』女根之形。『月』分兩『半』意同。『軒』喻合尖之處。『海天』喻其寬深。『冰』喻冷。『白蟾』喻其形。『湧』者帶水上湊之意。『玉杵』喻男根也。『眉峰』喻豪，『别是一般疼痛』嘲女，令女欲駡。『悶介』亦妙，不悶不至于痛甚。『春』喻男根。『烟霧』喻氣。『不玲瓏』喻女根中有男根，切妙之至。『人命關天』即死不難意。『俏樣』喻女根。『抛送』喻男根之迸。『月輪空』喻男根已出。『床』喻女根，『破』字謔甚，『輪』喻女根，『節』喻男根。『中秋』月形圓也，『不自由』謔極切極，女不自由轉是好事，男不自由則有易萎之恨。『雨中休』亦即死不難耳。『翦』喻女根形，『西』字亦然。『梧桐』以喻直幹，『楞生瘦骨加沈重』妙極，女根瘦而少肉，尤覺男力之重也。『撒刺刺』喻其沈重之聲，『窗縫』喻女根也，『冷鬆鬆』喻男事不熱，則内覺鬆鬆也，又喻事後内中尤其確切。『銃』喻男根，『不分明』喻男根不健之事，『頭梢重』則男根健矣。『翠』仍喻豪，妓號『鳳』窠群女，『雛鳳』喻女根形，又鳳可代縫，何其意百出而不窮也。『娘』喻女根，『兒』喻男根，『飛絲』喻豪，『風馬』喻囊，『緑』仍喻豪，

『蕩』字喻女根寬，『笑眼歡容』二根俱可爲喻。『成人』喻孕，『高堂』喻深處，不能入深不成孕也。『月直』而『空』，喻中空門外直女根間時形狀。『心煩意冗』喻正行事之時，『襯』字亦喻女根，『遠』字又嘲其深，『桂』喻男根，『長』喻二根之形。『骷髏』喻男挺末，『梅花』喻精，『扶頭』之頭亦喻男根。『不如我先他』，恨剛之不勝反以柔之勝爲罪，文心曲折之至。『紙馬』即陳媽媽輩，『紫匣』又喻女根，『湖石』有洞之石也。『翰』字喻毫，『知重』以喻男事，嘲殺女流，蓋不知重即非所思也。『根兒』即謂男根，『心上』喻女深處。『傷』由『重』故，語意妙絶。『鼓雨窗燈』無非妙譬，『拋』字喻男根迸，『途窮』喻女根盡處，『樹』喻男根，『不到五更』又即『恨匆匆』意，嫌其不能久也。『腸碑』俱喻男根，故曰立。『領頭』喻女根合尖處。『頭香』仍喻男根，『歌鳥』却喻女根，『鏡』喻女根，『挑』喻男槌，即喻磨蛤亦可。『翦刀』喻女兩扉，『簫』喻男根，『草』喻豪，『鬆泛』二字又喻其事。『紅淚』喻經期，『幫哭』喻看人如此亦有水出。『雞眼』乃喻女根，『後花園』窟臀妙號。『不見向人笑』喻女根甚切，『軟苗條』似喻男根。『痛殺了奶奶也』五字作喻意解便可大噱。痛殺之下，仍舊繼以『快來』，虐謔更不可當。『悶倒』即由痛殺。『辰』字喻男垂星，『坐』喻地天泰卦。『楣』喻男根，『寸腸千斷』仍喻男事，即數一數二意。『鴉鵲』俱喻男根，『高升』亦喻入深之意，『無門失所』皆含謔意，『焚』喻男根之熱，『漏澤虛田』非喻女根而何？『陳先生收』方切陳姥。『三尺』喻身之半，『一叫一回腸一斷』喻行事時謔絶，即觀音皇后所謂『猶記當時叫合歡』也。『綿綿』喻男根萎。

王金壇：『天公也似人哀怨，每到斜陽一淚零。』與『何人夜吹笛，「風」急「雨」冥冥』，又『別有事時偏「風雨」』，更令人欲死也。

『但指今宵是新「月」，不知曾照古人來』，已覺傷情，况中秋佳節，風雨『蕭條』乎。『美人情易傷，暗上紅樓立。欲言無處言，但向姮娥泣。』麗娘之病，始於『花』，終於『月』，是一部眼目。中郎云：『酒澆濃苦月，詩慰寂寥花。令我長相思，明月是何物。常將「花月」恨，並作可憐人。』『朝花夜月動春心，誰忍相思不相見？』誠以『花月』俱關色情也。少陵亦云『春花工迸淚，秋「月」解傷神』，麗娘固本其祖宗之意，讀此而尚謂花鳥怡情，吾不信也。

坡：『臨風有客吟秋扇，「拜月」無人見曉粧。』拜月堂空者，月窗花院好風光，愛憐光景在於何處也？行雲徑擁者，風月但牽魂夢苦，貪觸之心，被人禁殺也。脾神好樂，精氣並於心則喜。食以飽餒，氣以飫神，服氣無餒，服神無寒，不知此術而神傷氣耗，則『骨冷』矣。凡福澤事皆春夢也，凡哀惱事皆秋夢也。春夢喧妍，彼不知『怕』。樂天云：『秋篁冷無情。』誠以冰損相思無夢處，故彼『怕』之。

『不逢春雨偏濃艷』，海棠亦以多『情』耳。孤幃悄悄，寒『魂』影小，齊己所以有『深宮鎖斷魂』之句。忍教『魂夢』兩茫茫，是此處『心痛』註脚。吾讀至此，且覺吟魂不在身矣。

『整一片斷魂』，猶生龜解殼也。魂猶心痛，則知痛不關骨肉事。東坡『我今心似一團月』，心月皎皎常孤圓，多情明月邀君共，皆得『海天悠、冰蟾湧』之妙，與誠齋『乾坤鎔入冰壺裏，萬象都無只有光』『一年月色只臘裏，雪汁揩磨霜水洗』『更約梅花作渠伴，中秋不是欠此段』，汪水雲『聽説古時月，皎潔勝今時。今人但見今月，也道似琉璃。君看少年眸子，那比嬰兒神彩，投老更堪悲』自别。

嫦娥之説，始於《淮南》。用修『七夕有嫦娥，妒眼便西沈』句，天羽謂：『要文章好，不顧有地獄。』若玉茗者爲更甚矣！人道是露水，儂道嫦娥『淚』。無人『奉藥』，安得不『淚』？妾若做嫦娥，常圓不教缺。無人『奉藥』，安得常圓？嫦娥既老不嫁人，吴公持斧何時歇。徒有無情桂樹香，不見多生連理結。月姊亦是可憐人也。後『病嬋娟桂窟裏長生』，特應此句。古遠天高事渺茫，安知靈媛不凄涼？自掩明光不見人，嫦娥想妒人間樂。雖萬古難消一片冰，亦爲有嫦娥，月易沈耳。

沈約：『明月雖外照，寧知「心」内傷。』元曲：『門半掩，悄冥冥，斷腸人和淚夢初醒，看了他容貌兒實是撑，衣冠兒「别樣整」，兀的不坑了性命，引了人魂靈。我死呵，兀的不寂寞了菱花粧鏡，自覷了自害心疼。』皆與此『别是一般疼痛』相發。

『運生會歸盡，終古謂之然。形骸久已化，心在復何言？』則不必云『人命關天』也。得長多幾何？得短未足憐。畢竟共虚空，何須誇歲月。則不必云『直恁匆匆』也。

天與多情不與長相守，將愁不去將人去。『俏樣子等閒拋送』，是鬼妒天嗔教薄命。若非『俏樣』者，大猪見殺，得爲津伯，反觀猪身，污穢可憎，感其殺身，銜珠相報矣。

『明月本爲珠作命，明珠原以肉爲胎』，宜羡門有『算只有廣寒人知我傷心處』之句。世間何地是『月』徘徊處，故此夢惟應『月破』耳。

『多情「月」，偷雲出照無情别』及『月』明羞對夢中圓，皆『便好誰受用』意。海棠詞『只消受幽情寒思』，阮亭句『枉怨他西風寒急』，是『雨梧桐』。

寶蓮香比邱尼妄言，行淫非殺非偷，無有業報。即於女根生大猛火，節節燒，然非真燒，然即欲火由肝灼肺，虚勞咳嗽，『瘦骨楞生』之謂。若吕洞賓之把酒對花神鬼哭，則雖作蓮香語何妨。神君儀君或知之，瓊花公主解此否？

水雲詞：『人間只留春住，不管秋光歸去。一陣西窗風雨，秋也歸何處？』則『趲程期是這撒刺刺紙條窗縫』之説也。

秋蟲詞：『又唤醒荷花夢，纔成好句。』凄絶不堪。重誦『論從前，宋子班姬和伊都是悲秋種』，文友『已曾貫滿半間堂，又來叫破邯鄲枕』，羡門『恠滿耳「蛩」聲凄凄切切，叫得雄心都盡』，殆人心異於曩時，豈蟲響悲於前聽，其實只爲此『趲程期』三字耳。小青固云，恨促欣淹，無乃非達。

脾脈起於足大指。手足指寒者，屬胃氣寒。手足指熱者，屬胃氣熱。手屬於胃，足屬于脾。足乃至陰之處，血氣罕到，足大指咂之則引動其氣血。唐太醫署有按摩博士一人，按摩師四人，皆從八品，皆爲『四梢』計也。

唐昭宗云『春風一點少年心，紅玉衣裳白玉人，未甘虚老負平生。有時覷著同心結，萬恨千愁無處歇』，皆『恨不早早』之解。如癡如夢，欲笑啼痕先落。二十年前，不忍思量，著『早早』猶有回想之恨，况於『不早早』乎。『寒鶯冷蝶知何處，惟有蜂王不待春』，誠大曉事。

《南史》論：靈化悠远，生不再来，是『一紅』之説。殊令人想諸天之上壽長身長也。雖周瑜年三十六，曰修短命矣，誠不足惜。唐長孫后亦年三十六，曰死生有命，非人力所支，勝宋都督謝晦年三十七以罪死，作《悲人道》以自哀。而一朝艷質化塵土，可恨可憐。千萬古則，古今一致也。

骨秀而細，肉滑而柔，爲『嬌香種』。少女之妙，全在手足汗多，此津液有餘而氣足，所謂香澤是已。以嬌柔多汗之手折柳，柳無不起。以嬌柔多汗之足入握入鼻，何須諾龍耶。論喻意則『臭花娘』三字而已。高允諫曰：『今已葬之魂直求貌類者，事之如父母，宴好如夫妻，瀆敗風化，瀆亂情禮，上未禁之，下不改絶。』若所求者，非父非夫，或亦『一場空』。後無聊極思，正恐『歡容笑眼』殊復各別耳。

『老』去苦無歡事，况於『孤窮』。

晋潁川庾峻子顒賦曰：『有壽之與夭兮，或者情横多戀。』『心煩意冗』有尚不能憂眼下身，如何更計人間事之笑。楊王孫漢武時人，學黄老術，厚自奉養，生無所不致，死囑裸葬。謂尸豈有知，不損財於無謂。人死猶思『處置』，只是生前我相。齊邱子曰：『爪髮可截而無害，榮衛不至也。』是我本無痛，而血肉爲之害，不知皆千百劫認取之根，純熟親切。故我爲痛因，痛即我果也。將死多言，我去則此時自然而然不復執形爲我。『阿誰拖你死尸來』一句，正好速參。

魏制：南人入國者，俱葬桑干。陸機云：『雖號吴民，將爲傖鬼。』韋鼎當陳末謂友人曰：『吾與爾當葬長安，期運將及。』梁鴻，後漢初時人，後卒，囑葬於吴，妻子歸扶風。《唐書》：盧照鄰，范陽人，流寓潁水，嘗預爲墓，寢卧其中。『咸陽原上土，埋骨不埋名。趙骨化魏土，殆亦不足計。』而操蒼舒死，年十三，爲聘甄氏亡女與合葬。曹叡女淑卒，爲立廟，取母后甄氏從孫黄與合葬，追封黄列侯，以郭后從弟德爲之後，承甄氏姓，襲公主爵。北魏孝文時，始平公主薨，乃追贈早卒之穆平城爲駙馬，與主冥婚。唐肅宗子倓死，以崇德公主女張爲恭順皇后冥配焉。則夫人便『遠也去』之心，即我釋迦，又何嘗非以善巧方便法，姑除一切哀惱相耶？

『盼家山千萬重』，覺『死處懸鄉月』一句之妙。

唐詩：『冢頭莫種有花樹，春色不歸泉下人。』又咏端正樹云：『馬嵬去此無多地，只合楊妃冢上生。』『梅樹一株』，則有『留客一杯清苦蜜，蜂房知是近梅花』之妙。

卓人月：『賤妾聊生路促，此土偏能修福。』單葬芙蓉肉，若年年今日，耆卿冢上踏滿弓鞋，應勝似三牲供養也。唐太宗時征百濟，俘酋長五十人送京師，其王義慈痛死，詔葬孫皓、陳叔寶墓左，頗合。惟唐平章李訓謀誅宦官不克，被士良等反噬，十餘族悉繫左右軍，誅後棄尸郊外，男女雜厠者淹旬，方許京兆尹葬道左，則有樹千『株』難蔽耻矣。

侍兒嬌小，心事多般，却與誰論？武后好問外間可笑事，齊武成亦令説人間事可笑樂者。《北史》：齊樂安蔣少游善委巷之語，至可玩笑，位濟南郡守。邢邵好新異書，蓋有情意人大抵同也。『生小事依從』則不但不召自來，聞叱不去，飛鳥依人，人自憐之矣。『海枯終見底，人死不知心。』『你情中我意中』只是共喻，人間惟色勝，妙性情慴巧不信餘文耳。女人之『你情中我意中』者，乃至可以同夫不妒，出奇無窮，互娱互顯互月互風。其不能然者，非真能『你情中我意中』者也。見了同心心不滅，亦是如此睡情誰見，欲得你情中我意中者見也。夢想誰邊，想在你情中我意中者邊也。春香足當此語，亦復粉意香情，珠歡玉謔，濃懷致語，艷溢芳融矣。

中品欲者，若離境界不恒生心。下品欲者，但共言笑，欲情即歇。皆不足爲『你情我意』。上品欲者，無慚無愧，恒思欲境，心心相續，惟見妙好。而我以心推窮尋逐，微細揣摩，晝夜專念，心著難捨，連持不絶，庶幾『你意我情』。我謂：『但是相思莫相負。』你亦謂『但是相思莫相負』也。我謂：『世間只有情難訴。』你亦謂『世間只有情難訴』也。我言：『當思古人。』你亦云。我欲爲法後人，你亦云。我謂：『男根似柳。』你亦云。我謂：『女根似蝶。』你亦云。我欲將女伴權當兒郎，你亦云。我欲兒郎亦爲女飾，你亦云。方是你情中我意中耳。

鍾嶸云：『使窮賤易安，幽居靡悶，莫尚於詩矣。』王次回云：『檀郎開出巧心靈。』方寸巧心通萬造物理，與靈心熏習傳變代開代謝之物，萬無守常之理。玉茗云：『若天下十人中二三「靈」性能爲伎巧文章，而天地古今人理物情之變幾盡。』古汴鍾嗣成《録鬼簿》序：『登甲第隱巖壑者，世多有之，但於學問之餘，事務之暇，「心」機「靈」變，世法通疎，而以文章爲戲玩者誠絶無而僅有。』貫休：『詩老全抛格。』齊己：『詩格玄來不傍人。』坡曰：『「心」空飽新得，妙語時見廣。口耳固多僞，識真要在「心」。欲令詩語妙，無厭空且靜。靜固了群動，空故納萬境。「心」閒手自適，寄此無窮音。』又曰：『清詩爲洗「心」源濁，世間好句幾人共？』山谷云：『爲文須觀世間萬緣，如蚊蚋聚散。韵少者非學不専，皆渠儂胸次之罪。異哉！樊子怪可吁心欲，獨出無古初。然天下大川皆源自蠻夷荒忽遼絶之域。唐太宗：『川谷猶舊途，郡國開新意。』固勝老白贊元『寸截余爲字，雙雕玉作聯』少許也。龐然標一先生之言，而不惜爲象物象人之似耳。論『目食借面迷，頭汩没向淵』，徘徊歧路，本無言外之意，又不能達意中之言，非『心靈翰墨』也。唐人爲詩，悉不在字，悉復離字，别有其詩，故雖堆金砌碧，皆如清空，首尾無不相透。隨政教流俗之遷改，山川雲物之變幻，爲言無意，爲文而神情興會，多所標舉，是『心靈翰墨』也。深淺之分量不同，同歸可喜。才短而裝嬌作俊，則墮地便非，窺天已謬矣。若一言增損，而彼此異編，觀者曾無絲髮之殊，而作者自謂手口之弊，豈不悲乎！《唐書》：崔融撰《武后哀册》，最高麗。絶筆而死，時謂思苦神竭。王元美謂古之深刻於文者，往往不盡其本壽。『心靈翰墨』，但懼此耳。

坡：『知是何「人」舊詩句，已應知我此時情。』施肩吾：『峴山自高水自緑，後輩詞「人」心眼俗。』賈島：『吟來體似諸家少，改定人移一字難。』而繁芿采擷昔由章句，竪儒孟浪品題，近出屠沽俗子。言『儻直那人』，則不直那人之數多矣。

江淹云：『貴遠賤近，人之常情；重耳輕目，世之恒蔽。』豈所謂通方廣恕，好遠兼愛者哉？血痕嘔出盡成灰，自古已然矣。然文有披猖不軌而訖不敢廢者，類皆震於其才，動魄悦魂，欲與之同貌而共氣，亦才之驅『人』使然。因爲意見所轉也。樂天晚年酷愛義山詩，曰：『我死得爲爾子足矣。』義山生子，遂以白老爲名。李洞，王孫也，鑄賈島像事之。橋玄，睢陽人，爲漢陽太守，上邽姜岐守道隱居，玄召爲吏，勅督郵，岐若不至，趣嫁其母，此勅大奇。而其約曹操云：徂没之後，路有徑由，不以斗酒隻雞過相沃酹，車過三步，腹痛勿怨，可謂『知重』也已。

鍾嶸：庸音雜體，俊賞疾其淆亂。范榮期見孫興公賦，輒曰：『應是我輩語。』元姚燧云：『余見今之爲古文者，雖不敢輕非於口，而亦不敢輕是於心也。』歐陽子云：『人生一世中，長短無百年。無窮在其後，萬年在其先。讒誣不須辨，亦只百年間。百年後來者，憎愛不相緣。或落於四裔，或藏在深山。待彼謗焰熄，放此光芒懸。』退之云：『誰不欲居高於萬物，而力蹙勢窮，爲文而欲一世之人好，吾悲其爲文。』『知重』之『人』只好『倘直』耳。補之謂坡：『獨閣下之文，千變萬態，不可殫極，故獨求出於閣下之門。』坡謂補之：『觀其筆勢俯仰，亦足以粗得足下爲人之一二，至其品目，決非一夫所能抑揚。』庶幾乎稱『那人』哉。使非玉茗『心靈』至此，世安知『春容』可如此極寫耶？

袁中郎生平愛便宜爲樂，曾不倦《西厢》開錦綉，《水滸》藏雷電，何『心靈』之相感歟？詩者天地間之秀氣也，古人有詩而後有題。因香所起，以香爲界，用目觀詩，不若以鼻取之。果能毛孔皆香，自足剔凡辟惡。自非『那人』，則似香而臭，似臭而香，莫之辨矣。

每讀王氏臨終詩：『河漢已傾斜，神魂欲超越。願郎更回抱，終天從此訣。』又：『昔時懷後會，今別便終天。新悲與舊恨，千古閉窮泉。』淚下如雨，正以不能『同生同死』矣！

夏侯道遷子夬與游聚相會，曰：『人生局促，何殊朝露，坐上相看，先後之間耳。脱有先亡者，當於良辰美景，靈前飲宴，倘或有知，庶其歆享。』夬亡，上巳，衆果如約。時天陰微暗，咸見夬執杯獻酬，但無語耳。又能附家客，發父諸妾陰私，則西陵臺上，欲人『叫唤』者，情也。但『陰境忽現前，瞥爾隨他去。百劫與千生，没個人依怙』。縱然聒破周孔耳，安能叫回堯舜天？則亡後央人『叫唤』，又不如生前自念彌陀。

執相循名，妄見生死。大怖之來，愁憂恐怯。戚聚難持，含悲向盡。都爲他玩，非復我親。『捨的命終』，談何容易。惟自殺者不受情殺，不罹境殺。何謂自殺？已生割生，未死學死是也。彼境變糾纏，至前求割，鋒亦鈍矣。又樂事奢者，病時過不得，生趣濃者，死時過不得。若原少人間况，都無身後愴，則『夜臺應自好，何必戀閻浮』哉！

人生苦樂，父子不相代。眼光一閃，又彼此不相識。讀『抛的途窮』之句，因知骨肉間乃是憂悲聚而已，然骨肉之情未全枯竭，要須償以眼淚。

卧病人至後半夜，燈盡月落，悄然無眠，已是無限劇苦，况雨窗臨訣耶。『冷雨幽窗燈不紅』與『一燈紅夜午已别』，視『熒熒廷燎待天明』何如？舊詩『索索風搜客，沈沈「雨」洗年』。其年：『自古凄凉一派，只有寒「燈」解讀。』此句千古詞客，無不魂消心死。

天地生我尚如此，陌上他人何足論。若『爹娘』則嘗望『送』，故與天地不同。

北魏王肅死，世宗令葬杜預、李冲之間，使之神遊相得也。東晋陸機從弟玩，以佐命勳，特置興平伯，官屬以衛墓守冢七十家。唐高祖女平陽昭公主，竇后所生，募衆應父，勒兵七萬，威震關中，引精兵萬人，與秦王會渭北。武德年薨，葬用鼓吹。或曰古婦人無，上曰：『主身參佐命，古豈有耶？』李靖妻卒，詔墳制如衛霍故事。唐懿宗女同昌公主早卒，與乳保同葬。『小墳邊』三字傷情，彼虎帳貂裘，封犂殉馬，吉凶之義，舉夷夏之物，備高班厚禄已極於生前，列鼓鳴簫，復光於身後者，何等耳目口鼻耶。

李勣死，囑冥器惟用五六萬馬。姚崇曾孫勖，歷刺史，自爲壽藏於萬安山，署兆曰『寂居穴』，墳曰『復真堂』，中剌土爲臺，曰『化臺』，而刻石告後世。燕公張説自爲父碑，明皇爲書額曰：『嗚呼積善之墓。』梁南郡太守江陵劉之遴，子三達年十八卒，遴題墓曰『粱妙士』。麗娘自署曰『斷腸碑』，不但白石横烟幼婦眠，直應『群仙飛空欲下讀，常借海月清光來』矣。庸陋鄙猥苟賤，是謂不人；齒卑無子早世，是謂不天。

於不人者減禮從略，以有主如無主也。於不夭者加矜重吊，以無後猶有後也。

『請將濯足渾泥水，往漫安家没字「碑」。』若『斷腸碑』直當以女媧皇帝浴水洗之，遍宇宙名媛十香紅汗塗之，此『碑』堪與墮淚碑並傳千古，勝貴家婦人縱復棄位而姣，必有一篇絶好文章，送歸泉下。隋文子俊年十二，領關東兵，遷秦州總管，頗好内而崇信佛道，請爲沙門，不許。伐陳之役，總水陸十餘萬，屯漢口，尋遷揚州總管，鎮廣陵，轉并州總管。出錢求息，工巧之器，親運斤斧。帝曰：『惟求財貨，市井之業也。』開皇二十年薨，帝后哭之數聲而已，曰：『晋王送我一鹿，我今作脯，擬賜秦王，今可置靈座前。既已許之，不可虧信。』僚屬請立『碑』，帝曰：『欲求名，史書一卷足矣。若子孫不能保守，「碑」徒與人作鎮石耳。』極是。

『幾點兒淚痕滴響，休要醒時聽』，况於臨死『禁』這一夜。

金器壞不甚惜，玉器則惜，以一破不復完也。『月落重生』一句，在傳奇爲伏案，在永訣爲痛辭。石湖所云：『留下可憐將不去。』似爲此設。『樹頭樹底』，亦見元曲。

『長哀發華屋，四座莫悲傷。哀哉人道促，痛矣嗟埋玉。』隋高士李謙死，趙郡士女聞之莫不流涕，曰：『我曹不死，而令李參軍死乎！』宋山陽王婿何戢之叔點，家世信佛，哀樂過人，行逢葬，曰：『此哭者之懷，豈可思耶！』悲痛不禁。李白：『富贵非所愿，爲人駐頽光。』死雖極大驚痛，大班齊散，或猶駭愕，今是零星抽出，悄然轉换，暫時尚在之人，遂更不曾以之爲意也。使知田地人潛换，『看』人者，不一時而見『看』於人，則心念無常，不能爲樂矣。嗟乎！『我無金丹術，萬萬隨化遷』，是人世分明知有死矣。惟一日之内，萬死萬生，天日自長，吾日自短，行即此路，邊分後先，古人所以必撫必踴。不然私門之故，豈可以戚我執事也。齊己所云：『眼濁心昏，信生死者，無論或且幸灾樂禍，直待奄忽而至，始唤可憐。』做『看官』時，殊甚自在。

唐懿宗寵優人李可及，能自度曲，徘徊凄斷。同昌主卒，及爲帝造曲曰『唤百年』，教舞者數百，皆珠翠。帝以爲天下之至悲，授衛將軍，是古來第一善於『幫哭』而大獲其利。與義山『何因携庾信，同去「哭」徐陵。「哭」上咸陽北原上，可能隨例作灰塵。』突厥俗，至親及受恩者，必以刀子剺面，使血淚交流，固勝盧思道《勞生論》詐『哭』佞哀恤其喪紀也。『幫哭』何如我不能作孝負外郎者。吕后心畏大臣『哭』不止，胡后召乂夫婦，泣而責之。婦人之『哭』，尤不足道。『幫哭』二字之無情，更令亡者欲『哭』。但人何暇『幫哭』？正恐前後之間，大略相似矣。

有勞褻之事，有勞辱之事。爲后前驅，掌王之陰事褻器，掌王及后之服履，辨内外命婦之命屨，雖褻猶未爲勞也。馬明生遇上真夫人，親運履舄之勞，要不如杜牧之『笋拳纖玉軟，蓮襯朵頤豊』兩語之工於賞鑒。袁小修云：『斗太夫人城，城中摇燕麥。只應泐石街，曾印香勾跡。』中郎云：『千載而下，猶斷腸虚無之畫屧，傷心寂寞之香趺。』王金壇：『陳玉著眼看羅襪，温尉關心到錦鞋。』阮亭絶愛賞之。又『無端屑麝襯鞋池，問道携來與阿誰。笑殺冶城遊冶客，平生不見十香詞。』又『雨餘路軟，有女郎一隊前行，脚蹤可玩。』有『知是同家是各家，羅襪只教曹植見』句，『挑雞眼』者真有幸哉。『路旁凡草棠遭遇，曾得七香車輾來』，則是欲『挑雞眼』而不得人語。元曲有『幾多説不盡，人不會的偏僻風流』，其此類乎？

李義山云：『浣花箋紙桃花色，好好題詩咏玉勾。』陶淵明云：『願在絲而爲履，附素足以周旋。』歐陽玄云：『舞姬脱鞋天欲軟，天天曲曲玉灣卷。』楊用修云：『羅帳燈昏蓮瓣暝，渴思半消殘酒醒。』吴梅村：『歸來路滑，醉把雙纏微笑脱。撥醒檀郎，眼底端相白似霜。』龔芝麓：『鐵石消磨未盡，算只有風情癡絶，儘取頭廳重印，肯换却纖纖霞襪？甘心署錦隊鉗奴，央他埋骨。』羨門云：『腸斷錦鞋一賦。』阮亭云：『應願將身作錦鞋。』作者得無意乎？ 又云：『真英雄實非下愚不及情可比。』余嘗謂王建咏宫人走雨，有『雙雙抬起隱金裙』句，詩意淫極，言雙雙則非一雙可知，其魂已在雙雙抬起間矣。 元女子鄭允端亦不必云『可笑狂生楊鐵笛，風流何用飲鞋杯』也。

唐后鹵簿有香蹬一，因是香尖合受香供也。 宋謝太后母毛氏有孕，爲嫡濯足曰：『昨夢龍繞我身。』嫡以足踏其頂曰：『當生皇后。』後果如言，傳爲千古佳話。 香山云：『一物苟可適，萬緣皆若遺。』吹噓漸覺馨香出，良由色荒，見物皆成媚耳。 窮鄙極褻以結情款，雖曰非理愛好，尤勝『太尉足何香，舐痔甜不嘔』者。

《智度論》：鬱陁仙人飛到王宫，夫人接足而禮，即失神通。 若接夫人之足，通應全失。《北史》：靺鞨即古肅慎後，朱里真俗，以人溺洗手面免凍血也。 隋煬用征高麗，渠帥從幸江都。《唐書》：天竺即漢身毒，俗以舐足摩踵爲禮。《南史》：積習生常便謂法，應須爾金爲釵釧。 溲瓶即爲辱，金不入丹鼎，似乎太過。 南齊沛郡劉瓛四十始婚，又因妻掛履壁上，落母床而出之，爲已蠢也。

張京兆云：『臣聞閨房之内，夫婦之私，有不止於畫眉者。』劉孝綽雖云：『空持渝皓齒，非但污丹唇。』

而七情之内，無境不生，則六合之間，何所不有。如上官昭容開舍於外，邪人穢士争進，以求要官，其吮癰舐痔想已極致，豈僅『挑雞眼』哉！又趙履温諂事安樂公主，嘗褫朝服以項挽車。宋之問，汾州人，偉儀貌，詩以音韵相婉附，約句准篇如錦綉成，武后令與楊炯分直習藝館，轉左奉宸内供奉。易之所賦諸篇，盡之問、朝隱所爲。則其《明河》一念，固自總角時始，懷之數十年。其爲易之奉溺器，蓋目睹易之之肉，即心存明河之津。推愛明河之心，以及明河所潤之肉也。景龍中諂事太平公主，復爲考功員外。及安樂公主權盛，復往諧結，故太平深疾之。蓋《明河》之餘，想也使得『做嘴兒挑』，其較爲易之執虎，歡幸勇往，豈不十倍耶。然其父令支有力絶人，能拔牛角。弟之悌，歷劍南節度，身長八尺，以憍勇聞，之問當亦有力健兒也。何明河求全於口過乎！閻朝隱則趙州人，與兄鏡几、弟仙舟連中進士，屬詞奇詭，爲武后所賞。累遷帳内供奉，代禱少室，伏俎爲犧，大見褒賜，使明河知之，問爲所幸執虎，當亦在褒賜之列。龜兹迎羅什諸公，皆羅跪令什踐而登焉。王黼雖爲相，事主極褻，上踰垣，黼以肩承帝趾。手之用過於足，而諛足者多，豈以在下體歟？然手抓之不癢，而足則癢，宜其喜諛特甚也。要之，人喜人爲我屈辱耳。

『冷温存、熱絮叨』，是亡後最係人思處。韋蘇州《傷逝詩》：『沈沈積素抱，婉婉屬之子。暄涼同寡趣，晨夕俱無理。』高允云：『昔之忻境，今爲戚途，夕無寄心之所，朝無改顔之處。』

高澄第四子延宗，養於叔洋。年十二，猶騎置腹上，令溺己臍中。及長，於樓上便，使人在下張口承之。然齊將亡，猶據并州，幾擒周武，何英能也。雖才不才，各言其子，然人值父子兄弟夫婦之死亡，恒於情狀之好者，尤繫思焉。

『繞娘前笑眼歡容』與每日『繞娘身有百十遭』，玉茗真才子也！ 蓋有男女之樂，全在此二句。 而有才貌好男女之樂，尤在此二句也，否則與無男女者何異？

盧仝：『我有嬌臉待君「笑」。』石湖：『及時一笑有誰供。』東坡：『「笑」漸不聞聲漸杳，多情却被無情惱。』『古劍歌呈，鬱輪袍進，心死櫻桃微綻。』皆言『笑』之不可『輕』得也。 體貌妍長曰『軟苗條』。

讀『一寸肝腸』句，頗覺恨血盈篇，鬼聲震册。 王金壇《悼妻》詩：『最是舌根强短後，户外遥聞也刺心。我已自知生趣短，暫停相待却如何？』凄涼欲就魂筵醉，頗有『一寸肝腸百寸焦』意。 袁珂雪云：『聞除書則進取之念愈熾，睹廣柳則謀生之意少衰，乃知心隨境變。 是以修行之人，常處逝多林中，借此無常之水，以消馳逐奔騰之火，常取古今閔生傷逝之語，都爲一集，命曰《苦海》。 冀廣其傳以救衆生之熱惱。』然不如親與骨肉永訣之令人駭悟矣。 或言長孫無忌外戚權重，太宗曰：『夫緣后昵愛，厚以子女玉帛，何不可？以其兼文武兩器，故朕相之。』復曰：『我欲立晋王。』無忌曰：『謹奉教。』帝顧之曰：『舅許汝矣，宜即謝。』帝疾甚，召入卧内，手捫無忌頭。 無忌叔順德喪息女，感疾甚，帝薄之，謂玄齡曰：『德無剛氣，以兒女牽愛至大病，何足惜？』奇甚。

『人生無此恨，鬢色不成絲』，你子宿嚚，我『冤業報』，以一枝妙筆，寫兩副傷心。 張良子去其死十年而絶。《陳平傳》：國至曾孫以罪絶，『坐公堂』之業亦輕矣。 寇準或爾，商輅因何？ 王金壇《悼妻》：『返魂續命亦人謀，蹭蹬終令誤死休。 蔘苓價迥多難繼，一心應向妙蓮修。』楊升庵、湯若士皆先死子，後死妻。世無盧醫，誤却恒沙人命。 然一味心頭草，『盧醫』有時無處尋。

元曲：『你與我壘座磚臺，鐫面碑牌，寫的明白，等過往人來覷了傷懷，都道是開元寺散家財的劉員外。』人有年不盡事，同苦而不得共甘。明知逝者無知，不如獨享而食不下咽者，真有家緣無處消之恨。則舉而散之可乎？乃人心澆漓，於我不淑，傷其無可致厚，亦留有餘以還造化而已。名還造化，實資他人，然我不能主而主自天，即造化矣。

『遍看原上纍纍冢，盡是城中汲汲人』，爲『朝旨催人』一笑。

唐玄宗冶金自爲像，州率置『祠』。東賊亂，悉毀以爲資，獨真定者藩鎮不毀，故見寵異。據真定叛，藩王武俊以敗朱滔，得建廟京師。佪失密北距勃律五百里，環地以千里，山四繚之，他國無能攻。不風。開元初遣貢，言大可汗兵至勃律，雖二十萬，能輸糧以助，又請爲大可汗營『祠』。突厥特勒死，詔立廟像四圍圖戰陣狀，詔高手六人往繪寫精肖。吐番山多柏，墓旁作屋，赭塗之，繪白虎，皆虜貴人。黄巢同時大賊孫儒敗死，其將馬殷有湖南，曰：『公嘗有志廟食。』特爲立廟，要終之學莊嚴祠像，雖近可笑，亦文飾衰惱巧鎔惡見之一法也。『德政碑』則金石刻成，名已腐矣。

《夏言集》議葬禮之正，宜有附從。且爲詩曰：『人生喜聚悲離散，存没同情豈異諸？』惟聖達天通，至理幽明之故，莫教殊。帥臣趙師睪且塑己像，及韓侂胄之蒙師陳自强於湧金門柳洲祠爲龍王，便『塑小姊像於旁』，有何不可？

『此處送君還，茫茫似夢間』。『一言相靠』，四字可痛。楊子曰：生相憐，死相捐。謂古人用情於有用之處，不用情於無用之處。余獨不然其説，無能爲斯倍之矣。生相憐，庸知非僞？死不捐，乃見其真。

『千里思家歸不得，惆悵又逢「寒食」天』，曾聞客鬼借筆題窗矣。明奄寺墓碑皆宰輔所製，羊、虎、馬、駝林列，高墳大院擬王侯，假借佛宮，以垂不朽，皆圖此『一碗飯』耳。『把親娘叫』，固嘲男子情極時。『令愛』表記，亦於天公開花有惡，怪作者斷不肯浪下此奇語，猶『桂窟長生』喻後園無思少病意，俱極幽。

第二十一齣　謁遇

【光光乍】（老旦扮僧上）一領破袈裟，香山嶴裏巴多生多寶多菩薩，多多照証光光乍。

小僧廣州府香山嶴多寶寺一個住持。這寺原是番鬼們建造，以便迎接收寶官員。茲有欽差苗爺任滿，祭賽於多寶菩薩位前，不免迎接。

【掛真兒】（净扮苗舜賓，末扮通事，外、貼扮皂卒，丑扮番鬼上）半壁天南開海汊，向真珠窟裏排衙。（僧接介）（合）廣利神王，善財天女，聽梵放海潮音下。

（净）銅柱珠崖道路難，伏波横海舊登壇。越人自貢珊瑚樹，漢使何勞獬豸冠。自家欽差識寶使臣苗舜賓便是。三年任滿，例當祭賽多寶菩薩。通事那裏？（末見介）（丑見介）伽喇喇。（老旦見介）（净）叫通事。分付番回獻寶。（末）俱已陳設。（净起看寶介）奇哉寶也。真乃磊落山川，精熒日月。多寶寺不虛名矣。看香。（内鳴鐘，净禮拜介）

【亭前柳】三寶唱三多，七寶妙無過。莊嚴成世界，光彩遍娑婆。甚多，功德無邊闊。（合）領拜南無，多得寶，寶多羅。

（净）和尚，替番回海商，祝贊一番。

【前腔】（老旦）大海寶藏多，船舫遇風波。商人持重寶，險路怕經過。刹那，念彼觀音脱。（合

前）

【掛真兒】（生上）望長安西日下，偏吾生海角天涯。愛寶的喇嘛，抽珠的佛法，滑琉璃兩下難拿。

自笑柳夢梅，一貧無賴，棄家而遊。幸遇欽差寺中祭寶，托詞進見。倘言話中間，可以打動，得其振援，亦未可知。（見外介）（生）煩大哥通報一聲，廣州府學生員柳夢梅，來求看寶。（報介）（净）朝廷禁物，那許人觀？既係斯文，權請相見。（見介）（生）南海開珠殿。（净）西方掩玉門。（生）剖懷俟知己。（净）照乘接賢人。敢問秀才以何至此？（生）小生貧苦無聊。聞得老大人在此賽寶，願求一觀，以開懷抱。（净笑介）既逢南土之珍，何惜西崑之秘。請試一觀。（引生看寶介）（生）明珠美玉，小生見而知之。其間數種，未委何名。煩老大人一一指教。

【駐雲飛】（净）這是星漢神砂，這是煑海金丹和鐵樹花。少什麼猫眼精光射，母碌通明差。嗏，這是靺鞨柳金芽，這是温凉玉斝。這是吸月的蟾蜍，和陽燧冰盤化。（生）我廣南有明月珠、珊瑚樹。（净）徑寸明珠等讓他，便是徑尺珊瑚碎了他。

（生）小生不遊大方之門，何因覩此！

【前腔】天地精華，偏出在番回到帝子家。稟問老大人，這寶來路多遠？（净）有遠三萬里的，至少也有一萬多程。（生）這般遠，可是飛來走來？（净笑介）那有飛走而至之理！都因朝廷重價購求，自來貢獻。（生嘆介）老大人，這寶物蠢爾無知，三萬里之外，尚然無足而至。生員柳夢梅，滿胸奇異，到長安三千里之近，到無人購取，有脚不能飛。他重價高懸下，那市舶能奸詐，嗏，浪把寶船擕。（净）疑惑這寶物欠真麽？（生）老大人，便是真，飢不可食，寒不可衣。看他似虛舟飄瓦。（净）依秀才説，何爲真寶？（生）不欺，小生到是個真正獻世寶。我若載寶而朝，世上應無價。（净笑介）則怕朝廷之上，這樣獻世寶也多著。（生）但獻寶龍宫笑殺他，但鬬寶臨潼也賽得他。

（净）這等便好獻與聖天子了。（生）寒儒薄相，要伺候官府，尚不能勾，怎見的聖天子？（净）你不知，到是聖天子好見。（生）則三千里路資難處。（净）一發不難！古人黄金贈壯士，我將衙門常例銀兩，助君遠行。（生）果爾，小生無父母妻子之累，就此拜辭。（净）左右，取書儀，看酒。（丑上）廣南愛喫荔枝酒，直北偏飛榆莢錢。酒到，書儀在此。（净）路費，先生收下。（生）謝了。（净送酒介）

【三學士】你帶微醺走出這香山罅，向長安有路榮華。（生）無過獻寶當今駕，撒去收來再似他。

（合）驟金鞭及早把荷衣掛，望歸來錦上花。

【前腔】（生）則怕呵，重瞳有眼蒼天瞎，似波斯賞鑒無差。（净）由來寶色無真假，只在淘金的會揀沙。

（合前）（生）告行了。

【尾聲】你贈壯士黄金氣色佳。（净）一杯酒酸寒奮發，則願的你呵，寶氣衝天海上槎。

烏紗巾上是青天。司空圖　俊骨英才氣儼然。劉禹錫

聞道金門堪濟世。張南史　臨行贈汝繞朝鞭。李白

第二十一齣 《謁遇》批語

「一領破袈裟」喻男根，「香山嶴裏」喻女根。「多生」之生喻生育，「多生」喻所生中必有寶物，「多菩薩」所謂天下至多之物也。「光光乍」喻男根，「番鬼」同。「半壁」喻女根分兩半，「天南」喻其生在身前。「海」爲積虚之處，故曰天牝。筋珠男根，「真珠窟」又喻女根，「海潮音」同意。「銅柱」喻男根，「珠」喻垂星，「崖」喻女根，「横海」喻男根在内時女根形狀，猶西字意。「伏波」及「珊瑚樹」俱喻男根，「山」喻身，「川」喻女户，「鳴鐘」喻聲，「莊嚴成世界」言世界無此不妙，可作女根頌表。河山象服，皆以崇報其功德耳。「光彩遍娑婆」喻男根光彩滿女根内，又言生無數光彩人物。莊嚴斯世，皆只由此二物造出。我即以無數英詞妙語，代作像贊，豈爲辱乎？「甚多」及「闊」，則嘲女人不淺。「大海」喻女根内象，「船舫」喻女根外形，「險路」又嘲女道，「刹那脱」並嘲男道，「長安」以喻女根，「西日」喻男根在内時彼狀如此，「喇嘛」之喇代辣，「滑琉璃兩下難拿」喻男根已浸女液，明顯極矣。「兩下」字妙絶確絶。「朝廷禁物」即賢文禁殺意。「珠殿王門」俱喻女根，「剖懷」二字同意，「神砂」喻其色。「海」喻女根，「金丹」之金代筋，「丹」喻其色，「鐵樹」亦喻男根，「金芽」「玉㝵」喻女根，作筋芽解喻男亦可。「蟾蜍」喻女根，「冰盤」同。「明珠」喻莖端，「珊瑚徑尺」喻男根之長。「碎了他」嘲女道，「大方」又是嘲女，「天地精華」贊男女根，「番回」喻男根，「帝子家」之帝代蒂，喻女根也。「懸下」喻腎囊，「市舶」喻女事，「寶船」及「虚舟飄瓦」皆同一意。「荔支」喻腎囊，「酒」喻精液，「榆莢錢」喻女根。『微醺走出』喻男根初出女根時，可謂神情酷肖矣。『有路榮華』亦確切之極，男根既入女内則色倍光鮮也。『撤去收來』喻二根皆得。『金鞭』喻男根，『荷衣』喻女根，『錦字』代緊字，『重瞳』亦喻二根，『金』字以代筋字，『淘』字則喻女液，『槎』字仍喻男根，『烏紗』喻女相，『金門』以代筋門，『繞朝鞭』又喻男根。

元吴萊《古跡記》：南海有『廣利王』廟，又見東坡之夢。『謁遇』二字妙，見『謁』而不『遇』者多矣。《後村詩話》：「一老謂客曰：『來見者吾皆倒屣，外議何如？』曰：『自公大用，外間盛唱燭影摇紅之句。』問何故？曰：『幾回見了，見了還休，争如不見。』」按澳門城中有西洋官。《元史》：金追張世傑於香山島。自萬曆九年，有浮提國人至江西，能爲飛車，從風遠行，號飛仙，其經讀畢，則字飛，而頗遊戲於陽臺楚館。至萬曆三十年，利瑪竇遂至澳，路遠十萬，浮海九年，其法視天星而辨海路。爲長舟似蜈蚣，左右各容數百人撑駕，恃銅銃爲利器，初出千里鏡、自鳴鐘，舉重算法諸事件，較大明國賢愚萬倍。又出歐邏巴州輿地圖，大明國僅掌中一紋，於是留都。臺省駭極喜極，口贊力勸，心皈意愛，咨送燕京。意廣地外之地，心包天外之天，奉其教者，閩俗甚熾，惟日本人仇之。西洋番彝舟聚於澳，澳僧稱曰『法王』。其俗以女娶男，亦有買粤省人爲夫者。婦人泆蕩，莫之誰何，而男子犯奸即告之法王，加以捶殺。法王立而誦經，則合澳婦女披猩罽羅跪其前，法王所幸，謂之天種。有詩云：『寶鬘白蠻娘，番官號法王。香火歸天主，錢刀在女流。山頭銅鏡大，海畔鐵墻高。一日番商據，千年漢將勞。』如漢時上郡有龜兹縣，乃俘外國人置之内地。開元七年，吐火羅獻天文人，伏乞天恩，問諸教法。

請置一法堂，依本教供養散回回於華而不變其本俗，李德裕上尊號文，所謂挾邪作蠱，侵淫宇內也。

《南史》志：天竺方三萬里，即漢身毒。又漢桓九年，大秦國遣使來。孫權五年，有大秦國來交州，送詣權。齊永元時，扶桑國沙門來，言其國養鹿，以乳爲酪。又去扶桑東有女國，容貌端正潔白，生百日能行，三四歲成人矣，亦此之類。

袁六休詩：『閒來偶讀《錢神論》，始信人情今益古。古時孔方稱阿兄，今日阿兄稱阿父。』『多生多寶多菩薩』，乃爲錢僕上尊號。『多多照証光光乍』財色雙關，並施⿰骨齊菩薩在內。俗語嫌少不怕多也。夫僧非一類，有英靈男子，有出世丈夫，有肉身菩薩，有空門度生，有光頭百姓。空門度生，拾得所云『不能得衣食，頭鑽入於寺』也。似此『光光乍』，則口稱貧道，有錢放債。量責十下，牒出東界可也。

高歡從侄元海，初願居山，修釋典。志不能固，自啓求歸。便縱酒恣情，廣納姬侍。文宣末年信佛法，由海也。此『光光乍』，又不足怪矣。王導曾孫宋僕射弘之子僧達，臨川王婿也，爲吳郡太守，遣主簿劫沙門竺法瑶，得數百萬，可謂『多』哉。

《隋史》：葱嶺山有順天神，儀制極華，以金爲屋，銀爲地。《南史》：波斯城高四丈。《晉書》志：大秦國在西海之西，其地東西南北各數千里，屋宇皆以珊瑚爲棁栭，琉璃爲墻壁。其人長大，貌類中國人，又能刺金縷綉。太康中遣貢。《北史》：大秦國從條支西渡海曲一萬里，去代四萬里，地方八千里，居兩海之間。人居星布，端正長大，東南通交趾，又水道通益州永昌郡。《唐書》：拂菻，古大秦也，居西海上，去京師四萬里，南接波斯，地方萬里，十里一亭。東門高二十丈，宮皆飾異寶，家資億萬者爲上官，多幻人，能發火於顔。貞觀十一年，獻赤玻璃，至大足再朝獻。其東南有狼揭羅地，大數千里，引水爲田。又大食本波斯地，大業中有一波斯民，劫商旅保西鄙自王，遂滅波斯。破蔣菻，侵婆羅門，地廣萬里。其婦人白皙而麗，永徽、至德皆遣貢，代宗取其兵平京師。貞元中，與吐番相攻。而《明史》云，宋元豐、寶祐時數至，洪武四年遣其國故民捏古倫，勑諭之，尋遣使朝貢。其國地寒，土屋無瓦，鄰國小有釁，但以文字往來諮問云。前史所載多不經，反謂天方古靺鞨即大食，士女偉麗，謂今西洋人自古不通中國，即佛郎機歐邏巴也，自號大西洋云。又永樂五年，遣鄭和封古里國，去中國十萬里，算法用手足指，分毫不差，豈『真珠窟』亦大有變遷歟？

『精瑩日月』在不愛『財利』者，但見其照見今來古往絲粟無限愁耳。

『七寶妙無過』宣揚提唱，不負錢神法乳轉世。何須轂飛，人不假翎。舉世皆兄，汝何嘗肯弟？人得此千祥集，離君萬事休。磨穿千里骨，日盡萬人頭，皆廟聯佳句。要不若『莊嚴成世界』五字作額，使阿兄嘆服知音。

李德林善作檄，既隨文帝在路，帝以馬鞭南指曰：『平陳之後，會以「七寶莊嚴」。』公余有詩曰：『人身重白玉，佛相取黄金。暖玉擊能壞，寒金煉愈禁。金能買玉色，玉罕有金心。受用者都往，堅牢性到今。』蓋深愛佛法之取諸國土，『莊嚴』此土也。

《唐書》：康國，元魏所謂悉萬斤，善商賈。丈夫年二十去旁國，利所在無不至。其王屈木支娶突厥女。其國大城四十，小堡千餘，是『商人』之『持重寶』不『怕險路』者。

王儉見齊中書令張緒，曰：『過江所未有，北士可求之耳。』帝欲用爲僕射，儉曰：『南士由來少居此職。』彦回曰：『陸玩、顧和。』儉曰：『晋氏衰政，不可爲法。』『海角天涯』益無望矣。豈知晋陳國陳頵曰：『河北士平氣均，故少人士。』又言：『金日磾豈藉華宗之族，見齒於奔競之倫乎！』陶侃察孝廉，至洛，數詣張華。以遠人，不甚接。遇郎中楊晫，與同乘，僚友温雅曰：『奈何與小人共載？』晫曰：『此人非凡器也。』華爲人如此，宜其及矣。及爲羊弘參軍，羊謂其後當居身處。侃既平蘇峻，庾亮懼見討，用温嶠策詣侃，謝侃曰：『庾元規乃拜陶士行耶？』王導自奔所還，令取故節，侃笑曰：『蘇武節似不如是。』侃微時，所荷一餐咸報，既平峻，王導即奏侃、嶠録尚書，並辭不受，真妙人也。汝南周光，年十一見王敦，敦曰：『貴郡誰可爲將？』曰：『竊謂無復見勝。』遂以爲尋陽太守。及敦舉兵，將千人赴之，曰：『我來而不得見，王公其死乎？』是夕衆散，遂捕錢鳳詣闕，亦復不惡。

循循刀筆間，固足爲公卿。而吴張弦曰：『有國者，咸願修政而闇於政體，人情憚難而趨易，好同而惡異，人君甘易同之歡，忠臣挾難進之術。』大蘇曰：『夫賢人之欲有所樹立，以不朽於後世者，甚於人君。君不信其臣，臣不測其君而已矣。可成之功嘗難形，不可成之狀嘗易見，上之人方且眩瞀而不自信，吾君能忘己而任我乎？能無以人間我乎？』勉强砥礪，奮於功名，輒有虚名實禍之患，此之謂『兩下難拿』，又滑出律。怎生『拿』，已見元曲。

晋譙國桓彝拔才取士，咸得之懷抱，况『一貧無賴』乎？公儀伯曰：『智摧天下者，名不出家。』一貧無賴，安知不萃其精神，閉之户牖，達諸天地？魏無知薦陳平，或言其盜嫂，無知曰：『臣之所言者能也，陛下所問者行也，今有尾生、孝己之行，而無益於勝敗之數，陛下何暇用之乎！」

『説話之間，可以打動』，張元吴昊所以曳石悲歌也。彭義見龎統，本非故人，徑上統床卧，皆英雄倉卒自達處，但在平世，則無所施。

晋濟陽太守蜀人文立，表以命士有贄爲煩，請絶其禮幣。武帝從之，歷代之制遂革。使果革得，恐欲其權請相見蓋難矣。

齊己：『精華銷地底，「珠玉」聚侯門。』『小生見而知之』，所謂非堯之知舜，衆人之知舜也。若積素行乃托政，則寧戚不顯於齊矣。若貴宿名而委在，則良平不録於漢矣。魏文帝曰：『選舉莫取有名，名猶畫地作餅，不可啖也。』

《唐書》：李白涼武昭王孫，隋末其家以罪徙西域，神龍初遁還，是『天地精華徧出番回』一証。宜麗娘之思君，自極無天處耳。

宋劉穆之曾孫祥，遇驅驢者曰：『汝好爲之，如汝人才皆已令僕。』南齊太守濟陰卞彬著《禽獸决録》，猪性卑而率，狗性險而出，皆有所指。『蠢爾無知』四字，掃滅却許多强作解事人。人各有知，非吾之所謂知也。

法正曰：『智調藏於「胸」懷，權略應時而發，此之有無，焉可預設也。』『滿胸奇異』，自是作者自喻。《抱朴子》云：『拘繫之徒，輕「奇」賤「異」，謂爲不急。』又云：『世俗率是古昔而賤同時，雖有連城之珍，猶謂不及古人之所泣。雖有益世之書，猶謂不及前代之遺文。不知厩馬千駟而騏驥有邈群之價，美人萬計而威施有超世之容。』正謂此也。

兩頭蛇，南陽卧龍。五眼雞，岐山鳴鳳。三脚猫，渭水飛熊。胡致堂曰『夫虚名者，邪臣所以聾瞽君上之術也。實掊克也，名曰檢制』云云。『那市舶能奸詐』一句，求寶人須大著眼。元稹詩『留斬泓下蛟，莫試街中狗。况逢多士朝，賢俊若布棋』，正爲此『奸詐』輩發耶。嚴秋水《託興詞》云：『昭陽一夜思傾國，家家鸞鏡新粧色。狼藉畫雙蛾，手繁宫樣多。不須矜艷冶，明日承恩者。淡掃便朝天，路人知可憐。君恩自古如流水，梨園又選良家子。都作六宫愁，傳言放杜秋。傾城争一顧，那用論縑素。幾個定横陳，丹青不誤人。唾華零落昏殘綉，只將疋帛誇長袖。舞罷泣春風，歸來自洗紅。一時齊望幸，白髮偏多恨。雲雨吊荒臺，猶將夢裏來。金釵鈿盒知何許，緑章紅淚詞偏苦。豈必九重知，傳看出衆時。可憐心獨矢，自銜誰家子？齲齒復啼粧，折腰伊太狂。』亦目擊『浪把寶船攆〔一〕』者。『筆尖花無一個』，掃滅多少著作。『浪把寶船攆』一句，掃滅多少名公。

庸才計極則披靡於勢門，金玉運窮則朝宗於寶海。文人自昔巧相蒙，題品還誰位置公。逌然别有蘇門嘯，未許箏琶俗耳共。在日堂堂譽望崇，支頤柱頰盡趨風。驚飈捲籜潦歸壑，依舊流傳只數公。『看他似虚舟飄瓦』，固非增上慢説。天隨子云：『無情是金玉，不報主人恩。』幸無以士之所羞者驕士哉。

蘇子曰：『君子者，無若是之多也。小人者，亦無若是之衆也。凡才智之士，鋭於功名，嗜於進取者，

〔一〕攆，底本作『划』，據前劇文改。

惟所用之耳。』此一時之『獻世寶』。《淮南》：若非而是，若是而非，孰通其微？《呂覽》：相似之物，聖人所加慮也。北魏李冲曰：『置官豈爲膏粱兒地。』高祖曰：『苟有殊人之伎，不患不知，曠代一兩人耳。』蓋言『真正獻世寶』之少也。陸賈：『萬世之術，藏於心而身不用於世，據四海之大，持百姓之命，而功不在於身，可惜也。』管子習揖讓，『臣不如隰朋敢犯顏』，『臣不如東郭欲伯王』，則夷吾在此，是『真正獻世寶』。薛仁貴欲立功，乃著白衣自標顯。郭震詩『處暗若教同衆類，世間爭得有人知』，後果功名表著。故直曰：『小生到是。』

『芻少可能供驥子，草多誰復訪蘭蓀。』『這樣獻世寶也多著』八個字最可嘆。王勃云：『天地之所「寶」者，才也，今之群公，並受奇彩，豈造化之力倍乎？』張儀請伐齊，皆以爲利，惠子曰：『是何智者之衆也。』『我若載寶而朝，世上應無價』，正恐諸市舶，齊吟司空圖『高價應難敵，微官偶勝君』之句。《申屠剛傳》：光武時，法理嚴察，職事過苦，尚書近臣，至乃捶撲牽曳於前。韋彪上言：『尚書天下樞要，而間者多從郎官超升此位，雖曉習文法，長於應對，然察察小慧，類無大能。』《南史》：宋文帝時，江夏王義恭以政事爲本，刀筆幹練者多被遇，曰：『王球之屬，竟何所堪施！』王子安云：『時師百年之學，旬日兼之。昔人千載之機，立談可見。縱冲襟於俗表，留逸氣於人間，君侯亦知天下有遺俊乎？』『笑殺他、賽得他』，他固不信。

『笑殺他』者，泄芻狗而責盧鵲之效，縛雞鶩而崇鷹揚之功。狸不可使搏牛，猶虎不可使捕鼠也。『賽得他』者，不可以鈞緡致者，必虬螭；不可以機穽誘者，必麟鳳。千鈞之鼎，非賁獲不能抱也；光夜之珍，非陶猗不能市也。

劉得仁：『外家雖是帝，當路且無親。』白贈元：『却待文星天上去，少分光景照沈淪。』不能伺候官府，『聖天子』如何得見？

『自持衡鑒採幽沈，此事曾聞曠古今。洪爐烹煉人性命，扳龍附鳳損精神。未肯殷勤謁要津，不如竟作罷官人。』『伺候官府不能勾』，縱使東巡也無益。君王自領美人來，每一顧而掩涕，嘆君門之九重，怎見得『聖天子』？

隋房謙《與薛道衡書》：『周齊之時，民庶呼嗟，終閉塞於視聽。公卿虛譽，日敷陳於左右。外同内忌，即才堪幹持，輒加擯壓。於我有益，遽蒙薦舉。以此求賢，從何而至？』晉廣陵華譚言：『中材之君，所資者偏，物以類感，必於其黨。雖有求賢之名，而無知才之實，言雖當以爲迂，策雖奇以爲妄，豈故爲哉？淺明不見深理，近才不睹遠體也。』故白起言：『非得賢難，用之難。非用之難，信之難。』廷尉劉頌曰：『不悟鄉里，乃有如此才也。』博士王濟曰：『亡國之餘，有何秀異？曰秀異固産於方外，是以珠貝同生於江濱。』『到是聖天子好見』，古亦未然。

《唐書》：張嘉貞，家蒲州。御史張循憲使河東，事有未决，問吏曰，若頗知有佳客乎？以貞對。貞至，條析理分，試命草奏，皆意所未及。武后以爲能，憲對皆貞所爲，請以官讓。后曰：『朕寧無一官自進賢耶？』召見内殿，以簾自障，貞儀止秀偉，曰：『天威咫尺，若隔雲霧，恐君臣之道有未盡。』后曰『善』，詔上簾。引拜監察御史，梁陳二州都督，政以嚴辦，可謂『酸寒奮發』之極致。玄宗善其政，許以相。貞曰：

『昔馬周起徒步，太宗用之，未五十而歿。陛下不以臣不肖，要及其時，後衰無能爲也。』及宋璟罷，遂中書令，敏於裁遣。秘書監張皎得罪，貞希權幸意，請加詔杖，張説曰：『宰相時來則爲非可長保，若貴臣盡杖，恐吾輩及之。』會宴中書省，貞銜説，於坐慢罵，則直一幹才耳。

蘇綽著有《佛性論》，初爲周文行臺郎，所行公文，綽爲之條。武帝與僕射周慧達議事，達請出外議之，入呈稱善，則以綽對。周文與公卿往金明池觀漁，行至城西漢故倉地，顧問左右，莫有知者，乃召綽問，具以狀對。因問天地造化之始，歷代興亡之跡，並馬至池，竟不設網而還。還留綽至夜，臥而聽之，綽於是指陳帝王之道，兼述申韓之要。周文乃起，整衣危坐，語遂達曙，即拜行臺左丞。始制文案程式，朱書墨入。高歡三道入寇，諸將咸欲分兵禦之，獨綽意同帝，遂並力拒竇泰。周文方欲革易時政，弘强國富人之道，綽言，人者，冥也，智不自周。又言，試吏須問志行，門資乃先世之殘炙，若門資而得愚瞽，則木牛流馬，形似而用。敏幹乃身外之末才，若角才藝而以『奸』僞爲本者，將因其官而亂也。三者得兼，則金相玉質，實爲人『寶』矣。善官人者，必先省其官，而閭里之職則必得一鄉之選，以相監統。年四十九卒。周文與群公，皆步送同州郭外，酹酒半後舉聲痛哭，不覺卮墜於手。子威五歲喪父，襲爵爲公，差可人意。

後漢袁安爲河南尹，政嚴明而不輕鞫人贓罪，曰：『是學仕者，高則望宰相，下則希牧守，錮人於「聖」世，所不忍爲也。』後與第五倫等争叱於朝堂，司隸舉劾，帝曰：『誾誾衎衎是也。若寢嘿抑心，更非朝廷之福。』竇憲傾險負勢，言詞驕訐，安猶與争。四世五公，其不忍使人無『路榮華』之報乎？白少傅云：『今我尚貧賤，徒爲爾知音。』雖徒已自可感。

陸魯望：『自古「黃金」貴，猶沽駿與才。近來簪珥重，無可上金臺。』是卑聖侮士、惟女是崇之說。然不購取奇才，而以公之蠢爾，又不若齊襄識貨矣。『書生說太苦，客路常在目，縱使富貴回，親交幾墳綠。若言賈客樂，賈客多無墓。煢獨不爲苦，求名始酸辛。力盡得一名，他喜我且輕。九月風到面，羞汗成冰片。求名俟公道，名與公道遠。』『走向長安』，殊未必得。《唐書·楊嗣復傳》：請省官，帝曰：『無滯才乎？』曰：『才者自異。猶去糠粃，精華自見。』『揀沙』之說也。劉子：『明白之士，達動之機而暗於玄慮。玄慮之人，識靜之原而困於速捷。』『淘金』之說也。『沙』不去則『金』胡可得『淘』？

韓非：選賢非選其心之所謂賢也。世莫不言舉賢，舉賢非同乎己者也。如隨色牟尼，訖無定相，而世間七寶，以青黃赤白驕之。『蒼天瞎』，妙。高位之『瞎』不足咎，咎在『蒼天』先『瞎』耳。

不是不能拚酩酊，却憂前路『酒』醒時，不『奮發』也。和君詩句吟聲大，蟲豸聞之謂蟄雷，稍『奮發』矣。羅隱云：『孤寒無命，只係鴻鈞。』晁補之云：『陳編窺竊無補諸生華衮，褒榮敢煩一字。』『若無一片鏡，妙麗苦不昌。丈夫無恩仇，不如一牢豕。心頭感恩血，一滴染天地』，與杜甫『王生哀我未平復，喚婦出房親自饌。故人情味晚誰似，令我手脚輕欲旋』自別。

王金壇：『親過一盞休辭滿，照見如花素影寒。』若是漂母賜『酒』，尤堪『奮發』。宋劉改之謁辛稼軒，賜『酒』手戰流於懷。高歡時，晉陽郡會之所，霸朝人事，咸務於宴集。南北通好，務以俊乂相矜。時梁客徐陵在坐，賓司一言制勝。澄爲拊堂，非霸朝反，不然大將軍鄧騭無所下借。以陳留李充高節，問曰：『幕府初開，欲辟天下奇偉？』充爲陳隱居之士，頗不合，欲絶其説。以肉啖之，充抵於地曰：『説士猶甘於肉。』肉固不如『酒』耶？元曲有『那等「酸」也波「寒」，可著我怎掛眼？哎，你便枉將人一例看』。周武謂楊愔族弟素曰：『卿勿憂不富貴。』曰：『但恐富貴來逼臣，臣無心求富貴也。』庶可爲『酸寒奮發』之輩一解其穢。雋不疑爲郡文學，綉衣暴勝之使吏請見，不疑大劍盛服謁，遂薦之。既任至京兆尹，霍光欲以女妻之，固辭不敢當。次之。京口劉穆之聞義師，見劉裕，裕曰：『我須一軍吏甚急，誰堪其選？』曰：『無見踰者。』遂署主簿。大處分皆倉卒立定，多布耳目，朝野視聽，無不必知。後，裕嘗曰：『穆之死，人輕易我。』又次之。武帝即位，舉賢良方正文學才力之士，人皆上書言得失，獨東方朔上書曰：『臣朔少失父母，長養兄嫂，年十二學書，三冬文史足用，十五學擊劍，十六學《詩》《書》，誦二十萬言，十九學孫吴兵法，戰陣之具、鉦鼓之教，亦誦二十〔一〕萬言，凡臣朔固已誦四十萬言。年二十二，長九尺三寸，目若懸珠，齒若編貝，勇若孟賁，捷若慶忌，廉若鮑叔，信若尾生，若此可以爲天子大臣矣。』又次之。梁侍中朱異，錢塘人，人稱其金山萬丈，玉海千尋，觸響成鏗，遇采便發，而貪財冒賄，欺罔視聽，極滋味聲色之娱，嘗曰：『諸貴皆持枯骨見輕，得幸居權三十餘年，太子亦不能平。』竟用其言納侯景，斯爲下矣。

〔一〕十，底本作『千』，據前後文改。

第二十二齣　旅寄

【搗練子】（生傘袱病容上）人出路，鳥離巢。（内風聲介）攪天風雪夢牢騷。這幾日精神寒凍倒。香山嶴裏打包來，三水船兒到岸開。要寄鄉心值寒歲，嶺南南上半枝梅。我柳夢梅。秋風拜別中路，因循親友辭餞。離船過嶺，早是暮冬。不隄防嶺北風嚴，感了寒疾，又無掃興而回之理。一天風雪，望見南安。好苦也！

【山坡羊】樹槎牙餓鳶驚叫，嶺迢遥病魂孤吊。破頭巾雹打風篩，透衣單傘做張兒哨。路斜抄，急没個店兒捎。雪兒呵，偏則把白面書生奚落。怎生冰凌斷橋，步高低蹬著。好了，有一株柳，酬將過去。方便處柳駝腰。（扶柳過介）虚囂，儘枯楊命一條。蹊蹺，滑喇沙跌一交。（跌介）

【步步嬌】（末上）俺是個卧雪先生没煩惱。背上驢兒笑，心知第五橋。那裏開年，有齋村學。（生作哎呀介）（末）怎生來人怨語聲高。（看介）呀，甚城南破瓦窰，閃下個精寒料。

（生）救人，救人！（末）我陳最良，爲求館衝寒到此。彩頭兒恰遇著吊水之人，且由他去。（生又叫介）救人。（末）聽説救人。那里不是積福處。俺試問他。（問介）你是何等之人，失脚在此？（生）俺是讀書之人。（末）委是讀書之人，待俺扶起你來。（末扶生介）（末）請問何方至此？

【風入松】（生）五羊城一葉過南韶，柳夢梅來獻寶。（末）有何寶貨？（生）我孤身取試長安道，犯嚴寒少衾單病了。没揣的逗著斷橋溪道，險跌折柳郎腰。

（末）你自揣高中的，方可去受這等辛苦。（生）不瞞説，小生是個擎天柱，架海梁。（末笑介）却怎生凍折了擎天柱，撲倒了架海梁。這也罷了，老夫頗諳醫理。邊近有座梅花觀，權將息度歲而行。

【前腔】尾生般抱柱正題橋，做倒地文星佳兆。論草包似俺堪調藥，暫將息梅花觀好。（生）此去多遠？

（末指介）看一樹雪垂垂如笑，墻直上綉旛飄。

（生）這等，望先生引進。

三十無家作路人。薛據　與君相見即相親。王維

華陽洞裏仙壇上。白居易　似近東風別有因。羅隱

第二十二齣 《旅寄》批語

『人』喻男根，『路』喻女根，『鳥巢』同意。『天』喻女根深處，『雪』喻精，『牢』喻緊，『寒凍』則男根，『倒』喻復的確。『包』喻腎囊，『三水船兒到岸開』非女根而何？『中路因循』亦是男根常事，『掃興而回』則由本領不濟矣。『槎牙餓鳶』俱喻男根。『破衣巾』及『傘』皆是物也，本成式謔飛卿著稍頭之意。『斷橋』喻女根中分，『駝腰』喻扳倒使人。『一條』，字妙。『滑喇砂』意更顯，『卧雪』之雪代洩，『瓦窯』喻女根形，『精寒』指男根言，以精寒故因循中路，掃興而回，欲叫『救人』，實其心事，故意寫作，一笑。『吊水』亦喻男根，『五羊』喻手摸也，『葉』喻女扉，『衾』喻女囊，『險折腰』形容女根之滑耳。『自揣高中方可去』又嘲其深，而笑男之多短。其『辛苦』爲枉費也，『擎天柱』長也，『架海梁』壯大也，『尾』字喻豪，『尾生般』即柳枝意，『星』喻莖端，『草包』實喻女根，喻囊亦可。『樹雪』之雪代洩，『擎天柱、架海梁』已見元曲。

皎然：『何年有此路，幾客共沾巾。』即『出路離巢』之感。敗窗『風』咽客思『寒』，於『雪』不復見曉色化爲水之趣。潘紫岩《雪》詩：『鋪勻世界能平等，補住梅花得十分。』與『天帝太玄心，示人太素理』同妙。阮亭謂：『讀時人關山如換，霓裳皓腕，一色光相亂，覺玉樓銀海，真是笨伯。』良然。姜白石：『吸此清光傾肺腑，洗我明珠千斛。』又『何以贈君濯炎熱』。『雪』即是詩，詩是『雪』，亦復不惡。

『馬上吟詩卷已成，苦多吟有徹雲聲』，似雖『凍』而未『倒』者。虛垂異鄉淚，不滴別人心，故曰『孤吊』。

雨『巾』風帽，四海誰知道？征衫著『破』，著衫人可知矣。令人憶義山『憐我總角稱才華，面如白玉欹烏紗』句，愈加不樂。

如『西風不管扁舟客，吹下樓頭笑語聲。已是客懷如絮亂，畫樓人更回頭看』，方是『奚落』。『只知斷送豪家酒，不解安排旅客情』，故曰『單則把』。若『飛觴莫慶明年瑞，幾處空閨添暮寒。無端惹著潘郎鬢，驚殺綠窗紅粉人』，則奚落書生猶自可矣。

『卧雪先生没煩惱』，只是一個飄零身世，十分冷淡心腸。元曲云：『看别人去霧裏飛騰，少什麽無才無藝，一跳身，平步登臺省。』

『黄茅舍裏曉雞啼，錦帳佳人不知曙』，豈知茅舍之外，又有『破窯』。

『胸中曉盡世間事，命裏不如天下人』，是『精寒料』。管子嘗謀事而大窮困，鮑子不以爲愚，知時有利不利也。荀子：士無立錐地，而能使四海若一家。其窮也，俗儒笑之，嵬瑣侮之。其通也，英傑化之，衆人愧之。即此『料』耳。

《魏書》：時貴銜杯躍馬，志逸氣浮。唐祖子江安王元祥，庸迷而魁大，韓、虢、魏亦宏偉，然不及也。比『精寒料』何如？

每讀『故人田舍即吾家，兄前勸酒嫂勸餐』之句，不啻『吊水』得『救』。

『委是讀書之人，待俺扶你』，有東坡『顧我已爲都眊矂，憐君欲鬥小嬋娟』意。惠子墜水，船人『救』之，曰：『微我則子死矣。』惠子曰：『舟楫間則吾不如子。』『扶起來』，勿相驕可也。

《南史》：劉毅在京口，嘗邀鄉曲往東堂射，既至，而庾亮曾孫悦邀僚佐亦至。毅曰：『身並貧躓，營一遊甚難，君如意人，何處不可爲適？』悦素豪，徑前不答，衆並避，惟毅獨留射。悦厨饌甚盛，不以及毅，毅又曰：『身今年未食子鵝，豈肯以殘炙見惠？』又不答。義師入建鄴，毅深相挫辱，悦發背卒。不『扶』人者可鑒也。

江總：『情幽豈狥物，志遠易驚群。』唐人『不論賢與愚，只論官與職。如何貧書生，只「獻」安邊策』，是『柳夢梅來獻寶』。

劉珂赴選，一肆閃寂，偉人倚劍立門，珂因留宿。昏時共被，乃婦人也。彼一取試者，偎異暖；此一取試者，『犯嚴寒』。不平之事。

『衾單』致病，士子一症，故宋太學生有影妻椅妾之言。唐賢羈窮自喜，大虧詩句有情。北魏嘗出宮女以賜貧民，何如捐所棄以賑此輩？

『你自揣方可去』，則非采飛蟲之善音，贊跛鼈之偶步者。然『但是糠粃微細物，等閒抬舉到青雲』，寄語同飛諸燕雀，好來相近莫相疑』，正復不必『自揣』耳。李群玉『美譽芳聲有數車，來年燒殺杏園花』，『自揣』現有若輩也。陸龜蒙：『古態日漸薄，新粧應更勞。城中皆一天，非妾髻髮高。』彼『揣』而我亦『揣』之矣。杜荀鶴：『承恩不在貌，教妾若爲容。』又從何處『揣』起？元人墨謎：『身軀無四兩，消磨禁幾場。一片黑心腸，都在功名上。敢糊塗了紙半張！』爲不『自揣』者寫照，頗趣。

『暫憑開物手，未展濟時方。太平匡濟策，流落在人間』，是『擎天柱、架海梁』。天柱始於爾朱榮，唐人因有『閬閬山東柱破天』之句。《隋史》論曰：『帝王之規，非一士之略；大厦之構，非一木之枝。長短殊用，大小異宜。』隋房翼云：『夫賢才者，非尚膂力。豈繫文華？惟須正身不動。譬棟之處屋，如骨之在身。』隋蘇頌常言：『江南人有學業者，多不習世務。習世務者，又無學業。皆非此器也。』光武外祖樊重孫儵上言郡學：孝廉率取年少能報恩者，則望其『擎天架海』難矣。餘姚虞世基貌沈審，徐〔一〕陵召之不往，後見奇之，以弟女妻焉。河東柳顧言見而嘆曰：『「海」内當共推此人，非吾儕所及也。』其人究竟不足重，事主巧於附會。繼室孫氏，携前夫子入基舍，鬻爵賣官，基惑之不禁。弟世南貧，未嘗有所賑，則『梁柱』之僞者耳。

許渾云：『心孤易感恩。』春腰玉減一尺圍，何可不『暫將息』。『溪道梅庵』，暗用施肩吾『越山花去剡藤新，才子風流不厭春。第一莫尋溪畔路，可憐仙女愛迷人』詩意。

〔一〕徐，底本作『除』，據文意改。

第二十三齣　冥判

【北點絳唇】（净扮判官，丑扮鬼持筆、簿上）十地宣差，一天封拜。閻浮界，陽世栽埋，又把俺這裏門程邁。

自家十地閻羅王殿下一個胡判官是也。原有十位殿下，因陽世趙大郎家和金達子争占江山，損折衆生，十停去了一停，因此玉皇上帝，照見人民稀少，欽奉裁減事例。九州九個殿下，單減了俺十殿下之位，印無歸著。玉帝可憐見下官正直聰明，著權管十地獄印信。今日走馬到任，鬼卒夜叉，兩傍刀劍，非同容易也。（丑捧筆介）新官到任，都要這筆判刑名押花字。請新官喝采他一番。（净看筆介）鬼使，捧了這筆，好不干係也。

【混江龍】這筆架在落迦山外，肉蓮花高聳案前排。捧的是功曹令史，識字當該。（丑）筆管兒。（净）筆管兒是手想骨、脚想骨。竹筒般剉的圓滴溜。（丑）筆毫。（净）筆毫呵，是牛頭鬚、夜叉髮、鐵絲兒揉定赤支毸。（丑）判爺上的選哩！（净）這筆頭公是遮須國選的人才。（丑）有甚名號。（净）這管城子，在夜郎城受了封拜。（丑）判爺興哩！（净作笑舞介）嘯一聲，支兀另漢鍾馗其冠不正；舞一回，疎喇沙斗河魁近墨者黑。（丑）喜哩！（净）喜時節，奈河橋題筆兒耍去。（丑）悶呵！（净）悶時節，鬼門關投筆歸來。（丑）判爺可上榜來。（净）俺也曾考神祇，朔望且名題天榜。（丑）可會書來？（净）攝星辰，井鬼宿，俺可也文會書齋。（丑）判爺高才。（净）做弗迭鬼仙才，白玉樓摩空作賦；　陪得過風月主，芙蓉城遇晚書懷。便寫不盡四大洲轉輪日月，也差的著五瘟使號令風雷。（丑）判爺見有地分。（净）有地分，則合北斗司、閻浮殿，立俺邊傍。没衙門，却怎生東岳觀、城隍廟，也塑人左側。（丑）讓誰？（净）便百里城，高捧手。讓大菩薩好相莊嚴乘坐位。（丑）惱誰？（净）怎三尺土，低分氣。對小鬼卒清奇古怪立基階。（丑）紗帽古氣些。（净）但站脚，一管筆、一本簿塵泥軒冕。（丑）筆乾了。（净）要潤筆，十錠金、十貫鈔，紙陌錢財。（丑）點鬼簿在此。（净）則見没掂三展花分魚尾册，無賞一掛日子虎頭牌。真乃是鬼董狐落了款，春秋傳某年某月某日下，崩薨葬卒大註脚。假如他支祈獸上了樣，把禹王鼎各山各水各路上，魍魎魑魅細分腮。（丑）待俺磨墨。（净）看他子時硯，忔忔察察，烏龍蘸眼顯精神。（丑）雞唱了。（净）聽丁字牌，冬冬登登。金雞翦夢追魂魄。（丑）稟爺點卷。（净）但點上格子眼，串出四萬八千三界，有漏人名，烏星砲粲。怎按下筆尖頭，插入一百四十二重無間地獄，鐵樹花開。（丑）大押花。（净）哎也，押花字止不過發落簿，剉燒春磨一靈兒。（丑）少一個請字。（净）登請書，左則是那虛無堂，癱、癆、蠱、膈四正客。（丑）吊起稱竿來。（衆卒應介）（净）髮稱竿，看業重身輕，衡石程書秦獄吏。（内叫哎喲，饒也，苦也介）（丑）隔壁九殿下拷鬼。（净）肉鼓吹，聽神啼鬼哭，毛鉗刀筆漢喬才。這時節呵，你便是没關節包待制，人厭其笑。（内哭介）恁風景，誰聽的無棺槨顔修文子哭之哀。（丑）判爺害怕哩！（净惱介）哎，樓炭經，是俺六科五判；刀花樹，是俺九棘三槐。臉婁搜風髯赳赳，眉剔竪電目崖崖。少不得中書鬼考，録事神差。比著陽世，那金州判、銀府判、銅司判、鐵院判，白虎臨官，一樣價打貼刑名催五作；實則俺陰府裏註濕生、牒化生、准胎生、照卵生。青蠅報赦，十分的磊齊功德轉三階。威凛凛人間掌命，顫巍巍天上消灾。

叫掌案的，這簿上開除都也明白。還有幾種人犯，應該發落了？（貼扮吏上）人間勾令史，地下列功曹。禀爺，因缺了殿下，地獄空虚三年。則有枉死城中輕罪男子四名，趙大、錢十五、孫心、李猴兒，女子一名，杜麗娘，未經發落。（净）先取男犯四名。（生、末、外、老旦扮四犯，丑押上）（丑）男犯帶到。（净點名介）趙大有何罪業，脱在枉死城？（生）鬼犯没甚罪，生前喜歌唱些。（净）　邊去。叫錢十五。（末）鬼犯無罪。則是做了一個小小房兒，沈香泥壁。（净）一邊去。叫孫心。（老旦）鬼犯些小年紀，好使些花粉錢。（净）叫李猴兒。（外）鬼犯是有些罪，好男風。（丑）是真。便在地獄裏，還勾上這小孫兒。（净惱介）誰叫你插嘴？起去伺候。（做寫簿介）叫鬼犯聽發落。（四犯同跪介）（净）俺初權印，且不用刑。赦你們卵生去罷。（外）鬼犯們禀問恩爺，這個虜是甚麽虜？若是回回虜，又生在邊方去了。（净）哇，還想人身？向彈殼裏走去。（四犯泣介）哎，被人宰了。（净）也罷，不教陽間宰喫你。趙大喜歌唱，貶做黄鶯兒。（生）好了。做鶯鶯小姐去。（净）錢十五住香泥房子。也罷，准你去燕窠裏受用，做個小小燕兒。（末）恰好做飛燕娘娘哩！（净）孫心使花粉錢，做個蝴蝶兒。（外）鬼犯便和孫心同做蝴蝶去。(净)你是那好男風的李猴，著你做蜜蜂兒去，屁窟裹長拖一個針。(外)哎喲，叫俺釘誰去。(净)四個蟲兒聽分付。

【油葫蘆】蝴蝶呵，你粉版花衣勝翦裁；蜂兒呵，你忒利害，甜口兒咋著細腰捱；燕兒呵，斬香泥弄影鉤簾内；鶯兒呵，溜笙歌驚夢紗窗外。恰好個花間四友無拘礙。則陽世裹孩子們輕薄，怕彈珠兒打的呆，扇梢兒撲的壞，不枉了你宜題入畫高人愛，則教你翅挒兒展將春色鬧場來。

(外)俺做蜂兒的不來，再來釘腫你個判官腦。(净)討打。(外)可憐見小性命。(净)罷了。順風兒放去，快走快走。(净嘆氣介)(四人做各色飛下)(净做向鬼門噓氣吷聲介)(丑帶旦介)天台有路難逢我，地獄無情欲恨誰？女鬼見。(净抬頭背介)這女鬼到有幾分顏色。

【天下樂】猛見了蕩地驚天女俊才，咍也麽咍，來俺裹來。(旦叫苦介)(净)血盆中叫苦觀自在。(丑耳語介)判爺，權收做個後房夫人。(净)哇，有天條，擅用囚婦者斬。則你那小鬼頭胡亂篩，俺判官頭何處買。(旦叫哎介)(净回身)是不曾見他粉油頭忒弄色。

叫那女鬼上來。

【那吒令】瞧了你潤風風粉腮，到花臺酒臺。溜些些短釵，過歌臺舞臺。笑微微美懷，住秦臺楚臺。因甚的病患來？是誰家嫡支派？這顏色不像似在泉臺。

(旦)女鬼不曾過人家，也不曾飲酒，是這般顏色。則因在南安府後花園梅樹之下，夢見一秀才，折取柳枝，要奴題咏。留連婉轉，甚是多情。夢醒來沈吟，題詩一首：他年得傍蟾宫客，不是梅邊是柳邊。

爲此感傷，壞了一命。（净）謊也！那有一夢而亡之理？

【鵲踏枝】一溜溜女嬰孩，夢兒裏能寧耐。誰曾掛圓夢招牌，誰和你拆字道白？哈也麽哈，那秀才何在？夢魂中曾見誰來？

（旦）不曾見誰。則見朵花兒閃下來，好一驚。（净）喚取南安府後花園花神勘問。（丑叫介）（末扮花神上）紅雨數番春落魄，山香一曲女消魂。老判大人請了。（舉手介）（净）花神，這女鬼説是後花園一夢，爲花飛驚閃而亡。可是？（末）是也。他與秀才夢的纏綿，偶爾落花驚醒，這女子慕色而亡。（净）敢便是你花神假充秀才，迷誤人家女子。（末）你説俺著甚迷他來？（净）你説俺陰司裏不知道呵？

【後庭花滾】但尋常春自在，恁司花忒弄乖。眨〔一〕眼兒偷元氣艷樓臺。克性子費春工，淹酒債。恰好九分態，你要做十分顔色。數著你那胡弄的花色兒來。（末）便數來。碧桃花。（净）他惹天台。（末）紅梨花。（净）扇妖怪。（末）金錢花。（净）下的財。（末）綉球花。（净）結得綵。（末）芍藥花。（净）心事諧。（末）木筆花。（净）寫明白。（末）水菱花。（净）宜鏡臺。（末）玉簪花。（净）堪插戴。（末）薔薇花。（净）露渲腮。（末）臘梅花。（净）春點額。（末）翦春花。（净）羅袂裁。（末）水仙花。（净）把綾襪踹。（末）燈籠花。（净）紅影篩。（末）酴醾花。（净）春醉態。（末）金盞花。（净）做合巹杯。（末）

〔一〕眨，底本作『貶』，據意改。

錦帶花。（净）做裙褶帶。（末）合歡花。（净）頭懶抬。（末）楊柳花。（净）腰恁擺。（末）凌霄花。（净）陽壯的咍。（末）辣椒花。（净）把陰熱窄。（末）含笑花。（净）情要來。（末）紅葵花。（净）日得他愛。（末）女蘿花。（净）纏的歪。（末）紫薇花。（净）癢的怪。（末）宜男花。（净）人美懷。（末）丁香花。（净）結半躧。（末）荳蔻花。（净）含著胎。（末）奶子花。（净）摸著奶。（末）梔子花。（净）知趣乖。（末）柰子花。（净）恣情奈。（末）枳殼花。（净）好處揩。（末）海棠花。（净）春困怠。（末）孩兒花。（净）呆笑孩。（末）姊妹花。（净）偏妬色。（末）水紅花。（净）了不開。（末）瑞香花。（净）誰要採。（末）旱蓮花。（净）憐再來。（末）石榴花。（净）可留得在。幾椿兒你自猜。哎，把天公無計策。你道爲甚麽流動了女裙釵，剗地裏牡丹亭，又把他杜鵑花魂魄灑。

（末）這花色花樣，都是天公定下來的。小神不過遵奉欽依，豈有故意勾人之理？且看多少女色，那有玩花而亡？（净）你説自來女色，没有玩花而亡，數你聽著。

【寄生草】花把青春賣，花生錦綉灾。有一箇夜舒蓮扯不住留仙帶，一箇海棠絲翦不斷香囊怪，一箇瑞香風趕不上非烟在，你道花容那箇玩花亡，可不道你這花神罪業隨花敗。

（末）花神知罪，今後再不開花了。（净）花神，俺這裏已發落過花間四友，付你收管。這女鬼慕色而亡，也貶在鶯燕隊裏去罷。（末）禀老判，此女乃犯夢中之罪，如曉風殘月。且他父親爲官清正，單生一女，可以耽饒。（净）父親是何人？（旦）父親杜寶知府，今陞淮揚總制之職。（净）千金小姐哩！也罷。杜老先生分上，當奏過天庭，再行議處。（旦）就煩恩官替女犯查查，怎生有此傷感之事？

(净)這事情，註在斷腸簿上。(旦)勞再查女犯的丈夫，還是姓柳姓梅？(净)取鴛鴦簿查來。(作背查介)是有個柳夢梅，乃新科狀元也。妻杜麗娘，前係幽歡，後成明配，相會在紅梅觀中。不可泄漏。(回介)有此人和你因緣之分，我今放你出了枉死城，隨風遊戲，跟尋此人。(末)杜小姐，拜了老判。(旦叩頭介)拜謝恩官，重生父母。則俺那爹娘在揚州，可能彀一見。(净)使得。

【么篇】他陽禄還長在，陰司數未該。嗏烟花一種春無賴，近柳梅一處情無外。望椿萱一帶天無礙。則這水玻璃，堆起望鄉臺。可哨見紙銅錢，夜市揚州界。

花神，可引他望鄉臺隨意觀玩。(旦隨末登臺望，哭介)那是揚州，俺爹爹奶奶呵，待飛將去。(末扯住介)還不是你去的時節。(净)下來聽分付。功曹給一紙遊魂路引去，花神，休壞了他的肉身也。(旦)謝恩官。

【賺尾】(净)欲火近乾柴，且留的青山在。不可被雨打風吹日曬。則許你傍月依星將天地拜，一任你魂魄來回。脱了獄省的勾牌，接著活免的投胎。那花間四友你差排，叫鶯窺燕猜，倩蜂媒蝶採。敢守的破棺星圓夢那人來。

(净下)(末)小姐，回後花園去來。

醉斜烏帽髮如絲。許渾　盡日靈風不滿旗。李商隱
年年檢點人間事。羅鄴　爲待蕭何作判司。元稹

第二十三齣 《冥判》批語

「十地」即《水滸》十字坡意，喻女根也。「浮界」二字亦然，肉浮而有界縫也。「栽埋」二字喻男根，「陽」字讀斷，「世世」於此栽埋也。「門桯」仍喻女根，「邁」字北語，「胡」字即古鬍字，用鬍。「判官」特取以喻男根耳，不然内典有云，王皆有妹，内府并尊，必作閻老朝天，妹代發落矣。「趙」者麴也，「金」者筋也，「正直」二字以喻二根俱可，「鬼卒夜叉」喻男根頭，「兩旁刀劍」喻女兩扉，「捧筆喝采」喻男根之意益顯。女人有陰茄症，故曰「落迦」。苦蓮花「高聳」，喻女根甚明。「案」喻身髀，「筆毫」喻毛，「牛頭」亦喻男槌，「遮須」即古鬚字，與筆毫同意。「管」喻男根，「城」喻女根，「其冠」喻男根槌，「黑」喻男根色，「奈何、鬼門」俱喻女根。「榜」字意同，以左右齊展也。「星辰」喻男垂星，「井」喻女根，「鬼」喻男根，「書」字之喻與榜同意。「白玉樓、芙蓉城」俱喻女根。「摩空」字妙，「轉輪日月」喻女根有邊闌，「五使」喻手指壁，「高捧手」喻手捧男根，「大菩薩」喻女身，「低分氣」喻位居身半，「紗帽」猶傘兒意，「一本簿」喻女根，「一管筆」喻男根，「塵泥」喻垢，「軒」喻女根，「冕」喻男根槌，「錠」喻女根形，「貫」喻男根形，「紙」喻陳姥，「錢財」喻嫖錢也。「鬼」喻男根，「簿」喻女根，「魚册」「日字」俱喻女根，「虎頭牌」却喻男根，「細分腮」又喻女根，「忔察冬登」喻其聲，「十字牌」喻男根，「烏龍」喻男根，「雞翦」喻女根，「格眼」喻女根，「三界」字尤妙，「四」字「八」字意亦相同。「有漏」通喻男女根，「星砲」喻男根槌，「筆頭鐵樹」亦易知矣，「剉燒舂磨」喻其事有此四法，「虛無堂」喻女根，

「痰癆蠱膈」喻男根，「髮稱竿」喻男根並毛，「饒也苦也」嘲女乎？嘲男乎？「肉鼓吹」喻其聲，「鉗刀」喻女根，「筆」喻男根，「節」喻男根，「没關」即包字意，「包待制」又喻女根，「棺槨、刀花」俱喻女根，「樹」喻男根，「婁搜」男根，「電目」女根，「人間掌命」四字，可以一笑。「威凛凛、顫巍巍」俱喻男根，「天上」女根深處，「錢」撏也，「趙」掘也，「孫」酸也，「李」裏也，「趙大哥、唱小房」俱喻女根，「插嘴」喻其事，「彈」喻男根，「殼」喻女根，「小燕」喻女根形，「蝴蝶」喻女根，即蝴蝶門意。「粉版」喻金陵髀，「甜口兒」喻女根尤顯，「香泥」喻女根，「鉤」喻男槌，「簾」喻豪，「溜笙歌」喻其聲，「紗窗」又喻女根。「彈珠」又喻男槌。「扇梢兒」同摺疊扇梢，猶彈珠也。「題、畫」俱喻男事。「高人」喻男根壯者，自家不壯者不必甚愛彼家也。「翅挷兒」喻女扉兩輔，「血盆」喻其色，又女根雖「叫苦」矣，而「觀」之其形「自在」，嘲女道。「哈也麽哈」摹寫男根酷肖。「小鬼頭」亦喻男根，「篩」搖擺之意，「粉腮」喻兩輔，「短釵」喻男根，「美懷」又喻女根，「泉」喻淫液，「飲酒」喻邈入其中，「一溜溜」喻女根初破時，「圓與拆」俱破瓜意。「掛牌」似喻男根，「山香」喻男根，「一曲女消魂」真正解人方有此語。「落花」喻女根，「眨眼」意同，「直性子」嘲其耐觸也，「酒債」喻精水，「芍藥」事諧用《詩經》意，「簪插點額」仍喻男根，「渲腮篩影」仍喻女根，「情要來」泄也，「纏的歪」爲行事時女根傳神。「結半蹝」開也，「呆笑孩」喻男根，「了不開」事了女根仍閉。「花色花樣」四字指女根言，好色者非惟爲觸，固因此四字也。「錦綉」以代緊秀，「夜舒蓮」喻女根，「留仙帶」喻男根，「翦」喻女根，「海棠絲」喻男根筋，「香囊怪」喻腎囊，謂喻女囊尤妙。「斷腸簿」之腸喻男根，即春腸遥斷意。「鴛鴦簿」尤肖女根，「紅」喻女根内物，「梅」仍喻精，「隨風遊戲」亦喻其事，「依星」之星，喻男根垂星。「帽」喻女根，「旗」喻兩扉。

一天，對諸天言。

『無故敗他却成此，蘇張終作多言鬼。不應常是西家哭，至竟終須合天理。君取他人既如此，今朝亦是尋常事。』『争占江山』，誠乃何苦。

《食婦哀》云：『芙蓉肌理烹生香，乳作餛飩人争嘗。兩髀先斷掛屠店，徐割股腴持作湯。不教命絶要鮮肉，片片看入饑人腹。男肉腥臊不可餐，女膚凝脂少汗粟。』吁嗟乎『衆生』！

晉武帝時見長人。隋李景將拒漢王，城下先見長人跡，長四尺五寸，巫者曰：『此不祥之物，來食人血耳。』至戰，死者數萬。《魏書》序：『吾觀北方之民，多被遷徙，蓋蕃其種類，以煩芟治也。』楊元感敗，煬帝謂裴藴曰：『益知天下人不欲多，多則相聚爲盜耳，不峻殺後無以勸。』孟珙備録蒙古法，每一騎兵必使掠十人，金人每歲必剿，謂之滅丁。廿年前山東、河北，誰家不買蒙人爲奴？皆金人掠來者。金末之守蔡也，驅老幼熬爲油，聽城中老弱互食，又往往斬敗軍全隊，拘其肉以食，故欲降者衆。宋孟珙入問守者所在，遂分其骨。元攻金，既破汴京，阿木魯攻歸德，即睢陽，議欲殺俘虜，烹其油以灌城。夫『人民』乃作熬油箸骨代糧之用，何必迂談道之大原出于天，天地有好生之德哉！『太武南征似捲蓬，徐揚蔡兗殺教空。從來吊伐寧如此，千里無烟血水紅。』《輟耕録》：所謂兩脚羊，又名想肉，又名菜人，皆是物也。曹操糧盡東阿，程昱掠其本縣，供三日糧，頗雜以人脯。苻堅敗歸長安時，饑人相食。慕容冲將高蓋攻長安，李辨等斬其千二百級，分其尸而食之。後苻登每戰殺賊，名爲熟食。《魏書》：孫恩，鹽縣令，食其妻子，不從者輒支解之。慕容超在廣固，以張綱爲劉裕造攻具，懸其母而支解之。北魏仇儒推趙准爲主，及被擒，高祖詔以儒肉食准。宋張超爲劭弑文帝，孝武至，諸將臠其肉生啖之。宋前廢帝斷拆叔祖義恭支體。齊明帝攻襄陽，魏軍食盡，啖死人肉。高洋殺害多令支解。梁武六子綸，所行邪僻，府丞何智通白之，綸遣趙智英等刺通，刃出於背。帝使收英等，將出新亭，割炙之。智通子設鹽蒜，百姓食一臠者，賞錢一千，徒黨並臠遂盡，綸鎖在第。梁武從母舅范陽張弘策爲衛尉，東昏舊黨孫文，以燒神獸門，弘策踰垣，被害捕得，曰：『張氏親黨，臠食之。』侯景下廣陵，梁簡文幸西州時，自春迄夏，人相食，都下尤甚。梁武破郢返京兆，韋叡行府事，初郢之拒守，男女十萬，疫死七八，積屍床下，韋始爲營理之。梁武侄正德爲南兗州，廣陵遂爲之荒，至人相食啖。梁元帝司徒陸法和以郢州附齊，齊使慕容儼鎮之，侯景党任約等來攻，人死即火別分食，惟留骸骨，猶死守。元帝擒弟武陵王紀父子，並於獄絶食，啖臂死。斛斯椿子政通，楊玄感高麗通和，送之京師，隋煬命百僚臠其肉啖之。朱粲，亳州人，從軍長白山，亡命爲盜，衆十萬渡淮，屠竟陵沔陽，轉剽襄陽，略婦人少男，分儲烹之。隋著作陸從典、通事顔楚謫南陽，粲初引爲賓客，已而盡食兩家，後爲人敗乞降。唐高祖使段確勞之，確醉戲曰：『君嚙人多矣，若爲味？』曰：『啖嗜酒人，正似糟豚。』確曰：『狂賊歸朝，乃一奴耳，復得噬人乎？』粲懼，遂收確於坐，並從者數十人，悉烹食之，以饗左右。奔世充，充敗，與單雄信俱被秦王執斬。張巡守睢陽，凡食老弱三萬口。《唐書》：李錡爲鎮海節度，憲宗召還，署判官，王澹爲留後。澹及中使趨錡入朝，錡使衆殺澹食之。監軍使遣牙將赴錡慰喻，又食之。黄巢之復入京師也，縱擊殺，八萬人血流於路，可涉也。時都民柵山谷自保，有執柵民鬻賊以爲糧，及敗逃也，掠鄧、許、徐、兗數十州俘人以食，日數千。秦宗權節度薛能將，能敗降巢，巢敗權陷襄陽，寇淮淝，遣將掠江南，亂岳鄂，兵出未始持糧，指曰：『啖其人可飽。』官軍追躡，獲鹽尸數十車。及還蔡，爲愛將由叢所囚，折一足以待命，全忠獲之，並其妻趙同斬。《北史》：琉球俗，收取鬥死者，聚食之。猥人死者，邑里共食之。真臘奉佛法，祭用囚肉。前大辟多裸斬，魏高祖謂其男女媟見也，止之。爾朱時，强盗殺人者，首從皆斬，妻子配爲樂户，崔浩恃家世魏晋公卿，世祖置浴檻中，使數十人溲之，猶善政矣。三代下民，禍重而福輕，宜戴石屏有『豪傑不生機可息』之句。

元僧圓至云：『儒佛之門，古無有其禍，始於韓歐之好名，然競於外而事其末，故諍止於教而不及道。伊洛學出，始竊吾意，以飾堯、舜、孔子之言。其建號立名，又二子之智所不及。』既竊之，則諱之絶之，是亦『手想骨』所爲也。

宋祁《唐書贊》曰：『佛者，善推不驗無實之事，以鬼神死生貫爲一條，以耳目不際爲奇，以或然爲畏，特盛於晋宋，實清談餘旨也。』北魏齊梁間，華人之譎誕者，以説佐其高，層累架騰，直出其表，亦猶晋人增飾子書之意。宰相王縉佐代宗，始作内作場，晝夜梵吹，憲懿精爽奪迷，興哀無知之場，丐庇百解之嘴，則已『牛頭鬚纏定』矣。

元伊世珍《瑯嬛記》：『張華入瑯嬛洞，陳書滿架，其人曰，「此萬國志也。」』便有『寫盡四洲』意。《楞嚴》：盡佛境界，名歡喜地。《阿含經》：小千千倍爲一大千，一世界中有一『日月』，一『四洲』，一須彌，合大千界爲一佛刹。《毗沙論》有上方風輪，有下方色究竟天，乃至無邊須彌山，上有香水海，有大竹林。《華嚴》：無數妙花光香水海，妙寶焰世界，因何得隱顯自在？以性空智，故依佛神力，住如幻師作幻。以幻力故分明可見，若隨法性，萬象都無，隨願智力，衆相齊現，隱顯隨緣，都無作者。

是心作因，是心成果，是心標名，是心立『位』。黄逋詩云：『漢後天多佛，城門接梵天。鶯花浮世界，金帛買輪回。若不投天竺，乾坤那得閒？蕭梁如可憫，掃地救魂還。』寫『捧手讓』意俱妙。

鄴城有石虎廟，人奉祀之。北魏王楨求雨不應，鞭像一百，便疽發背薨。若非『大菩薩』，則取精多而用物宏之淫鬼，便爲至尊之神，任情血食矣。

竇泰，高歡妻妹婿也，將出征時，夜三更吏卒見朱衣人數十入臺，穿數屋云：『收竇中尉。』俄頃而去，門鑰如故，方知非人。惜哉，『蒴夢』已久而自不覺也。『格子眼』即法界譜。

『怎按下筆尖頭』云云者，言我此書，直欲與地獄言情也。何以言之？言花色、花樣，俱自天公造下，如何地獄一概怪人耶！

北魏世宗謂崔浩曰：『公孫軌在北，丁寧渠帥乘山罵之，執取罵者之母，以矛刺其陰曰：「何以生此逆子！」是可忍歟？』董卓得關東，義兵悉裹毡倒立以膏灌殺之。侯景既南奔，魏相高澄先命剥景妻子面皮，後以大鑊盛油煎殺之。景長不滿七尺，低顴聲散，於石頭置大碓，有忤意者舂殺之。又爲大剉，寸寸斬之。後既敗，百姓争取其尸，屠膾羹食皆盡。其所幸簡文女溧陽主亦在食例。景謀主潁川王偉、彭儁亦生破腹，抽出其肝臟，俱猶不死，北魏於某以大刀剁殺之。永樂時，日本使來，倭寇蘇揚，即付使者治之，縛置甑中蒸死。『剉燒舂磨』，固從人間學去耳。閻王朝登寶殿，則侍衛森羅，夕吞鐵丸，則肌體糜爛，惟帶福帶業者爲之，故《華嚴》以閻王列餓鬼下。

『髮稱竿』者，人身自造之業，猶言以至輕之物爲衡，而能知至重之業，絲毫不爽也。經云：『能觀諸法同爲虚空，是人假作，極重惡業。思惟觀察，能令輕微。如恒河中投一升鹽，富者負人無能繫縛，若愚癡者，卜罪大報。譬如燒鐵，兩人俱取，然不知者其手大爛。修行持戒而不達上乘者，猶福德者執礫成金，合貧者變金成礫，礫非金而金現，金非礫而礫生。金生但是心生，礫現惟從心現。彼將金變礫者，只好登無想天，久仍墮獄，亦與生魔天者等耳。』非用此『竿』，烏能辨析及此？

特將『李猴兒』等用上『輕罪』二字，足見世間將作重罪者，殊多事耳。太平公主見姨子宗楚客書齋曰：『看他行坐處，我輩虚生浪死。』北魏樂良王忠曰：『歌衣舞服，是臣所願。』君門一入無由出，只有官『鶯』得見人。妒他『燕燕』家家到，金屋茅簷盡許栖。『鬼犯便與孫心同去』，所謂『人生一世間，貴與所願俱』也。

賈誼曰：『千變萬化，忽然爲人。佛道未來，賢者已知其然矣。』《北史》，邢邵曰：『設教當由勸奬，故聊□以有來。』杜弼曰：『則爲益之大，莫極於斯，此即真教，何謂非實？』人但知王喬之履化梟，鮑靚之履化燕，鬼谷之履化犬，不知楊鐵笛《續夷堅》之後，又有續本，載吕雉履化玄羅，武曌履化戚車，魏文明履化淡菜也。

『捱』猶生受。本欲寫出合歡之勝，以明麗娘者，無怪其然。又恐大褻，借四蟲道出，便不覺。即一事而色、聲、香、味具。蓋天下之聲，無有過於此聲者。玉茗比之『笙歌』，真乃古今第一解人。王金壇云：『感郎珍重不能羞，紅酣嘗濕雨中鳩。更有銷魂人不見，斷雲零雨數聲中。』亦俱妙句。

『恰好』一句妙極，猶云女子固有花矣，然使花外不見『甜口』，甜口兩畔無『粉版』，粉版不襯以『花衣』，甜口、粉版不各有聲，有聲不在日『影』中，皆因有『拘礙』而不暢。此事必須『無拘礙』，如此方更見其妙也。箬謎：『捻著「腰」兒脚便開。』王修微暗忖歡情慚愧。鞋兒謎：『擔閣鴛鴦被。』皆『翅掦展將』之説，即蝴蝶門兒意也。大戰之地，非『鬧場』乎？睜眼看乾坤，覆載一幅大春宫，非春色鬧場乎？『釘判腦』，用唐詩『定來頭上咬楊鸞』意。《咏蚤》詩云：『深潛艷異處，嘗飲鮮芳血。得死名媛手，心醉神愉悦。』勝『釘判官』多矣。

王金壇：『踏月天街艷步狂。』許敬宗：『飄飄羅襪光天步。』武后時謡：『紅緑複裙長，千里萬里猶香。大足年十四，母哭送之日。』見天子庸知非福，而作兒女悲乎？政歸房帷，而天子拱手，旋則操奩具坐重幃而國命移。公等才過朕，早爲之，不然謹以事朕，蓋欲嘗『蕩地驚天女俊才』七字，不但如和熹薦祭而已。或謂美人除盛德外，必貴兼『才』者。有『才』則解情趣。或能擇可而私，猶異錯結狂且，遣人識破。才則識見可辦家事，禦外侮。與徒貌者，敻乎霄壤。其然，豈其然乎？

『哈』字出《北史・齊後主紀》。『哈也麽哈』，有東坡『忽逢絶艷照衰朽』意。

元曲：『綉襖兒齊腰撒跨，一似現世的菩薩。』『自在』二字對『無生』。人以爲寂滅，不知其『自在』也。又，凡夫爲物所轉，『觀』即不『自在』。聲聞爲法酒所醉，『自在』即不『觀』。

知夜夢，則知『色』有異於空乎？空有異於『色』乎？『色』原非有，空原非無。今有詩云『却笑人生不如馬，佳人騎背國無科』，以馬無心於其色也。元曲：『粉頭，你道是接貪官有大財，却怎的見龍圖無嬌態？』龍圖亦爲『頭』計耳，非皆有聖賢心也。

陳武帝不爲虛費，其充房幃者，衣不重采，飾無金翠，是不欲其『忒弄色』者。李固傅粉，何晏好著婦人衣，則於『粉油頭』何尤？

『潤風風』三字畫出好女，畫出梅花。經云『粗色細色』，此細色也。『笑微微美懷』五字畫出佳婦，多有女人五官悉正，而面無意智，便令減愛。慧心妡狀天然淡，俊秀情麗致濃嫵。澄解皆在『這顏色』中矣。

經云：『見獄卒者，皆惡熏心。令心變異，猶如狂人。』無中妄見麗娘，心不在『泉』，故像亦爾。無聊日月經虞夏，多事乾坤有漢唐。世間誰非『一夢而亡』？誰不『秀才何在』？麗娘之夢猶分明美滿，值得一死也。

『一溜溜女嬰孩』，年紀未多，猶怯在也。『夢兒裏能寧耐』，爲睡情誰見數句一笑，又與好一會分明美滿，應嘲笑普天下閨女之詞。

夢陰毛拂踝爲齊下豪人，是『拆字道白』。

司空圖云：『由來叔寶不宜多。』『慕色而亡』四字，似乎誘民，孔易壞盡天下萬世人德行。然正是作者寘溝築壘，一段防杜深心。亘古以來，有幾個衛玠？即二張之足亦肥白如熊肪，使女之求男，必因絶『色』，則光天化日之間，當省却無限污於人耳，逆於人鼻，可恨、可惱、可割、可殺之事，如恒河沙不可記數矣。或曰男人之『色』在文，譬如妖韶女老，自有餘態。然才可假托，兼貌即難僞造，非可以苟使承乏也。聖人曰：爾好好『色』，不可爲也。才子曰：不惡惡臭，更可耻也。等閒不欲開醜者，多不悦此書之謂。如何古人心，難向今人説？只因天上人，見我雙眼明耳。

徐凝善道瑣細事，參以滑稽，目爲花判。既以花神領牡丹衙署，則他『花』皆其餘事剩想耳。他書必飾以愛才，《牡丹亭》則直言『慕色』。蓋女子之愛才，實因其才解爲歡，解作錐心情語。而身居人上，特餘念也。

造物本來無物，有物還應自造，是『偷元氣』。所謂世人種得西施花，千古春風開不盡也。

『九分態要做十分顔色』。天后善自修飾，人不覺其衰。韓林兒母楊氏年六十，性淫，善爲嬌態，使人忘其老之類是也。

『寫明白』批庚也，未曾經過，『腰』已自扭，極言天使之然。『陽壯』加一『哈』字，藏多少對看説話。《醫經》『世有胖婦，縱鼓勇而戰，不能得』云云。『哈』字妙，非『壯的哈』，難使『陰熱窄』也。爿把他窄熱來他情，故『日得他愛』。痛易忍，『癢』難忍，此事等諸『癢』疴耳。未聞人病『癢』，必見路人搔之，彼非無故好『纏』，亦由天公叫他『癢』耳。況壯哈日得其愛乎？佛經以不受樂爲未受淫，然此事之奇，正在難信其不受樂耳。聖人能禁人悖理，王法不能使人熬『癢』。詞云：『此時還恨薄情無，只記歡娛不記冤。』只爲『癢的怪』而已。元曲『入君家恰似風流陣，花胡衕，人生此會應相重，一個個笑臉擎著』，真道盡『人美懷』之妙也。『丁香』花出蕊上雌者，擊破解爲兩向。范石湖《柱海志》：『「豆寇」解韉，見花一穗數十蕊，淡紅鮮姸，蕊重則下垂如火齊翦綵之狀。每蕊心有兩瓣相並稽含。』《草木狀》：『豆寇花微紅，穗頭深色，嫩葉卷之，葉漸舒花漸出。』故託興於婦女，有『如今還是花間蕊，頃刻翻成葉底花』之句，與李撫州『羈客夢頻回午夜，閨人愁已結丁香』同妙。婦雖『含胎』，郎仍『摸孏』，女以其摸之『知趣』也。腹雖含胎，仍聽爲事，故曰『恣情』。曲云『越淋漓越生香氣』，『好處』二字著眼，自認此處爲好，天下從此多事矣。然使世間並此『好處』亦無，人猶不習胎息，學長生，真更愚矣。好事可惜『困怠』，便又好又不『困怠』，斯真妙矣。『偏妒』要由自無厭足，不肯分人。『偏妒色』者，猶云男則恨不使齊現全身，女則『偏』欲一人獨見。以兩俱好，而事得成，亦以兩俱好而情不暢也。使不偏妒，則聚諸『好』於一『處』，更見其處處好矣。花世界中只恨此一事耳。親姊妹且相妒，如飛燕太真，北魏兩馮之類，惟長壽不然，則以舞智之故。『誰要採』暫時心歇，『憐再來』深嘲其好。在此一句，夢中、意中、眼中寧有異耶？而人不避鈇鉞，必欲訖事者，誠以婦人全身相狀各别，夢中意中只得總相耳。然各各别狀俱入，吾自如此勝事，真是消魂。無奈事過之後，亦復不記，故『可留得在』四字，是貫頂海吉。『幾椿自猜』，言『癢奈來再』，何故要爾。又，既已令樂觸受，則歔後嘗鸓，合蛤嗅蓮，以及恣情孅理之類，皆不能禁。所謂『把天公無計策』也。天無策而佛出矣。

陶穀《清異録》：僞閩呼天爲艷陽根。《唐書》：太宗初問陝西李淳風以『女武代王』之讖，曰：『已在宫中。』『殺之何如？』曰：『殺之更生壯者，陛下子孫無種矣。』則知婦人之享淫福者，亦天妄縱之。以齊桓之能，而閫中無可嫁者，以天后之才智，而必不容已於此，真『天公開花』之罪。彼且以爲生乎？『天』者人之所不得制也，地偶成天功，樸而冥愚，力發於畜氣之滿，既有身根，自然貪受諸觸，豈有須人抓『癢』而謂之淫者乎？登州婦人嫌夫寢陋，以刀斮之，傷而不死，王荆公辨減焉，亦寓此意。不愛身而知愛人，已於天下無負，愛身之事，則誠不心和，苛也。

長壽於昌宗母臧，詔尚書李迥〔一〕秀私侍之。推己及物耶？拖人下水耶？迥秀母，少賤婢也，后愛迥秀，亦迎置宮中，二張當亦得酬矣。『天公無計策』，至於二劉而極，真乃不欲『開花』。然拙敗巧逃，罟一漏三，何日不有也。況『欲不開花』，抑不但此，乃至詈人，發口鄙穢。子胥報怨，亦且班宮。婦人一物，又爲世間作過之叢，泄怨之窟，而雌竅之所受，真有非意料之所及，待蓋棺而始定者。蓋不獨『天公』之過，亦由文人愈禁，則人愈視爲作過之地耳。

要知才子『把天公無計策』一句，一直管到争占江山上，讀此篇有兩感。王者坊民爲肉，惜花也。顧争戰時食人肉者不可數，不但躁其『花』矣。争威制以騁嗜欲，遂爲亂臣賊子積劫之芽種，真乃使『天公無計策』也。《唐書·柳宗元傳》：夫饑渴牝牡之欲驅其内，而力大者拽，齒利者嚙，膏流節離之禍作。人不克尸其肌膚，孰使凡其可欲不謁而獲，必戕賊夫人子而後得逞，則賊人矣。不必戕賊夫人子而後得逞，則不賊人矣。『饑渴牝牡』四字當連讀。夫苦苦戰争或數年、數十年，而子孫反受誅夷，盡於刀劍，人豈不知，賭甚好漢！不如席上杯酒乎？多半爲牝牡之欲，不啻饑渴。必如此而後得肆。故前人事後人悲，終必爲之。《孔叢子》：欲多者，其所得用亦多。裴度平蔡後，多所蠲除。殆知智勇辨力四者，皆天民之秀傑。招撫以信，俾在議貴之列，使以金贖爲文其詞，則彼計即復如彼，亦終不過如此。庶不肯舍本分可獲之欲，而以性命子孫博意外難致之歡歟？

〔一〕迥，底本作『回』，據唐史實改。下同。

山河大地榮光繁艷，安知非天地之情種所積想而成者？所謂從衆生不可思議業因緣出是也。『花色花樣，俱是天公定下』一語，便將衆生情妄結爲根塵之説，尋出一分謗共主。使『天』真不欲此，何難令天下肉身之物，皆有鱗介芒刺，則他之肉身無可近己之肉身，又可憎男女從此無罪矣。使『天』真不欲此，何難不分男女，使吸日精，從脅而生，乃必如此方育，又不與羽毛，而與裸膩，使極顯其褻狀。似有偏私於人，正恐人無所貪，不復爲彼作生育之具耶？

『玩花』與每自開看同一意。智賞『花』女子無不自『玩』其杜鵑者，恨男子縱欲而亡，却實未知『玩花』耳。

『花把青春賣』，猶言若不開花，則春可常住也。觀修養家便知此解。燕女十三而嫁，三十即憔悴矣，不爲發『花』，豈肯將少年好景，供人玩弄，致醫立小户嫁痛之方乎？

『花生錦綉灾』，猶言錦心綉口，人多爲『花』想殺，爲『花』喪名，爲『花』敗理，爲『花』犯罪也。『亡國亡家爲顔色，美人猶自怨東風。』噫！

『人事已云古，風流動至今』，是『扯不住、翦不斷、趕不上』意。

卓人月：要之虞也幾曾亡，試看情條意蕊萬年香。花開花落興亡譜，説個不知有漢重敬舞。可曾邀汝作『花』王？趁此月明風細説興亡。若教吕竇變，只作韭畦『花』。則知『花』意無限，各各不同耳。

肝屬木，主酸癢，藏魂，主疎泄。『花神』即肝魂也，故曰『隨花敗』。爲事者『花』，而酷好者『神』矣。坡詩：『安得道人殷七七，不論時節遣花開。』欲免『罪業』，除是石姑。爲石姑者，應把『天』恩謝矣。而《大般若經》以男根不滿者爲人中惡趣，况石姑尚有背邙，則又奈何。

欲『今後再不開花』者，佛是也。然諸佛世尊，原有方便。妄語如逐鹿過佛前，獵人問，見否？答云，不見。乃至殺盜淫等，但可以攝受人、降服人、利益人，皆一切行之。寧以此身爲人物受『罪』而終不得罪。經不許人邪命自活，若活人雖邪命亦得。珠之隨色，必無定色。爲師而欲以死語、死法教人，所見可知矣。

『曉風殘月』喻輕微也，不變犬豕而變蜂蝶；亦作者避重筆用輕筆之處。

龔芝翁句：『夜夜名香熏綉佛，乞懺除花罪從輕。』與『一種春』便是『無外』情，若解花三昧，『春』萬法者，何止千般事乎？

《般若經》：『一，神境通，能起種種神變，震動十方，變一爲多，變多爲一，或隱或顯，迅速無礙，山崖墻壁，直過如空，凌虛往來，猶如飛鳥。二，天耳通，情非情類，種種音聲，大小悉聞，無障無礙。三，他心通，謂遍知他聚心散心。四，宿住通，百千萬劫，死此生彼，人宿住事，皆能悉知。五，天眼通，情非情類，種種色像，妙色粗色，若勝若劣，皆能悉知。』誠以三界都是空花，人天同歸一幻，反真歸元，遂能如是。不但天乘宫殿，即大力鬼亦空行如風。業力勝，故麗娘則僅恃『天無礙』耳。經云：『貪色爲罪，遇風成形，名爲魅鬼。』當不爲女嬰孩言之也。

『水玻璃』幻泡也，以一句色、一句財總結。言『揚州』引市，如『紙錢』之幻耳。

心能『壞』一切，一切不能『壞』，天魔外道不能自壞其身，必不能壞佛法。南齊時謝靈運孫超宗積輕慢賜死，詔勿傷其形骸。僧行有六，曰戒、曰定、曰精進、曰慧、曰施、曰忍。有一焉則舍利爲之不驗，不必備也。今儒之教，髮膚不敢毁，然無法以神之。『身』，特臭腐之聚耳。死不浹旬而糜骸潰胔，雖子孫猶不欲視，况能以是爲天下後世愛敬哉！五金置水銀上則浮，陽金也。見唾則凝，陽遇陰也。以至陽勾至陰，故有不『壞肉身』之力。『且留青山』點醒好色男女，言欲究所欲者，先須减思慮以養花身。濫淫者，是一朵牡丹『被雨打風吹日曬』也。若妒色鬭氣而壞『青山』，尤可惜耳。

『一任你』，嘲此事原是『魂魄來回』事。

葬者，反天地之氣入骨，以廕所生。取天地無窮之氣，以接吾身有限之氣。故修養之人，不須藉先骨廕彼家之法，恰合『脱了勾牌』數句，猶言若不七情六氣，雖日日爲之，亦不死。不過死去還魂，仍然『接活』在世也。男愈戰愈傷氣，而彼家反借以自調其息，自養其氣，自還其丹。而吸受他人之氣，尚在其次。换形之法甚好，借尸還魂亦好。金聖嘆母夢則天入胎而生聖嘆，又更奇矣。

『差排』，即花衣粉版，甜口咋人，弄影簾中，溜音紗外之謂。

石湖云：『劫火不能侵願力。』昔有女死，焚之，心不化。切之，片片現所念事。佛如根下一刀，則全身放倒。儒似枝葉上翦，樹身益高。有心憐無計，奈兩下慽慽，一種虚恩愛，尤似爲世間一種欲爲而不合爲者言之。俗言入土方休，此言入土不休。若要婦人『夢圓』，除有人將『棺破』也。却不道起死手即送終湯，可發一笑。

謝混以劉毅事誅，詔其妻晋陵公主，改適王練。主受命而不行，宋受禪乃聽還。主葬，混墓自開。『守』之一字，亦有力也。

葉硯孫詞：『潘岳年華過矣，聊作歡場解事。』『醉斜烏帽髮如絲』，欲不年年檢點人間事，得乎？

第二十四齣　拾畫

【金瓏璁】（生上）驚春誰似我？　客途中都不問其他。　風吹綻蒲桃褐，雨淋殷杏子羅。　今日晴和，曬衾單兀自有殘雲涴。

脈脈梨花春院香，一年愁事費商量。　不知柳思能多少？　打迭腰肢鬭沈郎。　小生臥病梅花觀中，喜得陳友知醫，調理痊可。　則這幾日間，春懷鬱悶，何處忘憂。　早是老姑姑到也。

【一落索】（净上）無奈女冠何，識的書生破。　知他何處夢兒多，每日價欠伸千個。

秀才安穩。（生）日來病患較些，悶坐不過。　偌大梅花觀，少甚園亭消遣。（净）此後有花園一座，雖然亭榭荒蕪，頗有寒花點綴。　則留散悶，不許傷心。（生）怎的得傷心也？（净作嘆介）是這般說。　你自去遊便了。　從西廊轉畫墻而去，百步之外，便是籬門。　三里之遥，都爲池館，你盡情玩賞，竟日消停，不索老身陪去也。　名園隨客到，幽恨少人知。（下）（生）既有後花園，就此迤邐而去。（行介）這是西廊下了。　好個葱翠的籬門，倒了半架。（嘆介）〔集唐〕憑闌仍是玉闌干王初，四面墻垣不忍看張隱。　想得當時好風月韋莊，萬條烟罩一時乾李甫。（到介）呀。　偌大一個園子也。

【好事近】則見風月暗消磨，畫墻西正南側左。（跌介）蒼苔滑擦，倚逗著斷垣低垛，因何蝴蝶門兒落合。　原來以前遊客頗盛，題名在竹林之上。　客來過，年月偏多，刻畫盡琅玕千個。　咳，早則是閒花繞砌，荒草成窠。

怪哉，一個梅花觀，女冠之流怎起的這座大園子？好疑惑也，便是這灣流水呵。

【錦纏道】門兒鎖，放著這武陵源一座。恁好處教頹墮。斷烟中見水閣摧殘，畫船抛躲。冷鞦韆尚掛下裙拖。又不是曾經兵火，似這般狼藉呵，敢斷腸人遠、傷心事多。待不關情麽，恰湖山石畔留著你打磨陀。好一座山子哩！（窺介）呀，就裏一個小匣兒。待把左側一峯靠著，看是何物。（作石倒介）呀，是個檀香匣兒。（開匣看畫介）呀，一幅觀世音喜相。善哉善哉！待小生捧到書館，頂禮供養，强如埋在此中。（捧合回介）

【千秋歲】小嵯峨，壓的旃檀合，便做了好相觀音俏樓閣。片石峯前，那片石峯前，多則是飛來石三生因果。請將去鑪烟上過，頭納地，添燈火，照的他慈悲我。俺這裏盡情供養，他於意云何。（到介）到了觀中，且安置閣兒上，擇日展禮。（净上）柳相公多早了。

【尾聲】（生）姑姑，一生爲客恨情多，過冷澹園林日午矬。老姑姑，你道不許傷心。你爲俺再尋一個定不傷心何處可。

僻居雖愛近林泉。伍喬　　早是傷春夢雨天。韋莊

何處邈將歸畫府。譚用之　　三峯花畔碧堂懸。錢起

第二十四齣 《拾畫》批語

『驚春誰似我』，喻男根也。『蒲桃褐』，喻二根色。『衾』喻女囊，『雲』喻精，『梨花』亦然。『柳』喻男根，『能多少』喻欲其長大也，『打迭腰支』嘲殺女人。『梅花』猶梨花意，『春懷』喻女根，『鬱悶』喻男根在内。『女冠』喻合尖處，『書』喻女扉兩展，『欠伸』仍喻男根，『安穩』二字出女口，妙。『散悶、傷心』俱嘲女根。『寒花』喻女根久閉則不熱也。『籬門』喻豪，『池館』可知，『盡情玩賞』實喻其事，『竟日消停』方爲能手。『幽恨』喻女深處，『墻垣不忍看』喻女根已破壞者，『風』喻抽動，『月』喻圓形，『玉闌烟幕』無非喻意，『蒼苔』喻豪，女根中分，故曰『斷垣』，『蝴蝶門』竟可作此物古典，路程途上固有老婆肚、媳婦背、桃花套等矣。『閒花』猶云閒著，『竹林琅玕』却喻男根，『荒草』喻豪，『水閣』猶池館意，『畫船』又狀其形。『秋千』云者，修微所謂鞋兒謎也。『斷腸』喻男根，『傷心』嘲女道。『山子』喻交骨，『磨陀』喻男根槌。『山子』喻身，『山子』不好，匣好亦何取耶？『小匣』易知，『頂』喻男根，『納地添燈』同意。『於意云何』嘲殺女道，『展』喻女扉，『不傷心處』除是背邛，『畫府』女根好贊，『碧堂』喻豪。

『驚春誰似我』，誰似我但見諸花即作色觀也。阮亭：『無計避消魂。』陳子龍：『天涯何處消魂少。』王金壇：『賣賦惟儲瞷浴金。』又『裾飄屧響到階墀，便遣蕭郎不自持』，皆『誰似』意。其云：『里中可語人偏少，世上無情事却忙。』是不識『驚春』者。其云：『但有玉人長照眼，更無他務暫經心。』是最解『驚春』者。

我欲爲吟李遠『願君千萬歲，無處不逢「春」』之句耳。

『不問其他』，猶云窮都不知，只想此事也。『户内春濃不識寒，若非魂夢到應難。相如多病稱才子，每到簾前欲斷魂。』『大宅滿六街，此身入誰門。安能學公子，走馬逐香車。』正恐『繁華不醉飄零客，更有繁華笑客愁。側帽吟生避鈿車，領略孤衾一段秋』而已。『如今主聖更臣賢，豈致人間一物冤。自嗟辜負平生眼，不識「春光」三十年』，所以最『驚』。『去歲「春」風上苑行，爛窺紅紫厭平生。如今眼底無姚魏，浪蕊浮花懶「問」名』，始不輕『問』。

俗謂斑漬曰『雲』，只有林君復孫太初，被上無此『涴』耳。

『一年愁事費商量』，只有豪家不信愁也。

『有時自患多情病，莫是前生宋玉身』，所謂『春懷鬱悶』。

『多少重門閉合歡，偏他夜夜驚殘夢。』心如夢，故『夢兒多』。老杜又云：『淇上健兒歸莫懶，城南思婦愁多夢。』『無奈』二句，揶揄女冠不淺。

『知他何處夢兒多』，猶云不可思議。若士自號『無涯浪士』『有憶情生』，所以云：『夢中之情，何必非真。』不必泥形骸之論也。癡想只教魂夢浪，閒情空對影留連。人雖對面重山，固可以意飽適也。宋之問：『我心松石烟霞裏，弄此幽弦不能已。明河可望不可親，願得乘槎一問津。』王阮亭：『記得昨宵曾入夢，香雨香雲。曾記嚙丹唇。似喜還嗔，醒來惆悵隔仙津。』皆行紀添新夢意，故『丹唇』三字，須作別解。幾許風情隨分用，而『多夢』則不須隨分也。

『每日欠伸』，則有室無侍婢，猶嫌病意。歐陽鉉所云：『一雙醉眼，半床幽夢。』便是行春處亦可憐矣。『盡情玩賞，竟日消停』，可謂言而世爲天下法矣。『幽恨』者，恨人不能盡情竟日也。

姜白石云：『野花只作晋時紅。』則見『風月暗消磨』七字，自爲無數爽鳩氏而發。『豈知今日長生殿，獨閉空山月影寒』『不堪轉入舊宮來，此水貴妃曾照影』，吟之輒覺神傷耳。

《五代史》：喬子作詩喜用僻事，號狐穴。王介甫《金陵懷古》，平平耳，東坡嘆爲野狐精。如玉茗之『蝴蝶門』乃真狐穴、狐精耳。惆悵謝家池閣，蓋於『蝴蝶門』尤不能忘情焉。『刻畫盡琅玕』，所謂贏殘娘子軍也。麗娘既以花園作生門，觀柳生自宜亦爾，然驢胎馬腹，如遊園觀根於此矣。

庾蘭成云：『春園柳路，變入禪林，蠶月桑津，回成定水。』北魏爾朱之禍，死家多舍第宅以施僧尼，有罪者令爲寺户，供役輸粟。『這座大園』何須疑惑。魏馮太后幸臣王叡，宅構廳事極高壯，後爾朱榮居之。惟虢國宅後爲郭曖第，可謂異代，應教庾信居耳。周武帝母弟直以宇文護執政，遂貳帝昵護，護誅，令自擇所居，歷觀府署無稱意者，至廢陟屺佛寺，遂欲居之。帝幸雲陽，直在京反，並子十人伏誅，則終迷未悟矣。信都馮熙以文明太后兄尚景穆女，子孫又尚主，生子女數十。三女皆配帝，然信佛法，營佛圖精舍於高山秀阜，凡七十六處。胡太后父安定胡國珍年八十六，敬佛法，后與□元乂妻爲造一寺，名雙女寺，皆以『好處必頹』，故思及此教也。

辛詞『夜月樓臺，秋香院宇，笑吟吟地人來去，叢嬌亂立以推進』，是『秋千』佳句。『掛下裙拖』，有全家遠去無遺屧之感，令人憶太平公主入朝，韓虢三家從幸時，侍姆嫗監墮舄滿道，一肚皮憐墜屨、拾遺簪心事。

『明朝此池館，不是石崇家。』『四鄰池館呑將盡，當日堆金爲買花。朱板素泥光未滅，今歲官收別賜人。』『偃月堂中狎客來，輾然一笑一家灰。此是驕奢貴人屋，不應長是東家哭。』『這般狼藉』，亦有先彼而『傷心』者矣。

文家不妨隨意築，讓他兒輩占名山，則『小嵯峨』亦佳。

維摩入定亦愛畫曼陀，無非以『好相』耳。《北史》：齊武成帝酒色過度，初見空中有五色，稍近變成一美婦人，食頃變爲『觀世音』。《華嚴》大悲爲勇猛丈夫，而唐蔣穎叔云，妙莊王第三女，『吾以自性不思議力，現衆生所喜見身』，聯之至明矣。

愛『好相』而『頭納地』，顧歡所謂：今中國嗜欲之物，皆以禮申耶。

《南史》：吴興顧歡《玄妙内篇》云：『老子之天竺，王夫人名净妙，老子因其晝寢，入妙口中，遂生佛。』梁昭明太子母丁氏，體素壯，腰帶十圍，遍覽衆經，自立三諦法義，小字維摩。爾朱榮子名菩提，齊魏收小字佛助，宇文護兄導小字菩薩，隋外孫宇文晶小字婆羅門，周文帝婿代人若干鳳，小字達摩。梁東莞劉勰撰《文心雕龍》，負而候沈約於車前若賣書者。約取讀，重之。勰爲文長於佛理，梁武勅於定林寺撰經，沈約亦好撰内典。錢塘杜之偉有長識俊才，梁武舍身勅撰儀註，後陳武亦捨身。潁川鍾嶸、瑯琊顔之推，皆同時人，陳尚書剡人，徐陵父子信釋教，經論多所增益，其文頗變舊體，固常言偕隱，亦有孟光畫軒皇之圖勢者。梁末王僧辨父深通内典，北周文帝令臣等兼學佛義，隋姚思廉父察與陵善，曾讀一藏經。禪家欲空其欲，又欲空其理，併欲空其空，以此爲第一乘，爲善知識，爲大解脱，爲大自在。空者，無理也，而彼以爲頑空勝。頑空者，無理盡也，彼所謂不爲理障，不爲教縛者也。真空者，無無理盡也，彼所謂有無不立，脱縛雙遣者也。然其權語則曰蓮花，曰相好，曰七寶，究竟要借空中之色。有色即有欲，總而論之，空而又空者，理；空而不空者，欲也。隨地閃爍翻弄，只『無理有欲』四字，總括殆盡，更無處躲閃，無處馳騁矣。殊不若莊子絶仁棄義，各有不可八字也。玉茗即以『觀音』爲戲，亦復何尤？『園林日午』，便有『夕陽閒放一堆愁』意。

有『怎得傷心』句，即有『定不傷心何處可』句。九折愁波，千回哀徑，悲有萬族，淚惟兩行。人間『傷心』事多由非意所料，而竟已如斯也。自傷『情多』，古今一謝靈運。

第二十五齣　憶女

【玩仙燈】（貼上）覩物懷人，人去物華銷盡。道的個仙果難成，名花易隕。（嘆介）恨蘭昌殉葬無因，收拾起燭灰香燼。

自家杜府春香是也。跟隨公相夫人到揚州。小姐去世，將次三年。俺看老夫人那一日不作念，那一日不悲啼。縱然老公相暫時寬解，怎散真愁？莫説老夫人，便是俺春香，想起小姐平常恩養，病裏言詞，好不傷心也。今乃小姐生忌之辰，老夫人分付香燈，遥望南安燒奠。早已安排。夫人有請。

【前腔】（老旦上）地老天昏，没處把老娘安頓。思量起舉目無親，招魂有盡。（哭介）我的麗娘兒也，在天涯老命難存，割斷的肝腸寸寸。

〔蘇幕遮〕嶺雲沈，關樹杳。（貼）春思無憑，斷送人年少。（老旦）子母千迴腸斷繞。綉夾書囊，尚帶餘香裊。（貼）瑞烟清，銀燭皎。（老旦）綉佛靈辰，血淚風前禱。（哭介）（合）萬里招魂魂可到。則願的人天净處超生早。（老旦）春香，自從小姐亡後，俺皮骨空存，肝腸痛盡。但看他讀殘書本，綉罷花枝，斷粉零香，餘簪棄履，觸處無非淚眼，見之總是傷心。算來一去三年，又是生辰之日。心香奉佛，淚燭澆天。分付安排，想已齊備。（貼）夫人，就此望空頂禮。（老旦拜介）〔集唐〕微香冉冉淚涓涓李商隱，酒滴香灰似去年陸龜蒙。四尺孤墳何處是許渾，南方歸去再生天沈佺期。杜安撫之妻甄氏，敬爲亡女生辰，頂禮佛爺。願得杜麗娘皈依佛力，早早生天。（起介）春香，禱告了佛主，不免將此茶飯，澆奠小姐。

【香羅帶】麗娘何處墳？問天難問。夢中相見得眼兒昏，則聽得叫娘的聲和韵也，驚跳起，猛回身，則見陰風幾陣殘燈暈。（哭介）俺的麗娘人兒也，你怎抛下的萬里無兒白髮親。

【前腔】（貼拜介）名香叩玉真，受恩無盡，賞春香還是你舊羅裙。（起介）小姐臨去之時，分付春香，長叫喚一聲。今日叫他，小姐，小姐呵，叫的一聲聲小姐可曾聞也。（哭介）（合）想他那情切，那傷神，恨天天生割斷俺娘兒直恁忍。（貼回介）俺的小姐人兒也，你可還向這舊宅裏重生何處身？

（貼跪介）禀老夫人，人到中年，不堪哀毁。小姐難以生易死，夫人無以死傷生。且自調養尊年，與老相公同享富貴。（老旦哭介）春香，你可知老相公年來因少男兒，常有娶小之意。止因小姐承歡膝下，百事因循。如今小姐喪亡，家門無托。俺與老相公悶懷相對，何以爲情？天呵。（貼）老夫人，春香愚不諫賢，依夫人所言，既然老相公有娶小之意，不如順他，收下一房，生子爲便。（老旦）春香，你見人家庶出之子，可如親生？（貼）春香但蒙夫人收養，尚且非親是親。夫人肯將庶出看成，豈不無子有子。（老旦）好話，好話！

曾伴殘娥到女兒。徐凝　　白楊今日幾人悲。杜甫

須知此恨消難得。温庭筠　　淚滴寒塘蕙草時。廉氏

第二十五齣 《憶女》批語

「睹物」之物指二根，「懷人」作懷抱解亦得，「香燭」喻男根，「寬解」亦謔，「真愁」之真代筋，若寬只暫時，則筋愁怎散，可爲一笑。「頓」字、「舉」字，俱喻男根，但「思」即起「舉」，可「量」雖有「目」却不知親疏，豈不可笑。「天涯」喻女根深處，男根至此雖「老命」亦「難存」矣。「割」字喻女兩扉，「嶺雲沈，關樹杳」喻男根正在深處時。「斷送」喻猶抽送。「子」喻男根，「母」喻女根。「繞」字即打一車之喻，「綉夾書囊」女根形似，「香」字又喻男根，「帶」之而「裊」，可想其狀。「銀燭」之銀代人，「禱」字代搗，「净處」與不净對，「皮骨」二句嘲女道已虐矣。「簪」喻男根，「履」喻女根，「淚眼」喻女根，合兩句看，可謂善謔。「淚燭」却喻男根，故有「澆天」二字。「望空頂禮」非此事而何哉？「四尺蓋」喻人身，「墳」喻女根，「問天」之天亦喻女根深處，方見「問」字與「難問」字之妙。「夢中」句猶言暗地亦可相見，但不能明見此眼耳。「跳」喻男根，「燈暈」仍喻女根，「人兒」喻男根，「拋」猶迸意，「萬里」亦喻深遠，「玉真」之真代筋，「羅裙」喻女兩扉。「死去須叫」又嘲女道不淺，此「事」愈「情切」則愈「傷神」，又是細諦。「人兒」既喻男根，則「何處身」是嫌其不止一處也。「殘蛾」即蝶門意，「白楊」喻男根毛白，「寒塘」喻女根久已冷静者。

《禮記》：朝死而夕忘之，則是曾鳥獸之不若也。《唐書》：東女國俗輕男子，人死剥藏其皮，雖亦欲「覩物懷人」之意，要不如《智餘書》所云「取其毛髮、爪甲、綉履、帨巾什襲爲世寶」者。

坡詩：『興亡百變物自閒，人生安得如汝壽？』夫非復我親，物爲他玩，『物華』不『銷』亦於『人』何益，況『人』去『物』亦必銷耶。戎俗：人死盡焚其所用『物』，儒者謂棄有用於無用，不知大可矯中國之弊也。中國真關切人，既不忍復睹其物，而利厥所有者，詐泣佞哀，恤其喪紀。當人彌留之際，惟恐其不速死。使依此俗，則無復利人之有而望其死者矣，亦猶突厥剺面等事，俱以權合，正非理中之至理也。

王建『東野先生早哭兒，家傳一本杏殤詩』，是『仙果難成，名花易殞』之意。

生死交情世泯然，曾不若徐勣於單雄信割肉『殉葬』，曰『千秋萬世，此肉同歸於土』，爲送終時第一贐物。尉陀以田橫死，女殉葬，不失豪傑作用。俗有受恩親屬，各翦髮一綹，纏屍十趾者，亦非無義。奈何魏文明崩，高祖哀毀，中山長公主婿穆亮請息無益之戀。獨孤皇后崩，唐代宗欲建陵城側，華州姚南仲曰：『魂無不之，雖欲自近，了復何益？且起陵目前，心一感傷，累月不能平，天下謂何？陛下謚后以貞懿，而終以褻近乎？』韋蘇州悼亡詩古今第一，亦『没處安頓』，所以抬眼盡成腸斷處也。唐宣宗母本侍兒，宗立不肯別處，奉之宫中，『老娘』全靠『安頓』。若德宗貸力士女，冀得真母，即假者，尚且權使『安頓』。公卿將相顯福也，眷屬壽考隱福也。儒之『安頓』由天，釋之『安頓』由己。

『舉目無親』是以無歡可替悲也。

人世惟夫妻一倫怛怛，『香履』不置，何意出於父母？

夫人但求『生天』，豈知三界無安，猶如牢獄。無色諸天，既見變壞，生大苦惱，即起邪見謗無因果，以是事故輪迴三途耶？

唐詩顧少連，蘇州人，爲中書舍人時，請徙先兆於洛，帝命中人往護。『何處墳』，真聽人所好耳。

白少傅云：『莫問由「天」者，天高難與言。』老夫人正不能然。

隋太子勇曰：『阿「娘」不與我一好婦女。』韋孝寬侄世康尚周文帝女，從平齊，授絳州刺史，與弟書言欲退曰：『況「娘」春秋已高。』齊武帝子子良，武帝爲戇縣時，與裴后不睦，遣人送還都，一日問良何不讀書，曰：『「娘」今何處，何用讀書？』帝即召后還縣，子良長，善立勝事。呼母爲『娘』，其來已久，而『娘』之所值亦不齊矣。

晉惠帝時，巴西閻纘言：『臣家門無佑三世假親，以家觀國，固知太子有變。』蓋其繼母不慈也。『俺的人兒』一句，自有生人無此苦，益知恨是不銷塵。

母没而杯棬不能飲焉，口澤存焉耳。『舊羅裙』比李後主所云『手汗遺香漬』尤勝。

東坡三十九納朝雲，雲時年十二，三十四卒，恰伴東坡廿二年也，雖白公有『老色日上面，歡情日去心。但恐如此畏，亦隨日消沈』語，『中年取小』固所宜，況於無子。

平陽鄧伯道攸，敬媚權貴，石勒過泗，負子侄逃，度難兩全，乃棄子。子朝棄慕及，乃繫於樹。及過江，妻不復生，納一妾，甚寵之。説是北人，乃攸之甥，遂不復畜妾。《南史》：阮孝緒出繼從伯胤之，遺財百餘萬，一不受，盡以歸胤女。俱是世間妙人。而伯道子或遇救，豈必無後耶？

嫡母謂之『大母』，出《隋史》。高昌伯雅『大母』，本突厥可汗女。

王敦無子，王獻之尚新安公主，爲尚書令，以后父贈侍中，無子。郗超無子，從弟儉之以子僧施嗣。劉封本寇氏子，劉備至荆州，未有繼嗣，養封爲嗣。但取嗣法，何必自生？與明祖之沐英同。袁術與公孫瓚書，謂紹非袁氏子，以其母傳婢也，何異宸濠誣明武宗。

《後漢・王符傳》：『安定俗鄙庶子。』故符隱居著《潛夫論》。唐玄宗廢王后詔有『華而不實』句，夫玄宗三十『子』，而后獨無，此言非枉。晋山濤爲司徒而無嬪媵，飲八斗方醉，然有五『子』，惜形皆短小。晋庾后弟冰，室無妾媵，有十『子』。光武時馮衍食禄歷年而財産益狹，意凄情悲，有與婦任武達書，言房中調戲，布散海外，不去此婦，則家不寧。然任氏所生『子』豹竟官至尚書，且賢。劉孝標與母同被擄徙代，奔還梁。言家有悍妻，而轗軻敬通，風流久盛，郁烈芬芳，余魂魄一去，聲塵寂寞。王導取曹氏，極妒，而庶子悦恒爲母襲斂箱篋中物，悦亡，曹長封作篋，不忍開。梁冼馬彭城劉苞，孝綽伯也，早孤，年十六奉嫡母朱，並所生陳，並扇席温枕。宋文帝婿陽翟褚彦回貌美，嫡母宋武帝女，回性好戲，事母孝謹，主愛之，故表爲嫡母，公主薨，毁瘠骨立。南齊齊郡太守劉靈哲，孝標從侄，傾産贖嫡母於魏。隋趙王杲，蕭嬪所生，而年才十齡，泣求爲嫡。每嘗炷，蕭后至，爲停炙。宋順陽范曄素有閨房論議，朝野所知，故國家不與婚。曄爲宣城太守，嫡母隨兄，嵩爲宜都太守，報之以疾，不時奔赴。及行，又携妾妓，爲中丞所奏，年四十八卒，曰：『惜哉，埋玉此人。』北齊將劉豐生普樂人八子，俱非嫡出，每一子所生，喪，諸子皆爲制服三年。魏太武平凉，以妹武威公主牧揵妻，頗通密計，詔李蓋尚焉，蓋妻以是出，子惠襲中山王，惠女即思皇后也，素爲文明后所忌，誣惠將南叛，誅之。帝奉馮氏過厚，於李氏過薄，舅家了無叙用，朝野所以竊議。代人獨孤信，美容儀，世領部落。初爲葛榮所獲，爲爾朱榮别將，從魏武入關，長女周明敬后，第四女元貞后，妻與子羅没在齊。入關後復娶二妻，郭氏生六子，崔氏生第七女。隋文獻后，及齊亡，后遣人求羅，得之相見，悲不自勝。既受禪，諸弟以羅既没齊，不當承襲，帝以問后，曰：『羅誠嫡長，不可誣也。』《魏書》：繼母非天屬，而南陽劉諷母亡，父紹納宋孝武母路木后兄女爲繼室，生濂，不以諷爲子，奴婢捶打之，無期度，諷憐愛之，不忍舍。恒在床帳前，輒被驅捶，終不肯去。路病經年，諷晝夜不離，路感其意，慈愛遂隆。路氏既富盛，一旦爲諷立齋宇，筵席不減於王侯，濂有識，事諷過於同産。有事必諮而後行。漢吴王本高祖微時外婦所生，陳宣帝第四子叔堅於諸子中頗有幹能，母何氏本吴中酒家，宣帝微時因飲通焉，及貴，召爲淑儀。朱温亦有外生子。北魏諸王，反有爲要人養息者。晋初，録尚書事太原王沈無子，有趙氏婦，良家女也，貧賤出入沈家，遂生浚。沈初不齒之，及薨，親戚遂共立爲嗣。又司徒王戎有庶子興，戎所不齒，而以從弟愔子爲嗣。『庶子可如親生』，只看『看承』何似。

河北鄙於側出，不預人流，故必須重娶，纏愛紐情，夜以繼日。令一縣則小君映簾，守一郡則夫人並坐。奮庸熙載，則于飛對内殿，連理入都堂。粉黛制賞罰，裙襦執生殺。曰舐吾痔，諾而趨；曰嘗吾便，跪而進。誣春爲秋，改白爲黑，目見耳聞，不可算數，則『庶子』無望矣。

『誰能含羞不自前，相看氣息望君憐。』如『春香』輩所謂『身輕不自憐，籠鳥易爲恩』者也。無如夫人不願，則羞來只自低頭，愛處總難下手矣。

第二十六齣　玩真

（生上）芭蕉葉上雨難留，芍藥梢頭風欲收。畫意無明偏著眼，春光有路暗抬頭。小生客中孤悶，閒遊後園。湖山之下，拾得一軸小畫，似是觀音大士，寶匣莊嚴。風雨淹旬，未能展視。且喜今日晴和，瞻禮一會。（開匣展畫介）

【黃鶯兒】秋影掛銀河，展天身，自在波。諸般好相能停妥。他真身在補陀，咱海南人遇他。（想介）甚威光不上蓮花座。再延俄，怎湘裙直下，一對小凌波。

是觀音，怎一雙小脚兒？待俺端詳一會。

【二郎神慢】些兒個，畫圖中影兒則度。著了，敢誰書館中吊下幅小嫦娥。畫的這傳停倭妥。是嫦娥，一發該頂禮了。問嫦娥折桂人有我。可是嫦娥，怎影兒外沒半朵祥雲托？樹皴兒又不似桂叢花瑣。不是觀音，又不是嫦娥，人間那得有此？成驚愕，似曾相識向俺心頭摸。

待俺瞧，是畫工臨的，還是美人自手描的？

【鶯啼序】問丹青何處嬌娥，片月影光生豪末？似恁般一個人兒，早見了百花低躲。總天然意態難模，誰近得把春雲淡破？想來畫工怎能到此。多敢他，自己能描會脫。

且住，細觀他幀首之上，小字數行。（看介）呀，原來絕句一首。（念介）近睹分明似儼然，遠觀自在若飛仙。他年得傍蟾宫客，不是梅邊是柳邊。呀，此乃人間女子行樂圖也。何言『不是梅邊是柳邊』？奇哉，怪事哩！

【集賢賓】望關山梅嶺天一抹，怎知俺柳夢梅過？得傍蟾宫知怎麽？待喜呵，端詳停和，俺姓名兒直麽費嫦娥定奪？打摩訶，敢則是夢魂中真個。

好不回盼小生。

【黄鶯兒】空影落纖蛾，動春蕉，散綺羅。春心只在眉間鎖，春山翠拖，春烟淡和。相看四目誰輕可。恁横波，來迴顧影不住的眼兒睃。

却怎半枝青梅在手，活似提掇小生一般。

【鶯啼序】他青梅在手詩細哦，逗春心一點蹉跎。小生待畫餅充飢，小姐似望梅止渴。小姐，小姐，未曾開半點么荷，含笑處朱唇淡抹，暈情多。如愁欲語，只少口氣兒呵。

小娘子畫似崔徽，詩如蘇蕙，行書逼真衛夫人。小生雖則典雅，怎到得這小娘子。驀地相逢，不免步韻一首。（題介）丹青妙處却天然，不是天仙即地仙。欲傍蟾宫人近遠，恰些春在柳梅邊。

【簇御林】他能綽斡，會寫作。秀入江山人唱和。待小生狠狠叫他幾聲：美人，美人！姐姐，姐姐！向真真啼血你知麽？叫的你噴嚏似天花唾。動凌波，盈盈欲下，不見影兒那。

咳，俺孤單在此，少不得將小娘子畫像，早晚玩之拜之，叫之贊之。

【尾聲】拾的個人兒先慶賀，敢柳和梅有些瓜葛？小姐，小姐。則怕你有影無形看殺我。

不須一向恨丹青。白居易
惆悵題詩柳中隱。司空圖
堪把長懸在户庭。伍喬
添成春醉轉難醒。章碣

第二十六齣 《玩真》批語

『芭蕉』喻女根之收展，『芍稍』易知。『畫意無明』七字切極女根，又男根畫入則眼看不明也，又自註其書之全屬隱喻，欲人著眼。『光』喻男槌，『頭』喻男根，後園即後庭意，正『客中』事。『寶匣莊嚴』女根妙贊，『風雨』喻正行事，事畢方可『展視』，喻意妙絶。『秋影』之秋代湫，『掛』字切甚，『天身』天所生成也。北面向海，爲『海南人』。『威光』又喻男根，『蓮座』則喻女根，『桂』喻男根，『折』喻扳倒，『外無雲托』是女根也。『樹』指身樹，『皴』字喻女扉似皺之意，『片月』喻女根之兩半。『豪』者毛也，『低躲』者在身半也，『春雲淡破』畫得女根麗絶，『脱』字妙極，如將女根脱下也，又男根脱出意，『分明』即三分八字等意。『飛』喻兩扉以及花頭，『蟾宫』女根，『客』喻男根，『關山』喻鎖住時，『一抹』喻其未破，『定』者托之而知其輕重也。『奪』字更妙，『影落』即脱字意，『綺羅』即皴字意，『眉』喻豪也，『春山』二句賦毛麗至於此。男女二根共有『四目』，男根未入，則女根爲直目。既入則爲横波。前用西字及横塘字，皆此意也。『輕可』有輕則誰可意，爲之一笑。『青梅』本喻莖垂，『提掇』二字盡女『手』之能事。『畫餅』又喻女根，餅上畫分界道，故曰畫餅。『未開么荷』喻幼女如在目前，雖是么荷却亦『含笑』，加上『炎朱』兩字，麗不可言。『只少口氣』非女根而何哉？『綽幹』即提掇意，『寫做』喻執畫分，『真真』之真代筋，『噴嚏』形聲並見。『盈盈欲下』雖是喻拖逗時，亦脱字意，喻其肥浮，此爲入神。『不那』易明，『爪』喻女根，『葛』喻毫，『有影無形』喻隔衣也。『青』仍喻豪，『長懸』惟女根更切，『柳中隱』自註其故作謎語，『轉難醒』猶言我越比喻，你越不解也。

李後主『秋高天碧深』，蜀王衍『幽徑上寒天』，俱絕妙之句。此『秋影』句亦不多讓。

『殿上圖神女，宫裏出佳人。可憐都是畫，誰能辨假真？』兜率寺所畫天女，悉是燕公妓妾。唐肅宗遣女巫祠遍天下，置道場於三殿，以宫人爲佛菩薩。天啓禳醮，遣宫人軀體肥碩者飾爲天神。歷朝大内有佛殿，皆許民間婦禮拜。貫休詩『珠翠籠金像』，龜蒙詩『羅裙護世尊』，觀音俱不嫌其褻，豈亦欲以勾牽引入佛智耶？宜宋周文璞有『不留禪月畫，只據浄名床』之句。

牧齋題管畫云：『只應贊嘆復頂禮。』凡聰明人必好佛又必好内，何也？蓋世出世間，除了佛説更無高妙處，除了美人更無可喜事也。劉須溪云：『寶釵樓上圍簾幙，我輩中人無此分。』琴思詩『情當却，除非夢魂中敢真個』耳，豈能當緑洞紗窗粉香供養耶？

徐文長《賣魚觀音贊》頗妙：『潑刺潑刺，阿娜阿娜，金剛法華，一棍打破，瞞得馬郎，瞞不得我。』天后時宗楚客作傳一卷，論薛師之勝，謂是觀音再生。即日得内史，則以但無『小凌波』故，然『秋影掛銀河』是嫦娥矣。義山云：『曾聞宓妃襪，渡水欲生塵。好借嫦娥看，清秋踏月輪。』同是『天身』，即嫦娥襪借觀音著又何不可？

舟車之始見也，三世然後安之。世間事有初看似太奇，而細思理至當。天工不能兩全，必須人力補救者，如婦人月水下泄，故脛細足短者十九。則雖面如西子，視其『直下』，興索然矣。不知何一才人，思出此法，因其小而小之，變爲紅鴛，遂成可玩之全。休使彼難行，特其末矣。如閹人法亦同，但未弓薛師、董偃輩之足，猶爲世間缺事耳。反之乃欲極小，是爲人立而蹄，則又烏三寫而成焉之誤，與任其短小不施約迫者，均屬愚人謬法，皆爲斷斷不可之事。世間流弊，以漸失真味，却祖意者何限。即此一端，亦極可恨。

西施有響屧廊，夫屧必但著於跟而後其響可入聽。使其未弓，跟又何事加屧耶？是春秋時已有弓足之一証也。晋時戲婦之法，脱履而規其足，使其未弓，則長短大小，大略相似，抑又何規之有？是漢晋以後，更喜弓足之一証也，不待梁簡文『試履逆填墻』之句矣。又大曆才子咏綉鞋，已有『雲裏蟾勾落鳳窩，王郎沈醉也摩挲。陳王當日風流減，只向波間見襪羅』句，則作新月狀亦不自李後主可知。鞋尖屈上，或自後主耳。

漢《雜事秘辛》，升庵以爲漢已束足之証。沈綉水謂，其間兩人周旋景光，雖去今於數百年，猶歷歷如眼見而耳聞之也。疑其爲僞，非所以語於文章之妙矣。但足長八寸，約縑迫襪收束略如禁中，脛跗豐妍，底平指捲，俗本誤作指斂，猶非知文章之妙者。『楊柳岸曉風殘月』只是情景並絶，不意《妙牝賦》中得『春山翠拖』二句，世間事畫不能描，句寫成者多矣。東坡『每得君詩如得書，宣心寫妙書不如』，似爲玉茗『會脱』二字及『空影』一句言之。東坡《與賈耘老書》『齒落目昏』，當是爲雙『荷』葉所困。昭明詩：『意樹發生花，心蓮吐輕馥。』翁山：『賤妾蓮蓬似，中憐苦薏多。壁開君不食，辜負一么荷。』『么荷』二字，李白所謂『張翰黄花句，風流五百年』也。

唐武宗妃王氏，德州人，狀纖頎類帝，騎而從觀者不知孰爲帝也。似此『四目相看』，正不得不『輕可』。王金壇：『今日眼波微動處，半通商略半矜持。』王季重：『無非只説天鵝肉，勅斷儂家不用思。』凝眸遠清清斜照，只『誰輕可』三字，革盡天下多少邪淫。明皇題梅妃像：『霜綃雖似當時態，争奈嬌波不「顧」〔一〕人。』自是心中有愧於妃，故爾覺其不顧。

明人曲『我只道玉天仙有眼睛，我將他活觀音額上頂』，是『似掇小生』神理。

諺謂：『居江南者，三月病目不能「看」花，八月病腹不能食物，便是無福人。』蓋每人平生勢淫無幾，而目淫則不可限量，不可思議矣。欲念損人，勝於欲事。隔墻釵釧，隙穴髮鬟，少年當之，衽席不施，而燦爲枯腊者不少也。愛美人者，初亦貪其色香，别有吸受耳。然欲令彼歡，則必爲之而見其果有樂狀，故『看殺』者不及一半。元人云：『眼飽心飢，妙音嬌媚，俏書生偏嗅著你芬芳氣。』蓋此輩惟賴善嗅矣。

〔一〕顧，底本作『頭』，據下文改。

第二十七齣　魂遊

【掛真兒】（净扮石道姑上）臺殿重重春色上，碧雕闌映帶銀塘。撲地香騰，歸天磬響。細展度人經藏。

〔集唐〕幾年紅粉委黄泥雍裕之，十二峯頭月欲低李涉。折得玫瑰花一朵李建勳，東風吹上窈娘堤羅虬。俺老道姑看守杜小姐墳庵三年之上，擇取吉日，替他開設道場，超生玉界。早已門外竪立招旛，看有何人來到。

【太平令】（貼扮小道姑、丑扮徒弟上）嶺路江鄉，一片彩雲扶月上。羽衣青鳥閒來往。（丑）天晚，梅花觀歇了罷。（貼）南枝外有鵲爐香。

小道姑乃韶陽郡碧雲庵主是也，遊方到此。見他莊嚴旛引，榜示道場，恰好登壇，共成好事。（見介）〔集唐〕（貼）大羅天上柳烟含魚玄機。（净）你毛節朱旛倚石龕王維。（貼）見向溪山求住處韓愈。（净）好哩，你半垂檀袖學通參女光。小姑姑，從何而至？（貼）從韶陽郡來，暫此借宿。（净）西頭房兒，有個嶺南柳相公養病，則下廂房可矣。（貼）多謝了。敢問今夕道場，爲何而設？（净嘆介）則爲杜衙小姐去三年，待與招魂上九天。（貼）這等呵，清醮壇場今夜好，敢將香火助真仙。（净）這等却好。（内鳴鐘鼓介）（衆）請老師兄拈香。（净）南斗注生真妃，東岳受生夫人殿下。（拈香拜介）

【孝南歌】鑽新火，點妙香。虔誠爲因杜麗娘。（衆拜）香靄綉旛幢，細樂風微颺。仙真呵，威光無量，把一點香魂，早度人天上。怕未盡凡心，他再作人身想。做兒郎，做女郎，願他永成雙。再休似少年亡。

（净）想起小姐生前愛花而亡，今日折得殘梅，安在净瓶供養。（拜神主介）

【前腔】瓶兒净，春凍陽，殘梅半枝紅蠟裝。小姐呵，你香夢與誰行？情神忒孤往。（衆）老師兄，你説净瓶像什麽？殘梅像什麽？（净）這瓶兒空像，世界包藏。身似殘梅樣，有水無根，尚作餘香想。（衆）小姐，你受此供呵，教你肌骨凉，魂魄香。肯回陽，再住這梅花帳。

（内作風響介）（净）奇哉，怪哉！冷窣窣一陣風打旋也。（内鳴鐘介）（衆）這晚齋時分，且喫了齋，收拾道場。正是曉鏡抛殘無定色，晚鐘敲斷步虚聲。（衆下）

【水紅花】（魂旦作鬼聲，掩袖上）則下得望鄉臺如夢悄魂靈，夜熒熒，墓門人静。（内犬吠，旦驚介）原來是賺花陰小犬吠春星，冷冥冥，梨花春影。呀，轉過牡丹亭、芍藥闌，都荒廢盡了。（泣介）傷感煞斷垣荒逕。望中何處也？鬼燈青。（聽介）兀的有人聲也囉。

〔添字昭君怨〕昔日千金小姐，今日水流花謝。這淹淹惜惜杜陵花，太虧他。生性獨行無那，此夜星前一個。生生死死爲情多，奈情何。奴家杜麗娘女魂是也。只爲癡情慕色，一夢而亡。湊的十殿閻君奉旨裁革，無人發遣，女監三年。喜遇老判哀憐放假，趁此月明風細，隨喜一番。呀，這是書齋後園，怎做了梅花庵觀？好感傷人也！

【小桃紅】咱一似斷腸人和夢醉初醒。誰償咱殘生命也。雖則鬼叢中姊妹不同行，窣地的把羅衣整。這影隨形，風沈露，雲暗斗，月勾星，都是我魂遊境也。到的這花影初更，（內作丁冬聲，旦驚介）一霎價心兒瘮，原來是弄風鈴臺殿冬丁。

好一陣香也。

【下山虎】我則見香烟隱隱，燈火熒熒。呀，鋪了些雲霞幔，不由人打個讛掙。是那位神靈，原來是東岳夫人，南斗真妃。（作稽首介）仙真，杜麗娘鬼魂稽首。魆魆地投明証明，好替俺朗朗的超生注生。再看這青詞上，原來就是石道姑在此住持。一壇齋意，度俺生天。道姑，道姑，我可也生受你呵！再瞧這净瓶中，咳，便是俺那冢上殘梅哩！梅花呵，似俺杜麗娘半開而謝，好傷情也。則爲這斷鼓零鐘金字經，叩動俺黃粱境。俺向這地坼裏梅根迸幾程，透出些兒影。（泣介）姑姑們這般志誠，若不留些蹤影，怎顯的俺鑒知他。就將梅花散在經臺之上。（散花介）抵甚麽一點香銷萬點情。

想起爹娘何處，春香何處也。呀，那邊廂有沈吟叫喚之聲，聽是怎來。（內叫介）俺的姐姐呵，俺的美人呵！（旦驚介）誰叫誰也？再聽。（內又叫介）（旦嘆介）

【醉歸遲】生和死，孤寒命。有情人叫不出情人應。爲什麽不唱出你可人名姓？似俺孤魂獨趁，待誰來叫喚俺一聲。不分明，無倒斷，再消停。（內又叫介）（旦）咳，敢邊廂甚麽書生，睡夢裏語言胡[口巠]？不由俺無情有情，湊著叫的人三聲兩聲，冷惺忪紅淚飄零。呀，怕不是夢人兒梅卿柳卿。俺記著這花亭水亭，趁的這風清月清。則這鬼宿前程，盼得上三星四星。

呀，待即行尋趁，奈斗轉參橫。不敢久停呵。

【尾聲】爲什麼閃摇摇春殿燈。（內叫介）殿上響動。（丑虛上望介）（又作風起介）（旦）一弄兒綉旛飄迴，則這幾點落花風是俺杜麗娘身後影。

（旦作鬼聲下）（丑打照面驚叫介）師父們快來。（净、貼驚上）怎生大驚小怪？（丑）則這燈影熒煌，躲著瞧時，見一位女神仙，袖拂花旛，一閃而去。怕也，怕也！（净）怎生模樣？（丑打手勢介）這多高，這多大，俊臉兒，翠翹金鳳，紅裙緑襖，環珮玎璫，敢是真仙下降？（净）咳，這便是杜小姐生時樣子，敢是他有靈活現。（貼）呀，你看經臺之上，亂糝梅花，奇也異也！大家再祝讚他一番。

【憶多嬌】（衆）風滅了香，月倒廊。閃閃尸尸魂影兒凉。花落在春宵情易傷。願你早度天堂，免留滯他鄉故鄉。

（貼）敢問杜小姐爲何病亡，以何因緣，而來出現？

【尾聲】（净）休驚恍，免問當。收拾起樂器經堂。你聽波，兀的冷窣窣珮環風還在迴廊那邊響。

心知不敢輒形相。曹唐　欲話因緣恐斷腸。天竺牧童

若使春風會人意。羅鄴　也應知有杜蘭香。羅虬

第二十七齣 《魂遊》批語

「春色」喻女根外形，故「臺殿重重」，在其「上」也。「碧」喻翠毫，「撲地」猶折柳意，「香騰」即狡兔騰天之說。「歸天磬響」喻響在深處時。「經」作經絡之經、五藏之藏。「細展」細字更妙。「十二峰」即十二亭臺意。「玫瑰」似喻男根，故曰「折得」。「招旛」喻女邊闌，「彩雲扶月上」非女根而何？ 然麗絶無兩矣。「羽衣」喻豪，「鵲」喻男根，「爐」喻女根，「香」喻男根，「碧」仍喻豪，「羅」喻女扉，「大」與「天上」嘲其深廣。「朱幡」以喻女扉，「石龕」交骨，「垂袖」猶朱幡意。「香火」喻男根，「真仙」之真代筋，「新火妙香」男根美譽。「旛幢」喻女兩扉，「綉」仍喻豪，「樂」喻其聲，「威光」固喻男根，「香魂」亦然，「人天上」言人身中有最深處也。「未盡凡心」嘲女道之無厭，「似少年亡」喻其戰之不久。「紅臘」仍喻男根，「有水無根」喻男根不能永植於內。「回陽」以喻乾道：「梅」喻男精，「帳」喻女根，「打旋」亦喻其事。「夜熒熒墓門」喻女根，「小兒」喻男根，「吠」喻張口。「春星」喻槌，「冷冥冥」喻女根合時，「望中」喻女深處。「杜陵」以代肚稜，女根俗呼坐脚，故喻之以獨行。「星前」言垂星也，「月明風細」喻其事，「斷腸」喻男根事訖。「鬼叢姊妹」喻後花園。「窣」深也，「羅衣」邊闌，「月」喻女根，「星」喻男根，「心瘆」即謂花心，「鈴」喻腎子，「臺殿」女根，「香烟」喻男槌氣見，「燈熒」仍喻女根，「霞燈」亦然，「冢」喻女根，「殘梅」男精，「半開」喻女根未大狼藉。「金」字以代筋字，「透出些」喻抽之淺，男根倒則其事斷，故曰「倒斷」。花亭、水「亭」真是牡丹亭也。「鬼」喻男根，「星」喻槌上，『袖拂花翻』是女根也，『翠翹、緑襖』仍是喻豪，『丁當』中空之故，筋『仙下降』則中空矣，其意尤妙。『風滅了香』喻動則事訖也。『月倒』喻粘合意，『樂器』喻其聲，『經堂』作經水之經，『回廊』喻内廂遠，『心知不敢輒形相』言人或知其取譬，不敢解出也。一篇天女花禪，却似淡寫空描，花明玉净。

坡：『白足高僧解達觀，安排春事滿幽「欄」。不須天女來相試，總把空花眼裏看。』『臺殿』三句，頗有『松聲侵殿冷，花勢擁樓高』之意。

白『不開莊老卷，欲與何人言』，以其足以『度人』也。

坡『贈君無物惟一語，莫遣瘴厲侵雲鬟』，正爲『嶺路江鄉』而道。陸龜蒙『日色燒山翠』，李日華『夕陽古道餘寒月』俱妙，而未及『一片彩雲扶月上』七字之麗，宜王金壇有『好女難參世上禪』之句。昔人評眉公著作，『筆墨之外，皆有雲氣飛行，如白瓊淡月，非塵土胃腸所能領略。寫小姑而襯以『月』，又加『彩雲』，真善寫也。

坡：『欲求南宗一勺水，往與屈賈湔餘哀。』恐還帶著春愁去，又在青『天』怨落花耳。

齊後主自舞以事胡『天』，周欲招來西域，又有拜胡『天』制，其儀並從夷俗，淫辭不可語也。殊俗異聞所載，有裸拜裸舞獻醜呈足云云，謂胡天即魔天，佛門只是巧鎔惡見。許敬宗、李義府與玄奘固可同譯。吴門泐師現女人身，能以佛法行冥事，聚諸慧性靈魂於無業堂中，教以修持。又能附乩傳語，引諸靈性與生前眷屬聚話，西方中路何可少此總持。而或者揶揄錢宗伯記，亦猶江陵相斥鳳洲大學士王錫爵女《曇陽子傳》，自認弟子，何苦用拙乃爾。

義山『青女素娥俱耐冷』，是『孤往』意。

宋之問：『願以有漏軀，幸熏無生慧。』『瓶兒』二句，言器界本無三界，妄執人知天宇爲空，不知毛孔亦空。大海爲『水』，涕唾亦水。

元張礎：『瓶花紅淡浸寒泉，亦易凋零亦可憐。堪嘆身根不知處，却將顔色爲人妍。』

凡人虚病及喪精之後，觀墻垣院落，即有渺渺茫茫、似夢似幻之狀，則山河之爲妄見確矣。所以以此爲妄者，以神一離形，所見即不爾也。自當以神見爲實，形見爲虚。麗娘能見舊處，只是别無他業，惟執一件夢境，無定時定處，鬼境想亦當然。夢位執心力弱，鬼境却未必爾。諸佛境智遍界遍空，凡夫身心如影如象。悟本性人如自醫已愈，一切狂花，眼都不見。讀『望鄉如夢』兩句，知爾心魂幽全不在手墨矣。

『夢』少者魂制魄，『夢』多者魄制魂，做『夢』只是合眼見鬼，見鬼只是開眼做『夢』。夢又加醉，迷之甚也。因醉而『夢』耶？『夢』中加醉耶？生時境界，死則見壞，『夢』中兼醉，真鬼境也。

北齊宋穎前妻劉氏，亡十五年，穎夢見之，曰：『新婦今被處分爲高崇妻，故來辭穎。』旦見崇言之，崇後數日而卒。王金壇：『「同行」暫猶好，歸路莫嫌長。舊魂走抱新魂啼，新鬼重重欺舊鬼。』究竟『同行』得否，人不與知。

人不見風，摇手知風；魚不見水，跳觸知水；鬼不見地，出没知地。人爲殻封，反不能『透』。若離此殻，不獨自己六入，一時互用他心，一念起且能委悉。既無骸骨，與天差近。以本空故，法身常現，何必閻浮尸穢是戀乎？

羅隱：『一榻已無開眼處，九泉應有愛才人。』死者若不『孤寒』，亦必不愛及此。

《圓覺》：一切性皆因淫欲。方知輪回，愛爲根本。由有諸欲，助發愛性。欲因愛生，命因欲有，衆生愛命，還依欲本。愛欲爲因，愛命爲果，是『誰償咱命』之解。人生百年難百歲，何處雙心共一心？最是黄姑生命好，不須身自渡銀河。孤魂獨趁暗中，往往精靈語矣。僧墻畫故人，亦看『身後影』耳。『身後影』三字，非一二語所能解説，若人要躲渾『身影』，須向無身樹下行。

陽，固氣也，陰亦不能離氣，故鬼吹可以『滅燈』，而有『無禪無净上，陰境忽現前，瞥爾隨他去』之説也。各有國土在空氣中，理之必然，無足怪者，鬼能見人而人不見鬼，况仙佛耶。漢王充云：手弄笛孔，猶喉弄舌。世無獨然之火，安得有無體之知？且何並衣服見也？鬼，陽氣也，氣能象人聲而哭，則亦能象人形而見，世間所謂鬼神，皆太陽之氣爲之也。鬼者，太陽之妖，太陽之氣，天氣也，氣中含識，故能象人之容，即能爲衣甲器仗之象。陰氣主爲骨肉，陽氣主爲精神。如龍禀太陽，尚能放火燒身，復生新肉。變體自匿，存亡其形，亦極有理。

第二十八齣　幽媾

【夜行船】（生上）瞥下天仙何處也？影空濛似月籠沙。有恨徘徊，無言窨約。早是夕陽西下。

一片紅雲下太清，如花巧笑玉娉停。憑誰畫出生香面？對我偏含不語情。小生自遇春容，日夜想念，這更闌時節，破些工夫，吟其珠玉，玩其精神，倘然夢裏相親，也當春風一度。（展畫玩介）呀，你看美人呵，神含欲雨，眼注微波，真乃落霞與孤影齊飛，秋水共長天一色。

【香遍滿】晚風吹下，武陵溪邊一縷霞，出落個人兒風韵殺。凈無瑕，明窗新絳紗。丹青小畫，又把一幅肝腸掛。

小姐，小姐！則被你想殺俺也！

【懶畫眉】輕輕怯怯一個女嬌娃，楚楚臻臻像個宰相衙。想他春心無那，對菱花，含情自把春容畫，可想到有個拾翠人兒也逗著他。

【二犯梧桐樹】他飛來似月華，俺拾的愁天大。常時夜夜對月而眠，這幾夜呵，幽佳，嬋娟隱映的光輝殺。教俺迷留没亂的心嘈雜，無夜無明怏著他，若不爲擎奇怕涴的丹青亞，待抱著你影兒橫榻。

想來小生定是有緣也。再將他詩句朗誦一番。（念詩介）

【浣沙溪】拈詩話，對會家。柳和梅有分兒些。他春心迸出湖山罅，飛上烟綃萼綠華。則是禮拜他便了。（拈香拜介）傒倖殺，對他臉暈眉痕心上掐，有情人不在天涯。

小生客居，怎能勾小姐風月中，片時相會也。

【劉潑帽】恨單條不惹的雙魂化，做個畫屏中倚玉蒹葭。小姐呵，你耳朶兒雲鬢月侵芽，可知道一些些都聽的俺傷情話。

【秋夜月】堪笑咱，說的來如戲耍。他海天秋月雲端掛，烟空翠影遥山抹。只許他伴人清暇，怎教人佻達。

【東甌令】俺如念呪，似說法。石也要點頭，天雨花。怎虔誠不降的仙娥下，是不肯輕行踏。（内作風起，生按住畫介）待留仙怕殺風兒刮，粘嵌著錦邊牙。

怕刮損他，再尋個高手臨他一幅兒。

【金蓮子】閒嘖牙，怎能勾他威光水月生臨榻。怕有處相逢他自家，則問他許多情與春風畫意再無差。

再把燈剔起細看他一會。（照介）

【隔尾】敢人世上似這天真多則假。（内作風吹燈介）（生）好一陣冷風襲人也。險些兒誤丹青風影落燈花。罷了，則索睡掩紗窗去夢他。（睡介）

（魂旦上）泉下長眠夢不成，一生餘得許多情。魂隨月下丹青引，人在風前嘆息聲。妾身杜麗娘鬼魂是也。爲花園一夢，想念而終，當時自畫春容，埋於太湖石下。題有『他年得傍蟾宫客，不是梅邊是柳邊』。誰想遊魂觀中，幾晚聽見東房之内，一個書生，高聲低叫『俺的姐姐、俺的美人』。那聲音哀楚，動俺心魂，悄然驀入他房中，則見高掛起一軸小畫，便是奴家遺下春容。後面和詩一首，觀其名字，則『嶺南柳夢梅』也。梅邊柳邊，豈非前定乎？因而告過了冥府判君，趁此良宵，完其前夢。想起來好苦也！

【朝天懶】怕的是粉冷香銷泣絳紗，又到的高唐館玩月華。猛回頭羞颯髻兒鬖，自擎拿。呀，前面是他房頭了。怕桃源路徑行來詫，再得俄旋試認他。

（生睡中念詩介）他年得傍蟾宫客，不是梅邊是柳邊。我的姐姐呵！（旦聽作悲介）

【前腔】是他叫唤的傷情，咱淚雨麻，把我殘詩句，没争差。難道還未睡呵？（瞧介）（生又叫介）（旦）他原來睡屏中作念猛嗟牙。省諠譁，我待敲彈翠竹窗櫳下。（生作驚醒叫姐姐介）（旦悲介）試展香魂去近他。

（生）呀，户外敲竹之聲，是風是人？（旦）有人。（生）這咱時節有人，敢是老姑姑送茶？免勞了。（旦）不是。（生）敢是遊方的小姑姑麽？（旦）不是。（生）好怪！又不是小姑姑，再有誰？待我啓門而看。（生開門看介）

【玩仙燈】呀，何處一嬌娃，艷非常，使人驚詫。

（旦作笑閃入，生急掩門，旦斂衽整容見介）秀才萬福。（生）小娘子到來，敢問尊前何處？因何夤夜至此？（旦）秀才，你猜來。

【紅衲襖】（生）莫不是莽張騫犯了你星漢槎，莫不是小梁清夜走天曹罰？（旦）這都是天上仙人，怎得到此？（生）是人家彩鳳暗隨鴉？（旦搖頭介）（生）敢甚處裏緑楊曾繫馬？（旦）不曾一面。（生）若不是認陶潛眼對的花，敢則是走臨邛道數兒差？（旦）非差。（生）想是求燈的？可是你夜行無燭也，因此上待要紅袖分燈向碧紗？

【前腔】（旦）俺不爲度仙香空散花，也不爲讀書燈閒濡蠟。俺不似趙飛卿舊有瑕，也不似卓文君新守寡。秀才呵，你也曾隨蝶夢迷花下。（生想介）是當初曾夢來。（旦）俺因此上弄鶯簧赴柳衙。若問俺妝臺何處也，不遠哩！剛則在宋玉東鄰第幾家。

（生想介）是了。曾後花園轉西，夕陽時節，見小娘子走動哩！（旦）便是了。（生）家下有誰？

【宜春令】（旦）斜陽外，芳草涯。再無人有伶仃的爹媽。奴年二八，没包彈風藏葉裏花。爲春歸惹動嗟呀，瞥見你風神俊雅。無他，待和你翦燭臨風，西窗閒話。

（生背介）奇哉，奇哉！人間有此艷色，夜半無故而遇。明月之珠，怎生發付？

【前腔】他驚人艷，絶世佳。閃一笑風流銀蠟。月明如乍，問今夕何年星漢槎？金釵客寒夜來家，玉天仙人間下榻。（背介）知他，知他是甚宅眷的孩兒，這迎門調法。

待小生再問他。（回介）小娘子夤夜下顧小生，敢是夢也？（旦笑介）不是夢。當真哩！還怕秀才未肯容納。（生）則怕未真。果然美人見愛，小生喜出望外，何敢却乎？（旦）這等，真個盼著你了。

【耍鮑老】幽谷寒涯，你爲俺催花連夜發。俺全然未嫁，你個中知察，拘惜的好人家。牡丹亭，嬌恰恰。湖山畔，羞答答。讀書窗，淅喇喇。良夜省陪茶，清風明月知無價。

【滴滴金】（生）俺驚魂化，睡醒時涼月些些。陡地榮華，敢則是夢中巫峽？虧殺你走花陰不害些兒怕，點蒼苔不溜些兒滑，背萱親不受些兒嚇，認書生不著些兒差。你看斗兒斜，花兒亞，如此夜深花睡罷。笑咖咖，吟哈哈，風月無加。把他艷軟香嬌做意兒耍，下的虧他，便虧他則半霎。

（旦）妾有一言相懇，望郎恕責。（生笑介）賢卿有話，但説無妨。（旦）妾千金之軀，一旦付與郎矣。勿負奴心。每夜得共枕席，平生之願足矣！（生笑介）賢卿有心戀於小生，小生豈敢忘於賢卿乎？（旦）還有一言。未至雞鳴，放奴回去。秀才休送，以避曉風。（生）這都領命。只問姐姐貴姓芳名？

【意不盡】（旦嘆介）少不得花有根元玉有芽，待説時惹的風聲大。（生）以後准望賢卿逐夜而來。（旦）秀才，且和俺點勘春風這第一花。

浩態狂香昔未逢。韓愈　月斜樓上五更鐘。李商隱
朝雲夜入無行處。李白　神女知來第幾峯。張子容

第二十八齣 《幽媾》批語

『瞥下』猶云迸過。『月』喻女根。『空濛籠沙』喻男根已出時，可謂神肖矣。『徘徊』喻男根緩慢，故『有恨』也。『窨約』猶噤窄意，恨其纖而難言，只得自窨約其具。『西』字妙義，前已註過。『見是陽下』，又嘲男道之不能久也，此數句入微之極。『清』本喻水『下太清』，妙。『娉婷』喻長。『巧笑』如『玉』而又形長，有『花』真乃麗絶。『面』喻兩輔，即『玉』字意，知賞其面是真解人。『不語情』恨徘徊欲窨約，怨早下之情也。『欲雨』喻其汗氣，『微波』方喻淫液，『秋水』之秋代湫。『人兒』喻男。『出落』二字妙甚。『武陵溪』桃花溪也，『一縷霞』惟幼女則爾。『浄無瑕』指兩輔言。『新紗』喻婦未老。『畫』喻女根。『叉』喻男槌。『肝腸』喻其内也。『宰相衙』言如此『楚楚臻臻』全無惡狀，方許其中生出宰相耳，則知此物之不臻楚者多矣。『菱』喻女根外形。『翠』喻毫。『逗』拖也。『飛』喻兩扉，『天大』嘲女道語。『愁天大』又嘲男事。『幽佳』深緊之貌。『光輝』喻男莖端出，至莖端則女根仍見長形，故曰嬋娟隱映。『快』不足也，掌托則成『亞』字，猶物揎則成西字也，奇想奇文。『待拖横榻』恨不以手眼鼻舌四者共當之。『拈詩話對會家』，玉茗自喻，多人不解其譬耳。『湖山罅』者，嘴骨稜也，『飛上』上半似飛也，合尖至『烟綃處』止而下露『萼華』，乃以飛上爲詞，真正巧麗。『臉暈』尤妙，『心上插此』正如界道分明，時刻在眼也。『風月』二字，以喻此物，真乃祖師。『中片時』猶分開時，『單條』喻男根，『雙魂』喻女扉，欲『惹』使『化』，除是嫪毐。『屏』字代瓶。『兼葭』喻豪。『耳鬢』喻豪之在左右者。雲即月芽，『鬢侵及芽』豪亦長矣。『如戲耍』又自註其所譬。『海天』嘲女道之高廣。『月』喻圓形，『云』喻花頭，『端』正也。『翠影』則又喻豪之少，以二句狀此物，麗絶千古矣。『石』喻男根，『天』喻女根。『下』與『行踏』喻雌乘雄。『風兒刮』喻響動。『錦』字以代緊字，惟其『邊』緊，故『粘嵌』著益覺風刮之凶。『高手』字妙，『嘖牙』喻邊緊之聲。『威光』男根，『水月』女根。『剔』喻男根挑其合尖。『燈』喻渥丹。『人世』一句，言我雖説得此物應如是之妙麗，而世上少見如是十全妙品，反覺我之所言爲假也。『險落燈花』喻其拖之急暴，『紗窗』前已註明，『泉下長眠』猶睡仍淌水，『一生餘得』譏嘲女道不淺，『魂隨月下』言女人受觸之時，其心思注在女根，其魂靈即栖此處也。『丹』喻男槌。『青』喻豪。『泣絳紗』喻水濕兩扉。『高唐』喻女根之深。『髻鬌』喻豪。『自摯拿』三字與自開看同笑。『叫喚』得磣，淫液更多，亦因請欲助發愛性意。『睡屏』之屏代瓶。『睡屏中』喻男根也。『翠竹』男根。『窗櫳』女根嫌其聲之太甚，故欲彈之。『展』喻女扉，『衽』同。『燭』喻男根，『袖』喻女扉，『碧』仍喻豪。『空散花』喻内無男根。『書』字註過。『蠟』喻男精，『趙』翹也，『卓』立也。『蝶』喻女根外形，『簧』喻其聲。『走』時似動女根妙喻。『斜陽』喻男側立而行事。『芳草』喻豪。『二八』喻女界道。『彈』喻男根。『没包彈』未曾包著彈子也。『葉』喻兩扉，『葉裏花』三字喻未破瓜時，肖形之至。『燭』喻男根，『窗翦』女根。『月』喻女，『珠』喻男。『風流銀蠟』喻動則流精也。『月明如乍』喻男根再出，女根未得全合。『金釵』以代筋叉。『下榻』之榻代塌，即挫凑意。『孩兒』喻男根。『甚宅眷的』言其非一人所得專，未必是不曾經過者。『容納』容其納入也。『盼著』喻女根眼。『好人家』猶言緊物。『答答、剌剌』俱喻行事之聲。『清風』喻動時無腥惡氣。『明月』喻女根外形清晰，其

『無價』者須如此耳。『些些』喻小户也。『榮華』喻男根之暴起。『蒼苔』喻豪。『斗』喻男根。『亞』字妙絶，喻揎開狀。『睡罷』喻事畢也。『咖咖』喻其揎開之狀。『哈哈』喻聲字皆從口，故爲妙絶。『艷軟香嬌』四字盡斯物表裏之妙，奇麗無加矣。『送』即深送之送。『月斜』喻其外。『樓上』喻内高處。『鐘』喻其聲。『無行處』深至盡頭也。齣齣雙管齊下，絳樹一聲能歌兩曲，吾乃今而信其非誑語也。

『不語情』深於語情，相對至不可語，便是剩情膩腆而不可思議者也。『武陵』三句，畫出約潔多餘態意思，所謂潔然後華，鮮然後麗也。羡門云：『羅衣恰好半身長，依稀已到銷魂處。』觀此等句，便覺飛卿有其魂艷，無其娟妙。

『武陵溪』已在有無間，此間『霞』縹緲矣，又只『一縷』，玉茗殆自言其取譬之無跡也。

外國有旃檀樹，以人『肝腸』培之，則香極遠，名反精香。元人殷淑儀曲：『兀的不可喜煞羅幃綉幕，風流煞金屋銀屏，想天地全將秀結成一開兒智巧心靈。雖是一段玉，却是幾樣成。穩坐時有那穩坐堪人敬，舉動時有那舉動可人憎。女人每鞋襪裏多藏著病，看這玉笋般周周正正，你便是醉中茶一啜猛然醒，都爲他皓齒明眸，不由我使心作過。到這裏惜什麽羞耻，敢傾人命，做一場海來深不本分，使一場天來大昧前程。想天公是怎生，教他獨占人間第一等。』真寫得『肝腸』二字出。崇女襄王亦只以一幅『肝腸』相視，遂至於此也。劉孝綽有『妹亡兼失友』句，却見梁武改姝爲妹之刻。段成式多少風流詞句裏，直令裁取一團『嬌』。

或問：婦人是小身好，大身好？曰『大身』。何以故？曰『余從粉版花衣句悟得』，試問粉版是小好大好便知。然守白頭時所耐回想者，全在賞黄花日。『輕怯』之年，尤不可失也。

魏虞卿兄弟六人，皆公主所生，邢邵嘆曰：『藍田生玉，不虚也。』隋蘭陵主寡，帝以蕭瑒、柳述示韋鼎相之。曰：『瑒當封侯而無貫妻之相，述亦通顯而守位不終。』何以云公主不得爲正君家令，不當爲制服乎？《左傳》：魯莊公雩於梁氏女，公子觀之。近世駙馬稱公主以殿下，貴家婿稱室人以衙内。懷嬴怒，晋文曰：『秦晋匹也，何以卑我？』驕亢有女公子氣的是秦種，遂使晋文公懼，降服而囚也。蓋自薦得無跡，使其不得不以伉儷法謝罪矣。若穆姬履薪，絶似婦人驕賴口語。韓偓云：仙樹有花難問種，然歟否歟？

『春心無那對菱花』，作受觸觀實不得受之謂。

月裏嫦娥不畫眉，其言未確。讀嬋娟句，即欲不死此鄉，得耶？然韵合人同，燈闌月轉，彼此神彩相映，此境真是可愛，非必男女際也。男與男、女與女，亦皆有之。

王金壇：『枕上不嫌頻轉側，柔腰偏解逐人灣。』元美有『喜無絲掛礙，「抱」得玉敧斜』之句，最形容得『抱』時釵落履遺神理出。又試倒植女身而抱之，想其身如瓊樹，花如牡丹，豈不知音也哉！

金壇又云『看鏡徘徊影自憐，關心消息在今年。風情領略非容易，分付兒身若個邊』，『拈詩話』也。『浴室笑言樊嫕侍，閨房風格濟尼知。釀成消渴那因酒，畫出娉婷賴有詩』，『對會家』也。劉端己云『感君同病更知音，許把閒情次第吟。别去向誰吟一字，縱無離恨也難禁』，所謂『詩話會家』也。又云『妖唱能傳作者心』，則不但批《牡丹亭》，雖唱演亦復不易。

『臉暈眉痕』云云，亦無如次回『願作君家掃除隸，一生常拜美人圖。要識寸心相喻處，明明如月在君看』四句之妙也。

『念咒説法』，商隱當云『玉郎會此通仙籍』矣。

『羲娥怕人恣嘲謔，匿影便向雲端趨』。而望即報，《經》：目連有弟巨富，勸其佈施受報，其弟開庫待報，久久竟不見來。目連恐人因此不信，以神足力將弟上天，數千萬衆純女無男，謂其弟曰：『汝命終時，當來生此作我等夫。』天趣之妙，正以亦污亦液，化有化無爾。觀皇甫湜：『丈夫當直上天門，夜夜御天姝，百千爲番，宛宛舒舒，與天地相終始，浩漫爲歡娛。』及李白『西海晏王母，北宮遊上元。淫樂心不極，雄豪安足論』語，則『仙娥行踏』殊未滿願，人志大小懸殊若是。

唐蔣凝侍郎，號水月觀音，以長白也。嘗批《水滸》『美人一丈青』五字，真才子筆。蓋青色如髮，最能襯出粉白，然使青而甚矮，則其人必不美矣。楚后之衣尚且牽，無怪乎思及『水月』矣。元人曲『珮環聲真洛浦，水月面活觀音，清寒斗帳怎遺人無恙』，到急色時，即『威光水月』亦欲其『臨榻』。亦大膽，亦可憐也。王金壇：『心中覓得掌中擎，肯向閒叢浪寄情。偶折梅花相伴醉，此心猶覺負卿卿。』即『水月』真『臨』，當不與易。

果爲天上天下第一奇才。佛者，天上天下三千大千諸『水月』，皆當以『生臨榻』法供養之。

『世人空有心，安知「情」所「餘」』，玉茗句也。『欲窮風月三千界，願化天人百億軀』，皆『一生餘得許多情』所致。

王金壇『翻憶未成歡愛日，一聞名姓一含「羞」』，即此猛回頭意。『艶』中帶俊，乃爲『非常』。王金壇云：『總爲叢來看不細，枉教狂眼一時忙。慧絶眼波能送語，喜來巾帔總飄揚。』真非『狂愛寒姝欲傍人，且憑村酒煖精神』者所得比，然亦不脱彼所云『鮮妍都是稱情生』耳。劉繪云『參差鬱佳麗，合沓粉可憐，榮色何雜糅，縟綉更相鮮』，則又以多爲貴者。

或云火與薪盡，而大塊之火，不因有損。香隨花萎，而自然之香，未或偕亡。『香艶』在魂氣，由乖巧在心思口體，乃乖巧之借寓形質，乃『香艶』之渣滓耳。信斯言也，未有不靈而美者也。蜃且成樓，香可結閣，氣之所幻，何形不有？解得陰氣亦氣，於鬼何疑？

通蜀連秦山十二，中有妖靈會人意，不知『星漢』亦然否。

『誰家兒女脂粉香，同居女伴正衣裳。賈生十八稱才子，空得門前一斷腸』，『人家彩鳳』奈何。

『一鎰黄金一朵花，「緑楊」深巷「馬」頭斜』，無句無成處。

『臨邛』知我是何人，夫安得『差』。

『生憎絳「蠟」無我情，只爲渠儂照珠翠』，『讀書燈』何『蠟』可『濡』？

你暖溶溶誤入俺桃源洞，所謂『蝶花』。

魚玄機『焚香出户迎潘岳，不羨牽牛織女家』，是『瞥見風神』之意。

『閒話』二字，猶言非來求見睡情也。柳惲『本以容見知，惟持德自美』，故非趙卓所及。韋莊『説盡人間天上兩心知』，閒話乃爾，正不如單于嫚書直言，以其所有易其所無矣。經言：下品欲者，但共言笑，欲情即歇。然如冬郎之『坐來雖近遠於天』，正恐非『閒話』所得代耳。

王金壇『從來國色玉光寒，晝視常疑月下看。況復此宵兼雪月，白衣裳憑赤闌干』，與此『驚人艷』三句暗合，不得復言『粉紅香白侶，殊色不殊春』也。

昔人以宋人『燈斜明媚眼』，爲顧陸所不能著筆。龔芝翁有『「銀燭」照素心』，王金壇有『避「燭」難禁鳳履狂，纔隔珠簾便渺茫』句，俱佳。

『但願暫隨人繾綣，不妨長任月朦朧』，正不如此『月明如乍』四字。見『月』必思美人者，以『月』似美人，惜乎不可摶弄。即『月明如乍』四字，豈不比『澄江如練』更奇、更確、更妙、更真？金壇云『清「夜」能遊必慧人』，是隋煬千秋知己。

『人在「玉」清眠不眠，此中真境屬神仙』。『人間下榻』，必得『玉仙』方妙。

『每許相親應計分』，是『知他甚宅』。『瓊樹終教得穩栖』，是『迎門』調法。

王季重尚書詩：『手掬胡麻不忍嘗，「仙源」回首路茫茫。青山一誤尋春興，人世風花空斷腸。』金壇《咏舊》『玉杵持將蜀道行，不辭辛苦爲雲英。當年只覺成都近，未稱瓊漿一飲情』，是『則怕未真』。楊奉宸『直是恩華重，常嗟報效微』，是『喜出望外』，『蜀道』險處也。

女人不得出家者，佛之正法，以如赤蛇已殺，人見猶怖，正以『幽谷寒崖』數句耳。然《維摩經》天女答舍利弗，求女人相了不可得，云：『何乃問不轉女身，故阿闍王女作是誓言。若一切法非男非女，今我今者現丈夫身。』說此語已即滅女身現丈夫身。今寫麗娘特特反是，見女人確有女樂，又不同男。北齊豪闔弓美僮之足，以鶴骨沐去其髭，名之曰婦，實以作夫，方自矜解事矣。

《北史》：彭老生妻「未嫁」輒往逼之。不從，將刺之，曰「所以自固者，正欲奉給君耳」，是「拘惜的好人家」意。

《經》能具觀察，名爲暖法，有色界愛，有無色界愛，竟謂「知察個中」耳。花心甘被蝶分張，知察全然未嫁之。「個中」樂不可支，須得何稠方妙？「全然未嫁」，人多誤解。若年過二八，則未嫁，微類已嫁矣。此四字男兒能知察者猶間有之，女人則十九爲羞畏溷過不知。女人能知察此事時，其妙尤絶世也。惟雄郎稺女彼此有一二年不可思議受用。粗人忽略渾吞，女郎既幼亦不知體認。即極宿慧，知體認矣，又不敢令郎君體認，故作者特借麗娘口中道破，曰「知察」，曰「點勘」，一言之不已，又再三言之。

嬌羞融洽，曰「恰恰」。意所欲然容態悉爾，曰「恰恰」。凡人各有所愛，皆獨覺其「嬌恰恰」也。「恰恰」者，情相狀適如郎爾。時心所欲得也。心得所欲，口嘗欲笑，以「恰恰」二字註之尤深切。太真婉孌萬態，以中上意，順帝諸妃，百媚其前，亦難在「恰恰」耳。定情二字之妙，男愛女之淺深，女愛男之深淺，皆於此一度可預窺也。

徐昭華有「羞向諸姑整綉裳」句，「羞答答」三字妙極，惟有才情美婦人有此情狀，又自知之，雖伉儷數十年，初歸時猶如此，若無才情者，則都不爾。其有才無貌者，又雖有此意，而無所用之。嘗謂「好羞」二字，盡女人之情狀，百篇寫不完。好「羞」所好之「羞」也，越「羞」越好，又好又「羞」。偏「羞」偏要試，乃造物弄人之技。如吕后聞惠帝語，武后見諫臣章，未嘗不慚，然終不能已。無慧心者無妍狀，不得爲而爲者，正以愈羞愈覺有趣。楚王之於息嬀，越公之於樂昌是矣。罵人髒醫厚原自妙甚，嘴骨稜欲代爲『羞』也。

『君心莫淡薄，妾意正栖託』。『真個盼著』，仍恐誤投。

元稹云『憶昨初來日，看君自施展』，是『爲俺催花』。

『背人斜脱鳳凰鞋，背燈偷解綉裙腰』，是未敢教『催』者。『教人對面解羅裙』，是已敢教『催』者。

『茶』有『色是春光染，色映宫姝粉』句。『省陪茶』，言此物可以當『茶』。

『人間半被虚抛擲，惟向孤吟客有情』，『凉月些些』四字已括此意。

少得美妻真有『陡地榮華』意，如何玉茗偏能寫出。

非『艷軟香嬌』四者合并，安得有『一塊瓊酥救了你』之言。

『天女師宜早，素女即丹砂。不有神仙術，難消婉變情。誰知傾國貌，能作合歡魔』，皆爲此『咖咖、哈哈』耳。

徐賢妃上太宗：『朝來臨鏡望，粧罷暫徘徊。千金始一「笑」，一召遽能來。』撒嬌之極，令人欲躍而就之，死於其身，除非情疎看『笑』淺耳。內典云：『存心染污，意食辛也。』凡食指已動，據鼎欲嘗者，此『笑』必有，只虧玉茗體貼得到。

『笑咖咖，吟哈哈，風月無加』，便如須蔓那優鉢那庵羅婆所爲。將麗娘寫得太輕相矣。巫臣知美婦人何必是而必竊夏姬。馬湘蘭不甚美，而眉目疎朗，性英俠，年五十烏傷。一少年遊太學，方燕婉，將十年，忘其老。亦爲彼顰雲笑雨，無不極其姸情耳。觸者下必加法字，不獨施者有法，即受者事前事後亦有萬法，而『咖咖、哈哈』二句悉該之。

『「風」過時解帶，「月」至每開襟』，故此事謂之『風月』。李主稱周后：『烟輕麗服，雪瑩修容，情瀾春媚，「笑」語「風」香。』王金壇：『未嘗情事雛年紀，風味如何便十成。』

『跪在床前忙要親，此時還恨薄情無』，得『做意兒耍』之髓。『茲境信難遇，爲歡殊未終』，得『做意兒耍』之骨。『情來不可極，騁興不惜力』，得『做意兒耍』之膚。『神傷初幸賜同心，君知一夜恩多少』，是『做意』。『已向昇天得門户，錦衾深愧卓文君』，是不『做意』。婿之才與不才，只在『意』之『做』與『不做』。肯爲多羅年少死，正爲此故。惟梅村又有『遮莫風流原薄幸，故意賺儂情』二句耳。既已受其『做意耍』矣，宜妻之凌夫也，然偏是不能『做意』者，尤受妻凌。

此事謂之作過，即『做意耍』之説也。故應得『做意』者尚覺平常，而不當得爲者尤所欣艷，皆此四字掛誤生人也，註出以免斯人之再誤。

『咖咖、哈哈、艷軟香嬌』八字，爲女根千古妙贊，猶『香囊怪』三字，爲女根千古妙名。『做意兒耍』只爲有『艷軟香嬌』之趣，使不『嬌艷』便不值得矣。『下得』之時，要他愈虧則已愈樂，既要賞此『恰恰』，何能顧得『虧他』耶？則『半霎』猶言此後便味減也，又嘲女道『半霎』之後，無所不禁也。《左傳》：『吾寢處之矣。』作過人未有不以『虧他』爲快者。然内典云，『觸緣受』，使婦人愛身不求侵暴，何至以身爲彼娛耶。『一半雲鬟墜枕稜，四體著人嬌欲泣』，『虧他』矣。『合散無黄連，此事復何苦』，則『半霎』也。『豆蔻難消此夜情，搗盡玄霜千萬杵』，又不止『半霎』。當『下得』時，即『他』死亦不能顧，下兩句其轉念耳。

王金壇《紀事》：『月到西南倍可憐，照人雙「笑」影娟娟。擎來始信雲非夢，抱定還疑玉是烟。忍把狂歡消此夜，難將辛苦答從前。由來半刻千金直，只得如花一黯然。』酷切『把他』數句。

羨門詞：『恠煞太風流，頻頻撼玉勾。千般輕薄過，可也「羞」燈火？』袁中郎云：『近來言情一派，惟「銀鈕絲」最佳，以雅而假不如俗而真也。』

董文友：『恠郎昨夜欺奴甚，郎將妾奈何。心腸畢竟軟，漸褪羅襦半。不覺響流蘇，雙鬟睡去無？』蓋爲不『半霎』而言。阮亭以爲，艷情中有文友真繪風手。

《詞統》評弇州《甘草子》詞：『元美豈終日無事，參微入竅如是？』不知其平生只是會『做意兒耍』耳。《咏宮女》云：『見人心自惜，終是女兒身。先後仍須次第開，莫教一日不「花」開。』惟國王可擅此福。『白如天上雪，紅似猩猩血。嬌難觸手，愛不去心』，是第一花。《雜事秘辛》捧著日光是『點勘第一』妙法。黑夜定情，真枉却妙蕊簇成紅婉孌也，乃至有終身採『花』未知『點勘』之説者。非麗娘絕世聰明，何知叫人『點勘』之樂。元詩：『噓「花」嗅蕊獨含情。』水雲詞：『指點與君看，畫他難不難。』知令『勘花』則『雲鬟倩郎整，前身張麗華』，不待問矣。『且和』二字，原情析理乃爾精透。以淫欲法供養人，乃至欲人視己僻處，以爲供養之極致，真是秘密風情。出口入耳，未足爲喻，乃被慧人輕輕拈出，借爲勝寄，亦一奇也。

王金壇『一回經眼一回妍，數見何須慮不鮮』，言『第一花』也。『嬌語娱腸勝管弦，徐娘情味勝雛年』，正指『且和俺』等語。『三年病渴愧無才，未得瓊漿飲一杯。崖蜜乍嘗今夜味，濃香細唾待君來』，頗善『點勘』。『臨書懶學簪花格，看畫慚看出浴圖。更是厭人當面問，鳳凰何日却將雛』，寫新嫁娘暗自回想傳神，今之『與俺點勘』又是傳其心語。『垂垂欲摘枝頭蕊，淺淺常斟客裏杯。曲徑閒窗真得意，旁人只看十分開』四句亦妙。

『夜舒宜唤作天葩，這度自知顔色重』，似咏此『第一花』。含羞靦腆丁香怯，豈真不怕『點勘』？

楊升庵：『把鸚舌偷嘗芳心生拽，醉魂兒不離了湘裙穿，恨不得和身噢入花心裏』，皆『點勘』中高手。《經》云：『入胎必從生門，是所愛故。』乃至輪王雖無倒想，亦起淫愛，故入胎位必從生門，皆知此『第一花』之解者。

元人《神傷曲》：『見他的不動情，你便多休强，則除是鐵石心腸。宋玉郎，楚襄王，只不過夢兒悠颺。若還來此相親傍，管教命喪身亡，便立著神仙也不當。』惟『浩態狂香』四字足以當之。